中國學術思想 研究輯刊

十八編

林慶彰 主編

第13冊

五四前後文化調和論研究
——以杜亞泉和《東方雜誌》爲中心的考察

王代莉 著

花木蘭文化出版社

國家圖書館出版品預行編目資料

五四前後文化調和論研究——以杜亞泉和《東方雜誌》為中心的考察／王代莉 著 — 初版 — 新北市：花木蘭文化出版社，2014〔民103〕

序 10+ 目 4+302 面；19×26 公分

（中國學術思想研究輯刊 十八編：第 13 冊）

ISBN：978-986-322-684-0（精裝）

1. 五四運動 2. 學術研究

030.8 103001981

ISBN-978-986-322-684-0

中國學術思想研究輯刊

十八編 第十三冊 ISBN：978-986-322-684-0

五四前後文化調和論研究
——以杜亞泉和《東方雜誌》爲中心的考察

作 者 王代莉

主 編 林慶彰

總 編 輯 杜潔祥

副總編輯 楊嘉樂

編 輯 許郁翎

出 版 花木蘭文化出版社

社 長 高小娟

聯絡地址 235 新北市中和區中安街七二號十三樓

電話：02-2923-1455／傳眞：02-2923-1452

網 址 http://www.huamulan.tw 信箱 hml810518@gmail.com

印 刷 普羅文化出版廣告事業

字 數 31 萬字

初 版 2014 年 3 月

定 價 十八編 16 冊（精裝）新台幣 28,000 元

五四前後文化調和論研究
——以杜亞泉和《東方雜誌》爲中心的考察

王代莉　著

作者簡介

王代莉（1979～）：女，漢族，貴州省遵義人。2002 年、2005 年於貴州師範大學歷史與政治學院分獲歷史學學士及碩士學位。2006-2009 年於中國社會科學院近代史所，師從耿雲志先生，攻讀中國近代思想史專業博士學位。現就職於中共貴州省委黨校。發表學術論文近二十篇。主持國家社科基金項目《近 500 年清水江流域文明發展史研究》一項。參與國家清史纂修工程項目《清水江文書集成考釋》及國家社科基金項目多項。

提　要

　　五四前後的文化調和論，因其言論溫和而理性，曾引起思想界的廣泛關注與激烈論爭。它主張以穩健的改革步驟，謀求東西文化的「調劑體合」，新舊思想的接續不斷，精神與物質的互補，對立雙方的協力共進，最終以創造新文化爲其目的；提倡以理性的態度爲指導，反對盲目從西，對西學實行「有條件的容受」，以科學的法則刷新固有文明；強調文化反省，努力使中國文化成爲世界文化之一部分；欣賞多元文化並存中的「和諧」狀態。這種文化主張既是中西文化交流碰撞下的產物，又深具中國文化底色。從調和論者的言論及實踐來看，他們雖在具體的文化建設主張上與激進的新文化運動者有著「先立後破」與「先破後立」的路徑選擇差異，但在建設新文化的目標上卻是一致的。其言論主要針對的是激進新文化運動者在理論上的極端主張及實踐中的過激行爲，希望以「調和」的處方對其有所校正和補苴，與激進的新文化運動恰好形成互補。他們並非新文化運動的反對力量，也不是無原則的折衷派，而是新文化運動的參與者，是新文化運動中一支相對理性、穩健的力量。但文化調和論終因理論上的缺陷及文化建設實踐的弱勢，導致其在激進主義高漲的五四時期，沒能得到更大多數人的支持而日漸沉寂。

序

　　呈現在讀者面目前的這本書《五四前後文化調和論研究——以杜亞泉和〈東方雜誌〉爲中心的考察》，是王代莉博士在其博士論文的基礎上修訂而成的。她以杜亞泉及其所主編的《東方雜誌》作爲研究的中心，考察五四新文化運動中，及其以後一個較長時期不太受人重視的一股思潮，即通常被稱爲折中主義的思潮。從前，人們把杜亞泉與《東方雜誌》的文化調和論主張，簡單地歸結爲折中主義，一批了之，可以說沒做過深入的研究。近年來有人加以研究，似乎又有些走偏，把杜亞泉與《東方雜誌》上的言論奉爲至理名言，全盤肯定，忽略了當時的背景和其他思想派別的言論主張。王代莉此書，能夠本著研究和評判的態度來對待研究對象，超脫了以往學者們對文化調和論不加分析地一味讚美，或全盤否定的片面性。就此而言，此書很有理論價值和借鑒意義。

　　本書的論題，涉及到中國近代思想文化特別是五四新文化運動的許多基本問題。人們大概可以認同，近代中國思想文化上的折中主義多半都是針對激進主義而發的。爲此，我們有必要認眞檢討一下激進主義，特別是要檢討一下新文化運動時期的激進主義。

　　我們都知道，新文化運動之興起，源於少數先覺分子對政治革命與政治改革之失望甚至絕望，想從文化運動入手，先改變人們的思想觀念，將舊制度舊倫理束縛下的人解放出來，成爲克服了奴隸主義的，能獨立思考，自治自立的新人，再由這些新人起來締造一個眞共和眞民主的新國家。這個歷史運動，很有些類似西方的文藝復興運動和思想啓蒙運動。實際上，新文化運動最主要的領袖之一，胡適一向是這樣看待新文化運動的。但近年有人不承

認新文化運動具有文藝復興和思想啓蒙的性質。我本人仍然傾向於胡適先生的判斷。這裡不展開討論這個問題，讀者欲知其詳，可參看我發表在《社會科學戰線》上的文章。〔註1〕

　　新文化運動的領袖們大力引進和傳播的新思想和新觀念的核心是個性主義和世界化的觀念。我在近年發表的多篇文章裏系統、深入地揭示了這一點〔註2〕。接受這些觀念影響的，首先是廣大的青年學生，他們思想比較單純，甚少先入的成見，所以容易接受他們的老師們所傳播並加以詮釋的新思想、新觀念。何況，頗受他們尊重的這些老師們都是既有國學根柢，又充分瞭解西方思想文化，所謂學貫中西的大師。於是，廣大的青年學生漸漸產生新的信仰和新的價值追求，也逐漸地改變自己的行爲規範，對國家、民族乃至人類的未來要主動擔負起使命與責任。他們躍躍欲試地要把從他們的老師們那裡學來的新思想、新觀念付諸實踐。恰好這時中國作爲第一次世界大戰的戰勝國之一，在巴黎和會上卻遭遇外交失敗，日本帝國主義竟然把戰前德國掠奪我山東的權利攫爲己有，於是爆發了五四運動。五四運動是在新文化運動的基礎上發生的。新文化運動造就了一大批具有新思想、新觀念的青年，他們在數量上和精神素質上，都遠非清末民初時的青年學生們可比。尤其是他們大多掌握了一種表達思想，交流思想的極其有效的利器，就是白話國語。有了這個利器，他們不但能夠非常便利自如地表達自己的種種要求和願望，思想和主張，而且能夠很方便地與社會各階層聯絡，把自己的思想主張傳播出去，把廣大的人群———甚至包括工人和農民———發動起來，造成中國從未有過的大規模的社會動員。所以，我認爲，若沒有新文化運動，五四運動可能完全會是另一個樣子。

　　五四運動爆發後，極其迅猛地向全國擴展，遂使新文化運動所引進，所

〔註1〕耿雲志：《關於五四新文化運動的幾個問題》，《社會科學戰線》2009 年第 10期。

〔註2〕參見拙著：《中國新文化的源流及其趨向》，《歷史研究》1994 年第 2 期；《世界化與個性主義———現代化的兩個重要趨勢》，《中國社會科學院學術委員會集刊》第 1 輯，社會科學文獻出版社 2005 年 3 月出版；《近代中國的文化轉型：問題與趨向》，《廣東社會科學》2008 年第 3 期（此文的英文版見"Journal of Modern Chinese History" voluwe 1 number 2 december 2007 標題是 Modern China's cultural transformation-problems and prospects）；《中國近代思想的基本趨向及其主要議題———訪中國社會科學院學部委員耿雲志先生》，《歷史教學研究》2014 年第 1 期。

生發出來的新思想、新觀念像決堤的洪水急速地向四方蔓延開來，波及到各個社會階層。新文化運動初起時，只限於一部分教育界、學術界和報刊界中人。到五四運動之後，廣大的青年學生、識字的職員，甚至略能讀書的學徒、店員、乃至家庭婦女，都通過報紙、刊物多少吸收到一些新思想、新觀念。到後來，即使許多不識字，不能讀書看報的人也因聽到學生們的講演，或街談巷議，而對新思想、新觀念略有所聞。所以說，五四運動的爆發和迅猛擴展，給予新文化運動以極大的推動力，使這場運動真正具有了廣泛的群眾性，並極大地加速了它的進展。如果說原來新文化運動還大體是由一群知識分子們進行從容的討論，那麼到了五四以後，則已是洪水蔓延或大火燎原。從積極方面說，五四運動極大地推動了新文化運動向橫廣兩方面擴展；從消極方面說，從此就不太容易進行從容的討論了，這不免給激進主義提供了機會。

在近代中國歷史上，激進主義有其深厚的社會政治根源。因為外受列強侵略、欺凌；內受專制主義的壓制和摧殘，有志救國和憂時之士，無不憂憤迫切。所以，歷次的政治改革與政治革命運動，都或多或少犯有激進的毛病。例如戊戌維新時期康有為等鼓動光緒日發數詔，策勵新政，但效果甚微。辛亥革命時期，革命黨人不但想推翻皇帝，立即進入共和，而且還想使政治革命與社會革命畢其功於一役，其結果，除了使皇帝下臺，其餘幾乎皆無所成。

近代中國的基本歷史課題是獨立、民主、統一和富強，這就決定了政治問題的優先性。同時，這也就決定了，一切激進主義都首先來源於政治運動。

我們看新文化運動領袖分子中，凡比較激進的，都與其政治背景有關。如陳獨秀是清末的革命黨。在新文化運動中，他的言論總帶有不容人討論的氣勢。錢玄同在清末有一段時間與革命留學生們在一起，又是激烈反滿的革命家章太炎的學生。他在新文化運動中，是出名的激進派。他曾主張廢除漢字，理由是，漢字書籍絕大部分都是記載孔門學說和道教妖言的。他罵文學上的守舊派是選學妖孽、桐城謬種；他責備胡適遷就舊派人物，反對胡適以討論的態度對待反對文學革命的人。魯迅也是大家公認的比較激進的人物。他在清末也參與了留日學生的革命刊物，也是章太炎的門生。他在新文化運動中發表的第一篇小說《狂人日記》，把中國歷史，中國文化比喻為連續不斷的人肉宴席。他主張掀翻這宴席。他的激烈言論當然不止於此。還有另一個

著名的激進主義者吳稚暉，也是清末的老革命黨，還是一個無政府主義者。他在新文化運動中所說要把線裝書都拋到茅廁裏去，要求廢除漢字等等早已人所皆知。我舉這些例子，就是要說明，新文化運動中及其後所表現的激進主義是跟中國的政治有密切的關係的。

中國是個後發展國家，在西方發達國家，他們由中世紀到近代的過渡，差不多都要經歷二三百年甚至更長的時間，中間經歷文藝復興、宗教改革、國語運動、工業化、科學進步、社會主義、無政府主義以及哲學上的實證主義、懷疑主義、經驗主義、理性主義、經驗批判主義、實用主義、語義哲學、分析哲學等等。這些運動、這些思潮和這些不同的思想流派，他們在幾百年的時間裏，從容發育、生長並且互相辯論，經受社會實踐的檢驗和磨洗，或被人接受，或被人拋棄；或被人改造，或被人修正；凡多少有點用處的就會保留下來，其餘的就成爲歷史的陳迹。但在中國，這些東西都是在非常短暫的時間裏，一下子就湧進來了。一方面，人們不暇檢擇，不辨其是非，陷於困惑；一方面，對新思想、新觀念往往只是一知半解，各人任憑一己之興趣所近，認定一種，便以爲是絕對眞理，極力排斥其他。於是呈現出異說蜂起，諸流並進，各逞意氣，惟我獨尊；沒有從容討論的風氣，沒有妥協磨合的餘地。在這種氛圍裏，激進主義自是容易大行其道。

在近代中國的思想文化運動中，號稱穩健派的梁啓超、胡適等人，他們在主觀上，是瞭解思想文化的變動需要長期醞釀、涵容、互相討論切磋的過程的。所以胡適說過準備二十年不談政治。他們在引介和宣傳一種新的思想觀念時，多半採取從容討論和以理服人的態度。但他們同時也切身感受到保守力量的巨大。所以，他們常常不得不把注意力更多地放在批評保守主義的方面。梁啓超和胡適兩人都談到過「取法乎上，僅得其中」的道理。所以，這兩位被認爲穩健派的領袖，有時也不免會講一些激切的話，以對付守舊派。即使如此，胡適還是被認爲與舊勢力「未免太同他周旋了」〔註3〕。

有趣的是，有些保守派批評和攻擊新文化運動的一個重要的理由，就是責備提倡新文化、新思想的人太偏頗和太激進。但他們反對新文化的態度、手段卻同樣是非常偏頗，非常激進的。例如嚴復是反對新文化運動的，尤其反對白話文。然而，他這位以精神貴族自居的老前輩，卻根本不屑於與白話

〔註3〕錢玄同致胡適的信（1918 年 8 月），見耿雲志編《胡適遺稿及秘藏書信》第40 冊，合肥：黃山書社 1994 年版，第 255 頁。

文提倡者們作討論，並以「春鳥秋蟲」視之，「聽其自鳴自止可耳」。〔註4〕另一位反對白話文的老前輩林紓，除了上書蔡元培，上綱上線地攻擊白話文和新思想、新觀念的提倡者之外，還編寫影射小說，發泄自己的怨憤與痛恨之情。〔註5〕當時在北大讀書的張厚載，也是一位反對白話文與新文學的干將。胡適曾邀請他，要他把反對戲劇改革，替舊戲辯護的理由寫出來，由胡適把它發表在《新青年》上，以便展開討論。但這個張厚載，卻更熱衷於參與守舊派對新思潮的攻擊。他偷偷地將他認為可以攻擊新文化運動的材料提供給林紓去炮製影射小說，或直接給報紙提供不實消息，以達造謠惑眾的目的，如他炮製的所謂當局要把陳獨秀、胡適、錢玄同驅逐出京的消息即是一例。此事真相大白之後，使處世最溫和的蔡元培亦感到忍無可忍，乃布告全校，開除張厚載的學籍。後來由梅光迪、吳宓、胡先驌等人在南京創辦的《學衡》雜誌，其最初幾期幾乎是專門攻擊新文化運動的。這份由受過西洋教育的留學生們主辦的刊物，在對待新文化運動的問題上，卻同樣不講忠恕之道，也不要什麼紳士風度，也照樣採用謾罵、攻擊、無限上綱的大批判手法。例如該刊創刊號上最有代表性的文章《評提倡新文化者》，〔註6〕通篇只列罪名，沒有罪證，很像是舊時文人為當道者討伐異端而寫的檄文的腔調。此外，更有人直接使用恐嚇手段，寄匿名信，以炸彈相威脅〔註7〕。

　　守舊派的這種做法，對於像胡適這樣既懂得中國傳統的忠恕之道，又養成西方的紳士風度的人來說，不會引起過度強烈的反應。然而對於那些較有革命精神的人，或年輕氣盛，不肯居下風的人們，就很容易引起過激的反應。人們知道，在激烈的爭辯中雙方都難免會講出一些偏激和激烈的話。所以，我覺得，五四時期及其以後延續下來的激進主義，守舊派也是要負擔一部分責任的。

　　激進主義在中國社會中，在中國文化中，特別是在近代中國的社會和思想文化中，長期延續，不肯退出舞臺，甚至不肯退居邊緣。左傾教條主義和

〔註4〕嚴復致熊純如信（1919年7月24日），見王栻編《嚴復集》第3冊，北京：中華書局1986年版，第699頁。
〔註5〕林紓致蔡元培書，見《公言報》1919年3月18日：林紓所杜撰的小說，《荊生》發表於上海《新申報》1919年2月17日，另一篇小說《妖夢》發表於同一報紙同年3月19～23日。
〔註6〕梅光迪：《評提倡新文化者》載《學衡》第1期，1922年1月。
〔註7〕見拙作《蔡元培與胡適》，《耿雲志文集》，上海：上海辭書出版社2005年版，第394頁。

極左思潮甚至把它變本加厲，為國家民族造成很大的損害，人們對它反感，痛恨，是完全可以理解的。我個人更是一貫反對激進主義的。但有些人把激進主義說成是新文化運動和五四運動種下的禍根，則是我無論如何不能同意的。

第一，中國近代的激進主義源遠流長，不自五四始。早在維新運動時期就有所謂「一切盡從西法」之說和譚嗣同的「沖決一切網羅」之說。而保守派反擊時，也大作「誅心之論」，滿紙滿篇充滿憤激之詞。在辛亥革命時期，則有批評所謂「醉心歐化」，「以不類遠西為恥」的言論。

第二，新文化運動中，比較激進的陳獨秀、魯迅、錢玄同、吳稚暉等人雖不時發表一些激進的言辭，但他們所提出的大多數主張，還是有道理的，不能一概以激進主義而加以抹殺。更何況，作為新文化運動的中心人物，一些主要的新思想、新觀念的提倡者和闡釋者的胡適，他經常是以非常理性的平和的態度，與大家進行討論。他極力主張請反對派的人在《新青年》上發表文章。為此，錢玄同甚至表示要退出《新青年》。

不僅如此，在五四運動以後，社會上，特別是青年學生越來越趨於激烈。胡適、蔡元培、蔣夢麟等曾多次發表文章勸誡青年要注意理性地對待各種問題。

應當說，近代中國的激進主義的根源是深藏在社會的內部，不是哪一個人，或哪一群人可以單獨承擔起責任的。這裡所說的根源，一是政治上，因國家民族面臨的威脅，救國的任務十分迫切。二是中國長期處於極端專制主義的壓制下，全無自由發表的機會，也沒有各種力量公開較量，然後通過妥協來解決問題的機制。所以，一旦原有的統治機器面臨崩壞之時，各種力量一下子如洪水泛濫，野火燎原，無法控制，各不相容，只認自由，而不知容忍。

為了克服激進主義，首先要使中國的政治走上健全發展的軌道，關鍵是要使民主在中國社會紮根落實。其次是在搞好教育的基礎上，盡力恢復、宏揚傳統的忠恕美德。忠與恕，其實就是自由與容忍。什麼時候，我們的同胞們都能充分領略並實行忠恕之道，什麼時候，激進主義便不再行時了。

一些確有學問根柢的保守主義者，因為害怕激進主義泛濫，使傳統文化和社會秩序破壞而不可收拾，乃拼死力攻擊激進主義，攻擊他們所提倡的新文化，客觀上顯示一種向後倒退的趨向。那些號稱留學西洋，寢饋西方文化

數年的留學生保守派人物，嘲笑新文化偶拾西洋文化之皮毛，自己則最有資格宣講西洋文化。實際上，因爲他們不肯放下精神貴族的架子，所欣賞，所領受的不過是西方古典主義的東西，或是後來被稱爲「後現代」的東西。當時的中國還是數十年來踟躕於現代化大門前的後發展國家，大力提倡西方古典主義或「後現代」的東西，豈不是文不對題嗎？

　　激進主義與保守主義各執一端，互不相讓。一些好心的憂時之士出而從事調停與折中，於是有所謂折中主義。從表面觀察，折中主義似乎是最可取的。然則，思想文化的演變，社會的進程，都是十分複雜的，遠不像人們想像的那麼簡單。對於每一個個人，每一個團體，每一個派別而言，思想文化亦如社會一樣是一種客觀的東西，是一個不會沿著某人、某團體、某派別的特別意向發展和演變的客觀進程。折中主義者根據自己的主觀願望，提出某些東西可以向西方學習，某些東西不可以向西方學習；某些東西只可學習到某種程度就要止步，等等。他們像畫家作畫時，在調色板上，取甲種顏色多少，取乙種顏色多少，又取丙種顏色多少，放在一起調和，成一種非甲非乙非丙，又含有甲乙丙不同顏色的新色調。試問，有幾百萬、幾千萬，甚至是幾億，十幾億的人共同創造，又共同浸染其中的社會，以及思想文化，可以用這種方法來製成嗎？所以說，折中主義是一種實踐中行不通的主觀主義。自然，同理推之，激進主義、保守主義也一樣帶有明顯的主觀主義。激進主義不顧客觀形勢，強使社會，或思想文化沿著自己設想的軌道和速度，超高速前進，稍不小心就會人仰馬翻，墜落懸崖，極其危險。而保守主義，同樣是不顧客觀趨勢，強使社會和思想文化，按自己的欣賞興趣，重回到古典主義的籠子裏，結果也必然是事與願違。

　　自然，我們不能就此得出虛無主義的結論，認爲在新文化運動中，各種思想取向無一可取，全都是負面的，全都應予否定。不是的，我的意思只是說，在社會進程與思想文化演變中，不可過於理想主義，不可過於堅執某種主義，要切實觀察，順應發展的客觀趨勢，腳踏實地，努力做事。我把這叫做穩健進取的態度。首先要進取，承認社會和思想文化是一個發展的過程，是一個不斷進步的過程。此過程中雖然會有這樣那樣的曲折，有時稍有停滯甚至倒退，但終究會前進。有人藉口批評簡單化、絕對化的線性進化論而完全否定進步。這是難以接受的。進步是客觀趨勢，抹殺不了，否定不了。我所說的進步，就是社會和思想文化朝著滿足人們不斷增長的物質和精神需要

的方向走，這就是進步，反之就是倒退。認識到社會與思想文化前進的趨勢，順應此趨勢的努力，就是可取的。但不可操之過急，不可任意躐等，憑主觀需要搞躍進，甚至是超躍進，那就是激進主義，是不可取的。

事實上，在任何發展進程中，人們的各種態度取向，常常是一個較完整的光譜。在倡新的人群中也可分成激進的，穩健的和相對保守的不同色調；在倡保守的人群中，也有較多兼容新事物者，較少兼容新事物者，和絕對反對新事物者的區別。至於折中主義，自然也非全調成一個色調。應該說，他們在社會發展和思想文化演變過程中，各起著一種角色作用。社會發展和思想文化演變的階段性結果乃是綜合各種角色作用而成的。大家都記得，在文學革命初起時，胡適堅持討論、說理的態度，不很滿意陳獨秀那種不容人討論的態度。但十多年後，胡適承認，若沒有陳獨秀那種猛進的精神，文學革命可能還須經歷長期的討論，才能取得勝利。足見他是承認激進主義有其特別的作用的。同樣地，保守主義、折中主義在社會和思想文化發展與演變的過程中都各自發揮了不同的作用。若沒有他們，其結果也就不同了。哲學家霍布斯說過，一籃子梨子，如果全部取出爛的，那籃子就不熱鬧了。當然，我決沒有把某一部分人群看作的是爛掉了的梨子的意思。我們永遠要承認世界是多元的，社會也是多元的，思想文化也是多元的。任何強行統一的想法和做法，都是行不通的；勉強行之，總會造成不良的後果。

總說一句：研究新文化運動，使我明白，思想文化的發展極大地受著社會政治狀況的影響。欲為中國新文化建設出力的人，應當認清大勢，看清方向，腳踏實地，努力工作。不諂上以邀恩寵，不媚俗以竊時譽，得寸則寸，得尺則尺，長期積累，必有大收穫。反之，如果急切求功，聽起來高調，看起來熱鬧，高潮一過，原來還在舊地徘徊。

最後，關於這本書，我再略說幾句。在這本書裏，作者對以往相關研究的追述頗為詳盡而客觀，作者在吸收前人的成果的同時，能夠超越他們的局限，獨立地展開自己的研究，得出許多具有創意的新結論。例如，作者對文化調和論的理論基礎和思想內涵及其特點進行深入分析，提煉出他們的一些很有價值的基本觀念，如關於對抗力的觀念，協力的觀念，接續主義的觀念等等。對於其思想內涵，也做了很好的揭示，指出，他們比較注重理性，反對盲目性，注意到民族精神與世界化的統一，等等。作者對文化調和論的思想淵源也做了比較全面的梳理，既指出其受到西方世界思潮變動的影響，又

指出中國傳統的中庸思想的深刻影響。尤其值得注意的是，本書比較深入地分析了文化調和論在理論上的一些缺失和實踐上的不足，這些缺失和不足，不但限制了他們在當時的思想文化界的影響力，而且嚴重限制了他們在中國新文化建設上發揮更積極的作用。

我認為，這本書很值得研究中國近代思想文化的學者們參考。

耿雲志　2013 年 11 月 30 日
寫於容膝齋

目次

緒　論

第一節　選題緣由

　　長期以來，受革命思維的影響，近代史上的和平改革運動及和平改革思想都未得到足夠的重視，有之也是批判強於研究。隨著思想的逐步解放，人們在繼續關注激進思潮的同時，日漸把眼光投入到了那些相對溫和的革命行動與思想上，對政治上的和平改革運動，特別是清末以來的立憲運動及憲政思想有了轉大的認識轉變。但對文化思想，特別是新文化運動時期的種種文化思潮，還多未越出政治評判的窠臼，片面理解現代化的理論，訴之以進步與落後的二元對立模式為判斷標準，要麼肯定，要麼否定，使豐富的思想史畫卷簡單化、粗線條化了。思想史的光譜是多元化而錯綜交織的，需要從學理上認真分縷後才能對其進行客觀評價。因此，我們在肯定一種思想時，不能由此就簡單地否定其餘思想的價值。一種思想的價值，應更多地放在長時段的視域來考察，方能更清楚地分析其理論價值及思想史意義。相當一段時期以來，因國學熱的興起，文化保守主義也日漸成為關注熱點，但對新文化運動時期一股與之聯繫密切又存有差別的文化調和論，則討論者頗少。鑒於豐富對五四前後思想界的認識，有必要對這股思想主張作深入的探索，平心靜氣地對其歷史地位與作用作一番細緻研究。

　　在追求現代化的過程中，對文化的路向選擇問題一直論爭激烈。如何處理好本土文化與異質文化接觸交流？如何使文化展露新機又能保持本色？如何依違新舊與取捨古今，真正有中國的底色又與世界同行？這些都

是近代以來長久縈繞在國人心頭的問題。爲撥正民初政治和思想上的復辟逆流，改造國人，塑造新民以創造新國家、新社會，一部分人在文化上持激進主張，認爲新舊勢如水火，不可共存，他們更多地強調文化的惰性力，把創造新文化的基點首先放在了對舊傳統的「破」上，主張棄舊迎新，拋棄傳統，全面西化。其文化觀上的一個根本認識就是：文化是民族生活的樣法，而民族生活的樣法是根本大同小異的。因爲人類的生理構造根本上大致相同，故在大同小異的問題之下解決的方法也大同小異。所以他們反對把東西方文化分爲不同的文化形態，並認爲「拿歷史的眼光去觀察文化，只看見各種民族都在那『生活本來的路』上走，不過因環境有難易，問題有緩急，所以走的路有遲速的不同，到的時候有先後的不同」〔註1〕而已。西化派代表胡適把文化的發展看成是一個歷史問題，一個發展的程度問題，由此把中西文化的差別轉換成了時代問題。他在承認人類文化具有同一性的基礎上，從實用主義和進化論的觀點出發，認爲中國各方面都不能適應現代世界，主張中國要生存、發展，必須全面學習西方，在文化上也必須以西方爲榜樣作徹底的改革。他們的主張很快成爲了當時的「新思潮」，吸引了很多青年的追從，但因其中一些思想淺薄者理論辨知力的欠缺，常常簡單化、片面化地理解西化主張，言行過激，給西化運動帶來了一些粗糙、極端的流弊。守舊人士則又在維護自身主張的同時，擴大了對這些流弊的認知，認爲西化帶來這麼多弊端，如此下去會丟掉自己的文化和傳統，於是提倡恢復固有文明，以爲只有如此才能恢復社會的平穩與安寧，避免西化所帶來的弊端和道德淪喪問題。雙方各執己說，在爭論中都趨於極端，一方力主破壞，一方力主保留，矛盾不能緩和。在這種背景下，文化調和論也日漸成熟起來，主張避免極端，理性地面對西化與守成的問題，希望社會能平穩有序地過渡，在文化選擇上理性地取捨新舊文化與中西文化，在穩健的改革中建設新文化。

　　文化調和論認爲事物是對立統一的，新舊事物之間的關係是相對的，調和是社會進步之「機括」〔註2〕與「至精之義」〔註3〕，是一種自然常態，「爲宇宙萬有一切現象所不可須臾離者，否認調和無異於否認宇宙之有差別相」，

〔註1〕 胡適：《讀梁漱溟先生的〈東西文化及其哲學〉》，《五四前後東西文化問題論戰文選》，北京：中國社會科學出版社 1985 年版，第 521 頁。

〔註2〕 傖父：《再論新舊思想之衝突》，《東方雜誌》第 13 卷第 4 號。

〔註3〕 章士釗：《新時代之青年》，《東方雜誌》第 16 卷第 11 號。

從而主張新舊調和，反對拋棄傳統的文化激進主張，反對突變論〔註4〕。對東西文化問題，他們並不反對吸取西方文化，但卻認為每個民族都有其特殊性，其發展不是線性的，在追求前進的同時，更體現著不可取代的民族性。調和論強調「東洋文明與西洋文明，實為世界進步之二大機軸，正如車之兩輪，鳥之兩翼，缺一不可。而此二大精神之自身，又必須時時調和、時時融會，以創造新生命，而演進於無疆」，中西文化各有短長，互有優劣，可調和以生成第三種新文明。〔註5〕調和論認為，每種文化雖然大要相同，但「必有一二端，為某種人類之所獨，宜於甲者，未必宜於乙」，因此，采擇西方文明「不可不挈量短長，以定去取，融合新舊，以期適合」，「所宜致力者，當採世界文明之所同，而去其一二端之所獨，復以吾國性之所獨，融合乎世界之所同，毋徒持此摹仿襲取者，憿然自足，誇耀其文明之進步」。在他們看來，「吾國現象，非無文明之為患，乃不能適用文明之為患；亦非輸入新文明之為患，乃不能調和舊文明之為患。則夫所以適用之，調和之，去其畛畦，袪其扞格，以陶鑄一自有之文明」。〔註6〕可見調和派並不固守中國的固有文明，而是盡量理性地認識新舊差異，區分東西文化，以求中國文化與世界文化的融合。針對激進與守舊派對立新舊的主張，調和派認為固守傳統，作冬烘先生顯然不能應對世變，而棄舊迎新，先破後立的激進主張也矯枉過正了。從而強調新舊除對立的一面外，還是相續的，矛盾雙方既是對立的也是協力前進的。所以對丟棄傳統的激進主張深為憂慮，恐新勢力無以為基。在他們的認識中，「吾人今日，不必更患舊勢力排除之難，且甚慮舊勢力排除之太速。蓋新勢力之發生，積之不厚，則其基不固，蓄之不久，則其效不宏也。」〔註7〕由此可看出，他們更多是從新文化建設的長效性來看待問題、認識新舊的，主張「創造新知，與修明古學」「當同時並舉」。同時，以一種多元的文化觀看待東西文化，希望達到「昌明國學，與世界之文明，融洽調劑」，創造一種既是中國的又是世界的新文化的目的。

　　儘管調和論在文化問題上的認知比較客觀理性，且著力於長遠的發展與

〔註4〕見陳嘉異：《我之新舊思想調和觀》，《東方雜誌》第16卷11號。
〔註5〕李大釗：《東西文明根本之異點》，《言治》季刊第3冊，1918年7月1日。另見《李大釗全集》第2卷（最新注釋本），北京：人民出版社2006年版，第214頁。
〔註6〕傖父：《現代文明之弱點》，《東方雜誌》第9卷第11號。
〔註7〕傖父：《中國之新生命》，《東方雜誌》第15卷第7號。

建設，但在那個新舊激烈衝突的時代裏，他們的主張正如黃克武先生所言，雖有深刻的學理價值和思想意義，卻成爲一種「被放棄的選擇」。〔註8〕黃先生更多關注的是他們在政治上的調和主張，但文化主張上又何嘗不是如此。調和論的主張者多爲具有深厚學術功底的學人和思想家，在當時又據有幾個影響力較大的報刊作爲言論陣地，擁有一批鼓吹者和贊同者，在新文化運動時期曾有過較大影響力。他們所提出的調和論是對轉型時期中國文化何去何從的思考，是一種深刻的文化致思，雖然在激情高揚的五四時期，沒有能成爲主流，但其思想中的學理價值如沉入河底的磐石，並沒有被歷史的洪流所沖走，對於仍在探索著文化發展進路的中國乃至世界都是一種可貴的思想資源。令人遺憾的是，雖然文化調和論在思想史上曾有過不小的影響，是一種有價值的文化見解，但卻一直未得到足夠重視，不得不說是思想史上一種認識的缺席。所以，探索其思想價值，分析其長短得失，作深入細緻的研究很有必要。這既能豐富思想史的內容，具有學術上的價值，也能爲我們深入認識歷史，理性地選擇文化發展路向，提供現實的取鑒之資。

現實意義：近代國人一直沒有停息過對傳統與現代化問題的思考，也一直在努力探求二者有力的接榫點。近代史上的文化問題實際就是中西新舊文化問題。近代以來，國人對現代化的認識是在失敗中一步步深入的，直到民國成立後，政象仍一片混亂，國人才醒悟，要實現國家的強盛，要真正成爲現代化的國家，僅僅從物質技術層面和制度層面去改革還不能成功，關鍵在於「倫理道德的最後覺悟」，最終把目標追溯到了文化上，認爲文化觀念的落後是導致中國不能現代化的根源，主張傳統與現代應決然兩分，非棄舊不足以迎新，從而把傳統與現代對立起來，由此在思想界引起了對文化問題的激烈論爭。雖然在短期內似乎斷出了勝負，文化激進派站在了時代思潮的浪頭，對於「文化優劣」與「能否調和」等相關問題的爭論暫時隱退了，但隱退並不代表問題得到了解決。時移境遷，曾經的國家存亡和政治安定等主要問題得到解決後，隨著國人文化自覺意識的日漸覺醒，文化問題再一次凸顯出來。曾經在近代一直困擾著國人的文化發展問題，再次牽動了人們的神經。從上個世紀 80 年中後期所興起的文化研究熱、對新文化運動的反思及 90 年代的國學熱，又使傳統文化與現代化，中西、新舊文化成爲人們所致思的問題。

〔註 8〕 黃克武：《一個被放棄的選擇——梁啓超調適思想之研究》，北京：新星出版社 2006 年版。

因此，重新回到新文化運動時期的文化論爭中，去細細剖析當時的思想先銳和時代先鋒們如何理解傳統與現代、中西及新舊文化問題，聽聽他們的文化主張和宏觀構建，看看他們當時提出了哪些問題、哪些方案，與當前相互參照，在時空的歧異下審視文化問題在今日究竟是否得到合理的解決，一方面可以探知和梳理中西、古今和新舊等文化論爭的源頭，另一方面對於今天更客觀，更理性地認識歷史無疑具有借鑒價值。由於當前的文化創建，文化走向問題並沒有因經濟的高速發展而得到很好的解決，文化問題仍然是一個常久彌新的課題。因而放眼未來，反思當前，檢討歷史是必要的。當我們回溯到新文化運動時期時，仍可以感受到思想碰撞交鋒的激烈，感受到文化調和論者，試圖彌合激進與保守的偏執，調和中西、新舊文化，為中國尋一條穩健的文化發展之路的努力。對這種文化主張進行客觀的考察，總結其理論得失，評判其實踐價值，可為今後的文化建設提供寶貴借鑒。調和論在當時究竟是如何看待問題的？提出了怎樣的文化建設方案？其主張有哪些？代表是誰？其理論特質與內涵如何？和當時的新文化運動存在怎樣的關係？這些問題都是我們在新時期面臨文化選擇時應有所瞭解和參考的。瞭解歷史才能更好地理解現實。當前，我們的新文化建設課題並沒有得到很好的解決，如何選擇文化發展的路徑，仍然是很多人所思考的問題。所以，我們有必要去做進一步的釐清工作。只有瞭解先哲們的思考到達了何種程度才能幫助我們認識問題，並找到關結點，才能更有利於我們作出理性的選擇，探索健康的文化發展之路。

　　學術意義：五四前後的文化調和論，因對當時激進的主流思潮有過批評，主張在文化和政治上走溫和穩健的改良路線而長期被視為折衷派、守舊派，未得以細緻的研究，從當時到目前均受忽視。但這種文化主張自有其深厚的學術根底，不能用政治標準對其進行簡單定性，應在深入研究的基礎上對之作出科學的評價，才能使我們更深入地認識和理解歷史。

　　余英時等在《五四新論》中認為「五四是一個變動的心靈社會所構成的多元社會」，〔註9〕這種認知是有啟發意義的，使我們在關注新文化運動時期的思想動態時發現，除了激進與保守的主張外，還有那些探索文化發展出路的調和論者的一席之地。他們曾用心地思考著，因執著於一個文化理想而「不

〔註 9〕余英時等：《五四新論：既非文藝復興，亦非啟蒙運動》，臺北：聯經出版事業有限公司 1999 年版。

入流」，因把熱望寄託於創造新文化，力圖使社會少受震蕩而主張溫和的、理性的中西調和，新舊互補。但在那個充滿了激情與偏執的時代，他們的不慍不火，被看作一種不癢不痛的調理處方，而不是救治靈丹，當然便只能招來冷眼和批判。在救亡成爲第一任務的時代氛圍裏，思想界的人們對民族主義、國家主義、科學主義等有著近似宗教般的虔誠心態。社會在猛烈的顫動，人心在焦灼地期待與嚮往，舊的傳統與倫理道德在新思潮的衝擊下土崩瓦解，曾經堅如磐石的傳統根基動搖了，幾千年構架起來的一整套社會價值、倫理機制在這個人心思變、個性覺醒，民族國家意識高漲的年代裡徹底的鬆動了，最後倒塌了。舊的東西散碎或被湮沒了，但它依舊在民眾的生活中存留著，依舊有其生命力。正因爲如此，新文化運動的健將們把政治上的反覆、思想上的混亂都歸結爲改革的未徹底。爲了建設新文化，將西方的科學與民主引介入中國，並使之生根發芽，他們以「不破不立，不塞不流，不行不止」的絕決勇氣去清掃傳統，拋棄固有，打掃房子迎接新事物。而頑固守舊者則以改革中出現的頓挫去否定新事物，他們念念不忘涵養其文化生命的傳統文化，忘情不了那曾經棲息於內的安寧與平靜；而在這個過渡的時代裏，動蕩的局勢使他們的安寧在外力與內困的雙重擠壓下不復存在了，精神家園的喪失，讓他們不甘心、不情願卻又無可奈何，於是作出了種種反抗，或以死明志，或謾罵相抗，或力圖收拾舊山河，清理傳家寶以定己心之紊亂，希冀能把視如完美的傳統延續下去。在這種精神領域的衝突中，破舊與存舊尖銳對立，都忽視了延續與創新的內在演繹。從而相互仇視，互起爭端，在十足的氣勢下，卻遮蔽了內心的理性尺度，失去了平和的心態。失去了平和就極易走向偏執。然而，不幸的是，新文化運動時期的多數文化人就走入了這條路，不免爲近代的文化轉型留下了諸多問題，至今仍引起不息的爭議。當然，作爲宏大話題的文化改革需要長時段的觀察，新文化運動者的文化主張受時代因素的影響，評價必須一分爲二，雖有其武斷與偏執的缺陷，但對近代文化從傳統向近代的邁進，起了相當大的積極作用，功績不容抹煞。只是作爲後見之明的我們，在反思這一時期思想界的波瀾壯闊時，應該更理性地去觀察它們各自的長短得失，放寬歷史的視界，重新繪出新文化時期的思想地圖。由此，我們就不得不追問，與文化激進主張在學理上有過熱烈爭鳴的調和論到底有沒有價值？當我們進入到思想的歷史現場時，我們看到調和論者的言論雖有其局限性，但內中透出的理性認知、承認多元文化的寬容及改革意識

的務實態度是有善可陳的。新文化運動的領袖胡適就說過：要對歷史上的學說有一個還原的工夫，「還它一個本來面目，然後評判各家各人的義理的是非。不還他們的本來面目，則多誣古人。不評判他們的是非，則多誤今人。但不先弄明白了他們的本來面目，我們決不配評判他們的是非。」〔註10〕因此，評判文化調和論即應先對其進行研究，在學理上先作一客觀的梳理工作，才有利於我們更深入地認識這種思想，認識新文化運動時期思想界的互動與歧義。因此，進入調和論者的思想世界，理清他們當時的文化主張，明瞭他們有別於其它文化建設方案的異同，對於拓展思想史研究的視野，重新認識和評價歷史人物，反思歷史，反思以往的學術研究，加深作為動態的、具有豐富性的五四前後的思想界的認識，有助於我們更深入地進入歷史、接近歷史，以探尋思想界的起起伏伏及思想發展水平，在思想史上無疑是有歷史意義和學術價值的。

第二節　學術回顧

　　文化的走向問題實為近代中國思想論爭的核心問題，作為五四前後一種重要思想潮流的文化調和論，在經歷了一度的冷遇後，在當前尋找健康現代化之路的大背景下，不應該再處於「失語」狀態，深入發掘其思想質素具有多重意義。檢閱學術界的研究成果，可喜地發現，已有學者先行一步，作了篳路藍縷的探索工作，積累了可貴的學術資源。

　　迄今為止，尚沒有專門系統深入研究五四前後文化調和論之作，但關涉到這一問題的研究成果也為數不少。就筆者所收集的資料來看，對於新文化運動時期的文化調和論主要為國內學者所關注，個別臺灣學者和海外學者間有涉足，但多著力於政治調和思想的考察，主要在論述憲政改革主張時涉及。對於文化上的調和思想多在考察思想家個案時，提到其思想體系中有調和趨向，但並非重點，也缺少比較。綜觀相關研究，從整體上對調和論進行研究的成果不多，雖然個案研究略顯豐富些，但對這股文化思潮還未有一個豐滿的整體認知。在此擬從宏觀與微觀兩個層次對相關研究的基本情況作概略介紹。

〔註10〕　胡適：《〈國學季刊〉發刊宣言》，《國學季刊》第 1 卷第 1 號。另見歐陽哲生編：《胡適文集》第 3 卷，北京：北京大學出版社 1998 年版，第 10～11 頁。

一、五四前後文化調和論整體研究概況

人們普遍承認在五四前後的思想文化界出現了一種調和論的思想。但在激進主義高漲的近代中國，調和往往被視爲是兩面討好的折中主義而受到批判。對調和的表態，也往往先於對調和的屬性和內涵的探討。在眾多的討論和辯論中，對調和的評判比較多，對調和的內涵探討少。直到20世紀90年代，才有人突破以往的大批判態度，對調和論開始採取比較認眞和有價值的研究，對其思想特質及現代意義進行了探討。

對於五四前後的文化調和論，丁偉志先生1989年曾有專文論述，是文改變了過去對文化調和論作簡單否定的武斷態度，論述了「文化調和論」的思想內容、社會反應，並肯定了它的一些合理成分。丁偉志先生認爲，新文化運動的先驅們，其全部精力是放在打破舊道德，舊文化構成的精神桎梏上，而對中西文化可否結合和如何結合問題無暇顧及。而這個問題卻在「反對新文化運動的『文化調和論』那裡得到了比較細微的、卻又是病態的發揮」。他分析了民國初年文化的發展狀況，勾勒了新派如何從主張調和走向激進，舊派如何從不調和走向主張調和的變遷路徑。他認爲文化調和論是對新文化運動發起的挑戰，是「新文化運動不好對付的勁敵」，辜鴻銘、杜亞泉、梅光迪、章士釗等人是「反對新文化陣線的主力」，是「抗擊新文化運動的一種主要理論形態」。在丁先生看來，杜亞泉的調和論並不是不偏不倚，而是以「維護封建倫理綱常爲底蘊」，是新條件下的「中體西用」論。他把這一時期的文化論爭概括爲『文化調和論』與「文化取代論」之爭和「新舊雜糅說」與「新陳代謝說」之爭。新文化運動者論證了通過物質革新達到精神革新的必然和必要，也在批評調和論新舊雜糅說缺陷中進一步成熟起來。〔註11〕

高力克先生也較爲關注這一時期的調和論，並把它當作一種影響較大的思潮加以論述，他認爲「調和論是清末民初調適性現代化思潮的基本理論，民初調和思潮以杜亞泉、章士釗、李大釗、蔡元培等爲思想代表，其思想熔儒家中庸思想與英倫自由主義於一爐，在現代化與文化革新問題上，主張融合中西新舊與溫和漸進改革」，其有別於激進主義與保守主義之最深刻的特質，在於其理性而多元的中庸精神，它超越了歐化與國粹的對立，以其兼容新舊的中和性與循序漸進的穩健性，成爲啓蒙時代另一種獨

〔註11〕 丁偉志：《重評「文化調和論」》，《歷史研究》1989年第4期。

具價值的思想傳統。〔註12〕

　　劉黎紅認爲五四時期的文化調和論是一種保守主義者的文化創造原則，一種文化改造方案，曾和文化激進論者產生了重要的論爭，應予以關注。在研究中，她對東西文化調和以及新舊文化調和觀點的內涵作了梳理，認爲從清季到民初，東西調和是一個連續不斷的思想傳統，從最初的體用派到民初的梁啓超等都對東西文化的調和有所指呈。〔註13〕她還對五四時期文化調和論興起的外在刺激原因給予了關注，認爲調和東西文化是當時東西方許多學者的共同期待，這些外圍刺激影響了中國思想界，促使部分中國學者極力想找到中國在世界文化建設中的位置，而歐洲思想界的波動，則成爲中國文化調和論者有力的輿論支持。〔註14〕此外，她還認爲，進化論是調和論者的哲學基礎，其反對新思潮是緣於他們以注重實踐、自由與理性的態度來處理思想文化問題而造成的，應給予「同情的理解」。〔註15〕

　　此外，鄭大華先生的《論「東方文化派」》一文，對「東方文化派」的形成及特徵，與新文化派的文化論爭，與五四新文化運動的關係等幾個重大理論問題進行了深入的探討，雖然其著重點是探討五四時期的保守主義，但對「東方文化派」的文化調和特徵有所論述，並給予了客觀的評價，認爲他們在個性解放、對民主與科學的態度、輸入學理等方面，「並沒有全盤否認和反對五四新文化運動」，不能把他們與頑固守舊勢力相提並論。〔註16〕這種識見對於重新認識五四前後的文化調和論具有啓發意義，爲後學進一步拓展研究深度作了重要鋪墊。

　　需要注意的是，杜亞泉主編時期的《東方雜誌》，除了關注國際形勢，國家政治經濟，社會問題外，對中外學術思想，各種最新思潮都有及時的報導，特別是在文化上，努力以一種客觀理性態度對待新舊思想和東西文化，並與激進的新文化運動者展開論戰，大力提倡接續新舊，調和東西的文化主張，

〔註12〕　高力克：《民初調和思潮述論》，《教學與研究》1998年第5期。

〔註13〕　參見劉黎紅：《五四文化保守主義思潮研究》，北京：中國社會科學出版社2006年，第186～264頁；《「調和論」與文化改造的理論和實踐──「五四」文化保守主義思潮研究》，南開大學2003年博士論文。

〔註14〕　劉黎紅：《五四時期中西文化調和論的互動──兼論五四時期中國文化調和論興起的外在刺激因素》，《山西大學學報》（哲社版）2002年第4期。

〔註15〕　劉黎紅：《天演的法則：章士釗、杜亞泉論「新舊調和」》，《錦州師範學院學報》2002年第4期。

〔註16〕　參見鄭大華：《民國思想家論》，北京：中華書局2006年版，第343～389頁。

使《東方雜誌》成爲五四前後主張文化調和論的主場地。但長期以來,《東方雜誌》因與《新青年》展開過東西文化論戰而被視爲新文化運動的反對者,沒有得到應有的重視。有之也多爲報刊史中的介紹性文字,對其思想文化上的成績關注不夠。就筆者所接觸的資料來看,最早從整體上研究《東方雜誌》的是臺灣學者黃良吉於 1969 年出版的《東方雜誌之刊行及其影響之研究》一書。該書從傳播學的角度對《東方雜誌》在近現代時政批判、文化建設、引進新知等方面的貢獻,以及超然的獨立品格進行了細緻的研究。開啓了對《東方雜誌》的整體性研究。之後,大陸學者對《東方雜誌》也開始關注,除了對東西文化論戰這個問題特別關注外,〔註 17〕一些學者開始通過關注《東方雜誌》在不同時段的言論來透析其對一些重大話題的理解與立場:如對 1915 年前後「國家主義」的關注與立場,〔註 18〕對五四前後「賢人政治」的讚賞,〔註 19〕對法西斯主義的初步認識與複雜心態,〔註 20〕以及《東方雜誌》上的廣告藝術與都市文化空間形成的關注等,〔註 21〕開始凸顯出《東方雜誌》在近現代思想史與文化史上的特殊地位。近年來,有學者開始從構建公共輿論空間的角度對《東方雜誌》進行深入研究,洪九來的《寬容與理性——〈東方雜誌〉的公共輿論研究(1904～1932)》即是這方面的深入之作。該書對 1904～1932 年間的《東方雜誌》進行了考察,通過研究辦報人員及辦刊理念的流變,刊物作者群的構成和基本傾向,深入分析了《東方雜誌》如何依靠一批固守著理性、寬容、多元、漸進、調和等基本價值觀念的知識分子,構造了一個溫和的自由主義公共空間的努力。〔註 22〕該書也在一定程度上論及了《東方雜誌》所表現出來的文化調和論傾向,但主要是從構建公共輿論空間著眼,以論證《東方雜誌》的自由主義立場爲目的,對五四前後文化調和論的具體內涵、理論得失,特別是它的調和論趨向與新文化運動的關係沒有論及。

〔註 17〕 參見朱文華:《也來重新審視陳獨秀與杜亞泉的東西文化論戰》,《近代史研究》1995 年第 5 期。陳秀萍:《重評陳獨秀與杜亞泉的東西文化論戰》,《中共黨史研究》1996 年第 3 期。
〔註 18〕 參見韓毓海:《1915 年:復辟時期的文化界》,《讀書》1997 年第 5 期。
〔註 19〕 參見朱志敏:《五四時期的兩種民主》,《教學與研究》1998 年第 3 期。
〔註 20〕 參見徐有威:《二十年代中國知識界眼中的法西斯》,《黨史研究與教學》1997 年第 4 期。
〔註 21〕 參見李歐梵:《上海摩登——一種新都市文化在中國》第二章,北京:北京大學出版社 2001 年版。
〔註 22〕 參見洪九來:《寬容與理性——〈東方雜誌〉的公共輿論研究(1904～1932)》,上海:上海人民出版社 2006 年版。

二、個案研究情況

　　相對系統論述的單薄情況而言，個案的研究略爲豐富一些。近年來對杜亞泉、章士釗、李大釗等人的調和思想都有人論及，使調和論的思想價值開始顯現出來，逐漸受到學術界的關注。下面分別介紹相關研究情況。

（一）關於杜亞泉調和論的研究

　　長期以來，杜亞泉這位新文化運動時期的著名科學啓蒙者、思想家、《東方雜誌》主編、文化調和論者，因其與文化激進主義者發生過激烈論爭，而被主流意識形態認爲是守舊派人物，沒有得到應有的關注。除了他逝世後有幾篇悼念文章外，直到 20 世紀 80 年代後期，在學術界反思「文化激進主義」和「現代化弊端」的大背景下，一批曾被定性爲文化保守主義者的思想家，或是所謂溫和主義者，開始得到新的重視；而一度被定性思想水準不脫「中體西用」模式的杜亞泉，開始重新躍入人們的視野。1993 年，《杜亞泉文選》的出版及其誕辰 120 週年學術研討會的召開，〔註 23〕加上 1999 年，《一溪集——杜亞泉的生平與思想》一書的出版，使他的思想漸爲世人所關注，相關研究也漸趨深入。在資料的整理上，2003 年，許紀霖、田建業又在《杜亞泉文選》的基礎上編著了《杜亞泉文存》，2007 年《杜亞泉著作兩種》（包括《博史》和《人生哲學》）也出版了。這些資料的整理爲研究提供了方便，無疑有利於對杜亞泉思想進行深入研究。

　　在他的思想研究方面，王元化先生的《杜亞泉與東西文化問題論戰》，是一篇較爲深入、公正的研究文章。是文力闢舊論，首次把杜亞泉定爲「不僅是啓蒙者，也是一位自由主義者」，並對其溫和漸進的改革主張予以了肯定。王元化先生在談到杜亞泉思想長期得不到重視的原因時說道：「百餘年來不斷更迭的改革運動，很容易使人認爲每次改革失敗的原因，都在於不夠徹底，因而普遍形成了一種越徹底越好的急躁心態。在這樣的氣候之下，杜亞泉就顯得過於穩健、過於持重、過於保守了。」〔註 24〕他認爲，杜亞泉與陳獨秀等文化激進主義者所展開的東西文化論爭，對東西兩種文化傳統作了周詳的剖析，並提出了各自的看法，爲後人思考文化的建設問題提供了思想的借鑒，

〔註 23〕1993 年 11 月，上海歷史學會於杜氏故里紹興上虞，舉行了紀念杜亞泉誕辰 120 週年暨學術研討會。

〔註 24〕王元化：《杜亞泉與東西文化論戰》，許紀霖、田建業編：《杜亞泉文存》，上海：上海教育出版社 2003 年版，第 5 頁。

「實開我國文化研究之先河」〔註25〕。同時，王元化先生在文中還提及到了東西文化論爭中出現了激進與調和論的辯難現象，而杜亞泉即為調和論的代表人物，惜其篇幅所限，他沒有展開論述，但為我們進一步認識和深入杜氏思想世界打開了一扇窗。在鄭師渠、史革新的《近代中西文化論爭的反思》一書中，對杜亞泉的調和論有所提及，並作出了基本肯定的評價，認為杜氏的文化主張並沒有違背對科學和民主的追求，只是較為穩健而已。〔註26〕但此書是從反思文化論爭的角度提及調和論的，沒有對之進行專題分析。高力克先生也在反思東西文化論戰中，對杜亞泉與陳獨秀的東西文化論爭作了重新認識，指出陳、杜在文化識斷上存在著「社會進化論與文化多元論」、「現代化與精神傳統」、「西化主義與文化調和」的區別，在文化發展路徑上一個取「創造」的激進路線，一個取「守成」的穩健路線。相較而下，認為杜亞泉融合中西的調和論「更為中正理性，而獨具深邃恒久的思想價值」。給予了杜氏很高的評價。但該文只是提出了結論，並沒有對杜氏的調和論有詳細的介紹和梳理。〔註27〕1998 年，他又進一步研究了杜氏思想中的「調適」色彩。他首先把杜亞泉定性為「儒家自由主義」，這種提法是否恰當，另當別論，但卻是對杜氏以往定位的一個駁正。此書力圖揭示出杜氏在政治、文化上的「調適的智慧」，從而抉發出杜氏調適思想的來源，這在他的導言中有明確的表述：「通過杜亞泉思想個案的研究則進一步證明，中國思想中的中庸思想、陰陽學說、寬容精神和不可知論，是民初自由主義調適思想的重要本土思想資源。近代中國調適思想之中西交融的特性，既表明中國思想與英倫自由主義的親和性，也規定了中國自由主義的本土思想限度。」〔註28〕此外，高先生在 2003 年所出的《五四的思想世界》一書中，對調和論也有所論述：認為其啓蒙思想承嚴復英倫思想傳統之餘緒，對民國政治文化的現代化，持溫和漸進的自由主義方針，其它諸如對宇宙、社會、人生，以及中國政治、經濟、文化、道德諸層面的思考，也無不以「調和」立論。〔註29〕其觀點是對前書

〔註25〕 王元化：《杜亞泉與東西文化論戰》，許紀霖、田建業編：《杜亞泉文存》，上海：上海教育出版社 2003 年版，第 10 頁。

〔註26〕 參見鄭師渠、史革新：《近代中西文化論爭的反思》，北京：高等教育出版社 1991 年版；鄭師渠：《論杜亞泉與新文化運動》，《北京師範大學學報》（社會科學版）1994 年第 2 期。

〔註27〕 高力克：《重評杜亞泉與陳獨秀的東西文化論戰》，《近代史研究》1994 年第 4 期。

〔註28〕 高力克：《調適的智慧》，杭州：浙江人民出版社 1998 年版。

〔註29〕 高力克：《五四的思想世界》，北京：學林出版社 2003 年版，第 5 頁。

的再次強調。高先生是第一個系統研究杜氏調和論的學者，把杜氏研究推向了深入。但也還有不少問題可以深入思考與再考察，比如杜亞泉的調和論並不是他一個人的孤獨吶喊，把杜亞泉的文化調和論與其他調和論者的主張放在一起來相互比較，更能揭示這種思潮的意義與價值。高先生對杜氏的調和思想有詳細的介紹，但對其思想內容與特質則沒有提煉，使我們對調和論終未能有一個系統的認知。且是書以西方學者墨子刻的「轉化」與「調適」的研究範式來考察杜氏的調和論，似有生硬套用西方理論框架之感。他的哲學根基讓其分析很有思辨力，但因對五四時期的思想界缺乏整體的考察，存在過於偏愛研究對象的傾向，對杜亞泉的文化調和論持一種全面肯定態度，有待商榷。

　　此外，劉忠潤研究了杜亞泉的文化思想，認為他在當時「『醉心歐化』與『頑固守舊』二派之間，標『調和趨新』之異幟，發現代新儒學之先聲」。〔註30〕還有一些論者也關注到了杜亞泉的調和論，並對其中的合理因素作了基本肯定的評價。某些學者還對杜氏調和論中的思想方法有所涉及。還有學者探討了杜亞泉調和論對傳統文化的認知。為我們進一步深入探討杜亞泉的文化調和論提供了借鏡。〔註31〕但總的來說，這些研究都是把杜亞泉的調和論看作是一種對新文化運動的反動，且限於篇幅，論述不夠全面、深入，多是在討論東西文化論爭時間有涉及，缺乏比較的視角，對客觀認識杜亞泉在新文化運動時期思想史上的地位難免存在不準確之處。有必要對之進行更深入的探討。

（二）關於章士釗調和論的研究

　　章士釗是一個比較特殊和複雜的歷史人物。一生活了92歲，經歷了晚清、民國和新中國三個不同時代，其一生行誼中可道及之處甚多，既辦刊從政，也為學著書，且都有不俗影響。同時他還與諸多負有盛名的人物如岑春煊、

〔註30〕　劉忠潤：《杜亞泉的文化思想》，《傳統文化與現代化》1991年第2期。
〔註31〕　參看鍾華：《杜亞泉文化思想初探——兼論五四新文化運動的論爭》，《史學月刊》1994年第5期；劉黎紅：《「調和折衷」在杜亞泉思想中的方法論意義》，《聊城師範學院學報》（哲學社會科學版）2001年第6期；余華林：《杜亞泉的文化調和論評析》，《首都師範大學學報》（社會科學版）2003年增刊；胡文平：《試析杜亞泉「動」、「靜」觀念》，《青海社會科學》2004年第3期；張衛波：《論五四時期東方雜誌文化派的文化調和思想——兼論東方雜誌文化派的孔子觀》，《北方論叢》2004年第4期；伏炎安：《重評杜亞泉的東西文化調和觀》，《吉首大學學報》（社會科學版）2005年第2期。

孫中山、段祺瑞、李大釗、陳獨秀、胡適、毛澤東等皆有著不同尋常的交往關係。他一生從政而不加入任何黨派，思想前後轉變較大，先激進後調和，轉變後一直堅持己意，不隨波逐流。前期在政治上持激進主義，從日本、英國留學回國後，面對國內政治狀況和思想上的混亂局勢，在政治上主張憲政，在思想上反對激進的新文化運動，提出文化上的「新舊調和論」，因此受到四面聲討。但他一直堅守立場，還提出了以農立國的主張，和當時主流思潮格格不入，從當時一直到 20 世紀 80 年代之前都是受批判的對象。關於他的研究並不多，且基本集中於他的生平事迹和政治思想的研究。其相關研究成果，可參見鄒小站《章士釗社會政治思想研究（1903～1927）》，其前言有很詳細的綜述。〔註32〕

相對於政治思想的研究而言，他的文化思想更少有人涉及。長期以來，受革命思維評價體系的影響，章士釗的文化思想一直隱而不顯，特別是他的調和論，因被認爲是與新文化運動唱反調而長期被否定。而調和論是章士釗重要的哲學基礎之一，不瞭解這一點，對於他的政治主張和文化主張便很難眞正有所理解。這方面港臺學者要意識得早些。吳相湘先生曾作文《章士釗倡「新舊調和論」》，對章士釗的一生活動及成就得失進行了總結，其中也提到了他的調和論，認爲其調和論「反對新文學運動，新文化運動，反對『歐化』，以及白話文」，影響很大，所主辦的《甲寅》周刊則有力地配合了他的文化主張。不過，吳先生並沒有一概否定章士釗，而是把章士釗與頑固的守舊主義者作了區分，認爲其言論「比林紓、胡先驌等人的言論要強有力得多」，「其力量與影響是不可輕視的」，《甲寅》也並不是扼殺新文化的反動刊物。可惜該文只是點及而止，沒有展開論述。〔註33〕沈松僑的《五四時期章士釗的保守思想》，認爲章士釗後期思想的保守，即反對新文化運動的思想理論來源於西方的工具理性，思想前後的變化是基於對西方知識的理性認知，並不是以情感爲動因。認爲章士釗的新舊調和論是一種思想上的倒退。〔註34〕

在大陸，最早是丁偉志先生在《重評「文化調和論」》一文中，一反以往對章士釗「新舊調和論」簡單否定的論式，分析了其中的合理因素並予以肯

〔註32〕 鄒小站：《章士釗社會政治思想研究（1903～1927）》，長沙：湖南教育出版社 2001 年版，第 1～11 頁。

〔註33〕 吳相湘：《民國百人傳》第 3 冊，臺北：傳記文學出版社 1971 年版。

〔註34〕 沈松僑：《五四時期章士釗的保守思想》，《中央研究院近代史研究集刊》第 15 期。

定。〔註 35〕之後，章士釗研究似乎又沉寂了。直到近一二十年，隨著學術界
自由討論空氣的增強，相關研究逐漸細化展開，章士釗的文化思想，特別是
他的調和論，開始得到一些學者的關注，又陸續出現了一些研究成果。李華
興研究了《甲寅》時期章士釗的思想，認爲他經歷了從早期的傳播歐洲思想
到後來回歸傳統文化的轉變。該文認爲，隨著年事的增長，閱歷的加深，對
現實觀察的深入，對西方文化弊病的認知以及對傳統文化中優點的發掘，使
章士釗產生了對西方文化認同的危機，而這種危機在民初政治混亂和一戰的
影響下得以加強，從而出現了思想上對傳統文化從離異到回歸的轉變。在評
價這一轉變時，作者認爲在傳統思維定勢的影響下，人們往往忽視章士釗在
前《甲寅》時期的積極意義，對於後《甲寅》時期的思想又一筆否定，這是
有失公允的。事實上，章士釗的思想認識經歷了從宣揚西方到回歸傳統的轉
變，雖然被目爲倒退，守舊，但這正是他的文化守成主義的表現，是對新文
化時期反傳統激進主義的一種「補偏糾弊」。〔註 36〕浮新才通過考察《甲寅》
月刊時期章士釗的政論，從西方政治思想淵源來探究了章士釗調和論的發
展。認爲章士釗吸收了西方的政治思想，並「利用調和論來宣傳政治上的民
權、法治、民主和政治寬容的基本原則」，這種以調和論爲形式的政治理論，
關注的焦點，不是制度的外形，而是它的精神。〔註 37〕該文主要關注的是章
士釗政治調和論的積極意義和缺陷。周基琛從保守主義的角度分析了章士釗
文化思想的轉變和新舊調和論的形成。〔註 38〕此外，郭雙林還探討了章士釗
對中國近代的文法體系的建立，開始注意章士釗的學術貢獻，推進了對章士
釗的認識與研究。〔註 39〕

　　鄒小站在其博士論文基礎上修改而成的專著《章士釗社會政治思想研究
（1903～1927）》一書，雖然主要研究的是章士釗的社會政治思想，但由於
文化與政治的不可分離性，也涉及到了章氏的調和立國論和新舊調和論，並
作了有見地的分析。他認爲章士釗的「調和立國論」是一種民主政治的理想，

〔註 35〕丁偉志：《重評「文化調和論」》，《歷史研究》1989 年第 4 期。
〔註 36〕李華興：《從傳播歐洲思想到回歸傳統文化——〈甲寅〉時期章士釗思想研
　　　　究》，《史林》1996 年第 1 期。
〔註 37〕浮新才：《章士釗〈甲寅〉（月刊）時期政論研究——以調和論爲中心》，《清
　　　　華大學學報》（哲學社會科學版）1999 年第 3 期。
〔註 38〕周基琛：《章士釗的保守主義文化思想》，《北方論叢》2001 年第 4 期。
〔註 39〕郭雙林：《章士釗與中國近代文法體系》，《中州學刊》2000 年第 2 期。

體現了強烈的精英政治意識，雖然在當時沒有得到多數人的認同，但作爲一種理論是有價值的。對於章氏的「新舊調和論」，該書也以辯證的思維進行了分析，認爲章士釗所提出的「移行」的調和論沒有認清新舊與變革之間的關係，但他提出傳統中有著適合古今的「通性」的提法，卻是合理的認知。〔註40〕鄒小站還對章士釗《甲寅》時期自由主義政治思想進行了評析。認爲這一時期，章士釗以功利主義理論系統地清理國家與個人的關係，批駁專制集權理論，捍衛民主政治的價值，提出了調和立國論。他指出章士釗一方面十分關注國家的強大，一方面又關注個人的自由權利；一方面認定中國應當走民主政治的道路，一方面又爲中國的現實條件所困；一方面希望中國能夠以和平有序的方式實現政治的轉型，一方面又在現實的逼迫下承認革命的正當性。〔註41〕

對章士釗的調和論作更集中論述的是郭華清，先後撰寫了《評章士釗「以農立國」論》，《章士釗的文化保守主義理論——新舊雜糅調和論》等文，他把章士釗的文化觀總結爲「新舊雜糅調和論」，並持基本否定的觀點，認爲章士釗的新舊雜糅調和論雖有一定的合理性，但其「逆時性和落後性自不待言，特別是他的以農立國論，更具有濃重的復古倒退色彩。」〔註42〕他還對章士釗的調和論與中國傳統的關係作了研究，認爲中國傳統文化中「和而不同」的理念，對立統一的思維及中庸思想影響了章士釗的調和論的形成。〔註43〕之後他在前期研究成果的基礎上，寫成《寬容與妥協——章士釗的調和論研究》一書，這是第一部以章士釗的調和論爲研究對象的專著。該書認爲調和論是章士釗的哲學基礎，浸透在章士釗思想和行動的方方面面。全書對章士釗調和論的涵義、發展歷程及東西方文化對章士釗調和論形成的影響、章士釗調和立國論對袁世凱專制行爲的批判和對民初政治模式的設計、章士釗新

〔註40〕 參見鄒小站：《章士釗社會政治思想研究（1903～1927）》，長沙：湖南教育出版社 2000 年版，第 137～150 頁。

〔註41〕 鄒小站：《章士釗〈甲寅〉時期自由主義政治思想評析》，《近代史研究》2000年第 1 期。

〔註42〕 參見郭華清：《評章士釗「以農立國」論》，中山大學孫中山研究所編：《孫中山與近代中國的改革》，廣州：中山大學出版社 1999 年；郭華清：《章士釗的文化保守主義理論——新舊雜糅調和論》，《學海》2000 年第 5 期。

〔註43〕 參見郭華清：《章士釗的調和論與中國傳統文化》，《廣東大學學報》（社會科學版）2002 年第 11 期；郭華清：《〈甲寅〉時期章士釗的哲學思想——調和論》，《中山大學學報》（社會科學版）2000 年第 3 期。

舊調和論與新文化運動的對立，及與當時的其他調和論者的關係等作了研究，對章士釗的調和論作了較爲全面的梳理，也提出了許多有見地的觀點，對章士釗政治上的調和立國論作了客觀的評價。作者認爲，「章士釗的調和立國論，認定調和不僅是中國政治實現平穩有序進化的必由之路，更是中國民主憲政建設的心理基礎，這就深化了人們對民主憲政的認識，也將民主思想的啓蒙引向更深的層次」。「但將調和精神的培植當作憲政建設的根本道路，則有失偏頗」，而「他的唯心主義的英雄史觀和精英主義政治觀也加重了這一偏頗」。這種認識是深刻的。但作者認爲章士釗新舊調和論的實質是「回歸傳統的保守主義」，其主要表現即是與「新文化運動主張的對立」以及「以農立國論」的提出。該文認爲這是章士釗在思想上的倒退。〔註44〕對於章士釗的新舊調和論是不是就是一種全面反動，復古和倒退，是不是就與新文化運動完全背道而馳，我認爲是可以商榷的。

　　此外，滕峰麗的碩士論文《從前、後〈甲寅〉看章士釗的思想轉變（1914～1927）》，關注到了章士釗對新文化運動態度前後的不同，認爲章士釗在《甲寅》月刊和《甲寅》日刊時期以調和求進步，對新文化運動採取的是溫和的討論態度，《甲寅》周刊時期則全面走向反動。〔註45〕但對其變化的原因沒有詳細論證，而她以進步與反動來定性的內在範式，從思想史的角度來看未必盡然。曹順仙關注到了章士釗在政治思想上有一個從尙異到調和的線索，認爲這個變化看似矛盾，實爲對西方政治制度認知的一種邏輯統一。〔註46〕但只分析了他的政治思想，而未論及文化調和論。

（三）關於李大釗調和論的研究

　　翻檢李大釗的相關研究成果，主要集中在 20 世紀 90 年代之前，無論是傳記作品還是資料選編，都著重於其政治思想與史學研究方面，而政治思想又把關注點放在他的革命思想及馬克思主義思想上。〔註47〕由韓一德、王樹棣整理的《李大釗研究論文集》，分爲上、下兩冊，收集了從 1927 年至 1983

〔註44〕　郭華清：《寬容與妥協——章士釗的調和論研究》，天津：天津古籍出版社 2004年版。
〔註45〕　滕峰麗：《從前、後〈甲寅〉看章士釗的思想轉變（1914～1927）》，武漢：華中師範大學 2004 年碩士學位論文。
〔註46〕　曹順仙：《從尙異到調和——章士釗政治思想的基本線索》，《徐州師範大學學報》（哲學社會科學版）1999 年第 4 期。
〔註47〕　參見《李大釗傳》編寫組：《李大釗傳》，北京：人民出版社 1979 年版。

年間相關文章八十餘篇，基本上都是對他的政治思想、哲學宗教思想、社會經濟思想及史學思想作介紹，提到哲學思想時，也只單純地涉及他的唯物主義思想。〔註48〕眞正從思想史的角度而盡量避免摻雜意識形態觀念研究李大釗的是郭湛波，他在1935年出版的《近五十年中國思想史》一書中，肯定了李大釗在思想史上的地位，開篇即說道：「中國近五十年思想史第二階段之代表人物，除陳獨秀，胡適外，就算李大釗先生」。他認爲李大釗是「近五十年中國思想史上第一流的思想家。他的思想之深切、一貫，遠非他人所可比及。一方破壞舊的思想，一方建設有體系的新思想，中國今日的思潮……中國近五十年思想史的第三階段，即由李先生立其基而導其先河」，又進一步強調「李守常先生在中國近五十年思想史上的貢獻，非他人所可比及；其貢獻不只破壞傳統中國舊的思想，同時對於西洋思想亦加以攻擊；而建立一種系統的，深刻的，新的思想」。〔註49〕關注到李大釗作爲思想家的一面，並對他的中西文化觀有所觸及，但也僅是提及而已，更忽視了李氏文化觀中的調和思想。而李大釗的調和思想在五四時期是很有特色且具有典型性的。遺憾的是，由於人們在解放後長期受革命史觀的影響，只強調李大釗作爲革命家、馬克思主義者的一面，幾乎遺忘了他作爲文化哲人、學者的一面。其調和論的思想主張也因革命研究範式的影響被故意弱化。這既不利於我們全面、深入地認識作爲思想家的李大釗，更會影響我們對歷史人物複雜的思想面相及整體形象的瞭解與認識。

　　龐樸很早就注意到了這個現象，並把李大釗定爲折中調和派的代表，認爲李大釗主張中西文化調和的主張，雖有些偏左，但卻是一個「了不起的文化識斷」，其思想「多少接觸到了一些文化的多元論」。〔註50〕不過，該文對李大釗的文化調和觀僅點到爲止，沒有更多的介紹。張寶明認爲李大釗講調和是主張東西文化的並存競立，並非融合折中。認爲李大釗的文化設計，對全盤西化和保存國粹的一元論者來說，強調二者的兩存相讓，相反相成，以多元取代一元獨尊的文化心態，體現了一種文化多元及開放的意識。〔註51〕

〔註48〕 參見韓一德、王樹棣：《李大釗研究論文集》（上、下），石家莊：河北人民出版社1984年版。

〔註49〕 郭湛波：《近五十年中國思想史》，濟南：山東人民出版社1997年版，第111，125頁。

〔註50〕 參見龐樸：《傳統文化與現代社會》，《文化的民族性與時代性》，北京：中國和平出版社1988年，第187頁。

〔註51〕 張寶明：《「調和」而非「折中」——李大釗文化思想摭論》，《東南文化》1993年第6期。

同時，張寶明還意識到「李大釗從資產階級民主主義者到無產階級社會主
義者轉變的精神歷程，是學術界多年注重的思想命題，但人們往往忽視了
李大釗前期的『調和』思想」。他認為李大釗的調和論主張「對抗力」的存
在，這正是一種對一元獨尊的反動，是自由主義思想的核心所在。〔註 52〕
有學者認為五四時期的調和派可分為以杜亞泉、章士釗為代表的主流調和
派，和由李大釗獨樹一幟的革新調和派，並分別對其調和論主張的內涵作
了比較分析，認為李大釗的文化調和主張在文化啓蒙上與新文化運動並無
二致。並認為李大釗對第三種文明的期待並不和他的社會主義理想相衝
突，而是與他的社會進化觀相一致的「價值目標」的自然生成。〔註 53〕這
些研究對李大釗的調和論作了可貴的探討，但尚缺乏全面的細緻之作。事
實上，李大釗在 1914 年至 1919 年期間發表了一系列的調和論主張，並在
當時的思想界產生了不小影響。相關文章主要有：《政治對抗力之養成》
（1914 年 11 月 1 日）、《第三》（1916 年 8 月 17 日）、《青春》（1916 年 9
月 1 日）、《矛盾生活與二重負擔》（1917 年 1 月 10）、《調和之美》（1917
年 1 月 29 日）、《調和之法則》（1917 年春）、《青年與老年》（1917 年 4 月 1
日）、《動的生活與靜的生活》（1917 年 4 月 12 日）、《政治之離心力與向心
力》（1917 年 4 月 29 日）、《闢偽調和》（1917 年 8 月 15 日）、《今》（1918
年 4 月 15 日）、《新的！舊的！》（1918 年 5 月 15）、《調和剩言》（1918 年
7 月 1 日）、《東西文明根本之異點》（1918 年 6～7 月）、《最有力的調和者
──時代》（1919 年 11 月 2 日）、《物質變動與道德變動》（1919 年 12 月 1
日）等，都直接體現了李大釗的調和論思想。其它相關論述中也間接有所
表述，即使在他的關注點轉向政治思想及實踐方面後，對於文化的認知，
對於政治的主張中，調和思想並沒有一下子就被截斷，其思想中仍膠著著
調和的底色。但如前所述，長期以來李大釗的革命形象已經掩蓋了他作為
思想家的一面。他的調和論實際上被有意無意地隱沒了，即使有之，也多
只提及他曾有過相關言論，卻沒有深入的下文。雖然上面提到的一些研究
也不乏客觀的探究，但對於李大釗調和論的內涵、具體主張、理論背景及
影響等問題仍未見到詳細探索之文。

〔註 52〕張寶明：《調和與獨行──李大釗從保守與激進的邏輯依據 1914～1921》，《史
　　　　學月刊》2004 年第 1 期。
〔註 53〕胡建：《李大釗文化調和論芻議》，《天津社會科學》1995 年第 2 期。

（四）其他重要調和論者的相關研究

五四前後，在文化上主張調和的思想者還有不少，比如梁啓超的調和思想，臺灣中央研究院的黃克武先生就作了深入研究，並有專著《一個被放棄的選擇——梁啓超調適思想研究》。該書以梁啓超的《新民說》爲基本史料，並運用墨子刻先生的「轉化與調適」的理論，分析了梁啓超在清末的思想變遷及其意義。認爲從中國近代思想發展的趨勢來看，梁氏代表的是溫和漸進的「調適」思想，而與譚嗣同、孫中山等人主張的激烈變革的「轉化」思想有所不同。他認爲 20 世紀初的中國，思想界處於一種「調適」與「轉化」的抉擇關頭，開始勢力相當，其後多數人放棄了梁啓超的「調適」思想，而選擇了「轉化」主張。而這一思想的變遷，並配合其它外在因素，造成了近百年的革命與混亂。〔註 54〕此外，也有研究者注意到了蔡元培、張東蓀思想的調和特徵。熊呂茂、伏玲認爲蔡元培的調和思想受傳統文化特別是中庸思想的影響。具體體現在他溫和的政治主張，兼容並包的辦學理念，「五育並重」的教育思想，融會中西的文化觀及「和而不同」的民主思想等幾個方面。但太過粗略，思想剖析不夠深入。〔註 55〕王瑞芳、左玉河則分析了張東蓀曾在新文化運動早期，反對章士釗的調和論，但 40 年代後又認同的原因，在於他認爲新文化運動時期是文化輸入時期，不能調和，40 年代文化輸入已不是問題了，於是可以談調和，從而又和章士釗的調和論主張相一致了。〔註 56〕當然，這一時期主張文化調和的人並不止於這幾個人，其他學者，如常乃惪、黃遠庸、高一涵、陳嘉異、朱調孫、張恨水、李劍農等人也有不同程度的調和言論，但就筆者所見資料，尙無人對他們的調和論作專題考察。

鑒於文化調和論在五四前後思想界的重要性、在當前文化發展中的理論與現實意義及目前對文化調和論尙缺乏整體瞭解的現狀，本書試圖以五四前後提倡文化調和論的主帥及主要言論場《東方雜誌》爲考察中心，並旁及其他重要調和論代表人物，由點及面地從整體上反映出這一時期文化調和論的主張和思想水平。

〔註 54〕 黃克武：《一個被放棄的選擇——梁啓超調適思想之研究》，北京：新星出版社 2006 年版。
〔註 55〕 熊呂茂、伏玲：《論蔡元培的調和思想及其現代啓示》，《長沙大學學報》2007 年第 3 期。
〔註 56〕 參見王瑞芳、左玉河：《「化衝突而爲調和」——40 年代張東蓀的中西文化觀》，《安徽史學》1997 年第 4 期。

第三節　研究內容

一、研究對象的界定

（一）研究時限的選擇

選擇五四前後這一特殊歷史時段來研究文化調和論，一是因為這一時期的思想顯得動態而複雜，放在這一大的背景下，更能在比較中展示出思想的價值。二是因為這一時期是杜亞泉提倡調和論最有力的時期，也正是他主編《東方雜誌》的十年（1911～1920 年），同時也是五四新文化運動蓬勃開展的時期。此階段，杜亞泉及章士釗等人明確提出了東西文化調和與新舊調和的主張，並進行了較為系統的理論闡述，吸引了一批思想上的同仁，與《新青年》派展開重要論爭，成為當時一種重要的思想言論。可以說，文化調和論，是在東西文化論爭的大背景中日漸成熟系統起來的，並在五四前後的爭論中形成高潮，影響深遠。需要說明的是，「五四時期」本是一個較為模糊的概念，並沒有嚴格的界定，有人認為僅指「五四事件」以後的幾個月，也有人認為是指其後的幾年。有人認為這一時代始於 1915年《新青年》創刊，終於 1923 年科玄論戰。也有人把這個時代延伸到 1925年的「五卅慘案」。眾說紛紜，一直未有定案，而周策縱先生則主張把時間大致定於 1917 年年初至 1921 年年底的五年時間。其原因在於 1917 年，新起的思想界人物，以《新青年》雜誌和國立北京大學為中心，團結他們的力量，發起了新思想和新文化改革，而 1921 年以後，運動多已發展為直接政治行動，以後幾年裏，思想改革和社會改革多多少少遭受忽略，所以，他把「五四時代」定在 1917 年到 1921 年這段時期之內。但他同時也申明，「五四運動」是一個複雜的運動，因此，在時間上也不應作嚴格的限定，在分析問題時會碰到上伸下延現象。應把「五四運動」看作歷史整體發展過程中的一個階段，是中國在適應西方勢力過程中的一個重要階段。〔註 57〕這一時期正是新文化運動開展得如火如荼之際，為了尋求中國文化的出路，思想領域出現了一系列的文化論爭，各種文化方案紛至沓出，相互論爭，形成了思想界空前的活躍局面。本書在時間段上認同周先生的觀點，以 1917 年至 1921 年為限對文化調和論進行考察。但歷史的進程及思想的發展是一個連續的過程，在實際考察中也並非僵化地一刀切，因而在研究

〔註 57〕參見〔美〕周策縱：《五四運動史》，長沙：嶽麓書社 1999 年版，第 6～8 頁。

中，根據需要會作一些上下延展，材料的取捨難免會有溢出範圍之處。

（二）研究對象的界定

五四前後，正是中國文化的重要轉型階段，一方面要面對外來文化的衝擊，另一方需要處理自身新舊的衝突問題。這種狀況引起了思想家們的嚴肅思考。其間觀點分疏不一正體現了這種文化現象的複雜性。此時的思想界，各種思潮爭論不斷，其中在文化發展路徑上，西化論、守舊論及調和論思考不一，論爭屢起。不過，他們雖然在論爭中各存己見，眾說紛紜，甚至「往往抱一種『擂臺比武』的心理，強化勝敗」，〔註58〕好走極端，但仔細考察他們的文化思想，其實主張全盤西化與固守舊制的極端觀點只有極少數人，多數人都承認文化的東西互補和新舊接續，只是層次有差別，程度有深淺。這種思想史現象有如羅志田先生所觀察：「除了主張連中國文字都廢棄的極端歐化派，餘人多能接受國粹與歐化的某種調和，所不同的更多是在調和的程度和各自的比例等方面」。〔註59〕此種現象也如羅志希在談到科學與玄學不能強分陣營，而應相互結合時所言，只有那些『『一孔之士』，或好發『牛勁』的先生們，蔽於感情和成見，有時不肯公開承認罷了」〔註60〕一樣。美國哈佛大學教授史華慈在《論保守主義》一文中也談到這種現象，他認爲保守主義、自由主義、激進主義，「這三項主義大致同時出現的事實，恰足以說明他們在許多共同觀念的同一架構裏運作」。〔註61〕如此看來，當時思想界有影響的幾大派別，在文化主張上都有調和的傾向。因此所謂的不同文化派別之間，其界限並非涇渭分明，實際上存在諸多相互交叉之處。這無疑增加了近代思想文化界的複雜，但可以肯定的是，西化、保守及調和等不同思想主張之間，並非進步與倒退的對立關係。保守的審慎態度與追求進步的熱情需要「調和」，使人類的活動、社會的發展「不致於過分大膽或輕率，也不致於過分愼重或遲延」，「否則就會招致禍害」。〔註62〕從而使「調和」成爲社會發展的常態。

〔註58〕 羅志希：《科學與玄學》，北京：商務印書館1999年版，第10頁。
〔註59〕 羅志田：《溫故知新：清季包容歐化的國粹觀》，《中華文史論叢》2001年第2期。
〔註60〕 羅志希：《科學與玄學》，北京：商務印書館1999年版，第151頁。
〔註61〕 〔美〕史華慈：《近代中國思想人物論——保守主義》，臺北：時報文化出版事業有限公司1980年版，第20頁。
〔註62〕 〔英〕休·塞西爾：《保守主義》，杜汝楫譯，北京：商務印書館1986年版，第9頁。

　　因此，就作者的理解而言，所謂文化調和論，有廣義狹義之分。從廣義上講，主要指五四新文化運動時期，為實現文化的近代轉型，就如何處理東西文化與新舊文化問題而形成的一種文化觀。這種文化觀主張融合東西，接續新舊，以生成一種適應現代社會發展的新文化。從當時思想界的言論上觀察，國人在歷經了晚清多次頓挫後，對西學的容納氣度和範圍逐漸加深。這一時期的思想史光譜是複雜而交錯的，從某種意義上說，此時的各派在文化主張上都不拒絕調和，但因受現實政治的影響又有偏左或偏右的表現，其調和傾向呈現出程度之別，不能籠統視之為一。因此，五四前後的思想界雖然思潮紛呈，但主流卻可以分為以下三種：一為西化論。因民初政治上的反覆和動蕩引起了文化上深刻的反省，從而把文化上的新舊問題轉化為東西文化問題，由此認為中國傳統文化，為腐朽的文化，皆不足以應付危機，而西洋文化為富有生機的新文化，要學習西方，應先打掃屋子迎先生，主張全面向西洋學習，持打倒傳統的激進主張；一為中體西用論。承認西方在器物層面上的優越，但在道德倫理層面上依舊認為是中國的好，是根柢，是本基，不可變更；一為狹義上的調和論。主張東西文化各有特色，互有優劣，應取長補短，從中國的實際情況出發，不分體用，融滙中西，接續新舊，創造新文化，並主張以漸進的方式謀改良的功效，以收文化建設上的長效之功。本書考察的即是這種狹義層面上的文化調和論。

二、框架與思路

　　全文共八個部分，緒論主要陳述本選題的緣由、意義，進行學術回顧，並對全文的主要內容及主要觀點作概要介紹。正文共設六章。第一章試圖勾勒出文化調和論興起的國內國際背景，以便從思想史的宏觀場景中對其加深理解。第二章主要以杜亞泉及《東方雜誌》為考察中心，對相關的文化主張及引起的相關論爭作介紹，詳細梳理其調和論主張。以期能從其思想表述中提煉出文化調和論的一般特質。之所以選擇杜亞泉及《東方雜誌》為考察中心，其原因在於，杜亞泉是一個執著的調和論者，最早提出了東西文化調和的主張，是五四前後倡導調和論最典型的代表人物。同時，他依靠《東方雜誌》，聚集了一批和他一樣有著共同文化取向的同仁，如錢智修、陳嘉異、朱調孫等人發表了一系列批評激進、主張調和的言論。此外，他還大力宣傳了章士釗的新舊調和論，廣泛介紹國外思想界中種種宣傳調和東西文化的思想

主張，使《東方雜誌》成為新文化運動時期調和論的主要言論場，在五四前後的思想界引起了較大的反響。因此受到了激進新文化運動者的批評，雙方由此展開了激烈的辯難，引發了影響深遠的東西文化論戰和對新舊能否調和的持久討論。因此，可以把杜亞泉及《東方雜誌》分別視為這一時期，文化調和論的主帥人物和主要言論場。由於調和論是一種穩健的文化建設主張，在當時實際上是很多知識分子共同的文化取向，並非某個人的獨特致思。因此，本書以杜亞泉及《東方雜誌》為中心考察時，也會直接或間接涉及到其他調和論者的相關主張，與杜亞泉形成一個比較的視角，區分異同，展現這一時期文化調和論的整體思想面貌。第三章試圖對文化調和論的理論基礎及內涵特質作探索，從理論上加深對這種文化建設主張的理解，提煉其特殊的思想價值，作為評判其價值的基礎，以期能為當前的文化建設提供借鑒之資。第四章對文化調和論的東西學來源作考析，意在表明它是新時勢下東西文化交流碰撞下的思想產物，吸收了中外資源。第五章通過對杜亞泉及《東方雜誌》相關言論與新文化運動主流趨向關係的研究，以考察這一批文化調和論者的文化實踐與建設理念，旨在說明他們與新文化運動的主流派在文化建設的主旨上並無根本相違之論，且多有相同之處，甚至在一些思想主張上為新文化運動的開展作了思想上的鋪墊和準備工作。雙方只是在文化創造的選擇路徑上有差別，調和論者對新文化運動，並非以往學者所定性的那樣是反對者，確切地說，他們只是新文化運動激進傾向的批評者，是新文化運動中一支穩健的力量。第六章把研究對象放在與新文化運動主流派進行對比的視角下，從理論及實踐的層面探討五四前後文化調和論存在的客觀不足，明白其為何倡言理性，注重穩定，卻未能成為時代思潮主流的根源所在，從理論與實踐上對其進行實事求是的評價與定位。最後一部分餘論，則在總結全文的基礎上，指出文化建設之路仍是一個有待繼續思考的時代課題，新時期的文化開展進路應在吸取歷史資源的前提下，本著開放健全的文化心態，努力作實踐的工作。

第一章　文化調和論興起的
國內國際背景

　　大凡一種學說，或是一種思想主張，都不是憑空而出，必有一定的生成原因，產生一定的影響。不瞭解其發生的原因，便不明瞭它的意涵；不瞭解其影響，便不能夠評判它在思想史上的價值。因此，我們考察五四前後的文化調和論，有必要對其產生的時代場景及思想變動有一個宏觀的瞭解，對產生這種思想的社會背景及時代主要思想潮流有所呈現。

第一節　轉型期的文化變動及文化觀的流變

一、封閉文化體系的變動

　　文化問題是人類社會發展史上一個重要問題，是一定政治經濟狀況的反映，也廣泛而深刻地影響和作用於一定的政治和經濟。尤其是在社會政治、經濟出現歷史變革的轉型時期，往往會有新的質素契入舊的機體。新舊之間為了確定自己的地位，常常會產生矛盾，引起相互的敵視。這種新舊之爭是社會發展所不必避免的，是社會發展的一個常態，也是一個新舊不斷轉換的動態過程。這種現象在五四前後這個文化轉型期體現得尤其明顯。

　　中國是世界上歷史最悠久的文明古國之一，她的文化綿延數千年從未中斷，而且在數千年的大部分時間裏，其文化在整體上一直處於領先地位，從未有任何其他的文化在整體上對其構成真正的挑戰和威脅，從而形成了中國人強烈的自我文化認同感，具有極強的排他性和優越感。儘管在歷史上，中

國人也曾多少從周邊民族那裡吸收了某些東西，但總體上，中國人在文化上是自滿自足的。這種文化心態在國人心里根深蒂固。然而從 16 世紀中葉起，這種情況發生了改變，西方的傳教士來到中國，他們在傳播宗教神學的同時，也翻譯和介紹了一些有關天文、地理、物理、數學以及哲學方面的書籍。這種西學的傳播雖然在當時引起了先進知識分子與傳統士大夫之間的爭論，但範圍和影響都很小，傳統文化尚保持在相對獨立的系統裏未受到根本的衝擊。而近代以來，中國文化開始受西學強烈衝擊，再不能保持以往那種相對封閉而自成系統的格局。人們開始把東方文化與西方文化作爲對立著的兩大文明體系進行分析、比較、評判和論辯。新的文化因素伴隨著種種手段開始強力侵入中國文化機體。到 19 世紀末，我國翻譯和輯著的西方自然科學方面的書籍達 1000 種以上，到 20 世紀後，西方人文學科和社會科學也被大量介紹到中國。培根、洛克、斯賓塞、穆勒、斯賓諾莎、康德、黑格爾等人的思想都得到不同程度的介紹。西方哲學、政治學、經濟學、歷史學等領域的名著在 20 世紀初出版了近 300 餘種。古典主義、浪漫主義、現實主義、自然主義以及唯美派、象徵派、頹廢派等文學藝術流派及作品都在報刊上有所揭載。隨著西學的大量輸入，國人對西方瞭解越來越多，越來越深，加上軍事上的屢屢挫敗和政治上反覆動蕩，一部分先覺知識分子不得不承認，一種足以打敗中國的強勢文化，逐漸展現在中國人的面前，中國自我封閉的文化系統自此不能再保持原態，中國文化的近代轉型已成爲急迫的事情擺在了國人面前，他們不得不開始從文化上探尋原因。於是，中西學的衝突和鬥爭也越來越明顯，中西學的關係則成爲一個擺在國人面前的嚴肅問題，如何對待中西、取捨新舊成爲了當時文化思考的焦點，各種文化方案及文化論爭也由此而生。

二、轉型期文化觀的流變

從洋務運動到戊戌維新，再到新文化運動，國人對西學的理解步步加深，對西學的接納逐漸開放，由最初只接受西方的器物，再到對西方政治體制的摹仿，最後主張改造思想，全面學習西方，努力建立與世界的「密接關係」，中國人的文化觀日益開放。〔註 1〕這是一個逐漸深入的過程，在幾千年君主專制氛圍濃厚的政體裏，覺醒的只是少數走出去或有機會接觸外界的先覺者，他們認爲中國要實現近代轉型，必須要與舊傳統決裂，打破聖經賢傳的神聖

〔註 1〕 參見耿雲志：《新文化運動：建立中國與世界文化密接關係的努力》，《學術研究》2008 年第 2 期。

地位，持開放的文化觀念，〔註2〕主動地、全面地學習西方，才能實現中國的近代轉型，並積極地付諸努力。但當時大多數國人頭腦中依然裝滿了種種舊觀念，常常把思想先銳的主張視爲棄聖絕智，大逆不道。新舊思想的衝突一直未曾停息，衝突迭起，爭論不斷。正是在這種種的論爭下，國人對西學對固有文化都加深了理解，中國的近代化轉型也在一步步艱難地前進著。

鑒於多數國人的守舊性，先覺之士爲使自己的思想主張可立於比較穩固的基礎之上，在吸收西學之時，他們力求找到不致與傳統觀念明顯相衝突的某種合理的解釋。無論是出於自我保護意識，還是由於厚重的傳統文化負載難以解脫，先覺們都不能不爲處理中西文化問題提出一種較易爲人們所接受的思想框架。於是他們提出了「西學中源」「中體西用」等處理中西學關係的理論作爲應對之方。

（一）西學中源

「西學中源」說在近代中國與西方文化交鋒之初較爲流行。當時很多先覺分子爲了接受西學，也常用這種模式來比附。如薛福成認爲，「《堯典》之定四時，《周髀》之傳算術，西人星算之學，未始不權輿於此。其他有益國事民事者，安知其非取法於中華也？」所以他說：「今者西人因中國聖人之製作，而踵事增華，中國又何嘗不可因之？」〔註3〕鄭觀應則說：「自《大學》亡《格致》一篇，《周禮》闕《冬官》一冊，古人名物象數之學流徙而入於泰西。」他更進一步論述西學之各門學問實在皆出於中學，只因後來中國政教窳敗，「學者騖虛而避實，遂以浮華無實之八股與小楷試帖之專工，汩沒性靈，虛費時日，率天下而入於無用之地，而中學日見其荒，西學遂莫窺其蘊矣。不知我所固有者，西人特踵而行之，運以精心，持以定力，造詣精深，淵乎莫測。」實則西學皆「中國本有之學」。現在之學西學，只是「禮失而求諸野」，是「以中國本有之學，還之中國」。〔註4〕黃遵憲在其《日本國志》中也表達了同樣的意思。他說：「泰西之學蓋出於墨子。其謂人人有自主權利，則墨子之尚同也；其謂愛汝鄰如己，則墨子之兼愛也；其謂獨尊上帝，保汝靈魂，

〔註2〕 「開放的文化觀念」，是耿雲志先生在「紀念新文化運動 90 週年國際學術研討會」上探討這一時期的文化主張時所提出的觀念，深具洞見，得到與會學者的普遍認同。

〔註3〕 薛福成：《出使英法義比四國日記》，長沙：嶽麓書社 1985 年版，第 133 頁。

〔註4〕 鄭觀應：《盛世危言・西學》卷一，上海書局石印本，光緒丙申年，第 2、9頁。

則墨子之尊天明鬼也。至於機器之精，攻守之能，則墨子備攻備突，削鳶能飛之緒餘也；而格致之學無不引其端於墨子經上下篇。」他又說，西國「用法類乎申韓；其設官類乎周禮；其行政類乎管子者十蓋七八。若夫格致之學，散見於周秦諸子者尤多」。他下結論說：「西人之學未有能出吾書之範圍者也。」〔註5〕又如王韜，其《原學》一篇專門論述西學皆祖述中學，其結論是：「中國為西土文教之先聲」。〔註6〕另一位著作《危言》的先覺者，浙江名士紳湯壽潛也大倡「西學中源」之說。他認為，「所有西法，罔不衍我緒餘」。他列述「天學、物學、化學、氣學、光學、電學、重學、礦學、兵學、法學、水學、聲學、醫學、文字、製造等學，皆見我中國載籍」。〔註7〕而陳虬在他所著《經世博議序》中則稱西人「群挾其智巧技能與吾爭聲名文物之盛。尋其所治，皆僅得六經諸子之緒餘」。〔註8〕這些都是「西學中源」的典型表述。

　　然而這種「西學中源」說，在事實和理論上都存有嚴重缺失，很難令今人信服。人類文化是一種多元發展的文化，說西方文化概出於中土之緒衍，沒有理論上的支持。但這種聯想的產生實根源於人類文化的同一性而來。因為人類所居處之環境雖不盡相同，但終屬大同小異。所以其應付環境的各種挑戰的方法也相差不遠。人類文化的這種同一性，是明顯的事實。所以，世界各國家、各民族，儘管其文化各有特點，終究是可以互相溝通和互相關聯的。人們可以通過這些去嘗試認識其他民族的文化。中國的先覺之士以中國固有之載籍去比附西學，從而以西學為可學、可用，實乃知識史上必然之勢。可以說，「西學中源」說，既是人類文化同一性的一種反映，也是中國人接觸和認識西學必經的一個階段。〔註9〕但其內含的文化自大心態卻難以掩飾軍事上的節節失敗。西學中源雖為人們學習西學提供了理論支持，但這種文化觀的開放程度還不能挽救頹敗的國勢。面對西學，國人還需邁過「西學中源」虛驕心態的局限，進一步打開心門，開放觀念，更多更深地吸納西學以應付日益嚴重的危機。因不能很好地應對時勢之需，西學中源的文化模式得不到

〔註5〕　黃遵憲：《日本國志·學術志（一）》，《日本國志》上海圖書集成書局印，光緒二十四年，第 32 卷第 1、11 頁。

〔註6〕　王韜：《弢園文錄外編·原學》卷一，上海：上海書店 2002 年版，第 3 頁。

〔註7〕　湯壽潛：《危言·中學》，《蕭山文史資料·湯壽潛史料專輯》，蕭山市政協文史工作委員會編 1993 年版，第 225 頁。

〔註8〕　陳虬：《經世博議序》，《自強學齋治平十議》，光緒丁酉文瑞樓石印，第 1 頁。

〔註9〕　參見耿雲志：《近代中國文化轉型研究導論》，成都：四川人民出版社 2008 年版，第 119 頁。

廣大的信眾，很快失去了吸引力。被一種新的，更具有兼容性的「中體西用」說所取代。

（二）中體西用

「中體西用」說是一個更爲流行，更爲人們所接受的文化吸納模式。它主張「中學爲體，西學爲用」，比「西學中源」更具有理論說服力和情感認同性。一方面它爲學習西學提供了較爲充足的理由，另一方面又力圖保持中國文化的自尊地位，能夠讓國人在情感上得到慰籍，它是先進思想家進一步思考中西文化而逐步形成的文化模式。在洋務運動時期，一些思想家就提出了這種新的處理東西文化關係的新理論。如馮桂芬，在倡議「採西學」之際，已自覺到要對中西的關係作出安排，並提出了「主輔」說。後來，洋務派與守舊派的論戰中，「體用」「本末」諸說，也漸漸成爲眾人所關注的論證方式，並逐漸形成一種對國人影響深遠的「中學爲體，西學爲用」文化觀。「主輔」、「本末」、「體用」等是中國傳統文化裏的概念。但洋務時期的論戰人士，在使用這些概念時，並沒有精心推敲它的內涵，只是因其來自於自身的文化系統，又能對西學有一定的接納度，在學習西學的基礎上，可以平撫國人在文化上的自尊心而加以採用的。馮桂芬首先在《校邠廬抗議》中提出「以中國倫理名教爲原本，輔以諸國富強之術」，提出了「中體西用」的論式，開創了學習西學的新局面。而「中學爲體，西學爲用」這八個字明確地提出來，則是 1895 年《萬國公報》上發表沈壽康的《救時策》一文，其中寫道：「中西學問本自有得失，爲華人計，宜以中學爲體，西學爲用」。〔註10〕此後，這一口號遂廣爲流行。〔註11〕中體西用文化觀的提出，其深層內涵在於表明：「在中學和西學兼蓄並容的文化結構中，以突出中學的主導地位爲條件，確認西學的輔助作用之價值。換句話說，這個『中體西用』論式的問世，是在確保『倫常名教』所代表的既有政治秩序和倫理信念不變的前提下，主張破除成規習見，採用西方近代文化成果以爲富強之術。形式上的重點是在強調中學之爲『體』，即中國的綱常名教，就是指君權制度和宗法制度。事實上的重點卻在強調西學之『用』。」〔註12〕

〔註10〕 《萬國公報》第 75 冊，光緒二十一年三月。

〔註11〕 參見耿雲志：《近代中國文化轉型研究導論》，成都：四川人民出版社 2008 年版，第 121 頁。

〔註12〕 丁偉志、陳崧：《中西體用之間：晚清中西文化觀述論》，北京：中國社會科學出版社 1995 年版，第 160 頁。

　　這種論式雖然存在自身處理問題上的局限，但在特定的歷史時期，對中國的近代化轉型是起了積極作用的。首先，它是作爲提倡西學的口號提出來的，爲想望西學之士解除了顧忌，並把學習西學與固守綱常名教統一起來，使維護綱常名教的守舊者無法反對，從而爲吸收西學開了方便之道，使這種主張除了少數頑固派外，大多數人能夠接受。因此，中體西用遂成爲化解中西文化衝突的最符合民心的文化觀。但是中體西用這種說法也有著自身的缺陷，誠如耿雲志先生所分析，中體西用的內涵並不十分清晰和確實。「一則體用這一對範疇是中國思想史上所特有的，本來就有相當的模糊性。什麼是體，什麼是用，體用關係如何，歷來就爭論不休。再則，表達中體西用的觀念，在當時曾有不同的表述方法，如體與用，道與器，本與末，主與輔等等。以道與器而論，似有虛與實，精神與物質之相應關係的意味。而主與輔，則兩者都兼備虛與實、體與用的內容。本與末亦類是。本是根與幹，末是枝與葉，皆兼備虛實體用之質。所以，很難給中體西用作出精準的界說。正因如此，這個口號，這個觀念框架，在不同時期，在不同環境下，在不同人那裡，往往具有不同的意義，以至一百四五十年以前的人有此觀念，一百四五十年以後的人仍可能有此觀念。」〔註13〕

　　但可以明確的是，如上所提及，洋務派所提倡的中體西用之「體」，主要指的仍是中國的綱常名教，即君主制度和宗法制度。而這種標榜中國人倫政教高於西方的自誇和迷信，使一部分先覺之士在這種框架裏已經感覺到了不自在，他們開始意識到，要想使中國臻於富強，津津自誇於政教美富並不能挽救國勢的頹敗，中體並非不可動搖，西用也不僅只局限於器物、技巧、貨利之屬。他們開始意識到西方各國之興，自有本末，自有體用。如只限於學其學，襲其用，結果只會徒勞無功。西方政教多有高於中國之處，中體西用之框架難以很深入地接納西學，他們希望在文化觀念上進一步開放，以便深入吸納西學，包括西體。由此，中體受到衝擊，以政治改革爲中心的文化轉型期提上了日程。戊戌維新運動由是而興，開始學習西方的政治體制，但這場運動終因清政府不肯認眞學習和改革，旋即失敗，最終導致辛亥革命爆發，清廷滅亡，民國成立。不少仁人志士期以能夠以西方的民主制度導中國於獨立、民主、富強的近代化之路，中體西用的模式便顯得保守了。人們需要一

〔註13〕 耿雲志：《近代中國文化轉型研究導論》，成都：四川人民出版社 2008 年版，
　　　　第 122 頁。

種更爲開放的文化觀念以適應新的要求，由是一部分人則提出了全面向西方學習的文化主張，爲中國的進一步開放作了思想上的有力準備，同時也帶來了種種思想上的過激言論和行動上的過激行爲。

（三）新文化運動的興起與西化論的高漲

民國初建，除舊布新，頗有幾分新興氣象，但不久政權便落入袁世凱之手，袁世凱野心勃勃，利用時機和實權，積蓄力量，打壓異己，倒行逆施，帝制自爲，造成了全國政治失序，亂象叢生。剛剛在人們心中升騰起來的一點民主共和希望又破滅了。但儘管民初的政治混亂，可「清末以來，漸漸發生、積累起來的新思想、新觀念和新勢力，畢竟是不可抹煞的。因此，新舊思想的衝突不可避免。新思想、新觀念、新文化恰恰就是在這種衝突中逐漸發展起來，爲即將到來的新文化運動準備了條件。」〔註 14〕1915 年，陳獨秀在上海聚集了一批有志於改造國民思想的思想精英，創辦《青年雜誌》（後改爲《新青年》）爲言論陣地，揭開了新文化運動的序幕。《新青年》一創刊，就把思想革命和倫理覺悟放在第一位，高揚科學、民主的旗幟，力主改造國民思想，效法法蘭西文明，抨擊固有文化，特別是儒家文化的獨尊地位。一大批知識青年很快就聚集在《新青年》周圍，在文化上主張棄舊迎新的激進主義，在社會上引起了廣泛而深遠的影響。他們決然地指出，「舊文學、舊政治、舊倫理、本是一家眷屬」。〔註 15〕向舊文化發起了全面進攻。《新青年》同仁在創刊號上直截了當地宣稱：「所謂新者無他，即外來之西洋文化也；所謂舊者無他，即中國固有之文化也。」〔註 16〕把東西問題轉化爲新舊問題，主張要學習新文化，就應學習西方，中國的固有文化就是舊文化，已經不適應新的社會。要學新，必須捨舊，不捨舊無以迎新。認爲「無論政治、學術、道德、文章、西洋的法子和中國的法子，絕對是兩樣，斷斷不可調和牽就的。」「若是決計革新，一切都應該採用西洋的新法子，不必拿什麼國粹，什麼國情的鬼話來搗亂。」〔註 17〕新文化運動從文學革命發端逐漸擴展到思想道德上的革命，提倡平民主義，個性主義，引導青年掙脫舊制度、舊道德、舊倫理，舊家庭及舊的社會秩序，一時間掀起了思想界的排山巨浪，舊思想的根

〔註 14〕 耿雲志：《近代中國文化轉型研究導論》，成都：四川人民出版社 2008 年版，第 246 頁。

〔註 15〕 胡適、陳獨秀：《答易宗夔》，《新青年》第 5 卷第 4 號。

〔註 16〕 汪叔潛：《新舊問題》，《青年雜誌》第 1 卷第 1 號。

〔註 17〕 陳獨秀：《今日中國之政治問題》，《新青年》第 5 卷第 1 號。

基被搖動。這種思想的大變革威脅到了舊文化衛道者們的精神營壘，安身立命之所不再安固，讓他們非常恐慌，視新思潮爲洪水猛獸，力圖阻止這種潮流，使得新舊之間的衝突越來越尖銳。不過，舊勢力在此時已經沒有太多的力量阻止新思潮的湧動，他們無論在聲勢上還是在文化理論上都處於劣勢。如林紓對新文化運動者的攻擊，除了對新文化者說些「覆孔孟、鏟倫常」，攻擊白話文運動乃「盡廢古書，行用土語爲文字，則都下引車賣漿之徒所操之語，按之皆有文法，不類閩廣人無爲文法之啁啾」、「人頭畜鳴」之類的泄憤話外，找不到反抗新思潮的有力武器，其目的即是要「以守常爲是」。〔註 18〕這裡的「常」是指名教的三綱五常。這種未基於說理的反抗當然沒有力量，新文化運動以不可阻擋之勢繼續向前，舊勢力無奈之下，便企圖借北洋當局對新文化運動過激主義的不滿，壓制新文化運動，靠政治上的勢力來摧折新思潮，並寫了一些影射小說威脅恐嚇新文化運動者，致使政府當局差點解散了新文化運動的中心北京大學。〔註 19〕

這種劇烈的新舊衝突在思想文化上也表現得越來越明顯。「中體西用」論已經不能很好地應對這個問題，但東西文化的衝突仍尖銳地擺在國人面前，成爲中國現代化不能繞開的問題。民國的成立，並沒有使政治走上正軌，社會依舊混亂，舊思想仍盤互於國人腦際。經歷了洋務運動的實踐，中體西用說雖然爲西學的傳播減少了阻力，在一定程度上有利於中學對西學的接納，但它自身畢竟存有局限。「中體」的核心位置限制了國人對西學的深入吸收，不能夠妥善地處理好東西文化的衝突問題。此時，一批留學西洋的知識分子因其親臨過西方，親自感覺到了西洋文化的種種長處，並認識到西洋文化不僅在器物、制度層面強勝於中國，更在思想文化上高於中國。中國要想順利地實現現代化，必須把那些植根於舊體制的束縛人心的種種倫理道德徹底改變不可。而原有的「中體西用」模式無法使國人從思想上、從道德倫理上眞正接納西學，必須要有一種新的文化主張解決東西衝突問題。這種狀況需要一種新的更深入接納西學的方案。他們認爲中國文化有體有用，西洋文化同樣有體有用，而且西洋物質上的成就完全有其深厚的學術文化，即精神文化爲基礎。因此，他們意識到，中國文化在整體上落後於西方，已成爲歷史的陳物，沒有了生機和活力，是一種已死的文化，應予以捨棄。中國要想儘快

〔註 18〕 《林琴南致蔡鶴卿書》，《新潮》第 1 卷第 4 號。
〔註 19〕 關於守舊派對新思潮派的批駁及論辯，可參見周策縱先生的《五四運動史》一書（嶽麓書社 1999 年版）第 83～105 頁。

擺脫貧窮落後，實現近代化，必須全面向西方學習，包括思想道德層面。在他們看來，東西文化問題實際上就是文化的新舊問題，而新必勝舊又是一種必然的進化規律，因而要解決中國的貧弱狀態，必須要老實地承認中國的百事不如人，虛心地全面向西方學習，走西化之路，西化論由此被提出，並在《新青年》同仁的鼓吹下，逐漸成了新文化運動時期的思想主潮，長久地影響著中國的思想界。西化論爲中國學習西方進一步打開了思想上的囿限，但這種思潮因受當時政治上激進主義偏向的影響，不少主張者在相關的理論闡發、思想宣傳過程中都存在一定問題，有著過激化傾向，在中國加速學習西方的過程中也給社會帶來了不少弊端。與此同時，另一批相對冷靜，穩健的思想家也意識到在東西文化問題下還牽連出現了新舊文化問題，即傳統文化的繼承與發揚問題。在他們看來，中體西用模式已不能很好地處理這種新的狀況，必須尋求一種新的文化建設模式來消除東西對立、新舊衝突的矛盾。他們既看到了頑固守舊分子的不識時務，也看到了激進新文化者崇西過甚、捨棄傳統的過激化，更意識到新文化運動的激進化過於強調物質文明及功利主義，已經引起了社會上、政治上及思想上的種種病症，從而主張要慎重對待中西文化和新舊文化，試圖以一種穩健持中的調和論來避免極端與解決矛盾，達到逐漸向新文化過渡的目的。這種主張一出，即受到了陳獨秀等激進文化主張者的批評。由此，雙方展開了激烈的爭論，引起了思想界的廣泛關注，促使了東西文化論戰的興起。文化調和論也在這個過程中日漸凸顯與成熟起來。

　　一方面，出於對自身問題的思考及對西方文化的應對，中國文化在近代出現了以上種種文化模式；另一方面，西方思想界也在經歷著一系列的深刻變化，直接間接地影響著中國思想界。

第二節　國際思潮變動的外在刺激

一、「西方的沒落」與「東方文化救世論」的興起

　　第一次世界大戰對思想界的影響至爲深巨。這場首先在歐洲爆發的戰爭，給人類帶來了巨大的災難，引起了歐洲思想界對自身文化的反思，促使了「西方的沒落」與「東方文化救世論」思潮的興起。此時的「世界已是整個的世界，中國社會一切的轉移，也只是受世界巨潮的動向所激蕩。」

〔註 20〕受西方思想界變動的影響，中國思想界也開始了對中西文化進行重新審思，即如何做中西文化的融合工作，努力探索著中國的文化出路。文化調和論也在這種氛圍中日漸成熟起來。

其實，一戰爆發之前，在西方資本主義由自由競爭階段進入壟斷階段後，西方文明就開始出現種種危機。一些先銳思想家已經開始對自身文化產生了信任危機，並預言西方文化在不久將來會出現敗壞和沉淪。一戰的爆發加深了西方文明危機論，使「西方本身進入了由大戰產生的自我懷疑和自我批評的時期」，思想界普遍地興起了一種對自身文化失望的情緒，並一度成為「西方思潮、大學，甚至宗教生活的主流」。許多思想家如艾略特（T.S.Eliot,1885～1927）、龐德（Ezra Pound,1888～1927）、葉芝（W.B.Yeats,1865～1939）、喬伊斯（James Joyce,1882～1939）等人在其作品中都表現出了一種對西方文明的失望與幻滅感。「大戰所產生的對西方文化之未來的黯淡悲觀與深切疑慮是極為強烈和普遍的。」亨利·亞當斯（Henry Adams,1838～1918）就預言未來的 100 年，會出現「最終的、巨大而寰宇性的崩潰」，布魯克斯（BrooksAdams,1848～1927）則指出了西方歷史生滅的種種循環現象。這種思潮又使得亞洲的批評者開始在亞洲「變為得勢」，並普遍地認為「亞洲保有一個獨特的精神文明」，加強了對自身文化的信心。〔註 21〕

最能表徵戰後對西方文明失望的是斯賓格勒（Oswald Spngler，1880～1936）的《西方的沒落》一書。是書認為，每一種文化猶如有機體，都有其生老敗死的過程，並承認世界文化的多元發展，明確反對「西方中心論」。他把多元文化觀稱作是歷史領域的哥白尼發現，認為古典文化或西方文化並不比「印度文化、巴比倫文化、中國文化、埃及文化、阿拉伯文化、墨西哥文化等佔有任何優越地位——它們都是動態存在的個別世界，從分量看來，它們在歷史的一般圖景中的地位和古典文化是一樣的，從精神上的偉大和上升的力量看來，它們常常超過古典文化。」〔註 22〕此書警醒、尖銳地指出了西方文化的沒落，引起了世人空前的危機感，促使人們不得不慎重思考西方文化是否真的沒落這個重大問題，並在彷徨無依的精神狀態下，接受了他「為

〔註20〕 伍啓元：《中國新文化運動概觀》，合肥：黃山書社 2008 年版，第 1 頁。
〔註21〕 參見〔美〕艾愷：《亞洲「對西方世界的反抗」》，《世界範圍內的反現代化思潮》，貴陽：貴州人民出版社 1991 年版，第 95～98 頁。
〔註22〕 〔德〕斯賓格勒：《西方的沒落·導言》，北京：商務印書館 1993 年版，第 34 頁。

人們準備的許多動人心魄的描述與結論。」〔註23〕由此，是書一出，「一時風行之盛，勢力之偉，其在戰後之德國，蓋與安斯坦氏（愛因期坦）所爲相對論並稱」〔註24〕，初版就達 9 萬部。這種現象體現了整個西方「一般性的不安」。〔註25〕當時思想界現狀有如梁啓超所言：「從前的理想和信條，已經破壞得七零八落，於是全社會都陷入懷疑的深淵，現出一種驚惶沉悶淒慘的景象」，〔註26〕人們普遍開始反思現代化的弊端，反思理性主義的危機。

　　西方文化危機論引起了「東方文化救世論」。中國的一部分知識分子在國際思潮變動的影響下，「經歷了一個情緒危機，一個精神的轉捩點，一種類似於宗教『改宗』的經驗」，〔註27〕開始重新認識西方文化與中國文化的關係。羅素就觀察到這種現象，他發現一戰後的中國人對於「西洋之文化，亦抱懷疑之態度。有數人告予曰：彼在一九一四年之前，尚不勝懷疑；及歐洲戰爭，則不能不思歐洲之文化，必有缺點者在。」〔註28〕1919 年，法國著名文學家羅曼・羅蘭在致友人的信中也有言：「大戰之慘禍，已明白昭示歐洲文化弊病深重，非吸取東方文化之精髓，融東西文化於一爐，不足以言自存」。〔註29〕英國哲人高秉德「亦嘆美東洋文明，而尤渴仰中華文明，居恒指摘歐洲文明之弊害，於多數歐洲人向所冷視輕蔑之中國文明，則極力提倡，以爲最宜學步。」〔註30〕梁啓超在《歐遊心影錄》中也曾描述，他在歐洲到處耳聞西方文明破產的「世紀末」論調。一位叫賽蒙氏的美國記者就曾對他說，「西洋文明已經破產了」，正等待著中國文明的輸入去救拔他們。一些德國思想家也埋怨中國把「四海之內皆兄弟」，「不患寡而患不均」，以及墨子的「兼愛」，「寢兵」等思想藏起來不分給他們。開始梁啓超還以爲是奚落之言，後來聽得多了，「才知道他們先覺之士，著實懷抱無限憂危，總覺得他們那些物質文明，

〔註23〕鄭大華：《民國思想史論》，北京：社會科學文獻出版社 2006 年版，第 33 頁。

〔註24〕李思純：《論文化》，《學衡》第 22 期。

〔註25〕卡西勒：《國家之精神》，轉引自劉述先：《文化哲學》，哈爾濱：黑龍江教育出版社，1988 年版，第 1 頁。

〔註26〕梁啓超：《歐遊心影錄》，《晨報》副刊，1920 年 3 月 6 日至 8 月 17 日。

〔註27〕〔美〕艾愷：《亞洲「對西方世界的反抗」》，《世界範圍內的反現代化思潮》，貴陽：貴州人民出版社 1991 年版，第 99 頁。

〔註28〕羅素：《中國之問題》，北京：中華書局 1924 年版，第 190～191 頁。

〔註29〕轉引自沈松僑：《五四時期章士釗的保守思想》，《近代史研究集刊》（臺北）第 15 期。

〔註30〕君實譯日本《新公論》雜誌，《新歐洲文明思潮之歸趨及基礎》，《東方雜誌》第 16 卷第 5 號。

是製造社會險象的種子，倒不如這世外桃園的中國，還有辦法，這就是歐洲多數人心理的一斑了。」〔註31〕當時旅歐的胡愈之也觀察到：「歐洲人對自己的文化，很有些懷疑，醉心於東方文化的著實不少。」〔註32〕一位旅歐的日本人內崎博士則發現，一戰後，歐洲各國之視線「現皆集中於中國，蓋以其爲世界之樂土也」，「人類一切困難，將借東方人民以爲解決」。〔註33〕而當時留德學生王光祈也發現了「歐洲大戰後，一般學者頗厭棄西方物質文明，傾慕東方精神文明」的現象。〔註34〕

在這種「西方的沒落」與「東方文化救世論」思潮的影響下，思想界出現了新的動向：一部分人把目光轉向了以消滅資本主義爲目的的社會主義新文化，蘇俄等一批社會主義國家將社會主義的文化理想變爲了現實。而另一部分人則求助於復古，使一戰後的西方出現了「人人乃爭讀古書，又虔心祈禱，乞靈於古之宗教。古之英雄聖哲詩人學者，一一奉爲偶像，資以鼓吹，一若行其所言世即可救者」。〔註35〕另一部分人「方覺中國儒家折中之倫理爲可持久」，〔註36〕開始轉而關注東方文化，希望能從中找到救治西方病症的良藥，找到傳統與現代的接榫點，正如梁啓超所觀察，「近來西洋學者，許多都想輸入些東方文明，令他們得些調劑」。〔註37〕因此，中國文化在歐洲受到追捧，「學習、研究和傳播中國文化一時蔚爲戰後西方知識界的風向」。〔註38〕大量的中國典籍名著被翻譯成各種文字，一些研究中國文化的相關機構也相繼成立，大批西方學者開始參與討論「東西方文化」問題。〔註39〕這股戰後出現的「中學熱」在德國尤爲熱烈。據中國當時的留德學生報導：「德國思想界有兩大潮流，一爲新派，一爲舊派。所謂新派，大都出自言哲學美術與詩學者，彼輩自歐戰後，大感歐洲文化之不足，而思採納東方文化，以濟其窮，於是言孔子、釋迦哲學者，皆大爲社會所尊重，如凱熱兒林，如尉禮賢，如

〔註31〕 梁啓超：《歐遊心影錄》，《晨報》副刊，1920 年 3 月 6 日至 8 月 17 日。

〔註32〕 胡愈之：《泰戈爾與東西文化之批判》，《東方雜誌》第 18 卷第 17 號。

〔註33〕 日本內崎博士：《東西兩洋文化之比較觀》，《東方雜誌》第 18 卷第 9 號。

〔註34〕 王光祈：《旅歐雜感》，《少年中國》第 2 卷第 8 期。

〔註35〕 《韋拉里論理智之危機》，《大公報・文學副刊》第 10 期。

〔註36〕 唐圓：《邪說》，《甲寅周刊》第 1 卷第 24 號。

〔註37〕 梁啓超：《歐遊心影錄》，《晨報》副刊，1920 年 3 月 6 日至 8 月 17 日。

〔註38〕 鄭大華：《民國思想史論》，北京：社會科學文獻出版社 2006 年版，第 35 頁。

〔註39〕 參見楊武能：《衛禮賢與中國文化在西方的傳播》，《文化：中國與世界》，北京：讀書・新知・生活三聯書店 1988 年版，215～216 頁。

史奔格列兒，皆其例也。所謂舊派者，仍尊崇自然科學萬能，不為時潮所動搖⋯⋯此兩大潮流中，新派極占勢力，所謂舊派幾無聲息。⋯⋯在德國則深以能知孔子哲學為幸，甚至以辜鴻銘為歐洲之救星。」〔註40〕在這種「西方的沒落」與「東方文化救世論」的影響下，西方思想界又出現了一股人本主義思潮，也為中國思想界文化調和論的出現提供了外在支持。

二、西方人本主義思潮的出現

由於「西方的沒落」與「東方文化救世論」思潮的興起，西方思想界在一戰後普遍興起了一股以探討人生問題為中心內容的人本主義思潮，對歐洲文化進行了反思，在戰後的西方思想界引起了巨大反響。這股反思主智之害、科學萬能、注重精神心靈的學說正好投合了中國人一向注重精神生活的取向，在中國受到了廣泛的歡迎。其中柏格森的生命哲學，倭鏗的精神生活哲學，羅素、杜威等人對東方文明的讚美等在中國都得到了較大關注。也為文化調和論的興起提供了思想資源。

柏格森的生命哲學主張個性解放，高揚人的主體能動性，主張創造的進化論，對五四時期的中國思想界產生了廣泛影響。重要原因在於，它反對機械決定論，成為五四前後國人反對舊傳統、喚醒國民所可憑藉的理論武器。柏格森的生命哲學中，關於自由意志、生命衝動與創造進化的學說，恰恰適應了思想解放的需要。而其反理智主義的觀點，又成為五四前後一批反思新文化運動激進傾向的調和論者的理論支持。杜亞泉及《東方雜誌》同仁就甚為關注柏格森注重精神生活，主張創化漸進的思想。他們因看到中國思想界受功利主義學說、生物進化論等學說的影響，有過於強調物質文明而使傳統倫理道德失墜、人心淺薄、世風澆漓的現象，導致社會上滋生出種種弊端。為了能夠改變這種現象，他們多次對柏格林哲學予以介紹，把這種思想援引為注重精神文明的同道，反覆提倡精神生活的重要，反對功利主義學說，強調漸進的創化論。

此外，影響較大的還有倭鏗的精神哲學。其哲學體系以「精神生活」為核心，認為「精神生活」就是「自我生活」；自我生活擴充及於世界，又叫「世界生活」；所以宇宙的萬事萬物都不過是「精神生活」，即「自我生活」的表現而已。「精神生活」是一個活的實在，真理即在生活之中，不能外於生活而

〔註40〕　魏時珍：《旅德日記》，《少年中國》第3卷第4期。

他求，但又受自然界和人之形骸的拘束。因此，倭氏反對主智主義和自然主義，認爲主智主義只知有心不知有物，自然主義只知有物不知有心，只有精神哲學才「兼心物二者，推及於人生全部」，主張要調和精神與物質的衝突。〔註41〕這種調和主智主義與自然主義，強調精神的哲學主張，影響了中國一批文化調和論者。

早在 1913 年 7 月，《東方雜誌》上就刊登了錢智修的《現今兩大哲學家學說概略》一文，對柏格森及倭鏗的學說進行了介紹。錢智修認爲，柏格森哲學關注生命的進化與流動，把生活與變遷有機地聯繫了起來，強調「生活與變遷，直異名而同實，或爲進步，或爲修復，或爲發育，或爲衰萎，斷無一時能固定而不動者」。〔註42〕他認定柏格森的學說對於「救治物質文明之流酷，鼓勵人類之向上心，足稱萬金良藥」，斷言「世人之調和矛盾，殆無過於布格遜（柏格森，下同──引者）者。世人之解決難題，亦未有易於破布格遜者。」此外，他認定柏格森的創造進化論所展示的新世界，實爲「物質與精神之遷嬗也，亦物質與精神之爭勝也，又即物質與精神之聯合也」，〔註43〕主張一種物質與精神的調和狀態。

章士釗則認爲：「柏格森之創造進化論，倭鏗之精神生活，詹美士之知行合一，皆以積極行動爲其要本觀念，吾人就此可得的教訓即在此四字。」在他看來，介紹歐洲學說的目的，在於謀中西學術的調劑相融，以之闡明「柏格森之流動說，倭鏗、詹美士之由行得知說，皆與吾國之哲學思想相合。」主張從中西哲學的對比中，吸收西方思想，進行東西調和，因此，希望國人能夠「從周易變動及自強不息之理，中經周秦諸子，下至宋明諸儒，而歸結於王陽明，尋出一有系統的議論，以與柏、倭、詹三家之言參合互證，將中國人的偷惰苟安的思想習慣，從頂門上下一大棒。從前歐洲思想之變遷，乃食文藝復興之賜，現在思想，仍略含有復古的臭味。吾國將來革新事業，創造新知，與修明古學，二者關聯極切，必當同時並舉。」〔註44〕很顯然，他從柏格森、倭鏗等人的思想中得到了與中國文化進行調和的思想啓發資源。

〔註41〕 參見鄭大華：《民國思想史論》，北京：社會科學文獻出版社 2006 年版，第 41～42 頁。

〔註42〕 錢智修：《現今兩大哲學家學說概略》，《東方雜誌》第 10 卷第 1 號。

〔註43〕 錢智修：《布格遜哲學說之批評》，《東方雜誌》第 11 卷第 4 號。

〔註44〕 行嚴：《歐洲最近思潮與吾人之覺悟》，《東方雜誌》第 14 卷第 12 號。

梁啓超在他《歐遊心影錄》中也提到:「直覺的創化論,為法國柏格森首倡,德國倭鏗所說也大同小異,柏格森拿科學上進化原則做個立腳點,說宇宙一切現象,都是意識流轉所構成,方生已滅,方滅已生,生滅相銜,便成進化。這些生滅,都是人類自由意志發動的結果。所以人類日日創造,日日進化。這『意識流轉』就喚做『精神生活』,是要從反省直覺得來的。我們既知道變化流轉就是世界實相,又知道變化流轉之權操之在我,自然可以得個『大無畏』,一味努力前進便了。這些見地,能夠把種種懷疑失望,一掃而空,給人類一服『丈夫再造散』。就學問上而論,不獨唯心唯物兩派哲學有調和餘地,連科學和宗教也漸漸有調和餘地了。」〔註 45〕很明顯,他對柏格森等人調和精神生活與物質生活的觀點持贊同態度。

梁啓超還記載了在歐洲考察時,柏格森的老師,哲學家蒲陀羅(Boutreu)曾對他有言:「一個國民,最要緊的是把本國文化,發揮光大,好像子孫襲了祖父遺產,就要保住他,而且叫他發生功用。就算很淺薄的文明,發揮出來,都是好的,因為他總有他的特質,把他的特質和別人的特質化合,自然會產出第三種更好的特質來。」〔註 46〕顯然,這種新舊質化合以產生第三種特質的觀點,對梁啓超 「拿西洋的文明來擴充我的文明,又拿我的文明去補助西洋的文明,叫他化合起來成一種新文明」的觀點有著思想上的啓示意義。

張君勱也觀察到:「柏格森之哲學,一名變之哲學。倭伊鏗(倭鏗)之哲學,最反對自然主義,最反對主智主義。兩家之言,正代表今日社會心理,故為一般人所歡迎。」〔註 47〕這種反主智主義哲學的興起,對於中國思想界重新審視東西兩種文化的長短,調和取捨有一定促進作用。

值得一提的是,先後在中國講學和訪問的美國著名哲學家杜威、英國哲學家羅素和德國哲學家杜里舒等人,除了在中國宣傳他們的學說外,對中國文化也大加讚揚,並提倡東西文化應取長補短、相互調和,更使得東西文化調和論的聲勢大振起來。

一戰爆發後,羅素對西方文明甚為失望,並希望東西文化能夠得到互補調和,這種思想對當時的中國思想界產生了較大影響。1920 年 10 月至 1921 年 7 月間,他應邀在中國訪問講學,發表了大量關於如何認識中國文化,如

〔註 45〕 梁啓超:《歐遊心影錄》,《晨報》副刊,1920 年 3 月 6 日至 8 月 17 日。
〔註 46〕 梁啓超:《歐遊心影錄》,《晨報》副刊,1920 年 3 月 6 日至 8 月 17 日。
〔註 47〕 張君勱:《歐洲文化之危機及中國新文化之趨向》,《東方雜誌》第 19 卷第 3 號。

何改造中國的演講。他對西洋文化的審思及對東方文化的讚美在一定程度上成爲了調和論的思想支持。正如有學者所言：羅氏對中國思想界的影響，最大的「不是他在哲學上的主張，卻是他對中國文化的讚揚」，可以說，新文化運動時期，「凡是主張東方文化的，必是受羅素的影響。」〔註48〕張君勱在《歐洲文化之危機及中國新文化之趨向》一文就提到：「所最奇者，並對於今日歐洲文化亦有懷疑者，……羅素書中常說現社會之組織，是抑制本能，是戕賊生機，欲恢復心靈以調和理智。以羅素之好爲分析之哲學家，而其社會科學中，雖不排斥科學，然明言理智之害，即不啻道及科學所生結果之害。」〔註49〕有人還明確宣稱，一戰爆發後，表徵著「主知時代過去了，主情意的哲學的極盛時代來了」，並且認定，西方的種種反智主義思潮中，「只有羅素底調和靈性本能理智的主張，近於孔家底中和；倭鏗底精神生活，近於孔家底自強不息。」〔註50〕

羅素認爲，「現在的中國，正是西洋文明與中國的固有文明親密地接觸的時候」，而異種文明的接觸，是人類進步的路標。他在《中國之問題》一書中寫道：中國雖然在物質文明方面要落後於西方，但中國人所強調的禮讓、和氣、智慧、樂觀等人生之道則是倡導競爭、侵略、變更不息，不知足與破壞的西方文明所不及的。從而主張中國人要向西方學習，西方人更要向中國人學習，以實現兩種文化要素的優勢互補。〔註51〕他比較了中國文明與西方文明產生的不同條件，說明兩種文明存在著質的不同，對中國的老莊哲學甚爲讚美，認爲這種哲學體現了中國人詼諧和抑制的兩種特質。在他看來，中國文化無論在哲學，道德、藝術上都體現著特殊的「美和尊嚴」，儒教「只是使人們根本的具有調和世界的觀念」。東西洋接觸後，中國在文化上發生了變化，雖「有崇尚傳統學問的傾向，但是從前是只限於古典的文學，而現在卻都已承認西洋的智識，是比較的有用的了。西洋智識流入，正是供給他們以必要的一種刺激」，爲中國文化的發展加入了新材料。他認爲西洋文明的特長在有「科學的方法」，而中國文明的特長則是「對於人生的目的中，一種正確的概念」。因此，羅素認爲，「東西兩文明

〔註48〕 伍啓元：《中國新文化運動概觀》，合肥：黃山書社 2008 年版，第 40 頁。
〔註49〕 張君勱：《歐洲文化之危機及中國新文化之趨向》，《東方雜誌》第 19 卷第 3 號。
〔註50〕 惡石：《評〈東西文化及其哲學〉》，《覺悟》1922 年 3 月 28 日。
〔註51〕 羅素：《中國之問題》，北京：中華書局 1924 年版，第 11 頁。

的接觸，雙方都是很有益的。他們可以從我們這裡，學點最實際的必要的能力，我們也可以從他們那裡，學點沉默的智慧。這很可以幫助迷信著一切國家的古代的舊制，都是要滅亡的態度，稍稍會得改變過來了。」基於這些認知，他主張東西洋文明應「徐徐的使彼此融合爲一」。〔註52〕即提倡東西文化的調和互補。此外，他還強調，當時的中國，「不僅是一個政治獨立的問題，文化的獨立至少也同一重要」。因此，和西方國家保持「一種和解是必要的」，主張中國在採用西方稗政時，要摒除義和團式的那種獨暴排外精神，以一種「通達的態度」來學習外國，但不是讓外國來統治中國，「藉引以謀東西洋文化的溝通」。〔註53〕羅素這種強調東西洋文化相互借鑒，互爲溝通，同時保持自身文化獨立性的觀點在客觀上成爲了五四前後文化調和論的一種思想資源。

　　杜威也認爲，中國的協調性道德與西方的進取性道德各有優缺點，雙方應相互吸取對方道德上之長處以補己之所短。他對中國人「順乎自然，安分知足、寬大平和、不怨天尤人」的人生哲學推崇備至，〔註54〕認爲「中國人的人生哲學對於人類文化有種重要而有價值的貢獻，而且含有一種爲急促的、熾烈的、繁忙的、營擾的西方人所無限需要的素質。」〔註55〕而泰戈爾的訪華，更是極力擁崇中國的精神文明，批評西方的物質文明之弊，提倡東西文化的互補，使「東西文化調和論的發展遂臻頂點」。〔註56〕

三、泰戈爾的東西文化觀及其影響

　　歐戰的爆發極大地震動了西方思想界，同時也引起了東方民族對東西文化的反省。在唯物主義，功利主義，進化論舉世洶洶控制人心的一戰前後，印度著名詩人，哲學家泰戈爾，連續在歐洲、日本和中國進行演講，主張東西文化的互補調劑，對中國思想界影響非常大。

　　早在1914年，《東方雜誌》在第10卷第4號就對泰戈爾的人生哲學進行了介紹。1916年7月，泰戈爾由美至日，7月18日，在日本東京帝國大學演說，聽者逾萬，《東方雜誌》記者對這次演講進行了及時報導。泰戈爾認爲，

〔註52〕　羅素：《中國文明與西洋》，YD譯，《覺悟》1922年9月4～5日。
〔註53〕　《羅素論中國之將來》，XY生譯，《學燈》第6卷第18號。
〔註54〕　劉伯明：《杜威論中國思想》，《學衡》第5期。
〔註55〕　杜威：《中國人的人生哲學》，《東方雜誌》第19卷第3號。
〔註56〕　沈松橋：《五四時期章士釗的保守思想》，《近代史研究所集刊》（臺北）第15期。

日本之所以能夠奮起，在於其進行了東西文明的有效結合，他說：「日本者，東方古代文明之產兒也，彼雖薰沐於歐化，自有其本來之精神，足以貫徹一切之目的，若不然者，徒薰染西方科學主義之頹風，悉棄其本質而不顧，是直一機械而已耳。」他認為西方文明已弊端叢叢，「必不足恃」，勸言日本發揮固有文明並光大之，反對一味倣仿西方，希望日本「發揮東方之文明，使與地上各國之歷史相調和……排除一切之障礙，而求出面於世上。」〔註57〕

　　因不忍看見人類陷入生存競爭的慘烈狀態中，泰戈爾批評人類把科學變成了追求物欲的工具，過於看重物質欲望的滿足而忽視了精神的安頓，希望世道人心能夠少受物欲的操控，找到真正的心靈安寧之所。他直言不諱地批評了西方文化，說歐洲民族「妄自尊大，欲以自己之西方物質思想征服東方精神生活，致使中國印度最高之文化，皆受西方物質武力之壓迫，務使東方文化與西方文明所有相異之點，皆完全消失，統一於西方物質文明之下，然後快意，此實為歐洲共同所造成之罪惡。」〔註58〕從而鼓吹復興東方文化。他承認西方的科學有裨於世用，但認為要促進世界的和平，更「在於人的精神理想中」，歐戰爆發，正說明西方缺少這種「精神理想」，若不改弦更張，「西方人就難免要毀滅這個世界了」。〔註59〕

　　泰戈爾認為，東西洋文化的差異「是種類的差異」，而不是等級的差異。東西文明是動靜之別，都是真理的表現，「兩樣都不能偏廢」，應相互調和起來。「有靜無動，則成為『惰性』；有動無靜，則如建樓閣於沙上。現在東方所能濟西方的是『智慧』，西方所能濟東方的是『活動』。」因此東西文明是可以互劑調和的。但要使東西文明調和，則東方文明應採取攻勢，主張學習西方，「快學科學」，然後切實研究東方文明。這是中國所最缺最急的。

　　泰戈爾認為西方文明弊端重重，希望東方不要一味倣法西方文明，而應發揮固有文明的長處，去調和補救西方文化的缺陷，表達了一種調和中西的願望。但不可否認的是，他的東方文化優越感還是很強，認為東西文化一個偏於精神，一個偏於物質，希望能用東方精神文明去補救西方的物質文明。這種觀點帶有極大的認識誤區，對文明認識過於籠統。然而在五四前後中國

〔註57〕　胡學愚：《印度名人台峨爾氏在日本之演說》，《東方雜誌》第13卷第12號。
〔註58〕　《德國人之傾向東方文化》，《亞洲學術雜誌》，1921年第2期。轉引自鄭師渠：《思潮與學派——中國近代思想文化研究》，北京：北京師範大學2005年版，第43頁。
〔註59〕　泰戈爾：《東與西》，《東方雜誌》第20卷第18號。

思想界激進主義不斷高漲的情況下，泰戈爾的東西文化觀，對於樹立中國文化信心有極大的鼓勵作用，對於糾正當時中國的盲目西化之風也起了一種理論支持作用，對五四前後的思想界產生了較大的影響。其中一批知識分子又從日本思想界對泰戈爾思想的修正中汲取了思想資源，主張東西文明各有所長，性質各異，應在學習西方，刷新固有文化的基礎上，調和二者，達到東西文化相融。這些思想又直接或間接地被介紹到中國，影響了中國思想界，而杜亞泉及《東方雜誌》上即有這種表現，此點將在第四章詳述。

第三節　文化調和論的提出

賀麟曾說過：「社會上發生一種思潮，絕不是偶然的，一定有種種原因，作為此思潮發生的背景……一個思潮的發生原因，有兩方面，一方面是思想本身的發展演變，一方面是解決實際問題的需要。思想本身的發展演變恰如潮水之後浪推前浪，新思潮的發生是解決思想本身所發生的問題，因為舊思想有偏頗缺陷，新思潮乃得起而代之。新思潮是舊思潮所孕育激勵起來的，同時也是舊思潮的反動與否定。至於社會有迫切問題要解決時，其為新思潮的刺激，更是很明顯的事，這時思潮是主動的，為應付環境而產生的」，〔註60〕強調思想的產生，一個是內在原因，一個是外在原因，兩者都不可少。調和論的興起，正是在這種內在與外在環境都發生變動的背景下，一部分相對冷靜的思想者對文化發展路徑的思考產物。一方面以往的「中體西用」說，只是在應對中、外兩種文化資源時，為了接受西方文化所創造的一種理論構建，曾在相當長一段時間裏得到了人們的認可，也在客觀上為引進西學減少了阻力，有一定的歷史功績，不可全然否定。可是，到了民國時期，隨著政治上的頓挫，對西學認知的不斷加深，中體西用的模式在理論上開始出現問題，越來越不能解決日益複雜的文化問題了。越來越多的人開始認識到，中國文化雖然注重道德倫理，但也是弊端叢生，充滿沉痾錮疾，需要新質素的輸入，給中國以新的生機，否則便只能越發沉淪；另一方面，隨著留學生的增加和西方新學術、新思想的不斷介紹輸入，使國人認識到西方不但有精良的器物，有完善的政治制度，同樣有高深的宗教、藝術、道德、學術和思想，也是體用兼備的。因而在學

〔註60〕賀麟：《五十年來的中國哲學》，北京：商務印書館 2002 年版，第 53～54 頁。

理上，中體西用已經不能滿足人們認識上的擴展，這種理論構架已經出現了明顯缺陷和漏洞。這時候，從學理的發展來說，也必然會引起一種理論的反動。再者，隨著西方文化由淺入深地侵入中國機體，中國文化的基本格局被打破，新舊思想的衝突日益突出，成為中國思想文化近代轉型不得不面對的問題，其中一個思考的重要問題是：在歐洲文化陷入危機的情況下，中國文化應向何處去？該如何選擇文化建設的道路？當時的知識分子曾清楚的表達過這個迷惑，「歐洲文化既陷於危機，則中國今後新文化之方針應該如何呢？墨守舊文化呢，還是將歐洲文化之經過老文章抄一遍再說呢？此問題吾心中常常想及」。〔註61〕

在如何處理東西文化的迷惑中，一部分人既不同意返身向後的復古守舊，也不贊同忽視西方弊端的西化論，他們認為一戰所造成的慘況已足以說明西方所宣揚的機械競爭主義，唯物的功利主義，狹隘的民族主義等西方文明的主要精神破產了，主張中國應從中國傳統文化資源中去尋找精神性的資源去彌補西方物質文明的不足。於是，提出了他們的文化建設方案──文化調和論。可以說，調和論正是在近代以來，東西文明衝突日趨激烈，中國對西方文化不斷深入瞭解和接受的過程中逐漸形成的。其中兩個不容忽視的原因：一是民國成立後的混亂，讓他們對盲目引進西方的政治制度、文化思想產生懷疑，主張改革論制要「折衷於國情」，「毋張之過急，促反動之發生」，〔註62〕是基於對思想界現狀的認識而逐步形成的。這是調和論產生的內在刺激因素；二是一戰的爆發，使標榜自由、民主，進步的西方文明呈現出種種弊端，東西方人士都開始重新審視東西文明的優缺點，這種外在氛圍也促使了文化調和論的成熟。

在這種內外因的交互影響與刺激下，文化調和論日漸成熟起來，成為當時不少知識分子的共識。最早系統提出「文化調和論」的代表人物，是時任《東方雜誌》主編的杜亞泉。他以《東方雜誌》為言論基地，聚攏了一批和他一樣有著相近文化主張的學者如錢智修、陳嘉異、朱調孫等人。這批思想者看到了西方思想界的變化，也觀察到了新文化運動的激進主張給社會帶來的不少弊端，看到了西化主張的偏激，也看到傳統被動搖後社會公共信仰的

〔註61〕 張君勱：《歐洲文化之危機及中國新文化之趨向》，《東方雜誌》第 19 卷第 3 號。
〔註62〕 錢智修：《循環政治》，《東方雜誌》第 13 卷第 12 號。

動搖甚至缺失，以及民眾精神無所歸依的狀況，由此想以文化調和論作爲一種挽救之策，反對盲目傚法西方。

杜亞泉認爲歐戰的爆發，充分暴露了西方文化的弊端，國人應起一種「自覺心」〔註 63〕與「愛國心」，〔註 64〕重新審視中西文化而不能全盤照搬西方文化。在 1916 到 1918 年之間，他集中在《東方雜誌》上刊登了一系列討論東西文化問題的文章，對新文化運動的激進傾向提出了批評意見。並於 1916 年在《靜的文明與動的文明》一文中，表達了對西方文化的懷疑，他說：「近年以來，吾國人羨慕西洋文明無所不至，自軍國大事以至日用細微，無不傚法西洋，而於自國固有之文明，幾不復置意。自歐戰發生以來，西洋諸國，日以其科學所發明之利器，戕殺其同類，悲慘劇烈之狀態，不但爲吾國歷史之所無，亦且爲世界從來所未有。吾人對於向所羨慕之西洋文明，已不勝其懷疑之意見。」〔註 65〕不久，他又在《戰後東西文明之調和》中指出，歐洲大戰使西方文明破產了，並宣稱：「信賴西洋文明，欲借之以免除悲慘與痛苦之謬想，不能不爲之消滅」〔註 66〕由此認爲「兩社會之交通，日益繁盛，兩文明互相接近，故抱合調和，爲勢所必至」。〔註 67〕明確地提出了東西文明調和論。

章士釗則進一步表示，「現在爲時勢所迫，不得不隨世界潮流前進，但我們終不可忘卻本來面目。須知中國文化實有其絕大之價值。現在德國一般哲學家著書，每多引老莊之文，而稱道中國學術不置，家有蔽帚，享之千金，我們何反輕視本國文化呢？」〔註 68〕強調舊是新產生的基礎，不能輕視中國固有的文化，在《新時代之青年》一文中，提出了「新舊雜糅」的新舊調和論。〔註 69〕由此，在杜亞泉、梁啓超、章士釗等人的倡導和杜威、羅素、杜里舒、泰戈爾等人的聲援下，「東西方文化調和論或互補論成了新文化運動後期『深入人心，影響極巨』的文化理論。」〔註 70〕

而這種文化取向，被陳獨秀等文化激進論者視爲有違進化潮流，是與

〔註 63〕傖父：《大戰爭與中國》，《東方雜誌》第 11 卷第 3 號。

〔註 64〕傖父：《大戰爭之所感》，《東方雜誌》第 11 卷第 10 號。

〔註 65〕傖父：《靜的文明與動的文明》，《東方雜誌》第 13 卷第 10 號。

〔註 66〕傖父：《戰後東西文明之調和》，《東方雜誌》第 14 卷第 4 號。

〔註 67〕傖父：《靜的文明與動的文明》，《東方雜誌》第 13 卷第 10 號。

〔註 68〕章士釗：《記章行嚴先生講演》，李長義記錄，《章士釗全集》第 4 卷，上海：文匯出版社 2000 年版，第 157 頁。

〔註 69〕章行嚴：《新時代之青年》，《東方雜誌》第 16 卷 11 號。

〔註 70〕鄭大華：《民國思想史論》，北京：社會科學文獻出版社 2006 年版，第 74 頁。

守舊派同聲相應，有礙新文化運動的開展，所以持堅決的反對態度。雙方在東西文化及新舊文化問題上各持己見，引起了思想界的廣泛關注及參與，掀起了影響深遠的東西文化論戰。而關於東西文化、新舊文化調和的問題則是這場論戰的討論焦點之一，主要集中在 1919 年，五四運動爆發的前後時段。〔註71〕

調和論在五四時期是思想界的討論焦點之一，這種狀況，就是其後主張全盤西化論的陳序經也不得不承認：「歐戰後所給中國人的一種反響，實在是利害的很。所謂精神救國，所謂西洋文化的崩壞，所謂東方文化的復興，形形色色，舉不勝舉，而比較頭腦清楚的文士名流，也只會說什麼東方的精神文明和西方的物質文化相調和。」〔註72〕在《東西文化觀》一書中，他也寫道：「三十年來，國人一步一步的感覺到西化的必要；到了現在所謂純粹主張復古的人，差不多可說是完全沒有，而思想的中心已完全趨於折衷」〔註73〕東西文化調和論已經得到了越來越多人的支持，其影響日漸擴大，正如鄭大華先生所言：「儘管這一思想先後受到過胡適、陳序經等人的批評，但它始終作爲一種與西化、俄化和復古相對立的文化主張或理論而爲不少的人所接受，直到今天，人們仍可在有關的文化討論中聽到它的聲音。」〔註74〕

杜亞泉是這一時期主張調和論最典型的代表，是文化調和論的執著提倡者，最早系統提出了「東西文化調和論」，並撰寫了大量文章加以闡釋。而且他還以《東方雜誌》爲中心，聚籠了一批文化主張上的同道，一同探討著文化建設之路，一致倡言文化調和論，成爲了五四前後文化調和論事實上的主帥人物。而《東方雜誌》因刊行了大量國內思想者和國外思想界探討文化調和的文章，也成爲了這一時期宣傳文化調和論的主要言論場。爲了知其言論其行，下文則以杜亞泉及《東方雜誌》作爲主要考察對象，並旁及與之相互論爭、唱和的其他人物的相關思想，以點面結合的方式來呈現這一時期文化調和論的主要言論及主張。

〔註71〕 東西文化論戰大致可分爲三個時段，關於新舊能否調和是論戰第二時期的討論焦點。詳見陳崧主編《五四前後東西文化問題論戰文選》，北京：中國社會科學出版社 1985 年版，《前言》第 4～5 頁。

〔註72〕 陳序經：《全盤西化的理由》，羅榮渠主編：《從西化到現代化》，北京：北京大學出版社 1990 年版，第 373 頁。

〔註73〕 陳序經：《東西文化觀》，北京：中國人民出版社 2004 年版，第 238 頁。

〔註74〕 鄭大華：《民國思想史論》，北京：社會科學文獻出版社 2006 年版，第 75 頁。

第二章　文化調和論主帥與言論主場地：杜亞泉與《東方雜誌》

第一節　杜亞泉與《東方雜誌》的調和取向

　　《東方雜誌》是商務印書館繼《小說月報》後創辦的第二份雜誌，創刊於1904年3月11日，創辦者爲夏瑞芳。初定名爲《東亞雜誌》，但當時德國駐上海總領事館有德文《東亞雜誌》，爲避免同名，改爲《東方雜誌》。最初爲月刊，中途改爲半月刊，後又恢復爲月刊。創刊時爲32開本，後改爲16開本。該刊初期是一種選報性質的刊物，雜集各家報刊時事新聞、各類消息，闢有社說、論旨、內務、軍事、外交、教育、實業、小說等15個欄目。力求全面地反映國內外政治、經濟、文化、教育、軍事等諸方面的最新信息，但影響不是很大。

　　《東方雜誌》第1～16卷爲月刊，民國前每月逢農曆二十五日出版，民國後改爲每月逢公曆1、10、15號不定期出版。自1920年第17卷始改爲半月刊，其中1920～1931年（17～28卷）每月逢10、25號出版；1932～1947年6月（29～43卷）每月逢1、16號出版。1947年7月起，又短暫改爲月刊，出版時間不定。《東方雜誌》在1911年，即第8卷以前，其版式爲32開本，以後改爲16開。從創刊始，到1948年底終刊，共歷45年之久。期間有四次被迫停刊的遭遇。第一次是1911年12月～1912年4月，因辛亥革命爆發休刊近四個半月。第二次是1932年2～10月，因商務印書館被日寇所炸而休刊八個月。第三次爲1937年8～9月，因上海「八一三」抗戰而休刊，到1938

年初才轉入正軌。第四次是 1941 年 12 月～1943 年 3 月，遷入香港編輯的《東方雜誌》因太平洋戰爭的爆發休刊近兩年又四個月。《東方雜誌》前後共出 44 卷，817 期，是 20 世紀前半葉中國壽命最長的一份綜合性期刊，在中國思想史上佔有重要地位。歷任主編有徐珂、孟森、杜亞泉、陶葆霖〔註1〕、錢智修〔註2〕、胡愈之、李聖五、鄭允恭、蘇繼廎等。

《東方雜誌》斷斷續續存在了 45 年。歷經清末、辛亥革命、五四運動、抗日戰爭、解放戰爭等各個重大歷史時期。它緊跟時代的脈搏，忠實地記錄了我國近現代發展的歷史軌跡，成爲我國近現代期刊史上影響大、刊齡最長的綜合性雜誌。不僅在中國報刊史上有重大影響，也在中國近現代思想史上具有重要地位。尤其在杜亞泉，錢智修主編時期，他們理性審思現狀，力免偏激，試圖爲中國找到出路。該刊在文化主張上既批評地看待傳統文化，又反對盲目地一味從西。他們把人類文化看作是一種既具同一性又具有多元性的綜合體，從而在承認人類文化具有同一性的基礎上，強調文化的多元共存，提出了文化調和的方案，成爲民初思想界一道獨特的思想光譜，在五四前後影響較大，從而引起了陳獨秀等激進文化主張者的反對，雙方展開了激烈的論爭，影響深遠。

《東方雜誌》初期僅爲選報性質，主要彙編報刊文章及政府文告，影響不是很大。爲了擴大影響，商務印書館決定對其進行改組。1910 年，《東方雜誌》在最末一號登載了一則改版通告，決定「茲於今春，擴充篇幅，增加圖版，廣徵名家之撰述，博采東西之論著，萃世界政學文藝之精華，爲國民研究討論之資料，藉以鼓吹東亞大陸之文明，大饜足讀者諸君之希望。」

〔註 1〕 1920 年杜亞泉辭去《東方雜誌》主編後不久，由陶葆霖接任《東方雜誌》主編，但陶不到一年即去世。之後由錢智修接任。

〔註 2〕 錢智修（1883～1948）：字經宇，筆名「堅瓠」，浙江嵊縣人。1904 年入上海愛國學社，旋入震旦學院，後轉復旦公學，獲文學學士學位。精通英、法文，1909 年進入商務印書館，不久被安排到《東方雜誌》編輯部，成爲杜亞泉的得力助手，時間長達十年之久。他的思想主張主要散見杜亞泉擔任主編期間，尤其是與杜亞泉一起參與有關文化調和論爭的前後，也是五四時期文化調和論的一個有力主張者。1921 年錢智修接任《東方雜誌》主編，一直到 1931 年。因錢智修看好當時還很年輕的胡愈之，並有意培養之，所以，在胡愈之當了幾年主要編輯後，《東方雜誌》實際上的主編工作主要就由胡愈之擔任了。胡愈之對該刊也進行了一次大的改革，他採用白話文，使該刊更加接近普通讀者。欄目設置也做了調整，增加了時事評論、世界新潮、文苑等，使之成爲一個社會科學的綜合性雜誌。

〔註3〕決定對《東方雜誌》進行改良。

　　1911 年，杜亞泉接手主持《東方雜誌》，果然從形式到內容對該刊都進行了大的改革。形式上，原先按清政府官署衙門的工作名號而分設的欄目統統被取消，而代之以近代的學科分類。原先以輯錄時論與官方文牘的「選報」為特色，改版後，除在「內外報欄」中保留一小部分摘要內容外，開始發表大量署名的論著文稿。版式上由原來的 32 開改為 16 開，增加了字數，每期近 20 萬字，並且採用了當時最為先進的銅版紙，三色版等技術，插登大量的圖片資料，介紹西方動態，增加了可讀性。此外，他還聚攏了如錢智修、胡愈之、章錫琛、許家慶、甘作霖、杜山佳、高君實等一批陣容強大的編輯和撰述隊伍，對該刊的內容作了大的改進，對各種思潮兼收並蓄，對國際形勢、國家政治、社會問題、學術思想等無不作詳細迅速的編載，配以評論，改變了過去文摘類刊物的性質。又增設「科學雜俎」等欄目傳播科學知識，設「談屑」等欄目議論時弊。對於國際時事，尤為詳備。如對兩次巴爾幹戰爭及一戰都有最迅速的報導，這是當時其他任何刊物都不及之處。從而使該雜誌面目一新，學術性與可讀性大大增強，銷量激增，「打破歷來雜誌銷售數的紀錄」，〔註4〕成為當時銷量最大、很有影響力的綜和性期刊。

　　《東方雜誌》的這次改良轉型，之所以取得成功，不僅僅在於其版式與體例上的變化，更重要的是對其思想主旨進行了調整。從前期「聯絡東亞，啟導國民」，著重從政治制度層面進行宣傳，改為「博采東西之論著，萃世界政學文藝之精華，為國民研究討論之資料，藉以鼓吹東亞大陸之文明」為主旨，希望能從思想文化的深層來啟導國民，改造社會。因而改版後，開始著重介紹西方動態和新思潮，並與《新青年》雜誌共同商討和論爭中國文化的出路問題。從而奠定了《東方雜誌》在 20 世紀上半葉，特別是新文化運動時期的重要地位。這一切與當時的主編杜亞泉的努力分不開。他從 1911 到 1920 年擔任主編一職，長達九年，其間用「傖父」、「高勞」等筆名撰寫論文、雜感或譯著約三百餘篇，對民初的社會風氣和科學啟蒙有較大的影響力。正是在杜亞泉的努力和改革下，《東方雜誌》進入了一個新的發展階段。用胡愈之的話來講，「《東方雜誌》是在先生的懷抱中撫育長大的」。〔註5〕因而有人把杜亞

〔註3〕　《辛亥年東方雜誌之大改良通告》，《東方雜誌》第 7 卷第 12 號。
〔註4〕　章錫琛：《漫談商務印書館》，商務印書館編：《商務印書館九十年》，北京：商務印書館 1987 年版，第 113 頁。
〔註5〕　胡愈之：《追悼杜亞泉先生》，《東方雜誌》第 31 卷第 1 號。

泉喻爲哺育《東方雜誌》健康成長的「保姆」。〔註6〕

事實上,《東方雜誌》能夠在五四前後的雜誌界佔有重要的一席之地,主要在於其主編杜亞泉不隨俗流變,常以冷靜之思,理性客觀地分析問題,探索文化建設的穩健道路,才使《東方雜誌》能夠做到「不染黨派色彩,純以學理國情爲根據之政治論文,更詳述世界大勢,翻譯東西名著以救國人知識之饑荒」〔註7〕的方針。杜氏的「人生觀和社會觀,始終以理智支配欲望爲最高理想,以使西方科學與東方傳統文化結合爲最後的目標」。〔註8〕對於固有文明,主張「科學的刷新」,反對「頑固的保守」,對於西洋文明主張「相當的吸收」,反對「完全仿傚」。質言之,主張開新與守舊不可分離,強調新舊思想不可斷裂,提倡精神文明、東方思想,但不放棄西方的科學立場。在激進思潮高漲的五四時期,堅持以「先立後破」的思想理念處理文化革新問題。更多考慮的是如何把接續傳統與學習西方相結合,不至使現代人心迷亂,從而使社會能夠平穩有序地發展。在新文化運動激進思潮高漲之際,在政治、思想、文化主張上秉持一種溫和穩健的調和取向,反對固守舊傳統與盲目崇西,自始自終堅持文化調和的主張,力圖取鑒東西,調和新舊,撥正激進主義的偏至,在文化建設上持先立後破的方案,不失爲激情時代對待東西文化的一種冷靜之思。

由於《東方雜誌》是當時最大的一份綜合性刊物,影響較大,其調和的取向與主張,引起了當時思想界的關注,人們紛紛撰文與杜亞泉及章士釗等人討論,圍繞著中國文化何處去的時代主題,就新舊思想與東西文化的調和問題展開了論爭。陳獨秀等人主張以徹底的態度改革傳統,打倒孔家店,走西化道路,重鑄一新文明。雙方各持己見,一方力主排斥固有文化,實行西化,另一方則看到了極端西化主張下,輸入了很多西方的糟粕,使得中國思想界出現迷亂,於是提出了珍視固有文化,調和中西,融合新舊的調和論主張。終於在 1918 年秋,陳獨秀與杜亞泉各自以《新青年》和《東方雜誌》爲陣地,展開了新舊思想與東西文化的一系列論戰。這場論戰表徵著民初思想界對文化革新的路徑選擇上存在著「先破後立」與「先立後破」深刻分歧。

〔註6〕 洪九來:《寬容與理性——〈東方雜誌〉公共輿論研究(1904～1932)》,上海:
上海人民出版社 2006 年版,第 43 頁。
〔註7〕 張梓生:《悼杜亞泉先生》,《新社會》第 6 卷第 2 號。
〔註8〕 胡愈之:《追悼杜亞泉先生》,《東方雜誌》第 31 卷第 1 號。

第二節　新舊思想能否調和之爭

杜亞泉是五四前後文化調和論最重要的代表人物之一。此時段，恰是他與錢智修在主持《東方雜誌》。《東方雜誌》遂成為調和論的重要言論基地，也就成為了西化派所攻擊的目標。此時，極端守舊之人已很少，幾無言論空間，在當時的思想界已無多大影響力。而西化論因抓住了中國現代化發展的關鍵問題，其激進的不容妥協的態度受到了新青年的擁護，一躍成為當時的主流思潮。此種情形下，杜亞泉等人，並不跟風隨流，始終秉持以立代破的文化觀點，堅持文化調和論，主張從文化建設上著眼，力圖校正走入極端的西化趨向，成為民初思想界一股有著獨特思想光輝的文化主張。面對中國文化何去何從的時代課題，西化論與調和論展開了激烈的論爭。同時也引起了思想界的極大關注。

一、激進與調和兩種文化取向的分歧

（一）「思想戰之時代」

杜亞泉主持《東方雜誌》時期，正是民國初建、中國社會轉型和文化變遷的重要時期。中國在西方文明的衝擊下，陷入了全面的政治危機與文化危機之中。如何進行政治與文化革新以實現中國的現代化，是轉型時代面臨的重要課題。如何對待思想上的新舊問題，則成為當時思想界所熱烈討論的問題。

早在新文化運動開始之前，《東方雜誌》已經注意到了當時「國粹」與「歐化」的極端化傾向，導致了新舊思想衝突劇烈的局面。有人認為「中國者，文明古國也。學術者，少年中國無形之遺產也，發揮而光大之，吸收而內化之，宜若足以自豪於世，而今何如者？舊學則弁髦等視，國粹保存，徒託空言；新學則買櫝還珠，歐化侈談，徒甘糟粕，抑且新舊交鬨，出奴入主，有形之財產固竭，無形之財產亦枯，學術的活動之不健全，又無可諱言也」。〔註9〕而杜亞泉也觀察到，「迨歐化東漸，吾國固有思想，大受動搖，於是守舊維新之兩派，其思想如水火之不相容」，明確提出「今之時代，為思想戰之時代」。〔註10〕很敏銳地觀測到了新舊衝突劇烈的現象。

其後，他對新舊思想衝突現象一直甚為關注，並在《東方雜誌》上集

〔註9〕　方沇泉：《少年中國之社會觀》，《東方雜誌》第 10 卷第 8 號。
〔註10〕　傖父：《論思想戰》，《東方雜誌》第 12 卷第 3 號。

中刊發了民初著名記者黃遠庸〔註 11〕的一系列討論新舊思想衝突的文章，再次指呈了「思想戰」的現象。這實質上成爲了開展新文化運動的先聲。文中指出：「自西方文化輸入以來，新舊之衝突，莫甚於今日。」從洋務運動到戊戌變法再到辛亥革命，這種衝突由器物到制度再到思想，一步步深入，「未有今日篤舊者高揭復古之幟，進化者力張反抗之軍，色彩鮮明，兩不相下也。且其爭點又復愈晰愈精，愈恢愈廣。蓋在昔日，僅有製造或政治制度之爭者，而在今日，已成爲思想上之爭，此猶兩軍相攻，漸逼本壘，最後勝負，且夕昭布。……蓋吾人須知新舊異同，其要點本不在槍砲工藝以及政法制度等等，若是者，猶滴滴之水，青青之葉，非其本源所在。本源所在，在其思想。」而新舊衝突的要點不外數端：第一，舊者崇尚一尊，新者必欲懷疑，必欲研究；第二，新者確認人各有自由意思，舊者則不認人類有此自由；第三，新者認人類各有其獨立之人格而求個人之解放，舊者視人類爲機械，爲奴役；第四，新者從個人出發而愛國家，愛社會，而舊者則被束縛於舊習慣之下。總括來說，新舊「一尚獨斷，一尚批評；一尚他力，一尚自律；一尚統合，一尚分析；一尚演繹，一尚歸納；一尚靜止，一尚活動。」〔註 12〕所以新舊必然衝突對立，而東西文化則代表一新一舊，也必然衝突對立。這些觀察引起了思想界對此問題的進一步思考。

　　杜亞泉認爲，新舊思想的激烈衝突導致思想界往往受「一時之氣所激，必欲取數千年相沿之舊俗，一掃而悉空之。一言語稱謂之微，一動作周旋之細，莫不衿新制，盡棄前規，遂使全國社會心理，舉囂爲喪其故步，而疾首蹙額以相視，蓋不待新黨失勢之進，吾已決反動力之不旋踵而復起矣。」從而使雙方爲各保自身營壘而往往失去理性，在爭論中不免情感化，造成雙方

〔註11〕黃遠生（1883～1915），名基，字遠庸，江西九江人。他是活躍在民國初年新聞界的一位著名記者。曾先後擔任過上海《時報》、《申報》的撰述和特約記者，並主編過《少年中國》和《庸言》。早年肄業於南洋公學，曾是杜亞泉的學生，1915 年曾任《東方雜誌》的臨時撰述，並於 1915 年底至 1916 年初，在《東方雜誌》上集中發表了一系列文章，分別有：12 卷 11 號的《懺悔錄》，12 卷 12 號的《反省》，13 卷第 1 號的《國人之公毒》，13 卷 2 號的《新舊思想之衝突》、《想影錄》等文章，開始引導國人從思想文化上深入認識社會及政治問題，使文化的新舊這一問題逐漸成寫爲其後文化論戰中討論的核心問題。黃遠庸在《東方雜誌》刊發的一系列文章，爲其後新文化運動的開展起了重要的引導作用。

〔註12〕遠生：《新舊思想之衝突》，《東方雜誌》第 13 卷第 2 號。

「一旦得志，悉舉今日所行，弁髦而毀棄焉」，皆步入極端。〔註13〕這種對立新舊、激烈極端的狀況，導致了思想界沒有了依憑，出現「無所謂舊，襲取陳死人語而已，無所謂新，襲取舶來品而已，亦無所謂革新，乃至無所謂復古，襲取院本說部，搬演欺人而已」的現象。〔註14〕有鑒於此，杜亞泉強調在思想上要防止感情遮蔽理智，不能感情用事，對於新舊，「但當審其是非得失，而絕不可有新舊人我之見存於其心，果其爲舊時積弊所叢，雖無他國以作借鏡，亦當迅事掃除，況乎先進諸邦，亦已改革而有效也。是其爲吾國之特長，而立國之根本所繫，雖已消沉閴寂，猶思振已絕之餘緒，而況其尚未淪胥也。是故其爲革也，非徒慕喜新之美名，求其足補吾所不及而已。其爲因也，非徒堅守舊之壁壘，求其能保吾懿嫩而已，意氣平而翳障除，翳障除而真理現，私見銷而好惡公，好惡公而取捨定。」〔註15〕強調新舊並非決然對立，不可僅慕新之名，或是固守舊之壁壘，要以理性的尺度來取捨新舊思想。

（二）新舊「不過一程度問題」

一戰爆發後，杜亞泉對東西文化的認識更加深入。認爲一戰的爆發「使西洋文明露出顯著之破綻」〔註16〕，主張對西學不能持盲目學習態度，而應「一審文明真價之所在」。〔註17〕他在《再論新舊思想之衝突》、《靜的文明與動的文明》、《戰後東西文明之調和》、《迷亂之現代人心》等文章中著重討論了思想的新舊問題及東西文化問題。闡發了中西文化乃「性質之異」，新舊文化「不過一程度問題」等基本觀點，開出了他解決新舊衝突的處方——調和論。

杜亞泉在《再論新舊思想之衝突》一文中，解釋了新舊衝突的必然性，把社會的進化看作一個新舊不斷衝突又不斷調和的過程。他認爲人類社會的衝突不外二種，一種是經濟上的衝突，一種是思想上的衝突。中國近代以前的思想界狀況是「數千年來無甚進步，新舊遞嬗，輒自同化，間有異致，亦勢力微弱，不能與固有之思想抗衡，故衝突絕少。」在他看來「新也舊也，不過一程度問題。其程度之所由差別，雖複雜多端，綜其大要，則或由知識

〔註13〕傖父：《論吾國民新舊感情之變遷》，《東方雜誌》第11卷第4號。
〔註14〕遠生：《反省》，《東方雜誌》第12卷第12號。
〔註15〕傖父：《論吾國民新舊感情之變遷》，《東方雜誌》第11卷第4號。
〔註16〕傖父：《戰後東西文明之調和》，《東方雜誌》第14卷第4號。
〔註17〕傖父：《靜的文明與動的文明》，《東方雜誌》第13卷第10號。

之差違，或由情感之殊異。」〔註18〕在杜亞泉看來，新舊並非對立，「新舊思想之差異，就表著者言之，不過程度分量之問題，非極端反對者。其於西洋文明，一方主張完全仿傚者，一方亦主張爲相當的吸收。其於固有文明，一方主張完全革除者，一方亦不主張頑固的保守。則折衷之結果，似不過程度分量之間，爲幾分之加減而已。然吾人苟從根本上審察新舊思想之差異，則彼此實各處於極端，有如南北磁之異性，正負數之異號者，其差異之出發點，實根源於自然界，以自然界中，本有矛盾爲對抗之定律存在也。……差異既明，則折衷之道可得而言矣。」〔註19〕「然吾儕試返躬自問，果將以何者表異於舊人，而得自命爲新人物乎？新也舊也，亦五十步百步之間耳」〔註20〕，新舊之間是程度分量之差，並不絕然對立，所以新舊思想可以調和。

（三）新舊「斷然不能相容」

以陳獨秀等爲代表的另一批思想者，認爲中國的現代化之路之所以走得艱難而不成功，就在於思想文化上沒有徹底的覺悟。並於 1915 創辦《青年雜誌》，後改名《新青年》，揭櫫民主與科學的旗幟，以之爲起點，竭力主張與舊思想決裂，力圖灌注新思想於國民，創造新文化，導中國於富強民主之路，掀起了影響深遠的新文化運動。而這場運動的開展日益突出地把文化的東西和新舊問題擺在了國人面前，引起了一場思想上的革命。

《新青年》一出就表明了新舊不並立的態度。第一期第一卷即有人指出：「新舊二者，絕對不能相容，折衷之說，非但不知新，並且不知舊，非直爲新界之罪人，抑亦爲舊界之蟊賊。」在激進的新文化運動者看來，「維新固有維新之精神，守舊亦有守舊之精神，人人各本其自信者，鍥而不捨，精神之角鬥無時或息，終必有正當解決之一日，惟依違其間唯唯否否，乃至匿怨而友，陰相殘賊，而國家之元氣，眞乃斫喪盡淨矣，不亦重可非乎。」並宣稱：「所謂新者無他，即外來之西洋文化也；所謂舊者無他，即中國固有之文化也。如是，則首當爭辯者，西洋文化與中國文化根本上是否可以相容，欲解決此問，又當先知西洋之倫理與中國之倫理是否相似。此在稍識外情者，亦必知歐美各國之家庭制度，社會制度，以至於國家制度，固無一可與中國之舊說勉強比附者也。」表示必須要在新與舊之間作出選擇，不可含糊

〔註18〕 傖父：《再論新舊思想之衝突》，《東方雜誌》13 卷第 4 號。
〔註19〕 傖父：《新舊思想之折衷》，《東方雜誌》第 16 卷第 9 號。
〔註20〕 傖父：《個人之改革》，《東方雜誌》第 10 卷 12 號。

依違。汪叔潛明確表示：「今日所當決定者，處此列族競存時代，究竟新者與吾相適，抑舊者與吾相適。如以爲新者適也，則舊者在所排除，如以爲舊者適也，則新者在所廢棄。舊者不根本打破，則新者絕對不能發生，新者不排除盡淨，則舊者亦終不能保存。新舊之不能相容，更甚於水火冰炭之不能相入也。」〔註21〕把新舊列於對立之兩端，無調和可講。

在陳獨秀看來，調和是一種沒有原則，兩邊討好的主張，應堅決反對。他在《一九一六年》一文中強烈地體現出了新舊不兩立的思想。當《新青年》迎來第二個年頭時，爲了更好地推動新文化運動的開展，他主張要打破國民因循懈惰的心理，其破舊立新的思想又強烈地表現了出來。他說「吾人自有史以訖一九一五年，於政治，於社會，於道德，於學術，所造之罪孽，所蒙之羞辱，雖傾江、漢不可浣也。當此除舊布新之際，理應從頭懺悔，改過自新。一九一五年與一九一六年間，在歷史上畫一鴻溝之界；自開闢以訖一九一五，皆以古代史目之，從前種種事，到一九一六年死；以後種種事，自一九一六年生。吾人首當一新其心血，以新人格，以新國家，以新社會，以新家庭，以新民族，必迨民族更新，吾人之願始償，吾人始有與晰族周旋之價值，吾人始有食息此大地一隅之資格。青年必懷此希望，始可稱其爲青年而非老年；青年而欲達此希望，必撲殺諸老年而自重其青年」。〔註22〕陳獨秀還強烈批判了中國的舊文化，認爲舊倫理禁錮了國人的思想和行動，填充於國人腦際者只有「做官發財」的干祿之心，腐敗而乏生氣。他希望能夠讓國人一掃腦中之舊觀念，舊思想，造就出有活力的新青年，所以警策道：「自認爲二十世紀之新青年，頭腦中必斬盡滌絕彼老者壯者腐敗墮落諸青年之做官發財思想，精神上自別構眞實新鮮之信仰，始得謂爲新青年而非舊青年，始得謂爲眞青年而非僞青年。」〔註23〕這些言說，無不顯示著其新舊不並立的激進立場。

以陳獨秀爲代表的激進新文化運動者認爲，東西文化在性質上也是根本相異、不可調和的。主張全面批判中國傳統文化，爲學習西方文化開路。在他們看來：「東西洋民族不同，而根本思想亦各成一系，若南北之不相併，水火之不相容也」。其原因在於，東西洋文明根本精神不同：「西洋民族以戰爭

〔註21〕 汪淑潛：《新舊問題》，《青年雜誌》第 1 卷第 1 期。
〔註22〕 陳獨秀：《一九一六年》，《新青年》第 1 卷第 5 號。
〔註23〕 陳獨秀：《新青年》，《新青年》第 2 卷第 1 號。

爲本位，東洋民族以安息爲本位」；「西洋民族以個人爲本位，東洋民族以家庭爲本位」；「西洋民族以法治爲本位，以實利爲本位；東洋民族以感情爲本位，以虛文爲本位」。「愛平和尚安息雍容文雅之劣等東洋民族，何至處於今日之被征服地位？」「西洋民族性，惡侮辱，寧鬥死；東洋民族性，惡鬥死，寧忍辱。民族而俱如卑劣無恥之根性，尚有何等顏面高談禮教文明而不羞愧。」認爲東西民族這種思想文化上的差異，是東西方社會政治制度不同的根源。建立在東洋民族文化基礎上的封建宗法制度，不僅損壞了個人獨立自尊的人格，窒礙了個人意志之自由，還剝奪了個人法律上的平等權利，養成人的依賴性。西方的民主共和制度卻與此截然不同，其社會人際關係表現爲「各守分際，不相侵漁，以小人始，以君子終」，封建的東方社會則「外飾厚情、內恒憤忌，以君子始，以小人終」〔註 24〕。西洋社會之所以強盛發展，東洋社會之所以停滯，原因即在於此。兩種文明相比，西洋文明要優越於中國文明，因而，要改造中國社會，就必須要學習西洋。要學習西洋，不能僅停留在物質、制度等層面上，還必須有賴於思想文化上覺悟，有賴於「倫理的覺悟」，因爲倫理的覺悟才是最後的覺悟，也是問題的最根本所在。只有做到這種全面的思想解放，才能眞正學到西方的長處，中國才能有望出現新機。所以，陳獨秀說道：「自西洋文明輸入吾國，最初促吾人之覺悟者爲學術，相形見拙，舉國所知矣；其次爲政治，年來政象所證明，已有不克守缺抱殘之勢。繼今以往，國人所懷疑莫決者，當爲倫理問題。此而不能覺悟，則前之所謂覺悟者，非徹底之覺悟，蓋猶在惝怳迷離之境。吾敢斷言曰：倫理的覺悟，爲吾人最後覺悟之最後覺悟」。〔註 25〕

新文化運動的另一位健將錢玄同，也認爲新舊不並立，主張「將過去的本國舊文化連根兒拔去，將現代的世界新文化『全盤承受』，才是在正辦。穆先生說我『像是什麼都不要了』，這確是我的眞意。……我認爲過去的各國文化，不問其爲中國的，歐洲的，印度的，日本的，總而言之，統而言之，都應該棄之若敝履。我對於它們，只有充分厭惡之心，決無絲毫留戀之想。」〔註 26〕

〔註 24〕 陳獨秀：《東西民族根本思想之差異》，《青年雜誌》第 1 卷第 4 號。
〔註 25〕 陳獨秀：《吾人最後之覺悟》，《新青年》第 1 卷第 6 號。
〔註 26〕 錢玄同：《錢玄同文集》第 2 卷，北京：中國人民大學出版社 1999 年版，第 187 頁。

在激進新文化運動者看來，東西文明之間是優劣之別，是新舊之別，只能是以新代舊，即西方文明與中國固有文明是一種新舊矛盾，而新舊則絕對的不並存，要迎新則必捨舊，對此絕不含糊，堅決反對任何形式的調和，主張要全面向西方學習。所以，當有人批評《新青年》所登文章「有揚西抑東之意」時，陳獨秀回應說：「東西文化，相距尚遠，兼程以進，猶屬望塵，愼勿以抑揚過當爲慮。」〔註27〕認爲東西文化不可調和，中國應做的就是努力向西方學習。因爲，「無論政治、學術、道德、文章，西洋的法子和中國的法子，絕對是兩樣，斷斷不可調和牽就的。……若是決計守舊，一切都應該採用中國的老法子，不必白費金錢派什麼留學生，辦什麼學校，來研究西洋學問。若是決計革新，一切都應該採用西洋的新法子，不必拿什麼國粹，什麼國情的鬼話來搗亂。……因爲新舊兩種法子，好像水火冰炭，斷然不能相容；要想兩樣並行，必至弄得非牛非馬，一樣不成。」〔註28〕鑒於當時極端混亂的思想及政治局面，主張新舊不共存。主張爲實現眞正的共和，必須要先本著一種破壞的精神掃除障礙，要「破壞！破壞偶像！破壞虛僞的偶像！吾人信仰，當以眞實的合理的爲標準；宗教上，政治上，道德上，自古相傳的虛榮，欺人不合理的信仰，都算是偶像，都應該破壞！此等虛僞的偶像，倘不破壞，宇宙間實在的眞理和吾人心坎兒裏徹底的信仰永遠不能合一！」〔註29〕這種絕決的變革態度，在當時舊勢力依然很濃厚的社會氛圍下，確實起到了一種振聾發聵的警醒作用，成爲新文化運動順利開展的清道夫。但這種新舊二元對立的觀點，及對東西文化特性的籠統概括，也引起了一些社會弊端，比如，使當時一些思想根底淺薄的青年產生歷史虛無主義的態度，在對待新舊文化，東西文化時，只有激憤的心情，只知一味的高倡破壞，卻缺少了建設新文化的學識準備，往往顯得急功近利而武斷盲從。

（四）調和與激進的分歧

新文化運動從文學革命開始，漸次擴展到其它領域，影響越來越大，陳獨秀等人的文化主張，很快成爲了時代主潮。一部分文化激進論者，認爲新舊勢如水火，不可共存，求新則必須棄舊，拋棄傳統，更有甚者主張拋棄漢字，使時代思潮日趨激進。而以杜亞泉爲代表的調和論者，始終反對盲目學

〔註27〕《答張永言》，《新青年》第1卷第6號。
〔註28〕陳獨秀：《今日中國之政治問題》，《新青年》第5卷第1號。
〔註29〕陳獨秀：《偶像破壞論》，《新青年》第5卷第2號。

習西方，主張要「一審文明眞價之所在」，進行東西文化的調和。其後，他在《東方雜誌》上先後發表了《推測將來社會之變遷》、《矛盾之調和》、《迷亂之現代人心》、《中國之新生命》，以及錢智修的《功利主義與學術》、平佚所譯的《中西文明之評判》等文，認爲事物的發展本身就是一個新舊調和的過程，表達了對新文化運動激進趨向的憂慮和批評。

杜亞泉在《迷亂之現代人心》中，謂西方文化的輸入，導致了中國國是的喪失和精神界的迷失，國人失去了共同的信仰和目標，人心迷亂，使社會「遂成一可是可非、無是無非之世局」。而這種現象產生的根本原因在於沒有處理好固有文化與西洋學說的關係，引進的西學，存在著斷片與盲目的缺陷，導致了固有國是的喪失。據他觀察，社會的發展「由分化與統整二者互相調劑而成」，西洋學說未輸入以前，國人有整套的倫理道德可憑依，能夠有矩可循，人心統整。輸入西學的後果則是有分化而無統整。究其原因，在於國人丟掉了自己的標準而崇尚西學，卻未及深思西洋學說的眞正內涵。在他看來，西洋思想因其有自由傳統，所以各家各派學說都得以風靡，而國人在輸入時卻沒有鑒別力，盲目販賣西洋斷片的學說，「得一時一家之學說，信以爲是，棄其向所以爲是者而從之；繼更得其一家一時之學說，信以爲是，復棄其適所以爲是者而從之。卒之固有之是，既破棄無遺，而輸入之是，則又恍焉惚焉而無所守。於是吾人精神界中種種龐雜之思想，互相反拔，互相抵銷，而無復有一物之存在」，遂造成「精神界之破產」。所以他說「現代思想，其發展而失其統一，就分化言，可謂之進步，就統整而言，則爲退步無疑」。在他看來，要改變這種狀況，應調和中西文明以達分化與統整之功，追求眞正的進步。所以，一方面他承認「我國先民，於思想之統整一方面，最爲精神所集注」，由統整精神形成的國是，是中國文化的「結晶體」；另一方面，他並不固守舊制和傳統，而是主張「先民精神上之產物留遺於吾人，吾人固當發揮而光大之，不宜僅以保守爲能事。故西洋學說之輸入，夙爲吾人所歡迎」。主張以中國固有的統整精神與輸入的西洋學說相互調劑。他認識到，如果「僅僅傚從前頑固黨之所爲，竭力防遏西洋學說之輸入，不但勢有所不能，抑亦無濟於事焉。救濟之道，正統整吾固有之文明，其本有系統者則明瞭之，其間有錯出者則修整之」。〔註30〕提倡保守與開進的融合。

────────────

〔註30〕傖父：《迷亂之現代人心》，《東方雜誌》第 15 卷第 4 號。

　　平佚所譯《中西文明之評判》一文，介紹了辜鴻銘在《中國對於歐洲思想之辯護》與《中國國民之精神之血路》兩文，以及歐人臺里烏司氏等人的評論。臺氏對辜氏書中批評西方文明之物質主義流弊和宣傳中國倫理文化之優越的觀點，頗表同情。辜氏認爲「歐洲文明之權威大生疑念」，在於物質主義傾向過於明顯，而缺乏中國那種完備的倫理觀念，「由於精神的興味之缺乏，與精神的熱烈擁護之缺乏也。歐洲人之倫理要素，被實地的功利要素所壓倒，優雅與微妙之情緒，屈而不能伸，即宗教方面，亦帶物質主義之特徵。」〔註31〕這種物質主義的傾向，應加以反思，主張發掘中國精神文明的一面來對其進行補救。辜氏的這種意見在理論上存在重大的缺陷，把西方文明判然爲物質文明與精神文明之分是極爲籠統與膚淺的。無論是東方文明還是西方文明都不是單一的，都是物質文明與精神文明的結合體。辜氏強調中國文明爲精神文明的認知，顯然有一種虛驕的文化心態在內，並不是一種健全的文化觀，守舊性較濃，不符合當時的時代潮流，應該予以糾正批判。而《東方雜誌》轉譯了這篇文章，引起了新文化運動激進分子的強烈不滿。陳獨秀甚至指責《東方雜誌》與辜氏爲同一隊伍。不過，《東方雜誌》其實並非與辜氏同一立場。該文雖有讚賞中國文化的一面，但在後文中，也提到了西方人士的反對意見。如文章提及了臺里烏司氏反對辜氏所倡西方應「採用中國之世界觀」的觀點，認爲世界觀「未必可以移植」，「歐人自身之世界觀，自有完成之期」。〔註32〕也提到了弗蘭士批評辜氏對德國精神有所誤解的言辭。弗蘭士認爲，雖然歐洲文化弊端重重，趨於破產，但歐洲文化並非如辜氏所言，全爲物質主義，西洋人之「強大的根本思想，即東洋人所難於理會之獨立個性與個人責任之根本思想，實爲吾人之特長。倫理與政治之關係，固爲我等不知孔教之困難，而於此處促生權力意志與活動性，或使糾紛之外的文化，與德意志之內面性相合，在目下之戰爭，爲艱辛之試驗，以示其決不崩壞之力。」〔註33〕可見，《東方雜誌》登這篇文章，雖有強調中國固有文明的一面，但也介紹了西洋學者不同的意見，強調了西方思想自身的文化特性，不能全取中國的世界觀。這些說明，受一戰的影響，東西方思想界對本國文化都有深切的反思。反思的結果認爲，無論是東洋文化還是西洋文化都各有其優劣

〔註31〕平佚：《中西文明之評判》，《東方雜誌》第 15 卷第 6 號。
〔註32〕平佚：《中西文明之評判》，《東方雜誌》第 15 卷第 6 號。
〔註33〕平佚：《中西文明之評判》，《東方雜誌》第 15 卷第 6 號。

短長，理應基於本國文化而取長補短，尋求東西洋文化的融合調劑。而這正是杜亞泉及《東方雜誌》的基本立場。

錢智修在《功利主義與學術》中，批評了國內崇西過甚，缺少判斷力，引起了功利主義盛行的現象。他說：「夫謂學術無國界，是也；然是特謂學者當放寬眼界，攬古今中外之菁英而供其采擇耳。既言采擇，則必有棄取，既有棄取，則必以學術本體之短長爲棄取之標準。今不問其本體之短長，而惟以隸屬洋籍者爲長。甚者呼召亡魂，預言休咎，爲吾國巫師方士之所優爲，亦因歐美有少數好奇之士事於斯而引以爲重。此何爲者？蓋其籠統之頭腦、盲從之心理，於辨別思考之才亦已消失，根本上無治學之資能矣。又其甚者，則欲廢本國文字而用英語或世界語，以爲可殲除舊學之根株，容納世界之新學。」在他看來，新事物的產生，必有一定的根基作爲基礎，不可盡棄舊學，「蓋學問之事，其第一步爲因，其第二步爲革。因者取於人以爲善，其道利在同。革者創諸己而見長，其道利在異。因革互用，同異相資，故甲國之學，既以先進之資格爲乙國所師，乙國之學亦時以後起之變異爲師於甲國，而學術即因轉益相師而進步。然其所以能變異而進步者，則因載學之器之文字不同，外來之思想，經本國文字發表，已與本國思想體合而易其原形故也。若廢棄本國文字而易以歐洲之通用語，於爲因爲同計則得矣，將又何以爲革爲異，而促進學術之進步耶？」〔註34〕他強調，文字與文化是緊密相聯的，內涵著傳統文化豐富的內涵，不能輕言拋棄。而學問的進步，是固有文化不斷與新的文化素質調劑體合的過程，有因有革，有同有異，才能同異相資，互取長短，調和融洽。從這些觀點中可看出，錢智修並沒有反對學習西方，他主要針對的還是那些盲目學習西方而拋棄固有文化的極端主張，特別是那些主張拋棄本國文字的言論。總而言之，這些文章，主旨都在反對盲目學習西方，強調東西洋文化各有所長，主張要有鑒別地進行取捨，取長補短，互相調劑。

這些主張，在陳獨秀等人看來，則有違時代思潮，是在與守舊者同聲相應，應堅決予以批判。雙方在文化主張上遂產生了激進與調和的分歧。最終陳獨秀於 1918 年 9 月 15 日，率先在《新青年》第 5 卷第 3 號上發表了《質問〈東方雜誌〉記者》一文，開始向《東方雜誌》發難，挑起了東西文化論爭。並與杜亞泉就東西文化問題展開了激進與調和兩種路向之爭。他主要針

〔註34〕錢智修：《功利主義與學術》，《東方雜誌》第 15 卷第 6 號。

對《東方雜誌》上杜亞泉的《迷亂之現代人心》（第 15 卷第 4 號），平佚譯的《中西文明之評判》以及錢智修的《功利主義與學術》（均在第 15 卷第 6 號）三篇文章詰難。陳獨秀咄咄逼人地對《東方雜誌》記者提出了 16 條質問，其中駁錢文 6 條，駁平文 9 條，駁杜亞泉 1 條，但內又含 7 個小點。並要求《東方雜誌》記者要「一一賜以詳明之解答，慎勿籠統不中要害不合邏輯之議論見教。」杜亞泉則在《東方雜誌》第 15 卷第 12 號上擇其要目作了回應。杜的回應在陳獨秀看來，多爲籠統之答，不能讓他滿意，於是在《新青年》第 6 卷第 2 號上又作《再質問〈東方雜誌〉記者》一文，再次責問《東方雜誌》記者。杜亞泉再次回應。在文化主張上，他們一主中西結合的調和論，一主以西代中的激進論，代表了這一時期新文化建設思路上調和與激進的兩種取向。雙方互相辯論，你來我往，激起了思想界的波瀾，其它刊物和作者也紛紛加入到了論爭中來。

陳獨秀的質問文字犀利，充滿了戰鬥激情，但不免有故意樹靶子之意。言辭激烈卻乏邏輯，常常屈人之言而就己義。對《東方雜誌》的指責多有武斷之處。例如他把引用辜鴻銘之言者視爲支持復辟，認爲「關於尊重君主政體之一點，乃其共性；苟贊同其一項者，則其餘各項，當然均在贊同之列」；如指責《東方雜誌》記者「誤以爲貪鄙主義爲功利主義，故以權利競爭爲政治上之功利主義，以崇拜強權爲倫理上之功利主義，以營求高官厚祿爲學術上之功利主義」；如謂《東方雜誌》記者反對教育上的功利主義，反對廉價出版物就謂他們反對普及教育；如《東方雜誌》記者讚揚中國傳統文化中的倫理綱常就是反對輸入西學等。〔註 35〕這種貼標籤的批判方式，缺少理性的分析，不是基於學理的分析和討論，而是一種政治輿論的高壓手法。

面對陳獨秀的責難，杜亞泉辨駁道：「徵引辜氏著作爲一事，與辜同志爲又一事，二者之內包外延，自不相同。」「批評功利主義之民權自由，非反對民權自由，批評功利主義之立憲共和，非反對立憲共和」，「東方雜誌所反對的是狹義的功利主義」，「所言之廉價出版物是指坊肆中誨盜誨淫之書，非反對普及教育和通俗書籍。」並且指出文明進步分統整與分化二端，主張統整，思想統一，「決非如歐洲黑暗時代之禁遏學術阻礙文化之謂，亦非附合雷同之謂，亦非儒術即學術之謂，亦非不翻譯歐洲書，不輸入歐洲文化之謂。」杜亞泉申明《東方雜誌》的立場並非守舊，而是要「盡力輸入西洋學說，使其

〔註35〕陳獨秀：《質問〈東方雜誌〉記者》，《新青年》第 5 卷第 3 號。

融合於吾固有文明之中」。杜亞泉雖然確認「尊崇孔子倫理」，和「君道臣節及名教綱常諸大端」，「爲我國固有文明之基礎」，但其意在於：他認爲「共和政體，決非與固有文明不相容者，民視民聽，民貴君輕，伊古以來之政治原理，本以民主主義爲基礎，政體雖改，而政治原理不變，故以君道臣節名教綱常爲基礎之固有文明，與現時之國體，融合而會通之，乃爲統整文明之所有事。」〔註 36〕主張以固有文明爲基礎，發掘固有文明中的一些與現代能夠契合的成分，融合會通，把東方固有文明與西洋文明結合起來，建立一種統整基礎上的分化，使國民有精神皈依而不致精神迷失。

陳獨秀雖然也承認社會上新舊存在調和現象，但卻把這種現象當作是惰性的表現。他說：「新舊因調和而遞變，無顯明的界線可以截然分離，這是思想文化史上的自然現象，不是思想文化本身上新舊比較的實質。這種現象是文化史上不幸的現象，是人類惰性的作用；這種現象不但時間上不能截然分離，即在空間上也實際同時存在；同一人數中，各民族思想文化的新舊不能用時代劃分，同一民族中，各社會各分子思想文化的新舊，也不能用時代劃分；這等萬有不齊新舊雜糅的社會現象，乃是因爲人類社會中惰性較深的劣等民族劣等分子，不能和優級民族優級分子同時革新進化的緣故。」他還認爲，「惰性也是人類本能上一種惡德，是人類文明進化上一種障礙，新舊雜糅調和緩進的現象，正是這種惡德這種障礙造成的；所以新舊調和只可說是由人類惰性上自然發生的一種不幸的現象，不可說是社會進化上一種應該如此的道理；若是助紂爲虐，把他當做指導社會應該如此的一種主義主張，那便誤盡蒼生了。……所以調和論只能看做客觀的自然現象，不能當做主觀的故意主張。」〔註 37〕

從他們的爭論中可以看出，杜亞泉觀察中西文化時，主要批評了中國引進現代文明之弱點，批評國人對西學的囫圇吞棗和不加鑒別地取用，導致新文化未得以建立而固有文化幾乎丟失殆盡的危險狀況。他主張東西文化的調和，希望國人對西學推測抉擇，有鑒別地吸收，反對一味摹仿，更反對拾其唾餘而當作珍寶的盲目崇西傾向。主張吸取西學要注重創造，要把西方文明與中國固有文明結合起來，融滙體合，創造出適應時代要求的新文化，生成一種與中國實際需要相契合的新文明，使中國漸趨於富強之境。當然，杜亞

〔註 36〕傖父：《答〈新青年〉雜誌記者之質問》，《東方雜誌》第 15 卷第 12 號。
〔註 37〕陳獨秀：《調和論與舊道德》，《新青年》第 7 卷第 1 號。

泉等人對西學的認知是很有限的，對東西文化的認識也有缺陷，難免有強調
中國傳統文化的地方，但其始終主張要中西結合，創造新文明，這個方向與
新文化運動的方向是一致的。他們更多批評的是新文化運動中的一些過激言
論，及其產生的種種流弊。因此，從根本上說，他們並非反對新文化運動，
而是對新文化運動中的激進偏向進行批評和補救。

二、章士釗的新舊調和論及相關論辯

　　新舊問題是五四前後這一重要社會轉型期思想界頗為關注的一個話題。
如何處理二者關係，成為當時不少知識分子所致力思考的問題。在杜亞泉與
陳獨秀對東西文化與新舊文化展開論戰後，關於新舊問題的論爭再一次興
起。章士釗於 1918 年 12 月 28 日，在北京大學二十週年紀念會上發表了《進
化與調和》的演講，系統闡述了他的新舊調和哲學。緊接著，1919 年 9 月杜
亞泉發表了《新舊思想之折衷》一文，聲援這種觀點。其後，章士釗又於 1919
年 11 月，1920 年 2 月，先後發表了《新時代之青年》和《新思潮與調和》兩
次演說，較為系統地闡述了「新舊雜糅調和論」。杜亞泉很快就把這兩篇文章
分別發表在《東方雜誌》的第 16 卷第 11 號和第 17 卷第 2 號上，對章士釗的
調和論加以宣傳。章士釗把調和看作是「社會進化至精之義」〔註 38〕，並從
以下幾個方面進行了理論上的疏解：

（一）調和為「宇宙進化之秘機」

　　章士釗認為調和是自然界、人類社會、人類思維發展所遵循的一條普遍
規律，「調和二字，隨俗濫用，學士大夫不肯言之……其實宇宙進化之秘機全
在乎此」。他進一步說道：「達爾文昔倡進化論，以競爭為原則，使人合於自
然法律以行，後之學者以為不然。謂果如達言，則人亦與禽獸等耳，生命又
安足貴。救其弊者，有克魯巴圖金之互助論，有柏格森之創造進化論，有倭
鏗之精神生活論，自各有其理由。然互助近於社會學者之主觀，倭、柏諸家
含有玄學宗教之鼓吹，愚意不如以調和詁化，即能寫社會演進之實象，而以
諸家之說，亦無乖迕。蓋競爭之後，必歸調和。互助亦調和之運用，創造不
以調和為基，亦未必能行。」〔註 39〕強調調和的目的在創造。他反對新文化

〔註 38〕章行嚴：《新時代之青年》，《東方雜誌》第 16 卷 11 號。
〔註 39〕孤桐：《進化與調和》，《甲寅周刊》第 1 卷第 15 號。《章士釗全集》第 4 卷，
　　　　上海：文匯出版社 2000 年版，第 104 頁。

運動走過於激進化的道路，批評陳獨秀等人所提倡的「一一除舊布新」的主張，指責他們既沒有對事物發展過程中的新舊關係作歷史的認知，也沒有看到社會與文化進程中必然存在的承續性現象。章士釗把社會發展看作是一個新舊雜糅、接續不斷的過程，主張新舊調和。

在他看來：「凡時代相續，每一新時代起，斷非起於孤特，與前時代絕不相謀，而所有制度文物皆屬異軍蒼頭，一一為之制事而立名也。果爾，則人智時緣，兩俱有限，其所成就，必且與太古原人相去不遠。嘗論時代銜接，其形如犬牙，不如櫛比，如連線波，新舊兩心，開花互侵，中乃無界不如兩點相次，無間而不相攪。」〔註40〕強調了時代的接續性，把古與今看作為「一整然之活動，其中並無定畛域可以劃分前後。」〔註41〕所以，「本體只一，新云舊云，皆是執著之名言。姑順俗言之，所謂舊者，將謝之象，新者，方來之象。而當舊者將謝而未謝，新者方來而未來，其中不得不有共同之一域，相與舒其力能寄其心思，以為除舊開新之地。……此共同之域者，何也？即世俗之所謂調和也。」〔註42〕把調和看作是一種「進化自然之境」，而「調和之要律，在以不欺其信為歸，至己不自以為信時，即當舍己從人，共求大信。又在己有所信之時，不當鄙人之所信者為不足信，以人智有限，所知者大抵假定適然之理，不能號為無對也。」〔註43〕這裡的調和強調的不是無原則的騎牆，而是一種堅守原則下的變通。從文化上來講，則是要以中國文化為基，吸收西方文化，尋找人之共信所在，以達調和的自然進化之境。這種意思在他其後的《新思潮與調和》中也一再有所呈現。

（二）「新舊相銜，斯成調和」

《新時代之青年》是章士釗闡述新舊調和論的一篇重要文獻。該文提出，「新舊相續，以成調和」是不可否認的。他解釋道：「新時代一語，每每易起誤解，以為新之云者，宜是嶄新時期，與從前時代，絕不相謀。……新時代云者，決非無中生有天外飛來之物，而為世世相承連綿不斷，有可斷言。既

〔註40〕孤桐：《進化與調和》，《甲寅周刊》第 1 卷第 15 號。《章士釗全集》第 4 卷，上海：文匯出版社 2000 年版，第 102～103 頁。

〔註41〕孤桐：《進化與調和》，《甲寅周刊》第 1 卷第 15 號。《章士釗全集》第 4 卷，上海：文匯出版社 2000 年版，第 103。

〔註42〕孤桐：《進化與調和》，《甲寅周刊》第 1 卷第 15 號。《章士釗全集》第 4 卷，上海：文匯出版社 2000 年版，，第 103～104 頁。

〔註43〕孤桐：《進化與調和》，《甲寅周刊》第 1 卷第 15 號。《章士釗全集》第 4 卷，上海：文匯出版社 2000 年版，，第 105 頁。

曰世世相承，連綿不斷，視歷史爲活動的整片的，如電影然，動動相續，演成一齣整劇，從而指定一點曰，此某時代也，此某時代與某時代之所由分也，是皆權宜之詞，於理論未爲精當。……時代之精神，則決無如此顯明之界線可分。」〔註44〕因爲宇宙最後眞理，是一「動」字，所以，在他看來，新舊是沒有絕對界限的，這個過程猶如水波蕩漾一樣，「時代相續，狀如犬牙，不爲櫛比，兩時代相距，其中心如兩石投水，成連線波，非同任作兩圓邊線，各不相觸。故知新時代之所謂新，亦猶前言一種權宜之詞耳」。〔註45〕基於此，他認爲當時講新文學者，採報端之見，揮斥一切舊者，欲從文學上劃出一紀元，號之曰新是不可能的。因爲「新時代既非截然爲一時代矣，則在此時代中之青年，欲別於前一時代之人，自號曰新青年，與前一時代之人截然不同，亦不可得。夫無論何時代之人，宜講究最適合於該時代之政治學問，以求自立，若襲此最適合者以新之名號，斯亦可耳，然決非與舊者析疆分界鴻溝確立之謂也。宇宙之進步，如兩圓合體，逐漸分離，乃移行的而非超越的。既曰移行，則今日占新面一分，蛻舊面亦衹一分。蛻至若干年之久，從其後而觀之，則最後之新社會，與最初者相衡，或鰲然爲二物，而當其乍占乍蛻之時，固仍是新舊雜糅也。此之謂調和。」〔註46〕其特徵是移行而非析疆分界。他一再強調棄舊迎新之不可能，因爲「新舊並無一定之界限，何者爲新，何者爲舊，很難於斷定」。〔註47〕社會的發展是在一種新舊調和狀態下進行的。因此「社會無日不在進化之中。故今日之爲青年者，無論政治方面，學術或道德方面，亦盡心於調和之道而已。萬不可蹈一派浮薄者之惡習，動曰若者腐敗當吐棄，若者陳舊當掃除，初不問彼所謂腐敗者是否眞應吐棄，彼所謂陳舊者是否眞應掃除。而凡不滿意於淺薄之觀察，類欲摧陷而廓清之也。故今之社會道德，舊者破壞，新者未立，頗呈青黃不接之觀，而在歐戰期後尤甚。」〔註48〕由此從理論上解釋了他的新舊雜糅調和論。

他聲言自己「決非頑固守舊者之徒」，〔註49〕強調社會的進步需要「解放與改造」，但俱不能離開舊有基礎。其根本原因在於，不能捨舊以迎新。因爲

〔註44〕章行嚴：《新時代之青年》，《東方雜誌》第 16 卷第 11 號。
〔註45〕章行嚴：《新時代之青年》，《東方雜誌》第 16 卷第 11 號。
〔註46〕章行嚴：《新時代之青年》，《東方雜誌》第 16 卷第 11 號。
〔註47〕章士釗：《記章行先生演講詞》，李長義記錄，《章士釗全集》第 4 卷，上海：文匯出版社 2000 年版，第 154 頁。
〔註48〕章行嚴：《新時代之青年》，《東方雜誌》第 16 卷第 11 號。
〔註49〕章行嚴：《新時代之青年》，《東方雜誌》第 16 卷第 11 號。

社會進化的過程就是新舊調和的過程,「無論改造,無論解放,俱不可不以舊有者爲之基礎 ,則此種名詞悉可納諸調和之中。新舊質劑之結果,因別型成一物,斯曰改造。新舊不相容之結果,舊者因爲新者留出餘地若干,己身不在所留有餘地之內更占一步,斯曰解放。調和時義之大,有如此者,愚爲此言,決非助守舊者張目,特以翻手爲舊,覆手爲新,在邏輯上爲不可能。且舊之云者,又確非悉可屏棄之物」〔註50〕在他看來,新舊是相續的,社會革新不可能不要繼承,文化的創新建立在保舊的基礎之上。所以,新與舊關係是緊密相聯的,不能棄舊迎新,只能是新舊相續,以成調和,也只有調和才是穩定狀態,才有利於社會的有序進化。他認爲一戰後思想界發生了一定變動,西洋思想確實顯露出了它的一些弊端。但卻不能一味趨新或一味守舊。要開新,必先自立根基,他說:「凡欲前進,先自立根基。舊者,根基也,不有舊決不有新,不善於保舊,決不能迎新。不迎新之弊止於不進化,不善保舊之弊,則幾於自殺。」〔註51〕其新舊調和的目的,在於以實際情況爲基礎,作動態的調整,主張「凡物號稱調和,自以適宜於當時情況者爲主旨,並不必下一最後之論斷。」〔註52〕守舊是爲了開新,所以他說:「於時舊勢尚存,則促其生與進者,就於迂迴宛轉之途,乃題中應有之義。惟若抹殺新機,一意復舊,則大背天演之道,必且絕脰斷膌而亡。斯賓塞曰:『蓋蛻嬗之群,無往而非得半者也。其法制則良窳雜陳,其事功則仁暴相半,其宗教則眞妄並行,此雜而不純者,吾英之所有,正如是也。其衝突齟齬,自亂其例,上自國政,下洎學術,所樊然日多者,即以演進方將,損益之以與時偕行之故。義理法制,古之所謂宜者,乃今以世變之更新,而適形其不合。且是之世變,往往即爲前時義理法制之所生,特世變矣,而新者未立,舊者仍行,則時行詭危,設圖新而盡去其舊,又若運會未至而難調,此所以常沿常革,方死方生,孰知此雜而不純、牴牾衝突者,乃爲天演之行之眞相歟?』斯氏之言,即所以著調和精要也。」〔註53〕認爲守舊與開新是同時進行的,「新舊相銜,斯成調和。」〔註54〕由此否定那種以進化論爲依據從而主張新舊不共立的激

〔註50〕 章行嚴:《新時代之青年》,《東方雜誌》第 16 卷第 11 號。

〔註51〕 章行嚴:《新時代之青年》,《東方雜誌》第 16 卷第 11 號。

〔註52〕 章行嚴:《新時代之青年》,《東方雜誌》第 16 卷第 11 號。

〔註53〕 秋桐:《調和立國論上》,《章士釗全集》第 3 卷,上海:文匯出版社 2000 年版,第 276 頁。

〔註54〕 章行嚴:《新時代之青年》,《東方雜誌》第 16 卷第 11 號。

進主張。

　　章士釗的新舊調和論一方面來源於他對新文化運動中種種現象的觀察。不過，和杜亞泉一樣的是，他過多的看到了新文化運動發展中的弊端問題，對其成績或多或少忽略了。另一方面，其理論也是對一戰的反思，批評當時所迎者往往爲「新之僞，而舊之眞者已破壞無餘」。雖然他曾有言：「物質上開新之局，或急於復舊，而道德上復舊之必要，必甚於開新」。〔註55〕因而多受指責，其實這只是他一時的激憤之語，只是爲了強調不能盡棄舊道德。他的調和論並非一種靜止的敷衍，而是強調改革要隨應世變，包括道德層面也要求隨時勢的變化而作相應的變革。本章第三節將會對此加以詳述。

　　章士釗甚爲擔憂中國能否自立於競爭日益激烈的世界中，所以主張改革要能以應世變，而應變之方法則一方面強調要「新舊調和」，另一方面主張要「社會自決」。而「新舊調和」又是達到「社會自決」的一個前提條件。「社會自決」要求養成社會團體意識，更要「求諸分子本身」。只有自身先存在了，才能談到自決的問題，從而把保存固有文化的重要性提高到影響國家自立、社會自決的高度。從這一點出發，他認爲新文化運動及學生運動的爆發，是「不肯以國家付之二三賣國者之手，而求所以自決之萌芽，此其關係，至爲重大」，是一種「社會自決」的表現。〔註56〕由此看出，他對新文化運動及學生運動是支持與同情的，只是不願意看到他們走入丟棄固有文化的極端道路中去而已。在他看來，「今世文明，科學奮進，吾國闇陋，當然衰多益寡，以求自存。然固有之道德學問，可資爲本原者，不知所以保存而疏導之，是忘本也。更進一層，凡物必以己力得之，方爲可貴」。只有建立在自身基礎上的文化才是一國能夠自立於世界之中的保證，正如他所說：「一國之文化能保其所固有，一國之良政治爲國民力爭經營而來，斯其國有第一等存立之價值。」〔註57〕這種文化觀實際上強調要把文化建立在一種民族自省自覺的基礎上，內蘊著努力把民族化與世界化協調統一起來的訴求。

　　（三）「調和者，乃講求主張如何有效者也」

　　1920 年 1 月，《東方雜誌》又刊登了章士釗在廣州師範學校所作的《新思潮與調和》的演講內容。章士釗在演講中強調，時代思潮之起，必起於「社

〔註55〕章行嚴：《新時代之青年》，《東方雜誌》第 16 卷第 11 號。
〔註56〕章行嚴：《新時代之青年》，《東方雜誌》第 16 卷第 11 號。
〔註57〕章行嚴：《新時代之青年》，《東方雜誌》第 16 卷第 11 號。

會中先有何種不安之象，其不安之程度或緩或急，而要不可不施以救濟，因有人爲之條理，謂必如此而極不安者可去，如彼百次不安者可去，斯條理者，具體之主張也」，這種主張爲傳播便利起見，往往演成某種主義，形成所謂時代新思潮。以他的理解：「新思潮者，第一當有徹底研究的態度。若無徹底之研究，不辨別病症之如何，以其囫圇吞棗之傳說，漫爲不留餘地之試行，愚慮不僅所懷之希望不可期，結果或且愈得其反也。」對於舊者，不可一概摒除，當時的現狀是：「舊者已廢，新者立而未善」。在他看來，新思潮是應時代之要求而興起的，但殊爲可嘆的是，社會所流傳的新思潮，並沒有抓住新思潮的內涵，只是被一些簡單的口號或主張所迷惑。當時的學生運動中，多數青年即不明了新思潮爲何物，盲目跟從，導致學業荒廢，走入歧途，多有可批評之處。〔註58〕

章氏強調，「切於時勢之需要者，爲正當之思潮，不切於時勢之需要者，爲病的思潮」，新思潮不是「隨聲附和，不求甚解」。因此，「西洋思潮之不必處處適用於中國，此斷然之事實，吾人傳播西洋思潮之趨勢，是否即入於病的態度，尚不分明，且吾國社會黑暗重重，非有大力從而沖決，本難有所震動，年來新思潮之播蕩，社會間頓呈昭蘇之象，不可謂無大功，然若於此不明新舊銜接之界，不定實施先後之序，不講利害調劑之方，惟張拳以施於甲曰改造改造，爾不可不改造，戟指以向於乙倡解放解放，爾不可不解放，方案既虛，反響又起。革新事業，本一場好戲，恐將不知其所以下場矣」。〔註59〕其言論，可以明顯地看出，他也明白中國社會黑暗凝重，非用大力難以爲功，新思潮的激進對於摧折錮疾功不可沒，但是卻走入極端，致使社會混亂，出現「舊者已廢，新者立而未善」的狀況，令人擔憂，所以主張以「調和」之法以疏解矛盾。

如何才能調和呢？章士釗提出了四個步驟：「一、將某種主義研究徹底，並將主義發生之前後事由疏解明晰愈詳愈有用；二、將吾國之社會情狀，詳細查察，準備適用某種主義時，即將主義發生地之情事，與今所查察者，逐一比較；三、認爲某種主義可適用時，更考究阻礙吾主義之勢力何在，其勢力程度何若，吾欲張吾主義，何者宜排除，何者宜融合，須有一番計算；四、以是之故，凡一外來主義，蓄於吾心，吾當如何運思以鎔冶之，出於吾口，

〔註58〕章士釗：《新思潮與調和》，《東方雜誌》第 17 卷第 2 號。
〔註59〕章士釗：《新思潮與調和》，《東方雜誌》第 17 卷第 2 號。

吾當如何斟酌而損益之，見之於事，吾當如何盈虛而消息之，皆須通盤籌度。」
章士釗認爲，時人對「調和」多存誤解。如有人認爲「調和者，無主張者也，
既有主張，即不容有調和，既認調和，即是自取消其主張」，也有人認爲，「調
和是敷衍，純乎惰性，遇有辯論，不敢爲左右祖，既不肯開罪，亦不下工夫
詳細研究，因謂彼亦一是非，此亦一是非，還是大家和解，不必爭執」等，
章士釗認爲這些都是對調和的誤解，他明確提出：「調和者，乃愼於主張者也，
斷乎非無主張；調和者，乃講求主張如何有效者也，不如人之妄爲主張；調
和者，乃以最經濟之手段，貫徹主張者也。」因此，「以無主張目之，不思之
過也」。他批評道：「今人所號之主張，大抵人云亦云，非從洋文書本上抄來，
即是外國講師口中討取，謂之他國之主張，他人之主張則可」，這種自號有主
張者甚爲可笑，把生吞活剝當作有主張，「謂人之從事考查，比較矜愼，而最
經濟宜於中國者爲無主張，天下事非倒置而足聳動庸眾之耳目者，此類是
也」。〔註60〕

　　章士釗認爲，調和並非易事，決不是敷衍，需要投入無數心力，「凡一紛
糾起，欲從而調和之，從調查內容起，至略具一方案止，其中所費之時間，
所經之曲折，所損之心血，所歷之艱辛，至不可勝紀。」思想學術上的調和
亦然，「凡一主義發生，與他種同類異性之學說，雜投於思想界，相劑而又相
質，歷時既久，其本身之缺點漸次暴露，稍稍折衷之，同一主義立焉。……
凡此種種，皆非痛下工夫，決無結果，惰性與敷衍之責言，胡爲乎來？」在
他看來，「思想只求其適，無所謂新，今之傳說新思想者，大概指流自西洋之
諸學說，然西洋學說亦有舊者，特吾國未曾有此，乃目爲新，即在西洋所目
爲新，覈其內容，或即千百年前所曾唱道之學，徒以中間荒落，主義既晦，
一經刷洗，便覺爲新」。因此，對於新舊，要與當前情況相結合加以考察。依
他的理解，「思想者，亦求其與時與事適相印合而已，無所謂新舊也」。而當
時受激進思潮的影響，動輒言新，如新生活、新文學、新社會、新青年、新
思想、新教育、新道德等，一切皆惟新是尙，與舊者鑿然兩物，以爲非盡棄
舊則無以謀新。這種狀況「與頑固派欲盡棄新以篤舊者適同比例」。而文化的
發展「必由漸而進」，無平不坡，無往不復。因此，「欲絕舊而圖新，事實上
決不容許，而即此絕舊圖新之一觀念，即足以感召舊勢力，使之復生，蓋社
會上之情感利害嗜欲希望，決難同一，所謂物之不齊，乃物之情，必勉強以

─────────────

〔註60〕 章士釗：《新思潮與調和》，《東方雜誌》第 17 卷第 2 號。

齊之，必且橫決而不可收拾。……故調和之物，乃天理人情之至，決非狂易病之人力所能打破」。再次強調調和是一種自然狀態，不可否認。章士釗還一再表示，其提倡調和論決非有意抑制新思潮，對於革新運動他並不反對，並表示今後「仍當於革新之學術上，隨諸君之後，從事研究」。之所以提倡調和論，主要在於他看到：「自有文化運動以來，或則深閉固拒，或則從風而靡，求一立乎中流，平視新舊兩域，左程右準，恰如是非得失之本量，以施其衡校者，吾見實罕。批評之起，或爲椎輪。」〔註 61〕「今之談新思潮者，有所偏蔽，且空泛而不切實，徒然惹起社會之反感，而無益於本身，故以調和之說進。」〔註 62〕可見，他主要針對的是新文化運動中的一些激進言行，試圖以調和之法來校正新文化運動中的種種弊端，並非從根本上反對新文化運動。

（四）相關論辯

五四前後，新舊調和問題是當時思想界的一個爭論焦點。如陳嘉異所言：「邇來新舊調和之說，贊否兩方論調，俱見紛起。」〔註 63〕因此，章士釗的「新舊雜糅調和論」一出，馬上引起了杜亞泉的關注，並在《東方雜誌》上給予了轉載，擴大了這一理論的影響力。由於章士釗本人理論紮實，兼有中西學及邏輯學的修養，其調和理論甚有思辨性和邏輯性，給予激進派以很大的理論挑戰，引起了思想界對新舊問題及新舊能否調和問題的熱烈討論。一時間《東方雜誌》收到了大量討論此問題的文章。此外，《時事新報》、《晨報》等刊物也發表了一系列相關文章。人們紛紛從學理的角度圍繞著什麼叫新？什麼叫舊？何謂調和？能否調和？怎樣調和等多個問題展開了討論和反駁，爲尋找中國文化的近代轉型進行思考和探索。這些問題的辨析使這一時期對文化發展的路徑與方向的討論更趨深入。

止水認爲章士釗「時代相續，狀如犬牙，不爲櫛比，兩時代相距，其中心如兩石投水，成連線波，非任作兩圓，邊線各不相謀」的「新舊調和論」有進一步商討之餘地。因爲「時代相續狀如犬牙的狀態，最多只能說明「死思潮史上底陳迹，不能作爲活文化底運動標準」。而各個時代有各個時代的中心，不能因邊線相觸而「把兩個中心，認成一個」，新舊既是兩個中心，所以

〔註61〕 行嚴：《評新文化運動》，《章士釗全集》第 4 卷，上海：文匯出版社 2000 年版，第 210 頁。

〔註62〕 章士釗：《新思潮與調和》，《東方雜誌》第 17 卷第 2 號。

〔註63〕 陳嘉異：《我之新舊思想調和觀》，《東方雜誌》16 卷第 11 號。

不能調和，否則就不是中心了。而「革新的結果，事實上固不免容留若干歷史底遺傳物，但就他的中心說，終究是『別型成一物』，拿『狀如犬牙』來形容他，恐怕有點不確當。」章士釗認為，「無論解放，無論改造，俱不可不以舊有者為之基礎……新舊質劑之結果，因別型成一物，斯曰改造，新舊不相容之結果，舊者為新者留出餘地若干，己身不在所留餘地之內，更占一步，斯曰解放。」對此，止水批評他把「解放」與「改造」都「消融在『新舊調和論』裏」了。如此理解，除去「新舊調和」便沒有「解放」與「改造」存在，這是值得懷疑的。因為「解放」是不相容的表現，並非「原始的」含有「調和」的意味。不能說解放即是調和，也不能說調和即是改造。新舊調和與「解放」和「改造」意義不同，如主張新舊調和便不能不在某種程度上反對「解放與改造」。章士釗主張新舊調和，「以舊有者為之基礎」，又不願明白反對「解放」與「改造」，把兩個問題「並為一談」。簡而言之，章氏是以「舊者為基礎，來容納新者」，「以新者為主力，來融化舊有者」。同時止水還認為，章士釗主張「解放與改造必要有一定之基礎」的觀點也應加以批駁。因為這樣一來，「中國就簡直可以不發生改造的事了」。〔註64〕很顯然，這種反駁雖然指出了章士釗理論上一些表述不夠成熟的地方，但以舊為基礎接納新，是文化發展前進的自然路徑，章士釗的認識和判斷基礎並沒有錯，「以新的為主力」與「以舊的為基礎」在事實上並不衝突，而「解放」與「改造」的過程就是一個新舊調和的過程，解放與改造要有明顯的成效，需要在一定的基礎上進行，並不是說反對解放與改造，而是主張解放與改造的力度幅度應根據事實的具體情況而決定，不能驟然持激烈態度對待，否則收不了成效。其觀點也是理性而審慎的，反映了事物發展進化的客觀事實。所以，該文不能從根本上駁倒章士釗的新舊調和論。

緊接著，一個叫春祿的作者就止水所論發表了自己的看法。他認為章士釗的新舊調和論是主張社會進化為曲線過程，而止水則主張社會進化一定走直線運動。但是他認為「人類社會進化決不是完全曲線，也決不是完全直線，所謂曲線直線不過是一時間極小部分底說法」，而主張人類社會的進化，「是一種拋物線底式子，到將來底結果，還是回覆開化時代初期底狀態，因為是循環底緣故。」為了避免被人當作是退化言論，他還特別聲明，他的這種觀點，「決不要誤會我說將來社會是退化底意思，到那時物質文明底程度，一定

<hr>

〔註64〕　止水：《疑「新舊調和論」》，《晨報》1919 年 10 月 5 日。

還要高到無量數倍，就是說這種人類社會底知識思想，完全是極端平等，那才是道求樂免苦底目的」。他認爲一般的思想變遷，是漸進的，所以社會發展的樣式呈拋物線，但可以肯定的是將來社會都是向著民主主義精神的路上走去。針對章士釗主張兩時代相觸，從而產生新舊調和，與止水君認爲兩時代各有中心，不能調和成一中心的觀點，該文表示，有兩點需要說明：第一是時代問題。年限不能以數目劃分，不能截然分清，普通意義上的時代都是學者抽象的說明。第二是新舊問題是否可以適用。「因爲新舊兩字，只能爲普通物質的形容，就是甲時代未見得一定是舊，乙時代也未見得一定是新，新舊兩字是以人底思想爲轉移」。所以，社會的進化「非物質可比，既無所謂時代底中心，也無所謂新舊」，只是爲了研究的便利，假定有中心，有新舊，「那麼乙時代底中心，決不是純粹爲乙所固有底中心，也決不是調和甲乙兩中心成立在甲乙接觸底那兩線波上面而另成一個底中心。……乙中心裏面，一定帶有幾分甲中心底色素，因爲甲時代底國性民情底特性，一定遺傳幾分下來爲乙時代固有底中心所吸收進去，後來就變成一種混合質」，但他認爲這不能稱爲中心，因爲「甲時代底遺傳，並不自動底參雜在乙中心裏的，那麼更無所謂有調和關係了。可知更無所謂新舊了。先決問題底時代中心、新舊既根本不成立，如何還要主張調和新舊呢？」所以，主張這個問題「只有任天擇底辦法，不是我們人力所可以勉強做得到底」。其實質是主張無所謂新舊調和，人類社會的進化其實就是一個自然調和的過程，人力在社會進化中無能爲力。〔註 65〕

針對這種議論，止水又表示，他的關注點，是以「文化運動底主張」爲出發點，不是以研究「社會進化的情狀」爲目的。在他看來，章士釗的「新舊調和」與「社會自決」兩個主張是衝突矛盾的。他反對把「新舊調和」作爲指導文化運動的標準，主張「文化運動，不應該死於『社會進化底法則』之下」。他以爲，「主張文化運動的人，不得不在直線曲線拋物線中『認定一個』，否則就只有自然底法則，沒有人爲底運動了，那還有什麼『社會進化』？」所以對於春祿社會進化應「任天擇，人力無用」的主張，把文化運動的效用根本否定表示不認同。〔註 66〕兩人的爭論點，一在於主張自然調和，一主張社會進化需要人力的參與，強調文化運動的效用不容否定。

〔註 65〕 春祿：《止水君「疑新舊調和論」的研究》，《晨報》1919 年 10 月 8 日。

〔註 66〕 止水：《止水君「疑新舊調和論」的研究》附誌，《晨報》1919 年 10 月 8 日。

　　張東蓀也不贊同章士釗「移行的新舊調和論」。他認爲進化分爲潛變與突變兩種，潛變不能調和，突變後可調和。他說：「我很承認調和，但我主張的調和恐怕與章君的意思不很相同。……我以爲移行便是漸進。」〔註67〕「生物的進化乃是突變。……突變是變的表現，潛變是變因的發生，凡是一個生物他表面上不變但變的因已經在那裡潛萌暗長，到了時候便突然呈露了出來。」「我說只有突變與潛變，而沒有移行。譬如我們鼓吹新思想便是創造潛變，決不能與舊的調和，一調和了，便產不出變化，等到我們新思想成熟，那突變就可發生了，所以潛變是不能調和的，調和潛變便是消滅潛變。但突變以後可以調和，因爲調和是 harmony（諧合）不是 compromise（調停），調停是敷衍，諧合是配置，凡是一個社會必要各部分配置得宜方能協力互助，所以我的調和說與章君不同，我以爲調和不是甲乙的混合，乃是另外一個東西（如丙）」。他以黑格爾的正（thesis）負（antithesis）合（synthesie）的方式來加以說明，認爲調和決不是正負的混合，必定是正負以外的東西，所以是諧合，不是調停，因爲調停便是混和了。」〔註68〕明確表示事物在潛變時不能講調和，認爲章士釗的移行調和論會消解變因，阻礙發展。基於這種理解，他反對在新文化運動開展時期講調和。

　　其後不久，他在《答章行嚴君》中再次重申：「調和有二個意思，一個是甲乙化合變爲丙，一個是甲乙互讓，前者是『哈穆乃』（harmony）後者是『康波羅密斯』（compromise）。一個是自然的現象，一個是人爲的現象。」而且，「調和必定兩個都是元素不可缺一的。所以『相同』與『共存』都不是調和」。〔註69〕

　　陳嘉異則支持章士釗的定義而爲之申辯。他駁斥張東蓀道：「思想上社會上所謂新舊者，吾人非能驟然得之，亦非能斬然盡易正，乃調和之功用潛行於其內，何得謂爲新之逐見增加舊之未能汰盡，轉爲無調和之證乎？」而「所謂潛變者，實已有調和之功用潛行於其內」。他認爲「章先生非不認社會進化之說者，特謂進化之法則爲移行的進化」，而張東蓀之錯誤，在於「認社會之進化在突變，但認事實上變化已成之迹，而不認變因上銜接之關係」。所以，他認爲潛變爲移行，「綜合哲理與歷史而觀，乃至推論至自然界一切現象，仍

〔註67〕東蓀：《突變與潛變》，《時事新報》1919年10月1日。
〔註68〕東蓀：《突變與潛變》，《時事新報》1919年10月1日。
〔註69〕東蓀：《答章行嚴君》，《時事新報》1919年10月12日。

不得不以章先生之說爲適當」。他認爲所謂「『調和者，乃指甲乙兩極之交點，所生之功用，使甲乙不逾其量而又不儘其量，以保其平衡之普遍的宇宙現象之謂也。』不逾其量之量，即甲乙得保平衡之量（甲乙自身），不儘其量之量即蘊含於調和功用之內之量（丙）。」〔註70〕

陳嘉異認爲，調和是一種自然趨勢，「今持反對調和論者，率逾其範圍，而必涉及調和一義自身之能成立與否以爲軒輊，不悟調和之功用本宇宙萬有一切現象所不可須臾離者。〔註71〕依他的理解，「凡甲乙兩極之相互調劑自爲開闔者，此種調和現象乃謂之自然的理法；反之由人爲之力而使之調和者，乃始有甲乙生丙之事，而此丙者亦不過甲乙之副號」。「世間形形色色之物既無絕對且亦無能爲絕對者，則張君標舉之第三義所謂『共存』者，自亦非絕對的共存而爲『相對的共存』可知。既曰相對的共存，則此『可能的共存』之中實已隱含有調和之意」；同理，「所謂『相同』者，自亦屬『相對之同』，而非絕對之同。天下固無絕對之同異。此『相對之同性』之中，亦即隱含有調和之意」。他還強調，社會的進步是依靠「和」而不是「一」，即 「宇宙之森羅萬象，只可謂爲有『和』之功用，未可謂爲盡『一』之能事」。因此，事物之間乃一種對立統一關係，新舊事物之間沒有絕對的關係，只有相對的關係，調和乃爲自然常態，「爲宇宙萬有一切現象所不可須臾離者，否認調和無異於否認宇宙之有差別相」，〔註72〕從而主張新舊調和，反對突變論，反對拋棄傳統的文化激進主張。

李石岑則支持陳嘉異的說法，也把調和看作是一種社會進化中的自然現象。他認爲，「調和」的精義在於它是變動向前的，他說孔子所言「天何言哉！四時行焉，百物生焉，天何言哉」，最能表達出調和的廣大精微之處。「調和」的精義在於「無時無處不是調和，無時無處不是不調和。」〔註73〕程耿也認爲張東蓀的潛變與調和相矛盾的觀點站不住腳。他說：「社會之進化，時時變化，步步調和，調和與變化，處處不能相離。……故潛變所指，爲事實的內容，移行所示，爲推理的形式。」〔註74〕

〔註70〕 陳嘉異：《我之新舊思想調和觀》，《東方雜誌》第 16 卷第 11 號。
〔註71〕 陳嘉異：《我之新舊思想調和觀》，《東方雜誌》第 16 卷第 11 號。
〔註72〕 陳嘉異：《我之新舊思想調和觀》，《東方雜誌》第 16 卷第 11 號。
〔註73〕 李石岑：《評〈東西文化及其哲學〉》（節錄），《五四前後東西文化問題論戰文選》，北京：中國社會科學出版社 1989 年版，第 495 頁。
〔註74〕 轉見陳嘉異：《我之新舊思想調和觀》，《東方雜誌》第 16 卷第 11 號。

　　而朱調孫則對章士釗與張東蓀的調和論都有所批評。他認為章士釗的兩圓移行說其弊在於：其一，說理簡單。一新思想發見，必與一定舊思想排擠，而其結果則舊思想必被淘汰，此種純是一種簡單抽象幻想，不合事實。其二，不能解說社會進化事實。他認為新舊思想的關係為：「新思想或為舊思想孕出之物，或為舊思想放大之物，或為舊思想助強之物，正不必與之牴觸」。〔註75〕對於張東蓀的突變潛變說，朱調孫認為這種理論一是以自然律統御社會變象，缺乏科學根據。二是認為突變後可以調和，潛變是動因，不是變化，不可調和的觀點，也「缺乏科學的精細工作」。其錯誤在於「認舊社會一切制度，為完全的腐敗，一切舊思想為完全不適用，一切人文道德為完全墮落，故一切新思想投入不能與之有若干分調和」的說法太過「斬絕」，沒有科學的根據。〔註76〕由此，他認為章士釗與張東蓀的共同缺點：一是都沒有討論新思想發生的真動因；二是只言新舊思想調和為可能或不能，曲為比喻，只從結論上下判斷，而沒有從新舊思想調和問題上作歷史的，性質上的，數理上的分析。三是誤解黑格爾的三合方式。張東蓀把新生成的思想完全看作是新舊之外的東西；而章士釗則認為新舊思想調和，自身各有變更。朱調孫認為，黑格爾的三合式含義，是以一更高觀念來統御第一二觀念。即「第三觀念乃是一二觀念包容聯合之範體」。〔註77〕然而章士釗的新舊調和論，使新舊思想的範圍性質都縮小改減了，新舊調和就沒有意義了。在他看來，調和的宗旨體現在兩個方面：「從社會幸福而言，不外希望免去社會上不經濟之爭執或改革，希望大眾同向穩妥有秩序之進步方面進行；從知識上言，不外希望闡明事實之真相，以及免去關於知識上一般不忠確之議論所引起不可思議之重大問題。」〔註78〕至於調和的界說，他認為「乃是合人類智性的要求，將環境上所能搜集之有關事實，佐驗參證，體貼入微，然後於每一思想中採取一定成分，造成一統括事實的臆說。有管轄本問題全環境，增高人類幸福之功用，而無掛一漏萬之虞然」。但他聲明，不是一切新思想和一切舊思想都可調和。因為「舊思想有因昔日制度今已完全毀滅而毫無價值者，新思想有因新制度最近發生應其要求而成立者，此類皆屬無可調和」。所以，新舊思想之調和「皆應從客觀事實

〔註75〕　朱調孫：《研究新舊思想調和之必要及其方法》，《東方雜誌》第 17 卷第 4 號。
〔註76〕　朱調孫：《研究新舊思想調和之必要及其方法》，《東方雜誌》第 17 卷第 4 號。
〔註77〕　朱調孫：《研究新舊思想調和之必要及其方法》，《東方雜誌》第 17 卷第 4 號。
〔註78〕　朱調孫：《研究新舊思想調和之必要及其方法》，《東方雜誌》第 17 卷第 4 號。

之方面上覘此新舊思想，孰爲多括與本地環境有關之事實，孰爲少括有客觀的根據，然後主觀方面權各方面利害，細察新舊思想有無相互相成或直接暗通之處，即以之作調和張本」。認爲此思路才是「研究調和之精義」所在。〔註79〕

　　章士釗的新舊調和論一出，因其理論上的嚴密性，對於現實問題的指導性，再次激進了思想界對於什麼是調和，如何調和等問題的論辯，把由杜亞泉所提出的調和論又引申到了另一個層次。杜亞泉及《東方雜誌》的不少同仁都加入了討論，由此又引起了一場以杜亞泉與蔣夢麟爲中心人物，圍繞何謂新思想的新爭論。

三、杜亞泉與蔣夢麟關於何謂新思想之爭

　　針對杜亞泉、章士釗等人提倡的調和論和思想界對新舊能否調和的問題的論爭，蔣夢麟也發表了觀點。他於 1919 年 10 月 10 日在《時事新報》上發表《新舊與調和》一文，明確反對調和論。1919 年 10 月 14 日的《晨報》轉載了該文。同年 11 月，杜亞泉則撰《何謂新思想》刊於《東方雜誌》，批駁蔣文，堅持文化調和的主張。蔣氏再撰《何謂新思想》登於《時事新報》，反詰杜氏的批評。次年 2 月，杜亞泉轉載該文於《東方雜誌》，附以評論回應蔣文。雙方圍繞何爲新思想，新舊能否調和等問題展開了論爭，再次引起了思想界不少知識分子的關注與參與。

（一）何謂新思想

　　蔣氏在《新舊與調和》一文中首先就什麼爲新思想提出疑問。他認爲，不能把從西洋輸入的思想都稱爲新思想，因爲西洋的思想也有很多是舊的。新思想不能用時代來定，也不能以是否從西洋輸入來做標準。照他的理解，新思想是一個進化的態度。抱這個態度的人，視我國傳統的生活爲不滿足，不能得知識上充分的愉快，於是產生了對固有思想和傳統的批評。而持舊思想的人則以現有的生活爲滿足與愉快，視新思想者爲過激派，批評他們破壞了國粹與舊道德。在他看來，新舊調和是一種自然的趨勢，所以舊派也在不知不覺間接受新思想。因此，只要抱新思想的人漸漸把他的思想擴充起來，舊的思想自會被新思想逐漸感化。這是一個新陳代謝的自然趨勢而不是機械的調和。蔣夢麟認爲，在一定的情況下有調和必要，但應存在於追求同一目

〔註79〕 朱調孫：《研究新舊思想調和之必要及其方法》，《東方雜誌》第 17 卷第 4 號。

的卻講求不同方法的兩個學派之間，如黃黎洲調和程朱理學與陸王心學，詹姆斯調和宗教與科學。對於新舊問題而言，兩者的目的根本不同，是不能講調和的。其原因在於：「現在我們中國的新派，並不是說凡我國所固有的都不好，他們說我們固有的思想有礙進化，所以要改造。舊派並不是說新的都不好，他們是惡新派要推倒他們據為安樂窩的固有觀念。新派是要改造舊觀念，組織一能使生活豐富的新系統，舊派是怕他們組織新系統，因此打破自己的安樂窩。」所以新派的目的，在求豐富的生活和充分愉快的知識活動，主張正在創造方法的時候，還處於試驗期，不能和舊派調和，因為「新陳代謝的時候，講不來調和」。他還區分了當時的兩種調和論，一種是講進化的調和，一種是不講進化的調和。後一種是折衷主義，對於新思想，未必是反對的，「不過是有些怕麻煩，怕多用腦力」。但對新舊問題而言，無論哪一種都不能講調和，「愛進化的人講調和，是用差了方法，不愛進化的人講調和，是自己沒主張。」因為「『新』是一個態度，求豐富的生活，充分愉快的知識活動的態度，不是一個方法，也不是一個目的。『舊』是對於這新態度的反動，並不是方法，也不是目的。新舊既不是方法，又不是目的，所以不是兩個學派。兩個學派之中，能容調和派，新舊之間，是用不著調和派」。〔註80〕明確反對新舊之間的調和。

　　杜亞泉隨後對蔣氏的「新思想」定義提出質疑。認為當時的社會現狀則是「揭櫫新思想者，大率主張推倒一切舊習慣，而附之以改造思想、改造生活之門面語」，並沒有理解新思想的意義和內涵。他批評蔣氏的「新思想是一種態度」的定義，認為「態度非思想，思想非態度，謂思想是態度，猶之謂鹿是馬耳。態度呈露於外，思想活動於內。態度為心的表示，且常屬於情的表示，思想為心的作用，且專屬於智的作用」，二者不能混同。感情和意志雖因思想而起，但感情非思想，意志亦非思想。言論界所揭櫫之新思想，實非思想而為態度。社會所謂的「新」，「實兼含有時代的及時式的兩種意義。惟時之與新，乃部分之相同，決非全體之合一，世固有新而不時者，亦有時而不新者。」對於向來生活不滿足不愉快的感情，乃人之常情，不能稱為新，謂之時則可，謂之新則不可，謂之為新態度不如謂之為時的態度更確當。在他看來，「思想者，最高尚之知識作用，即理性作用，包含斷定推理諸作用而言，外而種種事物，內而種種觀念，依吾人之理性，附之以關係，是之謂思

〔註80〕　蔣夢麟：《新舊與調和》，《時事新報》1919 年 10 月 10 日。

想。新思想者，依吾人之理性，於事物或觀念間，附以從前未有之關係，此關係成立以後，則對於從前所附之關係，即舊思想而言，則謂之新思想。」所以，他認爲那種主張推倒一切舊習慣的主張恰恰是沒有新思想的表現。因爲新思想依據於理性，而彼則依據於感性；新思想於事物或觀念間，附以從前未有之關係，而彼則破其從前之關係。以破舊爲新的主張，絕達不到目的。新舊之間是接續的，「舊習慣之破壞，乃新思想成立後自然之結果。新屋既築，舊屋自棄；新衣既製，舊衣自棄。今不務築新屋、製新衣，而惟卷人之茅茨而焚之，剝人之藍縷而裂之，曰，是即予之所謂新屋也，是即予之所謂新衣也，則人安有不起與之反抗者？……以非新非思想而揭櫫爲新思想者，實際上乃阻遏新思想之最有力者也。」〔註81〕所以，他認爲那些主張推倒一切舊習慣者，實因其心意中並未發生新思想，僅有感性的衝動，而無理性的作用。從而批評那些所謂的新文化新思潮擁護者，主張棄舊迎新，並非生成了新思想，只是一種聽從于口號的盲目而已。

杜文發表後，蔣氏又作《何謂新思想》發表於《時事新報》一文作爲回應。隨後《東方雜誌》給予了轉載，並附有杜氏的附文。

在該文中，蔣氏強調其新思想是指朝進化方向走的人的思想，並以胡適「新思想的根本意義只是一個新態度」的觀點來爲自己作奧援。認爲胡適把「批評」來解釋「新」的意義，與他以「進化」來解釋新的意義，雖措辭不同，實質相同，即以批評求進化。他認爲杜亞泉誤解他的新思想的定義，解釋道：「抱新態度的人，何嘗一味主張推倒一切舊習慣，不過把他來下一番批評。胡先生引尼采『重新估定一切價值』八個字，便是批評的態度的最好解釋。」他認爲杜氏對新思想的解釋，把活潑潑的感情和意志劃出了思想的範圍，把活思想化作了死焦炭，沒有了價值。認爲官覺、感情、意志、理性四者，在思想中各占一部分，感情和意志是造成新關係的原動力，光有理性產生不了新關係。只有四者綜合起來才能產生新思想。因此，他再次重申，「新思想」是一個向進化方面走的態度。反對舊習慣是因爲要進化，就會遇到阻擋的東西，就要碰見不可解的老習慣，就會對之進行批評。因此，「求新思想的劈頭一斧，就是改變我們對於生活的態度。」〔註82〕

對於蔣氏的回答，杜亞泉並不滿意，在附誌中，他仍然認爲「新思想是

〔註81〕 傖父：《何謂新思想》，《東方雜誌》第 16 卷 11 號。
〔註82〕 蔣夢麟：《何謂新思想》，《東方雜誌》第 17 卷第 2 號。

一種態度」的提法存有語病。而且他認為當時社會上很多提倡新思想的人，確實主張對舊習慣舊思想要一概推翻。並舉例《新教育》第一卷第五期上《改變人生的態度》一文，極力提倡推翻舊習慣舊思想，就是一個代表。所以，杜亞泉對所謂新思想者的批評並非無的放矢。當時社會上確實有很大一部分人在盲目地提倡新思想，在何謂新思想並不明瞭的情況下，就主張推倒一切舊習慣。因此，杜亞泉主張對舊思想要存一種理性的態度。「對於舊習慣要加以批評，批評之後，確是應該推翻的，然後大家推翻它，不要不加批評，先說推翻，譬如犯了罪不經審判，即便處死，未免冤枉」。他批評道：「現在學時髦的人，對於舊習慣，不論是非善惡，都主張推翻，說這個就是新思想。所以『張冠李戴』、『賣狗插羊』等徽章，是鄙人贈送一般假冒新思想的人。」〔註 83〕可以看出，杜氏並不是反對新思想，而是對社會上那些不懂新思想為何，不知新舊之關係便一概主張推翻的人的批評。關於蔣氏對新思想的認知，杜亞泉承認情感和意志與思想有密切聯繫，但卻否認感情與意志為思想的原動力，主張要「以理性率領情欲，不可以情欲率領理性」〔註 84〕杜亞泉批評國人一味盲目趨新，客觀指呈出了當時思想界存在問題，這是他理性對待新舊的表現，但他把西洋文化看作是以情欲率領理性則表現出他對西方文化認知不深刻的一面。

　　從他們的論爭中可以看到，作為新文化運動的支持者蔣夢麟，其主張並非一味主張推倒舊習慣，舊思想，這在蔣氏的言論中有明確辯解，他強調新思想的態度就是一種批判的態度，一種進化的態度，一種重新估定一切價值的態度，正是新文化運動的一個核心理念。而杜亞泉反對推翻舊思想舊習慣，也並不是反對提倡新思想，他自己也曾表達，「對於新思想的態度，應視其內容而定，而不以名義為新思想而贊成之或反對之。」〔註 85〕他所批評的並不是提供真正新思想的人，而是針對當時一種不明了何謂新思想，遂跟風逐流，主張推翻一切舊習慣的盲目行為，批評的是假冒新思想之人。這種觀點與「重新估定一切價值」的新思潮，並不存在根本矛盾。他所批評的實際上是那些沒有真正理解新思想為何物的假冒新思想者，是對當時新思潮理論上不成熟

〔註 83〕　傖父：《對於蔣夢麟〈何謂新思想〉一文的附誌》，《東方雜誌》第 17 卷第 2
　　　　　號。
〔註 84〕　傖父：《對於蔣夢麟〈何謂新思想〉一文的附誌》，《東方雜誌》第 17 卷第 2
　　　　　號。
〔註 85〕　傖父：《何謂新思想》，《東方雜誌》第 16 卷第 11 號。

所帶來的負面影響的批評和糾正。同時,他一再反對新思想提倡者把情感與意志歸入思想範疇的負面影響,是用情欲控制理性,認爲這正是當時西方推行國家主義,民族主義,宣揚競爭學說,而導致世界局勢動盪的深刻思想根源。這是對現代性弊端的一種深刻反思,以理性爲尺度控制情欲的濫用,以維持一種動態的平衡,謀求平和。這是杜亞泉對新思想認識的深刻處。應該說,蔣夢麟等人對新思潮的認知並非盲目,也是以理性的尺度來對待新舊事物的,其思想趨向「表徵著新文化運動回應現代性挑戰而變革傳統的文化的批判精神。然而另一方面,這種構成新思潮共同精神之進化的、評判的『新態度』,也給新文化運動抹上了情感化和意識形態化的色彩。」〔註86〕而杜氏恰以溫和理性的冷靜態度觀察世事,主張不把情感與意志等感情因素附加在思想上,謀求新舊調和融洽,以得眞正的發展,正是其思想的特色所在。所以,綜觀蔣杜的新思想之爭,可謂各持一端,各有其理,雙方並無根本矛盾之處,可以互爲補充。一個著力於開闢新局,一個注重於補偏救弊,共同推進著新文化運動的開展。「杜氏關於文化進化是一個歷史演化過程的觀點和其以立代破的文化調適方針,揭示了文化現代化的一個重要法則,其不失爲反思和矯正反傳統主義的深刻思想資源。」〔註87〕

(二)新舊能否調和

由於認識到新舊思想問題實爲當時思想界一個重大問題,很有討論的必要。繼杜亞泉與陳獨秀的激進與調和之爭、章士釗的新舊調和論之爭後,蔣杜之何謂新思想之爭,再次引起了思想界的關注。他們圍繞新舊思想能否調和問題,又進行了一番爭論。使五四前後思想界關於探討文化的近代轉型問題進一步得到深化。對於新舊能否調和問題,當時存在幾派意見:有的說新舊是不可調和的,有的說新舊用不著調和,有的說現在講調和太早,有的說這種調和論算不得調和論。爭論甚爲激烈。

一個叫夢良的人認爲,前兩種主張否認調和的存在,後二說承認調和的存在。他認爲新舊不兩立的說法太過偏激,主張「有『調和』事實的存在,無『調和派』或『調和論主張』的存在。」他認爲蔣夢麟把新陳代謝的道理看作是自然的調和,算不得自然調和。因爲自然調和的程序可以分爲兩方面來理解:第一,從新的一面看,凡是舊社會的壞現象,都算它是「舊」的。

〔註86〕 高力克:《調適的智慧》,杭州:浙江人民出版社1998年版,第145頁。
〔註87〕 高力克:《調適的智慧》,杭州:浙江人民出版社1998年版,第147頁。

從「舊」的方面而言，凡是舊社會所沒有而現在有的都是新的這種看法是沒有理由的。因為，舊社會所沒有而現在有的壞處，也許是「舊」的變態，或他種之利用，「新」的不能負其責，即舊社會所沒有而現在有的壞現象，不必定是「新」的壞處。反而言之，舊社會的壞現象，不必定是「舊」的壞處。許多壞現象，不合新的，也不合舊的。當新派攻擊它們時，舊的會自動地把「不合己的東西」「擠掉」；第二，有的東西確實是『舊』的，在現在太不適用，既使沒有新的反對，他們自己仍舊要改革。當新的衝擊而來時，為了與之競爭，不得不「擠掉」那不合用的地方。經過這兩重程序後，「舊派」所餘的只有純粹分子了，這種純粹分子必有存在的價值。「可與『新』的『並行不悖』，『並行不悖』便是自然的調和。」如文學革命中反對的主要是舊文學中「不達意」之文和「無病呻吟」之文，除去這兩類外，所餘的是「合理的文言，「這種「合理的文言」是可以存在的，並可以與白話文並行不悖。這是一種自然調和過程，主張「彼此互讓」與「取兩者之長去兩者之短」的調和論都是「多此一舉」，反而會成為「自然調和」的防礙。因此，他主張自然競爭選擇的調和而反對人為的調和。〔註88〕

　　蔣杜之爭後，景藏也對新舊思想的關係，發表了意見。他一方面對杜亞泉《何為新思想》一文中批評「今日揭櫫新思想者多出於感情為病」的觀點表示認同，另一方面，則支持蔣夢麟的觀點，反對新舊的調和。他首先認為「新舊思想決非時間問題」，反對以過去者、現存者必舊，初生者、未來者必新的看法。認為「凡甲時代所謂舊者，在乙時代未必不可更化為新，在丙時代所謂新者，未必不由甲乙時代轉化而來」。所以，思想之新舊並不是必然以時間為判斷的；其次，「思想之新舊決不可以服物器用為比例」。精神與實物不可等類齊觀。服物既舊，即無更新之望，除非更換材料及結構，方有新之望。思想則不同，思想之新舊常以適用與否為判別，隨人人觀念而異，不合於今日，即可斥之為舊，適用者可稱為新，與器物一舊即不可為新性質不同。他認為蔣夢麟「把新思想看作是為求生活之滿足，得知識上充分之愉快而產生的思想」的解釋「為最透澈」，並以歷史上思想革新的現象為例證，認為從先秦諸子至秦漢的儒學一統到唐訓詁箋疏、宋的理學、清儒的考據，每一次學術上的新機，思想上的轉變，都是源於對原有生活的不滿足，在既有知識上不能得充分之愉快所激發出來的。「新思想者，實為不滿足於舊思想而起，

〔註88〕夢良：《「自然調和」與「調和論」》，《晨報》1919 年 10 月 19 日。

有擴張舊思想範圍之作用，有破除舊思想根據之希望，有改造舊思想形式之功效」，所以思想是否為新舊，關鍵是看它能否解決生活上的不滿足與達到知識上充分的愉快。對於中國思想界的動盪和變遷，如孔子地位的根本動搖、女子解放等思想的傳播等現象，固然一方面是受西洋文化的衝擊，更重要的是中國的「舊思想確無以維持現在社會之生活滿足，知識活動上充分愉快」的功能了，所以「不能歸罪於提倡破壞之人，且不必此作力挽狂瀾思想之愚夫」。〔註89〕

　　杜亞泉認為，新舊差異的存在，是社會進步中的自然現象，也是調和的必要條件，但新舊調和的趨勢卻「必日趨於新」。〔註90〕景藏則言：「人類若無厭故喜新之情，則社會永無進化矣，蓋不厭故，則必以現在之地位為滿足，不喜新則永無新事物之創造，新思想之傳佈，雖有之，亦因附和信徒者寡，永不發達矣。厭故喜新之感情，實可以促社會之改良。」〔註91〕新舊調和以趨新之所以必然出現，是社會發展的必然要求，也是人類趨新性的表現。並進一步借用德國學者特爾德（Tarde）認為人類普遍具有向新性與憎新性兩種特性的觀點，批判了意大利人類學家龍波洛梭（Lombroso）認為憎新性乃人類所具有的普遍特性，而愛新心只是一種例外的說法。龍波洛梭認為「愛新決非人性之通則，而為性之例外，人之趨新，實為外部的原因連續刺激之結果，愛新性若依惰性之法則及加速度之法則而盲目的突進，以冀事物之更新，其極不至於全體破壞不止，故必徐行緩進，乃為真正的進步之成功。」此種學說，遭到了特爾德的批評。特爾德把文明史中的守舊和趨新劃分為「慣習模仿時代」與「流行模仿時代」，認為當時社會的潮流正處於「流行模仿時代之中，國民多數心理，莫不努力為新事物之創造，而昕夕冀其成功，若決江河，沛然莫之能禦，故現代尊新之時代，現代人則為愛新向新之人類。」〔註92〕強調人類的憎新性與愛新性乃同時並存，「人類心理，原有模仿的本能，然所謂模仿者，非徒模仿舊者而已，亦能模仿新者，故一方既能守舊，一方亦善趨新，此實人類社會正當的機能之一，不過守舊與趨新，非行於連續的而行於斷續的，於一定事情之下，特排斥新而模仿舊，又於一定事情之下，特排斥舊而模仿新而已。社會之進步，決非依於所謂惰性之法則而行，又決非僅以

〔註89〕景藏：《我之新思想觀》，《東方雜誌》第 16 卷第 12 號。
〔註90〕傖父：《新舊思想之折衷》，《東方雜誌》第 16 卷第 9 號。
〔註91〕景藏：《感情論》，《東方雜誌》第 17 卷第 1 號。
〔註92〕三無：《新舊勢力之強弱與文化轉移期之關係》，《東方雜誌》第 17 卷第 17 號。

憎新爲人類固有之自然的性質。」依據以上理論，主張應綜合兩方面來對待新舊問題。「吾人對於進步，一方既十分承認外部的條件之重要，同時於他方更主張進步之根本的原動力，在於內部的條件，依此種見解而觀察之，憎新性若爲人類心理固有之觀念，則愛新性之觀念，自亦不得不爲人類心理所固有。不然，所謂進步從內部的方面而發動，且將無以說明。」社會正處在「舊社會之組織破壞分崩，新社會之組織尚未確立，而社會的及個人之精神，失其均衡之」的「文化轉移期」，社會條件變動，社會正處於由「國民主義的文化進入於世界主義的文化之轉移期」。因此，新舊勢力強弱與文化轉移期關係甚密，新舊勢力的調和在文化轉移期乃自然之事，新舊衝突，喜新厭舊的現象，正是人類調和新舊趨於進步的一種表現。〔註93〕

　　杜亞泉承認思想上新舊衝突必不可免，社會的進步是一個以新代舊的調和過程，因此新與舊的衝突，只是一個相對的過程，新與舊，「程度雖殊，然皆沿同一之方向以進，但有過不及之差，非若正與負之異。試就事實論之，則今日之所謂新者，較之曩時講求西藝倡言新法者，固有進步；即所謂舊者，亦非曩時視歐美爲夷狄斥新學爲異端者，所可同日而語矣。」〔註94〕他隱以爲憂的是新的尚未建立起來，舊的已被掃蕩，出現「吾人今日，不必更患舊勢力排除之難，且甚慮舊勢力排除之太速。蓋新勢力之發生，積之不厚，則其基不固，蓄之不久，則其效不宏也。」〔註95〕他認爲新勢力與舊勢力不是呈對抗形式，而是協力的，舊是新的基礎，在新未建立起來時，貿然拋棄舊，則新必不穩固。

　　杜亞泉把新舊看作是發展、變化而非僵化的關係，他說：「新舊二字，本從時間之觀念發生，其間自含有時代關係。時代不同，意義亦異，即如戊戌時代之新舊與歐戰以後現時代之新舊，意義自然不同。現時代之新思想，若以戊戌時代之見解評判之，則雖不能謂之爲舊，亦實不能謂之爲新。」〔註96〕新舊的區分實與社會的發展，人的認識提高有著密切關聯，其方向都是爲創造新文明。正如錢智修所觀察到的那樣，思想變動的根本原因，不是因人力而變，而「實也環境之變動爲其誘因。環境既變，舊時之傳統主義，不復足應社會之需要。於是聰明才智之士，遂以攻擊舊思想提倡新思想爲事。此時

〔註93〕 三無：《新舊勢力之強弱與文化轉移期之關係》，《東方雜誌》第 17 卷第 17 號。
〔註94〕 傖父：《再論新舊思想之衝突》，《東方雜誌》第 13 卷第 4 號。
〔註95〕 傖父：《中國之新生命》，《東方雜誌》第 15 卷第 7 號。
〔註96〕 傖父：《新舊思想之折衷》，《東方雜誌》第 16 卷第 9 號。

群言眾說，正在錯雜試驗之中，誠不能盡與社會之需要適合。且其所攻擊之舊思想，亦未必無可以保存持續之部分，然文化之根柢亦已動搖，則其變而趨新，實有其自然之機勢，非一二人之力所能推進，亦非一二人之力所能挽回也。」〔註 97〕思想上的種種變動在於舊文化、舊思想不能適應新的時代需要了。所以，調和的目的是要建設新的文化，而不是僅以保守舊有為責。對此，杜亞泉早在 1913 年就有明確表示：「吾國現象，非無文明之為患，乃不能適用文明之為患；亦非輸入新文明之為患，乃不能調和舊文化之為患。則夫所以適用之，調和之，去其畛畦，祛其扞格，以陶鑄一自有之文明，謂非今日之要務耶？」〔註 98〕人們捨舊而謀新，但又受習之束縛，常囿於舊，只是一種暫時的情況，因為新與舊於時日的推衍變遷中自會漸趨調和。如他所言：「歲月非能使舊者變新，不過能使新者變舊，新者既舊，則其習自成，惟其習既成，則其惡亦積，不可不以更新者代之。而社會之日趨於新，乃亦如歲月之進行，未嘗停滯」，〔註 99〕「蓋人類之心理作用，本屬相同，常受舊思想之範圍，且常喜得新思想以資取捨」。基於這種人類的普遍共同性，新舊文化並非絕對的鑿枘不相容。〔註 100〕新與舊是一種衝突調和，慢慢適應變化的過程，而這種變化的目的又是趨向於新的，這就是調和論所謂的「有衝突而後有調和，進步之機括，實在於此。」〔註 101〕

王水公從理論上認同杜亞泉的觀點，承認新舊的接續及新舊的調和。主張從兩方面去界定新舊：第一，我們要解說之新舊的名稱，至少先要懂得宇宙觀的一小部分，世界的生命，不能離開時間獨立，「哪一段可以叫做古，哪一段可以叫做今，無論那一個人用怎樣的方式去解答，總是不可能的」。因此，新舊的劃分是不合理的。他吸收了柏格森的直覺主義，即「世界乃連續的創造，人類靠他的本能，發揮他內質的變化性，拿來完成他生命潮流的衝動和傾向」的創化論理論，認為思想意識常處於連續的變動狀態，「不能劃分什麼新舊，都是世界發育生長的現象」，主張新與舊「都是一個連續移行的手續，決不是已經完成的成績，我們喚他『新』『舊』，究竟還是一個不妥當的假定」。第二，反對以新詆舊。在他看來，「新」「舊」既然是假定的概念，其價值自

〔註 97〕 堅瓠：《文化發展之徑路》，《東方雜誌》第 18 卷第 2 號。
〔註 98〕 傖父：《現代文明之弱點》，《東方雜誌》第 9 卷第 11 號。
〔註 99〕 傖父：《再論新舊思想之衝突》，《東方雜誌》第 13 卷第 4 號。
〔註 100〕 傖父：《論思想戰》，《東方雜誌》第 12 卷第 3 號。
〔註 101〕 傖父：《再論新舊思想之衝突》，《東方雜誌》13 卷第 4 號。

然只能根據那種文化的歷史來討論，既要歡迎新，也不能過分詆毀舊。其原因在於「拿了現在的思潮去指謫古訓的弱點，恐怕最容易縮短自己的眼光，並且使他人誤會『新』和『舊』是同質量的結晶體」。所以，他不贊同社會上一般人對孔子學說的指責，認爲每一個時代皆有適應當時社會發展需要的文化，文化也正是在這種積累中一點點發展開來的。不能因古人有一些不適應現代發展需要的話就一概加以否認打倒，以「非」、「惡」、「不眞」、「不美」來對其簡單定性。因此不能以新否舊。另一方面，以「舊」來詮「新」也是「迷妄」的。因爲「人類對於世界負有創造的責任，創造的目的，無非對著環境起『適應』『不適應』的覺悟。一時代的文學美術，未必再適應另一時代的生活。我們因受了物理上『慣性』和生理上『遺傳』的混合作用」，在面對新時總會有些不習慣，需要一個適應的過程，但卻不能迷妄於以「舊」詮「新」，在「荷風細雨」之時依然戀著舊日狐裘，就未免可笑和迷妄了。所以，他認爲，「新」「舊」「只有對自己負『適應』的責任，各存各的價值」。「『舊』，不是『壞』，是『不適應』。『新』，不是『成績』，是『連續移行的手續』」。〔註102〕

　　一個署名力山的人認爲新舊是相互對待的名詞。捨舊不能言新，捨新不能言舊。新舊關係是一個時間關係。新舊兩字，本非絕對，因舊立新。「言新的人，還是有一個理想，並不是把舊的東西，無意識地一概抹煞。而舊者也不是一味拒絕新的東西，而是時時對新有所吸收，社會才會逐漸開化與進步。所以，眞正危險的不是新派的思想，而是那些「無意識完全復古的人」的舊派思想。社會的進步是得益於新舊的調和。〔註103〕

　　朱調孫批評了新舊兩派對立彼此的立場，主張改革者對於新思想「極須三思，切勿孟浪」，要用審辯的思想來對待新思想，而不能一概全收，應以其與社會現實是否契合爲判斷標準來取捨。第一要體察本社會某制度各方面之關係，是否已完全蛻化到與彼社會某制度各方面之情形完全一致，如若不然，則不能立即完全採用其思想。因爲，此時採用其思想不能完全統括所有的本地環境事實而遺漏太多，應只採其適合部分而懸此新思想以爲「理想之鵠」，用較和平手段著手於具體的改革。依其認知，新舊思想不可能完全沒有相同之點，所以，根本破壞的方式不符合事實。他忠告守舊派要注意幾點：第一，視一切新思想如蛇蠍爲一種惡心理。因爲「新思想應新制度而發生，未必與

〔註102〕王水公：《新和舊》，《東方雜誌》第 17 卷第 3 號。
〔註103〕力山：《論新舊》，《晨報》1919 年 10 月 18 日。

舊思想根本性質相反，或且於舊思想同一目的，不過其範圍較前者爲廣大，其方法或手段較前者爲靈活，其組織較前爲美備」。第二，守舊派尊視古人之奴性太深，而輕視今世人之思想，也是一種惡心理，不應以今從古。第三，以古人斷章散句有與今人思想相似者，即以爲此事久爲古人所道破，新學說不足奇乃一種荒謬心理。不能謂今人的思想即是古人的心理。第四，謂採用新思想不菑爲外國人所征服，是一種不健全的心理。因爲眞理，爲「合於全人類所經歷同樣性質事實，爲全人類共有的智性所承認。」所以，應從學理上來對待新舊而不應感情用事，主張「對於任何思想或新或舊，初感覺時，皆不與以完全信仰，不過稍存一點偏見，以爲新思想皆今日有所激而發，且多本於西洋科學的研究而來。當然能比較的包括現時制度許多事實之趨向，因之研究價值頗大。」但對其是否與中國事實各方面相合，是否應有所修正，是否有與現實相疏脫處，都應存「遲徊態度」。他認爲一些新思想與中國具體狀況過於「脫落」，不能完全取信，而時移世變，一些舊的觀念當然也不能納於社會之新制度與新事實中，但亦須「顧慮或者昔日社會中若干分事實爲其所統馭者，今日仍舊在社會間，故亦比較的有少許之研究價值也。」由此認爲，「新思想或爲舊思想孕出之物，或爲舊思想放大之物，或爲舊思想助強之物，正不必與之牴觸也」。〔註104〕強調新思想乃應新制度而發生，未必與舊思想根本性質相反，新舊之間的衝突可以取得某種程度的調和。不過，他表示提倡新舊思想的調和，應有相當的「準備知識與常蓄不泄盡之感情」。他欣賞新派的銳意改革激情，但擔憂其「感情過於激昂而無準確知識以爲之輔，不合目前事實，一旦大失敗，感情已發泄無餘，則心灰意冷，或且羨爲世外人耳。」所以，希望他們有「忍毅」的精神，「積蓄濃厚有餘的感情，以冷靜之頭腦體察外面環境現象，苟有所乘，決不放鬆，得尺進尺，得寸進寸，務達目的而已。……一方面多輸入西洋活的新思想，但須暫時加以若干之修正，一方面積極提倡青年各項社會實際的建設事業。」主張新舊思想的調和，不是徒具空言，要著力於思想的提升和對現實社會事業的建設。〔註105〕

　　管豹則從何爲新舊？新舊兩派之共通點、衝突點及謬誤點何在？何謂盲目的調和論和根本的調和論？如何對待思想學術，新舊學者該怎麼做切實的調和等問題進行了思考。其中特別強調了調和新舊要接續歷史，注重環境，

〔註104〕朱調孫：《研究新舊思想調和之必要及其方法》，《東方雜誌》第17卷第4號。
〔註105〕朱調孫：《研究新舊思想調和之必要及其方法》，《東方雜誌》第17卷第4號。

要從適應現實需要的角度上去做切實的研究工作，反對抽象籠統之議論等觀點。

　　他表示，要明瞭新舊衝突的原因得先明瞭新舊的含義。而新舊可以從兩個方面去考察：一、關於時間者。如過去者對現在為舊，未來者對現在者為新。二、關於空間者。如甲地域之事物思想移入於乙地域，為乙地域所未前有者，則於乙地域為新，其由乙地域移入甲地域者亦然。他認為，空間的關係實際上仍不外為時間的關係。新舊的新在於「由甲地域移入乙地域之初，以其非乙地域所有，故被稱為新。迨至習久相安，則向之謂新者非新，而對於初自丙地域移入者言，轉成為舊。惟前者繫連續的進行，舊者方逝而新者已至，既不能停滯於一時，亦不能並存於一處，故鮮衝突之機會。後者為延擴的移動，新舊二者往往同現於一時一地，其接觸既驟，故其衝突亦烈。」這是新舊產生衝突的原因。而要認識中國的新舊問題，應先對當時思想界如何界定新舊有一個認知。他認為當時的思想界對新舊的認識多停留在抽象的評判上，而未從事實上作具體的證明。具體而言，當時的新舊衝突可以看作是「歐化派與國粹派之爭」，所以，從實質上講，這種新舊，是一種空間關係上的新舊。新舊兩派的根本區別不在於「對現在之滿足與否」，事實上，「謂新派之不滿足於現在，固屬愜當，謂舊派之悉不滿足於現在，則未必盡然。」他認為「對現在不滿足」不是新舊兩派的區別之處，而恰恰是他們的「共通點」。「惟新派以改宗西洋最新之學術文化，為求滿足之手段，舊派則以發揮光大吾國固有之學術文化為求滿足之手段」，雙方衝突，由是而生。加以「新派之偏激者，視吾國古來之學術文字莫非老廢死滅，欲一一摧毀之以為快。舊派之頑固者，更視由外輸入之學術文化，莫非洪水猛獸，惟不能抵拒之是懼，各執成見，互相抵訐」，於是衝突越烈。在他看來，社會的發展變化「縱而受歷史之支配，橫則受環境之支配」，二者關係密切，不可只擇其一，而新舊兩派「一則蔑視歷史的關係，一則蔑視環境的關係」，所以衝突不可避免。在他看來，「學術文化，但有適應與不適應之分，不當有古今中外之別」，無論國粹歐化，其中皆有適應於吾人生活之滋養料，亦皆有不適應於吾人生活渣滓，「吾人不能預存一是非優劣之見而貿然吐棄或囫圇吞咽。必尋求真理之所在，而加之以消化之作用。一方當抱持續因歷史與順應環境之態度，一方尤須有刷新歷史與改造環境之精神，不宜有意氣之衝突，亦不必為無謂之調和，所最要者，惟此消化之作用必待消化以後，而學術文化始足適應於吾人

之實際生活，始得成為吾人所有，此之謂根本上之調和」。基於這種認識，他認為新舊衝突對於學術思想而言是「可喜之現象，非可悲之現象」，所應做的是努力使研究落實在實處。具體可以從以下幾個方面努力：一宜平心靜氣，探求真理，勿預存成見而相抵排。二宜以研究學術為唯一之目的，勿懷挾他種目的，而以研究學術為其手段。三宜人人自居於研究者，勿人人自居於指導者。四宜潛心學問，積貯智識，勿道聽途說，發直覺的議論或衝動的行動。五宜本純誠之態度，以真理服人，勿以強力加人。宜遇事即事，要求滿足，逐漸進步，勿施籠統之攻擊，亦勿為囫圇之吞咽。〔註106〕主張順應歷史，注重消化，著意於改造的根本調和，反對盲目的調和。

　　五四前後，以杜亞泉為代表的一部分知識分子，率先體察到了新舊思想的劇烈衝突問題，提出了新舊調和以應對世變的主張。並利用《東方雜誌》提倡是說，引起了思想界的廣泛關注和論爭，人們紛紛圍繞著何謂新，何為舊，新舊能否調和，何謂真調和，何謂盲目調和等問題發抒見解。試圖從理論上釐清新舊的關係，由此引起了以上種種論爭。在客觀上加深了中國知識分子對中國近代文化轉型中處理新舊問題的理性思考。展現了一代知識分子的文化致思。除了對如何處理新舊關係問題的思考外，對於東西文化的關係，杜亞泉等文化調和論者同樣有細密的思考與獨特的見解。

第三節　東西文化之調和

一、東西文明的「性質之異」與動靜調和

　　一戰的爆發，充分暴露了西方資本主義文化的固有弊端，這不僅引起了一些西方人士的困惑，同時也使部分中國知識分子對西方文化產生了懷疑，杜亞泉就是其中一人。一戰後，他開始反思國人對西洋文明「無所不至」、「無不傚法」，而對固有文明「幾不復置意」的態度，說道：「吾人對於向所羨慕之西洋文明，已不勝其懷疑之意見，而吾人之傚法西洋文明者，亦不能於道德上或功業上，表示其信用於吾人，則吾人今後，不可不變其盲從之態度，而一審文明真價之所在。」希望能夠客觀評判西洋文明的價值，進行有選擇的吸收，而不是全盤的仿傚。在他看來，東西洋文明各有不同，「西洋文明與吾國固有文明，乃性質之異，而非程度之差；而吾國固有之文明，正足以救

〔註106〕管豹：《新舊之衝突與調和》，《東方雜誌》第17卷第1號。

西洋文明之弊，濟西洋文明之窮者。西洋文明，濃鬱如酒，吾國文明，淡泊如水；西洋文明，腴美如肉，吾國文明，粗糲如蔬」。〔註 107〕二者可互爲補充，不應取甲而棄乙。杜亞泉的觀點，引起了一些知識分子的回應。錢智修、陳嘉異、章士釗等紛紛撰文支持他的觀點，認爲東西文化既然各有利弊，存有性質之異，應採取調和態度，而不能一味倣法西方文明。

　　杜亞泉更注意於對東西文明異質性的區分。把東西文明之別看作是性質之異，而非陳獨秀、胡適等人所言的程度之差。他認爲，「文明者，社會之生產物也」。因此，不同社會因素及歷史地理等因素的影響，猶如所生草木有所不同一樣，會生成不同的文明形態。這種差異體現爲幾端：

一、西洋社會，一切皆注重於人爲，我國則反之，而一切皆注重於自然。西洋人以自然爲惡，一切以人力營治之，我國人則以自然爲善，一切皆以體天意、遵天命、循天理爲主。故西洋人之文明爲反自然的，而我國人之文明爲順自然的。

二、西洋人之生活爲向外的，社會内之各個人皆向自己以外求生活，常對於他人，爲不絕的活動，而社會一切文明，皆由人與人之關係而發生。我國人之生活，爲向内的，社會内之各個人，皆向自己求生活，常對於自己，求其勤儉克己，安心守分，而社會上一切文明，皆由此發生。

三、西洋社會内，有種種之團體，若地方、若階級、若國家、若民族，皆爲一團體而成一種之人格，對於他團體，爲權利義務之主體；此種團體，亦爲競爭之結果，以共同競爭，易獲勝利也。我國社會内，無所謂團體。無近世國家觀念和民族觀念。……除自然的人格外，無假定的人格，而以個人爲中心，而家族，而親友，而鄉黨，而國家，而人類，而庶物，由近及遠，由親及疏，以爲差等，無相衝突。而西洋社會則個人主義、國家主義、民族主義時相衝突。

四、西洋社會，既以競爭勝利爲生存必要條件，故視勝利爲最重，而道德次之；且其道德之作用，在鞏固團體内之各分子，以對抗他團體，仍持爲競爭之具。……我國社會，則往往視勝利爲道德之障礙，故道德上不但不崇拜勝利，而且有蔑視勝利之傾

<hr>

〔註 107〕傖父：《靜的文明與動的文明》，《東方雜誌》第 13 卷第 10 號。

向，道德之作用，在於消滅競爭，而以與世無爭，與物無競，爲道德之最高尚者。

五、西洋社會，無時不在戰爭之中，其間之和平時期，乃爲戰爭後之休養時期，或爲第二次戰爭之預備時期，戰爭爲常態，和平其變態也。我國社會，時時以避去戰爭爲務，……和平其常態，戰爭其變態也。〔註108〕

基於這些差別，杜亞泉把東西文化區分爲「動」與「靜」的文明。他說：「綜而言之，則西洋社會，爲動的社會，我國社會，爲靜的社會；由動的社會，發生動的文明，由靜的社會，發生靜的文明。兩種文明，各現特殊之景趣與色彩，即動的文明，具都市的景趣，帶繁複的色彩，而靜的文明惟田野的景趣，帶恬淡的色彩。」在此，東西文明被轉化爲動、靜之別，各有其特色，可相互補充。兩文明發生的效果也有所不同，「動的社會，其個人富於冒險進取之性質，常向各方面吸收生產，故其生活日益豐裕；靜的社會，專注意於自己內部之節約，而不向外部發展，故其生活日益貧嗇」。杜亞泉認爲東西文明雖性質相異，卻有一種平衡調劑之理存在。所以，他在概觀東西文明並歸納爲動靜之別後，作了一個形象的類比：「總之，由吾人觀察之結果，則社會之生理，確與個人生理無異。凡喜運動之人，血氣充足而易於偏勝，故每患充血症；喜沉靜之人，血氣平和而易於衰弱，故每患貧血症。患貧血症者，由於營養分之不給，細胞之代謝不旺盛，血液之成分不清潔，病菌乘間侵襲之，或成癆瘵，或發瘰癧；吾國社會之症狀，即貧血之症狀也。患充血症者，由於營養分之過多，蘊蓄於胃腸而發酵，吸收於血管而生毒，病菌乘間侵襲之。或起炎症，或生癰疽；西洋社會之症狀，即充血之症狀也。兩文明之結果，其不能無流弊，蓋相等也。」由此他認爲東西文明基於性質之異，各有優缺點，又因「兩社會之交通，日益繁盛，兩文明互相接近，故抱合調和，爲勢所必至。」在他看來，東西文明的交往，無論在物質方面還是在精神方面都日益密切。因此，東西調和是必然趨勢，只是在調和過程中要保持東方文明的特色之處，「吾儕今日，當兩文明接觸之時，固不必排斥歐風侈談國粹，以與社會之潮流相逆，第其間所宜慎者，則凡社會之中，不可不以靜爲基礎」。因爲動靜的生活本就是相與配合的，只是針對中國的具體情況而言，不可盲目蹈西化而否定東方靜的文明，而應「對於此靜的社會與靜的文明，勿復厭

〔註108〕傖父：《靜的文明與動的文明》，《東方雜誌》第13卷第10號。

棄，而一加咀嚼也」〔註109〕，主張對東西文明持理性的擇取態度。

在分析東西文化不是程度之差，而是性質之異後，杜亞泉並沒有拒絕西學，而是主張動靜兩種文化的恰當調和。他更多思考的是如何改造中國文化，使之成爲世界文化一部分的問題。所以，他說：「改革時代，實近在眉睫之前，吾代表東洋之中國人，果有若何之天職乎？對於世界，能有若何之表示乎？」戰前，他也曾對西方文明表示接受，戰後則更多地持反思態度。他認爲一戰的爆發是西洋動的文明一種充血症的表現，「使西洋文明，露顯著破綻」〔註110〕。「就經濟狀態而言，東洋社會，爲全體的貧血症；西洋社會，則局部的充血症也。」東洋社會僅以滿足生活所需爲本位，不重技藝，科學不興，經濟落後。西洋社會則以滿足生活欲望爲出發點，科學發達，生活富貴，但競爭激烈，破壞性強。「就道德狀態而言，在東洋社會，爲精神薄弱，爲麻痹狀態；西洋社會爲精神錯亂，爲狂躁狀態」。〔註111〕強調東西洋文明各有缺失，不能僅持一端以自囿，應調和東西文化之動的文明與靜的文明，以生成新文明。

李大釗也認爲東西文明之別是一種類型的差異，即存在動靜之別。這種認識與杜亞泉的認識可謂所見略同。他說：「吾人於東西之文明，發見一絕異之特質，即動的與靜的而已矣。東方文明之特質，全爲靜的；西方文明之特質，全爲動的。」〔註112〕其原因在於，「農業本位的民族，因爲常定於一處，所以家族繁衍，而成大家族制度——家庭主義，工商本位的民族，因爲常轉徙於各地，所以家族簡單，而成小家族制度——個人主義。……前者因富於自然，所以與自然調和，與同類調和；後者因爲乏於自然，所以與自然競爭，與同類競爭。簡單一句話，東洋文明，是靜的文明；西洋文明，是動的文明」。〔註113〕在李大釗看來，由動的文明產生動的生活，由靜的文明產生靜的生活，東西文明各持一端，主要在於生活之依據不同，「東方之生計以農業爲主，西方之生計以商業爲主。惟其務農，故利於固定；惟其營商，故利於流通」。東西文明本各有所趨，而近代以來，「西方之動的生活，挾其風馳雲卷之勢力，

〔註109〕傖父：《靜的文明與動的文明》，《東方雜誌》第 13 卷第 10 號。

〔註110〕傖父：《戰後東西文明之調和》，《東方雜誌》第 14 卷第 4 號。

〔註111〕傖父：《靜的文明與動的文明》，《東方雜誌》第 13 卷第 10 號。

〔註112〕守常：《動的生活與靜的生活》，《李大釗全集》第 2 卷，北京：人民出版社 2006 年版，第 96 頁。

〔註113〕李大釗：《由經濟上解釋中國近代思想變動的原因》，《新青年》第 7 卷第 2 號。

以侵入東方靜的生活之範圍,而沉沉大陸之酣夢爲之驚破」,〔註114〕使這兩種文明衝突,碰撞不斷,東方靜的文明受到西洋動的文明的極大衝擊,於是維新志士因應變革以圖調整,卻常趨於極端,「不惜棄從來之一切靜的生活,取彼西洋之一切動的生活,去其從來之一切靜的文明,迎彼西洋之一切動的文明」。他認爲,這種極端的趨勢是不理性的。因爲文明本身具有一定的惰性和保守性,想一概棄之而迎新必會引起社會的動蕩,引出矛盾的生活。他說:「宇宙間之質力,稍一凝靜,惰性即從之而生。矧引數千萬年慣習自然之靜的生活,而欲革除之於一旦,此爲不可能之事,於是矛盾生活現象,乃隨處而皆是。」其原因即在於:「西洋人之生活,以動爲原則,以靜爲例外,故其應動的生活而能綽有餘裕;吾人之生活,以靜爲原則,以動爲例外,故其應動的生活而覺應接不暇。」動的生活日益發達,靜的生活日見煩累,兩種文明相遇又引起衝突矛盾以至趨於極端,遂引起社會的種種矛盾,從而主張動靜文明的調和。他用警醒的口氣說道:「吾人認定於今日動的世界之中,非創造一種動的生活,不足以自存。吾人又認定於靜的文明之上,而欲創造一種靜的生活,非依絕大之努力不足以成。」〔註115〕東方靜的文明和西方動的文明應相互調和以適應新的社會發展態勢,從而使靜的文明變爲動的文明,靜的生活變爲動的生活。

1918 年李大釗又發表了《東西文明根本之異點》一文,再次談到了東西文明的「動」、「靜」之別。並再次強調了東西文明的動靜調和之說。他說:「東西文明有根本不同之點,即東洋文明主靜,西洋文明主動是也。」〔註116〕在區別了東西文明的性質之異爲動靜之別後,也提出了與杜亞泉相類似的東西文化調和論。從他於該文中所徵引的大量《東方雜誌》的譯文看,顯然對杜文有所關注。他說:「平情論之,東西文明互有長短,不宜妄爲軒輊其間,就東洋文明而論,其所短約有數端:(一)厭世的人生觀,不適於宇宙進化之理法。(二)惰性太重。(三)不尊重個性之權威與勢力。(四)階級的精神,視個體僅爲一較大單位中不完全之部分,部分之生存價值全爲單位所吞沒。(五)

〔註114〕守常:《動的生活與靜的生活》,《李大釗全集》第 2 卷,北京:人民出版社 2006 年版,第 96 頁。

〔註115〕守常:《動的生活與靜的生活》,《李大釗全集》第 2 卷,北京:人民出版社 2006 年版,第 97 頁。

〔註116〕李大釗:《東西文明根本之異點》,《李大釗全集》第 2 卷,北京:人民出版社 2006 年版,第 211 頁。

對於婦人之輕侮。（六）同情心之缺乏。（七）神權之偏重。（八）專制主義之盛行。」〔註117〕但東洋人的「沉靜安泰」又是其所長之處，可以補西方重物質之流弊。他的這種動靜之分及特點歸納，顯然有籠統及不準確之處，沒有認識到東西文明的複雜性。但是，他認識到東西文明各有短長，應「融會調和」確也有其見地所在。依他的觀察：「宇宙大化之進行，全賴有二種之世界觀鼓馭而前，即靜的與動的，保守與進步是也。東洋文明與西洋文明，實為世界進步之二大機軸，正如車之兩輪，鳥之雙翼，缺一不可。而此二大精神之自身，又必須時時調和，時時融會，以創造新生命而演進於無疆。由今言之，東洋文明既衰頹於靜止之中，而西洋文明又疲命於物質之下，為救世界之危機，非有第三種新文明之崛起，不足以渡此危崖。……而東西文明眞正之調和，則終非二種文明本身之覺醒萬不為功。」他主張東西文明動靜互補，在明確差異及各自的短長後，主動地進行融合調整，生成「第三種文明」，從而「渡此危崖」。〔註118〕不過，他更強調中國文明的落後性，主張要學習西洋文明。他指出，東洋靜的文明與西洋動的文明相較，「已處於屈敗之勢」，西洋文明雖也有種種負累，不無趨於自殺之傾向，「臨於吾儕，則實居優越之域。吾儕日常生活中之一舉一動，幾莫能逃其範圍，而實際上亦深感其需要，願享其利便」。〔註119〕因此，東西文明調和的基礎在於要先學習西方文明。他說：「對於東西文明之調和，吾人實負有至大之責任，當虛懷若谷以迎受彼動的文明，使之變形易質於靜的文明之中，而別創一生面。」〔註120〕而所謂覺醒，則是「東洋文明，宜竭力打破其靜的世界觀，以容納西洋之動的世界觀；在西洋文明，宜斟酌抑止其物質的生活，以容納東洋之精神的生活而已」。在他看來，「中國文明之疾病已達炎熱最高之度，中國民族之運命已臻奄奄垂死之期。中國民族今後之問題實為復活與否之問題，亦為吾人所肯認。顧吾人深信吾民族可以復活，可以於世界文明為第二次之大貢獻。然知吾人苟欲有所努力以達此志的者，其事非他，即在竭力以受西洋文明之特長，以濟吾靜止

〔註117〕 李大釗：《東西文明根本之異點》，《李大釗全集》第2卷，北京：人民出版社2006年版，第212～213頁。

〔註118〕 李大釗：《東西文明根本之異點》，《李大釗全集》第2卷，北京：人民出版社2006年版，第214頁。

〔註119〕 李大釗：《東西文明根本之異點》，《李大釗全集》第2卷，北京：人民出版社2006年版，第216頁。

〔註120〕 李大釗：《東西文明根本之異點》，《李大釗全集》第2卷，北京：人民出版社2006年版，第214～215頁。

文明之窮，而立東西文明調和之基礎」。〔註 121〕可見，他的東西文明動靜之調和，是在承認文明有類型之別的基礎上，看到社會發展的趨勢而更傾向於以動爲特徵的西方文明。從而與守舊派固守東方文明形成了區別。

不過，李大釗調和東西文明以生成第三種文明的目標則與杜亞泉、章士釗等人不同，是以俄羅斯文明爲其目標。俄國十月革命的勝利與一戰的結束，使李大釗對新興的俄國文明十分看好，並把新興俄羅斯文明看作是東西文明調和的媒介和目標。他從俄國十月革命爆發後，就連續發表了多篇有關俄國思想動態的文章，如《法俄革命之比較觀》、《俄羅斯文學與革命》、《Pan……ism 之失敗與 Democracy 之勝利》以及《庶民的勝利》、《Bolshevism 的勝利》等名篇，介紹俄國新思潮，認爲俄國的新文明呈現出一種嶄新氣象，可看作東西文明調和的方向。因此，東西洋文明融滙調和雖有賴於兩種文明自身的覺醒，但「俄羅斯之文明，誠足當媒介東西之任」。〔註 122〕他比較了法俄革命後認爲法蘭西革命「實十九世紀全世界人類普遍心理變動之表徵。俄羅斯之革命，非獨俄羅斯人心變動之顯兆，實二十世紀全世界人類普遍心理變動之顯兆。」〔註 123〕因此，俄羅斯文明「實兼歐亞之特質而並有之」，「將表現於東西二文明之間，爲二者之媒介而活動。果俄羅斯於同化中國之廣域而能成功，則東洋主義，將有所受賜於一種強健之政治組織，而助力之以顯其德性於世界。二力間確實之接觸，尚在未來，此種接觸，必蓄一空前之結果，皆甚明顯也。」李大釗認爲雖然此論未必與中國實情一一符合，但他確定「俄羅斯之精神，實具有調和東西文明之資格」，並斷言「世界中將來能創造一兼東西文明特質、歐亞民族天才之世界的新文明者，蓋捨俄羅斯人莫屬」。〔註 124〕表達了他對俄羅斯文明的極度欣賞。

如何認識杜亞泉等人對東西文明所作的動靜區分呢？依鄭師渠先生的研究，從地理環境決定論出發，強調東西文化爲「動、靜」之別的類的差

〔註 121〕李大釗：《東西文明根本之異點》，《李大釗全集》第 2 卷，北京：人民出版社 2006 年版，第 215～216 頁。

〔註 122〕李大釗：《東西文明根本之異點》，《李大釗全集》第 2 卷，北京：人民出版社 2006 年版，第 214 頁。

〔註 123〕李大釗：《法俄革命之比較觀》，《李大釗全集》第 2 卷，北京：人民出版社 2006 年版，第 228 頁。

〔註 124〕李大釗：《東西文明根本之異點》，《李大釗全集》第 2 卷，北京：人民出版社 2006 年版，第 227 頁。

異，不始於杜亞泉，清末的鄧實等人已發其端；但對此作系統思辨的發揮並產生廣泛的影響，卻不能不首推杜亞泉和李大釗。〔註125〕這種文化認知，既存在理論上的缺陷，也有其合理的一面。從理論上講，不同文化間的融合，包含著衝突與調和兩種過程。衝突對抗是前提，調和互融是目的。而要達到調和的目的，首先得對兩種文明有仔細的研究，瞭解其異同之處，才能言調和之事，如果缺少這種瞭解，調和的基礎就不穩固，外來文化就難以和本土文化相融和生成新文化。所以，要對兩種文化進行調和，其要點應對其異同點進行深入認識，對主客文化有準確理解和把握，才能使調和朝著良性的勢態發展。這無疑是異質文化進行調和所應作的基本工作，而不是僅僅在表面上作概念上的論爭。五四時期的調和論者，也在積極地作這方面的努力。如杜亞泉的東西文化動靜互補就很具有代表性，李大釗在這方面又加強了這種認知。而當時對東西文化進行動靜區分是一種普遍現象，陳獨秀也曾有過類似的提法，只不過他與杜亞泉等的區別在於，他認為靜的生活完全要不得，得拋棄一切而接受西洋動的新文明。事實上，文化是一個複雜體，用幾個詞或幾個字甚至一個字來分別概括東西方文化，是「精略簡率，大而無當」的〔註126〕。杜亞泉等人對於東西文明的認識，沒能抓住東西文明的真正區別所在，以「動靜之別」來區分二者，顯然歸納不了涵蓋複雜的文化現象，也得不出深刻的認識，是一種基於對文化不太瞭解的外在觀察，帶有極大的籠統性和模糊性，失之簡單，未能找到真正的差別所在，無法解決東西文明的衝突與融合問題。但他們對文化的這種區分併非沒有一點價值。從認識文化的角度來說，他們力圖區分東西文化之異同的做法，卻是文化交流上不可缺少的一步基礎工作。在這種基礎上加以選擇抉擇，積極整合，推陳出新，則是創造新文化所不能缺少的。因此，他們對東西文化的粗略區分從歷史的角度來看，也並非沒有價值。他們強調東西文明有性質之異的結論是正確的，對激進派的觀點有所補充，打開了另一個思想維度，加深了對文化複雜性的認識，但必須承認，他們所進行的具體分析卻是經不起推敲的。這也暗示著他們的文化調和論存在不深刻之處，帶有主觀性與空想性。這在後文將詳細分析。

〔註125〕 參見鄭師渠：《思潮與學派——中國近代思想文化研究》，北京　：北京師範大學出版社 2005 年版，第 356 頁。
〔註126〕 劉納：《「五四」與問責「五四」》，《隨筆》2009 年第 1 期。

二、物質文明與精神文明的協力調和

物質文明與精神文明的關係是杜亞泉一向甚爲關注的重要論題。

早在一戰之前，杜亞泉就對物質與精神的關係作了探討，並批評了國人在學習西方時偏重於物質的取向。他從哲學上解釋了物質與精神的關係，強調了二者調和的必要性和重要性。在其著名的《精神救國論》中，他認爲，現代社會的墮落，一個重大原因在於唯心論缺失，而唯物論大倡。這裡的唯心論主要是強調道德和精神的哲學，而唯物論也不是馬克思主義意義上的歷史唯物論，而是指拋棄精神依歸與道德束縛，「惟物質力之萬能是認」的追求。這種唯物論以片面理解的進化論作爲其行事的理論基礎，以生存競爭爲由縱物質之欲，造成一個「有優劣無善惡，有勝敗而無是非」的社會。這種物質萬能主義只能助長人的貪欲，滋生出專制與暴力。而唯心主義的哲學，更多的是宣傳精神的向上和自由。從世界各國歷史觀之，自由社會的形成，無不是以精神哲學的倡導爲先聲，而近世以來物質萬能說的大行其道，人民「除依自暴自棄之肉欲的刺戟以外，無以求精神之慰安，風俗愈向於壓制」。〔註 127〕杜亞泉指出，唯物主義貽害社會有三端：一是激進人類之競爭心，二是使人類之物質欲昂進，三是使人類陷於悲觀主義。由此導致了社會道德的墮落。杜亞泉以爲，要挽救人心，則須衝破唯物主義的誤導，重視精神學說，使中西文化，結合融洽。而當時國人的挽救之方趨於兩途：「或欲復興擬古主義，尊孔子爲教主，規定國教以維繫人心；或則持唯物主義以救濟之，欲輸入外資，振興實業，舒展社會之經濟，以馳緩目前之競爭。」這種各趨一端的復古主義與唯物主義，都不是解決問題之方。在他看來，「昌明國學，與世界之文明，融洽調劑，誠爲吾國民之天職。若欲取歷聖相傳之道義學術，視爲宗教，以與耶佛回相對峙，就政策言之，或足以取悅於閉關時代所留遺少老朽頑固者之心……；若就國家社會之進步發展言之，則僅能於現在之動機上，稍與以障礙，俾發生一種之反動，以醞成將來抉破樊籬時之大衝突而已。」而「振興實業，誠不失爲救國之要圖，但以水濟水，於社會上道德上未必有若何之影響。……吾人精神上無形之道德，殆非物質上有形之金錢所能購致也。」從而提倡西方反思唯物主義的「精神主義之新唯心論」以救「唯物主義」之弊。〔註 128〕

〔註 127〕傖父：《精神救國論》，《東方雜誌》第 10 卷第 1 號。
〔註 128〕傖父：《精神救國論續一》，《東方雜誌》第 10 卷第 2 號。

　　杜亞泉認爲，社會人心的迷亂，功利主義的盛行，在於國民公共信仰喪失，〔註 129〕共同概念遭到破壞，〔註 130〕深層次原因則與中國只輸入西方的物質文明直接相關。據他的觀察，社會變動的原因在於西洋文明的輸入，西洋文明又可分爲物質與精神兩大類，而中國所受西洋影響，「幾純然爲物質之勢力，精神界中，殆無勢力之可言」，這種狀況導致了社會風氣的變動，由物質上的貪欲引起了一系列的社會問題，「世風既因之日侈，富力即因之日竭。一方面以縱恣其欲之故，致生計之艱難愈甚；一方面以不滿所欲之故，覺生涯之缺陷尚多。處艱難之境，懷缺陷之心，其精神自然抑鬱憤悶，對於現社會之佔有勢力者，思一切破壞之以爲快」。「今日就政治言，其勢力已破壞殆盡，微特強權盛而舊道德之勢力失，迷信破而舊宗教之勢力墮，個人獨立，女權擴張，而家庭制度男女關係之舊風習，均不能維持其勢力。其代之以新道德、新宗教、新風習，勢力本不甚盛，反對者更倡保存國粹說、尊重習慣說，以牽制之。今日吾社會之精神界，惝恍無憑，殆近於懷疑時代。其彌漫於吾社會之間者，物質之勢力也」。整個社會沒有精神歸依，用杜亞泉的話來說，是一個「無政治、無道德、無宗教、無風俗習慣之社會，擾攘於金錢勢力之下而已。西人稱未來之理想社會曰黃金世界，吾儕之社會，眞實之黃金世界也。」他認爲物質的變動所引起的天演的淘汰，會造成一個「間接的人將相食的社會」。所以，在看到物質界日益豐富，而精神界無所依歸的狀態下，由物質帶來的幸福爲「一時的、虛僞的，而危險爲永久且眞實的。悵望前途，不覺身心俱悚矣」。〔註 131〕

　　杜亞泉的這種憂慮並非無因而起。由於「天然的守舊思想是人們心靈的一種傾向」，是一種存在於人心根深蒂固的觀念，〔註 132〕因而在社會變動時期，出於對未知事物的不確切感而顯示出這種傾向是一種正常現象。雖然他力圖以理性爲指導，以進化的觀點看待事物，期望著在改革固有文明，引進西方文明的基礎上建立一套新的精神指引系統，但因其知識上的限囿，難免又有對傳統精神系統過於欣賞的情懷，顯示出一定的保守性，與當時的激進主張者產生了分歧而受到長久的批評。但應該肯定的，他的觀察深入到了人

〔註 129〕傖父：《言論勢力失墜之原因》，《東方雜誌》第 15 卷第 12 號。

〔註 130〕傖父：《國民共同之概念》，《東方雜誌》第 12 卷第 11 號。

〔註 131〕傖父：《論社會變動之趨勢與吾人處世之方針》，《東方雜誌》第 9 卷第 10 號。

〔註 132〕〔英〕休·塞西爾：《保守主義》，杜汝楫譯，北京：商務印書館 1986 年版，第 3 頁。

生哲學的層面，看到了國人片面輸入物質文明而忽略精神文明所引起的精神空乏現象，尖銳地呈現出了問題所在，又是值得依於理性進行文化建設的人作嚴肅思考的。

杜亞泉認爲物質文明帶來的幸福是一時的、虛僞的，只有和精神的文明相結合，社會和人生的發展才能趨於健全。他認爲西洋人所倡導的奮鬥的生活，「侵略他社會，充滿其欲望，設無侵略之餘地，則其欲望之所迫，必爲社會擾亂之媒」。而中國社會的特質則在於「克己」，這是「東西社會根柢上之差異」。批評中國社會「歡迎物質文明，仿傚歐美奢侈輕飄生活者，實破壞其社會之物質，而自速其滅亡」。不過，他強調中國的「克己」特徵，同樣有流弊，「以其專避危險之故，致才智不能發達，精神不能振起，遂成卑屈委靡、畏葸苟且之習慣」。因此，在他看來專持奮鬥的處世法或是克己的處世法皆不足導社會於良善。兩者皆有失偏，應調和之，主張「我今日社會所以對於西洋社會而情見勢絀者，未始非克己的處世之惡果，是故不可不採奮鬥的處世法以救濟之。然袪其流弊，決不可毀其特質。奮鬥與克己，其末流雖若背馳，善用之則亦有相輔相成之效。惟克己始能奮鬥。縱欲之國民，常失其奮鬥之能力」。因此，「吾東亞人民，欲於毆風美雨之中，免社會之飄搖，亦惟有保持其克己之物質，以養成其奮鬥之精神而已」。〔註133〕很明顯，杜亞泉把中西社會的文化差異歸納爲「克己」與「奮鬥」是不全面的。顯示出他對兩種文化認識的過於籠統，但他強調東西文明各有缺陷，既不能全部拋棄固有文明，也不能盲目從西，要調和二者以創造新文明的提法卻指示了正確的趨向。

在物質文明與精神文明的關係問題上，杜亞泉認爲物質是發展的基礎，不能離開物質的發展而空泛地談什麼精神。他綜觀西洋十八世紀以來的文化情況，認爲「文化的上昇，概屬理智方面，尤其對於物質的成果，使人類生活的資料增加，可以容納更多的人口；這種效果，決非僅僅努力於精神的事物者所能幾及」。〔註134〕他清楚地認識到：「社會大勢，既已日趨於文明，斷難強之復安於簡陋。……夫吾社會不與世界交通則已，既交通矣，物質文明之灌輸，實應乎時勢之必要，斷非一二限制政策，所能挽回。計惟有順其潮流，施以救正，使消耗者轉而爲生產，使用者轉而爲製造，或則消用產造，

〔註133〕傖父：《論社會變動之趨勢與吾人處世之方針》，《東方雜誌》第 9 卷第 10 號。
〔註134〕杜亞泉：《人生哲學》，《杜亞泉著作兩種》，田建業編校，北京：新星出版社 2007 年版，第 108～109 頁。

各得其平，則文明何害？文明乃愈躋吾國於富強耳。」他承認精神文明的發展離不開物質基礎的發展，認為「發展物質之勢力，促進精神之作用，以為文明競爭之準備者，誠切要而不容稍緩者矣！……願吾人知吾國文明弱點之所在，急起而為顧犬之計也」。〔註135〕同時深刻地意識到物質文明發達與國力的強盛聯繫緊密，「凡文明國相互之間，其文明最發達者必占世界最優等之地位……物質文明為富強最要之條件，假令其他文明雖各進步而物質文明相形見絀則仍無以致富強」。所以，他強調「物質文明為種族之生存擴張繁榮發展上必要之事項，今人每在奢侈生活視為物質文明殊屬誤解，蓋彼乃徒恃財產之效力，享受一切之奢華，而體力腦力異常拙劣實不足以稱為文明也」。〔註136〕

此外，對於科學技術與道德的關係，杜亞泉也有清晰的認識，他說：「道德之向上，皆與經濟有密切之關係，而經濟之充裕，必由於工藝之發達。十餘年來有運動改革政治者，有主張提倡道德者，鄙人以為工藝苟興，政治道德諸問題，皆迎刃而解，非然者，雖周孔復生，將無所措手。」〔註137〕這裡所說的工藝實指科學技術。可見，杜亞泉並不否認科學技術有利於政治、經濟、道德的發展，以及物質基礎對於精神文明的基礎性作用。

不過，杜亞泉認為現代化雖然帶來了物質的豐富，生活的美備，但也引起了人類欲望的無度和道德的墮落。他看到當時的中國，在物質消費上，不根據自己情況而盲目崇尚西方，奢侈浪費，與經濟之發展不成比例，導致了國力的貧弱，是不守儉德，未習得西方真文明的結果。「所增高者，特享用物質文明之知識而已」。〔註138〕由此，深為擔擾奢侈之風會迷失國人之本性。但這種擔憂並不表示他反對物質文明。他反對的不過是中國人只消耗、不生產的行為，他批評的不是物質文明而是對物質文明認知不確而造成了生活風氣的奢侈。最重要的是，他認為國人一無發展實業之根性，二無崇尚實業之風俗，三無提倡實業之實心，導致了中國在物質文明方面的貧乏。因而，主張要創造物質文明，而不是消耗物質。要利用物質文明為人類增福利，而不是承其導人惰逸、奢華之弊。所以，力主剷除阻礙物質文明發達的這些劣根性，讓物質文明真正的繁榮起來，讓國家能躋身於富強，而不是學西方物質文明的浮皮表面。

〔註135〕傖父：《現代文明之弱點》，《東方雜誌》第9卷第11號。
〔註136〕高勞：《從生物現象上觀察之戰爭》，《東方雜誌》第13卷第3號。
〔註137〕傖父：《工藝雜誌序》，《東方雜誌》第15卷第4號。
〔註138〕傖父：《說儉》，《東方雜誌》第14卷第6號。

　　儘管承認物質文明的基礎性作用，但杜亞泉希望能用精神文明來統御物質文明，讓二者協力以進。《東方雜誌》上的《文明進步之原動力及物質文明與精神文明之關係》一文，就表達了這種傾向。該文批評了當時思想界強調物質力量與強調精神作用各執一端的現象，試圖對兩者的關係作融滙調和的解釋。此文把文明分為物質文明和精神文明兩個層次，「物質文明，因利用自然之物質與力而成立，即境遇之開拓及征服之謂。精神文明，為宗教的、道德的、審美的、智的『事功』之全體，即文明之內容及本質之謂也。雖然，斯二者初非各自分別發達，蓋實相互協力而躋於真正之進步」，即社會的進步有賴於物質文明與精神文明的相互協力發展。該文引用了美國社會學者華德（Lester F .Ward）「物質文明，要亦不外為人類精神能力之表徵，而精神文明，實發展於物質文明基礎之，其關係之密切，殆如形之與影，輔之與車，相俟而不可離」的觀點，及美國社會學者狄雷（James Quayle Dealey）「欲望精神文明之發達，則第一著先不可不使物質文明發達也。且精神文明之程度，殆全然與物質文明比例而行，即比例物質文明之恩惠與知識及於全體民眾之範圍如何而發達」的主張來支持自己調和二者之觀點。認為「此二種文明，實互相刺戟協力而進行發展者也」，物質文明是精神文明的土壤，而精神文明是人類的高尚理想，二者不可偏廢。「物質文明者，所以產生生活資料，開拓環境，致力於社會狀態之改善，而致力於農工商業及其他一切經濟的活動並政治的活動等，人類努力之表徵也。精神文明者，從內部努力增高人類本質之表徵也。是皆吾人所以努力實現人類及社會之進步，調和、安寧、幸福、真理、正義、美、信仰等之理想」。二者關係，「恰如人類肉體與心靈之關係，離肉體則心靈不能存在，而心靈之活動程度過低，則雖如何強健之肉體，亦不能出乎動物的生存以上」。他反對那種把物質文明與精神文明對立起來，重視一種蔑視另一種的看法。針對當時社會出現物質文明發達而精神文明反被棄置的現象，認為「非直接物質文明之罪也」，而恰恰是「缺乏精神文明之理想」造成的。因此主張調和二者。一方面要認識到：「不可不具文明之高尚理想，物質文明，固應為實現此種高尚理想而使用之。……物質文明者，精神文明之土壤也。不因生活手段之故，而為其所固，則必能為有效之利用與支配矣。」另一方面也要明瞭：文明的發展是諸要素共同作用的結果，明瞭「拘於物質文明，目文學、哲學、藝術、宗教，為非生產的，因而遂蔑視之，而重視精神文明者，又有賤視政治或經濟之傾向，皆不能理解文明之真旨。蓋

精神文明與物質文明，決非相敵，實相互一致協力以實現人生之理想，舉人類進步之眞正效果者也。」〔註139〕

不過，儘管杜亞泉倡導東西文化的協力調和，但由於受自身知識的局限，他在一定程度上還是有強調中國文明偏於精神文明，西方文明偏重於物質文明的認識傾向，從而主張用中國精神文明去調和西方的物質文明之弊。表現出他對東西文化認識存在著膚淺之處，這種認知上的缺陷不僅體現在他個人身上，也體現在當時的很多知識分子身上，常乃憓對這種現象有所洞察，他說：「以爲現在西洋文明只是物質文明，將來補救其弊的方法只有提倡精神文明，然而精神文明的發源地舍我其誰。這句話不但國粹的先生們是以爲如此，就是崇拜歐化的人也未嘗不以爲精神文明爲中國所特產。」〔註140〕可見，把東西文化轉化爲精神文明與物質文明之別的觀點在近代以來相當普遍。

客觀上看，這種認知是近代以來，一直到五四前後都普遍存在的一種文化上的籠統主義，是國人在外力衝擊下的一種不成熟的文化觀。對此，胡適曾有過很深刻的批評。他認爲西洋文化是物質與精神文明相統一的文明，應全面學習。把東西文化區分爲物質與精神的差別是「最沒有根據而又最有毒害的妖言」。對於一戰後一部分西洋人對近世科學起了一種厭倦之感，而崇尚東方精神文明的言論，胡適認爲那「只是一時病態的心理，卻正投合東方民族的誇大狂；東方的舊勢力就因此增加了不少的氣焰」。在他看來，「文明是一個民族應付他的環境的總成績」，「是一種文明所形成的生活的方式」，因此，「凡一種文明的造成，必有兩個因子：一是物質的，包括種種自然界的勢力與質料；一是精神的，包括一個民族的聰明才智，感情和理想。凡文明都是人的心思智力運用自然界的質與力的作品；沒有一種文明是精神的，也沒有一種文明單是物質的。」〔註141〕所以，他認爲西洋的物質文明發達正是一種向上的，利用厚生的文明，「西洋近代文明絕不輕視人類的精神上的要求。我們還可以大膽地進一步說：西洋近代文明能夠滿足人類心靈上的要求的程度，遠非東洋舊文明所能夢見，在這一方面，西洋近代文明絕非唯物的，乃是理想主義的，乃是精神的」。這種文明能夠「充分運用人的聰明智慧來尋求

〔註139〕三無：《文明進步之原動力及物質文明與精神文明之關係》，《東方雜誌》第18卷第17號。

〔註140〕常乃憓：《東方文明與西方文明》，《國民》第2卷第3號。

〔註141〕胡適：《我們對於近代西洋文化的態度》，《現代評論》第4卷第83期。

眞理以解放人的心靈，來制服天行以供人用，來改造物質的環境，來改革社會政治的制度，來謀人類最大多數的最大幸福，……這樣的文明應該能滿足人類精神上的要求；這樣的文明是精神的文明，是眞正理想主義的文明，決不是唯物的文明」。相反，他認爲中國傳統所欣賞的「樂天」「安命」「知足」「安貧」的人生觀，是一種「自欺自慰的懶惰的風氣」，是一條輕蔑人類基本欲望的「人死觀」，是「不能運用人的心思智力來改造環境改良現狀的文明，是懶惰不長進的民族的文明，是眞正唯物的文明。這種文明只可能遏抑而決不能滿足人類精神上的要求」〔註142〕。從而給予了西洋文明以整體的肯定，批評了那種視東方文明爲精神的，西洋文明爲物質的錯誤認識，主張向含有科學精神的西洋文明學習。胡適對西洋文明的認識是深刻的，他沒有以精神文明物質文明來定性西方文明，而是肯定了西方文明整體的優越，主張全面學習西方，在當時可謂最爲理性而健全的文化觀。不過，並不能把杜亞泉當作守舊者。因爲，在他看來，西方文明並非僅爲「唯物」的文明，還有「唯心」的精神文明。只是國人在輸入西方文明時往往片面強調「唯物」的競爭學說而忽視了其注重精神的學說，導使輸入的西學成爲「斷片」的西學而不是「統整」的西學。〔註143〕從而主張精神文明與物質文明的調和，創造新文化。只是在那種新舊思想衝突劇烈的文化轉型期，提倡精神文明則顯得過於持重，會在不自覺的情況下成爲守舊派的聲援者。必然會遭到激進主義者的批評和反駁。

三、道德的因革損益

　　道德問題是五四前後文化論爭中的核心問題之一。對舊道德是保守或棄捨，當時的激進派與守舊派存在分歧。而在調和論者看來，道德對於維護社會秩序的正常良性發展意義重大，應理性的加以對待，與社會的發展狀況相聯繫，作因革損益的變動。梁啓超就明確表示道：「思想解放，道德條件一定跟著動搖，同時社會上發現許多罪惡，這是萬無可逃的公例，但說這便是人心世道之憂，卻不見得。道德條件，本是適應於社會情形建設起來；社會變遷，舊條件自然不能適用；不能適用的條件，自然對於社會上失了拘束力，成了一種僵石的裝飾品。一面舊條件既有許多不適用，一面在新社會組織之下，需要許多新條件，卻並未規定出來，道德觀念的動

〔註142〕　胡適：《我們對於近代西洋文化的態度》，《現代評論》第 4 卷第 83 期。
〔註143〕　傖父：《迷亂之現代人心》，《東方雜誌》第 15 卷第 4 號。

搖，如何能免？」〔註144〕舊道德成了具文，不能適應社會的發展，改動是必然的，只是在新道德的權威還未建立起來之時，社會處於新舊更迭之中，社會動盪自不可免，必然會出現一些罪惡。對於這種現象，激進派、守舊者的反應有所不同。激進論者認為，辛亥革命後民國的種種反動，根源於以往的革命僅停留在政治制度表層，沒有深入到國民的精神世界，對左右國人的倫理道德沒有覺悟，以致精神界失去公共信仰，必須發動一場對傳統文化的批判運動才能改造國民的精神世界，塑造新民，創造新國家，因此主張：「道德之為物，應隨社會為變遷，隨時代為新舊，乃進化的而非一成不變的，此古代道德所以不適於今之世也。」〔註145〕把道德看作是人性的一種訴求，不存在中西之分，只有新舊之別，舊道德已不適應新社會，應予以拋棄。守舊者認為，中國道德高於西方道德，不可動搖，並以為西方之弊非中國道德不可挽救。調和論者則更多看到的是在西方文明的衝擊下，中國國民道德普遍失範的現象。主張重新審視東西文化，重新抉擇而鎔鑄新文明。杜亞泉認為道德的失範反映了「現代文明之弱點」〔註146〕，主張國人應從「國性」出發，對外來文明進行「推測抉擇」，「貫通融合」，以重構中國「獨立之文明」，培養國民的能動性與創造精神。由此認為，東西道德並非根本對立，一方面應承認道德包含著人性共通之處，中西皆同，不應全部拋棄；另一方面也應在承認文化存在同中有異，異中有同的基礎上，以「道德進化論」為指導，緊跟時代的發展對道德進行必要的調整或改革。

（一）「道德進化論」

杜亞泉認識到進化是宇宙間的一種普遍現象，在物理界、生物界和人類的心理世界均有所體現，「地球之各物質，終古營營擾擾，或體變，或化變，無一息之停」，處於一個不斷變化進化的過程之中，變化的結果則是「日以其不規則之力為有規則之力」。杜亞泉認為，生命就是一個新陳代謝、不斷進化的過程，是使不規則之力變而為有規則之力，是把注意力納入到一個有秩序的範疇之內，使有限的力量在秩序和規則匡正下發揮更大的功效，有利於促進事物的進步，作為「進化之旨矣」，〔註147〕特別強調了發

〔註144〕梁啓超：《歐遊心影錄》，《五四前後東西文化問題論戰文選》，北京：中國社會科學出版社 1985 年版，第 361～362 頁。

〔註145〕獨秀：《答淮山逸民》，《新青年》第 3 卷第 1 號。

〔註146〕傖父：《現代文化之弱點》，《東方雜誌》第 9 卷第 11 號。

〔註147〕亞泉：《物質進化論》，《東方雜誌》第 2 卷第 4 號。

展過程中的秩序感。

在這種進化觀的指導下，杜亞泉等調和論者認爲，道德不是一層不變的訓條，應隨著時勢的變遷而變化。他們把社會出現的道德墮落現象歸因於道德未能契合於實際作相應的調整出現的結果，認爲「道德之形式，有時而不適於政體之組織，與時勢之轉移者，必失其權威，今日國民道德之墜落，其原因即在於是矣」。主張道德要隨時勢的變化作因革損益，如儒教的三綱五常，在西方自由平等學說的衝擊下，權威遂失。要對其進行挽救，不能求助於復古，而應「另創科條，以救一時之敝，更宜發揚仁愛之理」以摒功利之說。〔註148〕

道德的形成是一個逐漸發展的過程。這一點杜亞泉有明確的認識，他說：「德的種類，隨社會進步而增加，其內容亦隨社會進步而更變」，「當社會組織簡單時，德的種類亦較簡單，大抵僅存於個人與個人的關係間。至社會組織次第複雜，德目亦次第增加，於對個人的德以外，更發生對團體的德。且同一德目，內容亦隨時不同」。〔註149〕他以東西方德目內涵的具體變遷爲例談到：如忠的古義爲忠實，原爲對一般個人的德；後世以忠爲臣道，爲臣民對於君主的德；在現實民主政體下，又以忠於國家，爲國民對於國家的德。他如孝、悌、貞、節等德，其內容也在次第改變。歐洲古代的勇德，專指在戰爭中男子的武德；而近代克己忍耐也被認作是勇德，男女皆適用。所以，他認爲：「因國家、地方、民族的關係，風俗不同，德目自異，更無待言」，因而「有變異斯有進化；除必然的究極目的（指生活的發展）以外，無亙古不變的事物。」不過他認爲，雖然變化、進化是必然，但又有內在的調和機制存在，「變異中仍有不變的存在」，「雖當變異劇烈時，一時失其依據的狀態，但不久必即於安定。故至善的理想，謂其有變異則可，謂其無可依據則不可。」〔註150〕強調了道德的變化是一種應對社會變遷的調和機制使然。

基於這種「道德的進化論」，杜亞泉很自然會在道德上主張東西調和與新舊調和。早在1905年之時，他的言論就涉及到了東西方道德改革的問題。他在界定倫理標準時，列舉了中西各方的各種標準，認爲當時流行於歐洲的神

〔註148〕方南崗：《予之國民道德救濟策》，《東方雜誌》第10卷第7號。
〔註149〕杜亞泉：《人生哲學》，《杜亞泉著作兩種》，田建業編校，北京：新星出版社2007年版，第162頁。
〔註150〕杜亞泉：《人生哲學》，《杜亞泉著作兩種》，田建業編校，北京：新星出版社2007年版，第163頁。

意說、君主說、道德說、他愛說、自愛說、實利說等倫理學說都沒有抓住要點，要麼「重外輕內」，要麼「求之於吾心而論其起源」，皆無定論。考察中國先哲的學說，雖表述方式有別，但類型卻與西歐相類，也存在以上問題。神意之說，大同小異，天意之說，杳渺無憑，道理道德二說也各持一端，一主經驗，一主本能，中國傳統的尊德性與道問學之別，宋儒朱陸二派的分疏皆是其表現。愛他說，以仁為本，宣揚舍己殉人，墨說是其代表。自愛說、實利說則主張修身之道，守身之義，卻趨於自私自利，與倫理相背，楊說是其代表。對於這些倫理學說，無論中西，杜亞泉認為都存有大缺陷，不能因襲，要端正倫理學說以定其符合時代要求的標準，只有「折衷諸說而貫通之，謂倫理標準，起於自愛及他愛，由其本能，加以經驗，而終以人己之安全幸福為目的。或直接，或間接，適於此目的者為正為善，不適者為邪為惡。此吾人行為之標準也」。〔註151〕可見他對中國的固有倫理道德未非一味頌揚，在初期批評是甚為嚴厲的。主張要增加新因素形成新道德，實現東西道德的調和。

　　錢智修也曾在《東方雜誌》上專門介紹了俄國科學家華賚斯博士（Dr.Alfred Russel Wallaec）的「道德進化論」。錢氏認為人類的智識是逐漸發展的，但並不因科學的發展而證明道德得到同等的發展，他說：「世人每以近世科學上及技術上種種之發明，為吾人智識突過前人之證據，自華氏觀之，實全然謬誤。人類者，承襲過去時代所積聚之智識者也。而時代愈古，則欲積聚其智識，愈須有較深之思想與較高之能力。」而「物質界之發達，財富之增殖，與利用自然之力之進步，吾人所深自矜詡者也。而華氏則以為除殘忍之文明，與虛偽之基督教，伸張其力量外，殊無何等之成績。而社會上相因而生之惡德，且為前代所未有。……國民道德心之缺乏，遠過前代」。〔註152〕這種物質科學發展而道德不見進化的現象，正是《東方雜誌》一批文化調和論者所深自憂慮的事情。他們一方面承認道德有進化的現象，另一方面也看到，近世以來，生物進化論的風行和被人曲解，使得物質上得到極大增長的同時，並沒有帶來道德上的必然進化，反而出現世風日下，道德淪喪的現象。於是主張要調和東西道德，斟酌新舊，對道德進行因革損益，以培養適應時代發展要求的新道德。

〔註151〕亞泉：《倫理標準說》，《東方雜誌》第 2 卷第 5 號。
〔註152〕錢智修：《華賚斯博士道德進化新論》，《東方雜誌》第 10 卷第 3 號。

（二）道德的因革損益

在道德上，杜亞泉欲調和激進派的拋棄論和守舊派的固守論，主張既要分析傳統道德的合理與不合理因素，又要認清社會的變化趨勢，作出適當的調整。民國初肇之期，思想界對道德問題的討論甚爲熱烈，激進的文化主張者認爲，國體已變，國勢變更，舊道德生存於封建社會，已不能適應新的社會，舊道德約束人心的勢力多已失墜。在共和國體下持舊的道德信條，已不能維持新社會，且舊道德植根於舊習俗，必帶有迷信成分和政治的權威在內，與人生、天性、科學、公理互相刺謬，束縛人的自由，應予以拋棄；而守舊者則看到社會動蕩下，人心失範而無所適從的局面，格外留戀舊秩序，主張反身向後，保存國粹，恢復舊道德。更有甚者主張以有規模的宗教形式，「設立國教，以爲挽回風俗糾正人心之具」。針對這兩種對道德的極端認識，杜亞泉認爲，「此二說均各明一義，而於中國道德之性質，及今後之情形，尙有未能切合者焉」，不是解決問題的根本辦法和明智之舉。他並不否認舊道德中存在著不合時宜之處，但認爲應在冷靜分析、審愼判斷的基礎上才能下論斷。激進人物指責舊道德以習慣爲基礎，有宗教性質，囿於團體範圍，常牽制個人自由，而新道德則不受制限，賦予人民以自由，合乎社會發展進程，雖有一定的理由，但「多以歐西社會爲根據，與吾國狀況，微有不同。蓋吾國道德，初無宗教之觀念」，因此，不能一味仿西。舊道德中有鉗制思想自由的地方，也有促進思想自由的地方，如周秦學派之離合，朱陸學說之異同均可以作證明。且中國固有道德，更多的是注重社會行動，涉及國體者也不是一味地提倡專制君權，也有民主和自由的成分在內。固有道德中也提供了民貴君輕，均有共和等思想資源。所以，他反對捨棄固有道德，但也表示：「謂舊道德之無須改易，且謂當設國教以振興之」的主張不可行。〔註153〕

杜氏認爲社會的變遷，引起了思想界的深層變化，包括一向被珍視的傳統道德也受到動搖，甚至被否定。在新思潮的衝擊下，國人對於固有道德，「習焉不察，視爲老生常談，且惑於爭存之說，遂認弱肉強食，爲天演之常經，而利人濟物之懿德，轉爲世俗所詬病」，致使社會上「物競之禍，遍於寰區，吾國人心，尤深陷溺，相攻相取而不相容，幾有僕焉不可終日之勢。循是不返，人道之不滅絕者幾何？」〔註154〕基於這種擔心，杜亞泉認爲道德墜落，

〔註153〕傖父：《國民今後之道德》，《東方雜誌》第 10 卷第 5 號。
〔註154〕傖父：《國民今後之道德》，《東方雜誌》第 10 卷第 5 號。

人心不古,大有改革的必要,但道德和社會生活應相適應,社會有所變遷,
在堅持一些普世性道德準則的同時,道德也不能一層不變。主張調和道德上
的拋棄論與固守論,提倡用審慎的態度,從現實出發,對道德進行相應的改
革,才是「吾國生死存亡之關鍵」。〔註155〕所以,他說道:「吾以爲中國道德
之體,當然可以不變,不特今日不變,即再歷千百年而亦可以不變」,但因各
民族有其自己的特性,或文或野,毗剛毗柔,必須根據具體的情況而「爲之
調劑焉」,要「因時因勢,有所損益於其間」。在他看來:「道德之名義一,而
其應用於社會,則固隨時隨地而各有不同也。」道德要切合社會狀況才具有
合理性,社會遇有變動,道德也應作相應的調整。「苟社會變矣,而道德不變,
非特鑿枘之一部分失其效力,不能強人民以率循,且轉而蔑視道德之端,影
響將及於全體」。所以,今後之道德傾向,「不能不稍有變動,固亦勢所必至
者矣」。〔註156〕要做到這一點,則應在社會生活與個人修養上同時下工夫,「標
準於舊道德,斟酌於新道德,以謀個人之自治」,等新勢力漸增,舊勢力自弱,
新機顯露,則可漸收改革之成效,中國之新生命即可造就。〔註157〕這是他對
於新舊道德的認知。

　　在東西道德問題上,他認爲西洋道德長於力行精神而短於道德理性,中
國之經濟道德則適與之相反。因而東西文明當互相補充而趨於調和,「以科
學的手段,實現吾人經濟的目的。以力行的精神,實現吾人理性的道德。」
〔註158〕調和二者,實現守中有變。他觀察道:「近世歐美學者,亦謂人群進
化,以愛爲一大原則。且謂愛之爲用,由親子而達於家國。與吾國克己、復
禮、親親、仁民、愛物諸古訓,均隱相吻合。夫歐美經多數學者先後討論,
其結果仍不外一愛字,則吾先哲見理之高深,樹義之堅卓,與夫此旨之合乎
進化公理而不動搖,當無疑義。」〔註159〕他主張國人的道德應隨時勢進行
調整,而與世界潮流相合。所應做的就是:「吾國亦宜闡明舊有之仁愛,發
輝而光大之,使人人知利己必以利他爲衡,獨善要以兼善爲斷,以挽此攻奪
貪殘之末俗,而蘄合乎世界之思潮。」〔註160〕他認爲道德具有普世性的特

〔註155〕傖父:《國民今後之道德》,《東方雜誌》第10卷第5號。
〔註156〕傖父:《國民今後之道德》,《東方雜誌》第10卷第5號。
〔註157〕傖父:《中國之新生命》,《東方雜誌》第15卷第7號。
〔註158〕傖父:《戰後東西文明之調和》,《東方雜誌》第14卷第4號。
〔註159〕傖父:《戰後東西文明之調和》,《東方雜誌》第14卷第4號。
〔註160〕傖父:《戰後東西文明之調和》,《東方雜誌》第14卷第4號。

質，無論東西古今皆有可以相續相承相通之處，在應對新時勢的基礎上作相應的調整，調和相融，以合世界思潮。

杜亞泉一向不否認應對道德進行改革，但在如何改革上他則力避激烈，認爲道德牽涉人心所向，揆之社會情形不能不謹慎改革，對道德的因革損益要從社會的穩定性出發，取漸進的改革方式。他說：「國家當變亂初平之後，秩序未復之時，惟以維持現狀、保守平和爲急務，而不宜速求進步。」主張從三個方面加以變動：一是改服從命令之習慣而爲服從法律之習慣。服從命令爲專制時代之通例，國民積習既深，但衍成一種甘受壓制之根性。共和成立，此根性仍然存在，對法律的權威還不甚遵守。基於這種情況，他感慨道：「民德如斯，欲躋共和之盛軌，亦安能致？是不可不變其習慣之傾向者，而命令基乎法律之亦當服從，不待言矣。」二是推家族之觀念而爲國家之觀念。中國家庭觀念一向很強，家國之間，劃若鴻溝，政治所以凌夷，喪亂所以發生，皆與此有關。值專制變爲民主共和之際，榮辱與存與國民均直接相關，應把個人觀念擴而爲合群保國之心，視國事爲家事，以求進步，由國家觀念進而爲世界觀念。三是要移權利之競爭而爲服務之競爭。在杜亞泉看來，競爭並非惡德，關鍵看其競爭者爲何物。歐美的富強在於其民能各勤其事，各競其業，能爭權利於職務之內。而中國卻片面理解物競天擇，道德日益敗壞，「利己主義，金錢主義，日益磅礴；而責人在先，利在人後的古訓，轉蕩焉無存。革命以還，此風尤熾。人民咸鄙棄其固有職業，以徼倖利祿，幾至舉國若狂。其在位者，即又尸位素餐，不知責任爲何物。循此以往，必至全國上下，無一勤務負責之人，而國將安賴？」〔註161〕

顯然，這三項改革主張都是針對國體變更後作出的調整，是順應時勢的主張。在他眼裏，「新舊方面，兩無背戾，而於社會秩序，亦不至有所撼搖」。主張要發揮中國固有道德中的「仁愛」等諸德之本，並「發揮而光大之，使人人知利己必以利他爲衡，獨善要以兼善爲斷，以挽此攻奪貪殘之末俗，而蘄合乎世界之思潮」。〔註162〕

章錫琛認爲，道德的形成，是一個長期的過程，不可猝然廢棄，應在適應時勢發展的基礎上，作漸進改革，才能去保守而求進步。而創造新道德有兩途：一爲主張毀棄舊道德創造新道德的道德革命；一爲「主張漸進，尊舊

〔註161〕傖父：《國民今後之道德》，《東方雜誌》第 10 卷第 5 號。
〔註162〕傖父：《國民今後之道德》，《東方雜誌》第 10 卷第 5 號。

道德之眞理，略變形式，以蘄合於時代」的道德進化。他們反對道德革命而主張道德進化。並援引了日本浮田和民博士之道德論以作爲道德上主張調和新舊，漸進改革的理論支持。浮田和民認爲：「道德者，非一朝之所創造，而千百世之所育成者也。故既具道德之形式矣，苟非缺陷乖僻，莫可補救，必無全然滅亡之理，而適時革新繼續開展之質，靡不具焉。是故吾人之所謂新道德者，乃加新形式於舊道德之精神眞理，使舊道德之所長，得永久存續於新時代。故稱之謂道德之變形，亦無不可也。」不過，因時勢的變化，新舊道德雖然不可分，但從舊道德向新道德轉變卻是必然的。新道德的產生，在於「舊形式之道德，不與新時代相適合，故不能不加以改造之作用，改造而後體質更，精神現，而無背於進化之原則矣。」在他看來，「新道德在於去保守而求進步」，其原則在於「適合新時代之要求，而以自覺自律爲唯一之要旨」。〔註 163〕

　　錢智修認爲，中國一向崇尙消極之道德，且一直碇碇自守而得圖治，但自海通以後，形勢發生變化，「以積屛習文勝之國民，與朝氣方盛之列強遇，於是消極道德之缺點，亦稍見，識者有憂之，則輸入歐美之新道德，所謂自由平等、權利競爭、優勝劣敗之諸說，以圖補救，夫消極道德之不能無弊，固也，處現今之世界，必不能予智自雄，襲中學爲體西學爲用之謬說，而當熔冶東西之文化於一爐，亦時勢所必然也。然西洋人之所以自守而維繫其社會，仍自有其消極道德在，我國之消極道德，既經數千年之演進，成特殊之形式，亦必有其不磨減者在。今一切不顧，日惟蕩抉藩籬，跅馳泛駕以爲快，如飲狂泉，如逐落日，行盡如馳，而莫之能止，茶然疲役，而不知其所歸，不亦大可哀耶」。他批評中國「於西洋之新道德，曾未得其形似，而數千年所服膺信守之舊道德，則已棄若弁髦，牿亡殆盡，道德之亡，國亦隨之。」他認爲持消極道德，要注重操守，才能確立自己的地位而卓然挺立。〔註 164〕在他看來，學習西方新道德，根據時勢作相應變革，爲勢所必至，但也不能對從中國基礎上生發出來的種種道德一概予以拋棄，要有所守有所棄，才是理性的做法。

　　在對待東西文化時，章士釗也並不拒斥西方的新道德，只是認爲對道德的新舊，不能以時間作爲評判標準，也不能以東西區別以言取捨。他解釋道：

〔註 163〕章錫琛：《浮田和民之新道德論》，《東方雜誌》第 10 卷第 8 號。
〔註 164〕錢智修：《消極道德論》，《東方雜誌》第 10 卷第 4 號。

「其三致意於舊,特欲流傳其適宜者耳,至其不適宜,當然改易。」〔註165〕
他一方面批評國人不珍視固有道德的現象說:「近人於吾國固有之道德殊少研
究,無可諱言,即鄙人舊學荒蕪,至可漸汗。研究之功既少,因之中國舊道
德之何爲物,雖昌言排斥,而實一無所知者,竟不乏人,此其現象,至可駭
嘆。往往吾國早有是說,絕不注意,而於西洋同一之說,轉崇若聖神。……
今不知利用祖宗所傳之寶藏發揮而光大之,而誦習歐文,眉飛色舞,語以相
當華文之義,頓露鄙夷之態者,隨在而有。」一方面強調道德要隨時代而有
所改進,但同時對一些根源於自身社會,反映人類共通性的道德應有所堅守,
否則即爲忘本。所以,他強調:「固有之道德學問,可資爲本原者,不知所以保
存而疏導之,是忘本也。更進一層,凡物必以己力得之,方爲可貴。」〔註166〕

另一方面,他又從社會進化的角度,批評了中國傳統的舊道德,只是「教
以如何能成爲天地間之一人,而不教以如何能成爲社會中一分子」的空虛理
想,批評「中國人之思想,動欲爲聖賢,爲王者,爲天吏,作君作師,不肯
自降其身,僅求爲社會中之一分子,盡我一分子之義務,與其餘分子同心戮
力,共齊其家,共治其國,共平其天下。故吾國賢者每標獨善,而不言公善。
此其流弊:一則將公民應有之權利抹煞,易啓人僭竊專制之心;一則立境過
高,灰人進取向上之意」。致使道德墮落現象比比皆然,讓他甚爲擔憂中國有
重蹈埃及、波蘭之續之虞〔註167〕

章士釗在承認道德有體現人類共通點的基礎上,以道德進化論爲理論基
礎。既認爲中國的傳統道德並非完美而不可變更,也沒有對傳統道德予以無
情批判,而是力圖調和兩者的極端性,以客觀的態度對中西新舊道德進行審
視,以其是否適宜於現時爲標準。他認爲「道德有宜於古時者,有宜於今時
者,吾人固不可以其曾宜於古時,因執成見,亦斷其宜於今時,亦不可以其
不宜於今時,遂並其所含宜於古今時之通性而亦拋之。夫道德有宜於西洋者,
有宜於吾國者,吾人固不可以其宜於西洋,因深閉固拒,以爲必不宜於吾國,
亦不可以其宜於西洋,因偏於歐化,以爲必可行於吾國,亦斟酌調和之可耳。」
〔註168〕

〔註165〕章行嚴:《新時代之青年》,《東方雜誌》第 16 卷第 11 號。
〔註166〕章行嚴:《新時代之青年》,《東方雜誌》第 16 卷第 11 號。
〔註167〕章行嚴:《新時代之青年》,《東方雜誌》第 16 卷第 11 號。
〔註168〕章行嚴:《新時代之青年》,《東方雜誌》第 16 卷第 11 號。

　　李大釗也認爲，東西文明各有特質，要本著一種自覺心對其進行融合才能導國家於可愛之境。他說：「東西政俗之精神，本自不同。東方特質，則在自貶以奉人；西方特質，則在自存以相安。風俗名教，既以此種特質精神爲之基，政治亦即建於其上，無或異致。」〔註169〕東西文明各有利弊短長，性質不同，動靜不同，應努力調和二者以生成第三種新文明是李大釗東西文化調和的目的所在。主張中國應先學習西方「動」的文化，漸漸使東方「靜」的文化向「動」的文化轉變，以生成一種適應新的社會生活的第三種文明。由此主張不僅要在物質上努力追趕西方，在道德上也應有所改善，使物質與道德能夠互劑調和，共同發展。

　　在李大釗看來，東西文明的調和必定會牽涉到物質與道德的相互關係。他認爲，道德會隨著物質的變化而因應變動，因此，不能固守舊道德，而要與物質一同開新。這與杜亞泉、章士釗等人觀點有類似之處，不同的地方在於，對於此問題，他開始初步運用唯物辯證法來分析道德與物質的變動關係。他認爲：「就物質言，只有開新，斷無復舊；就道德與物質的關係論，只有適應，斷無背馳。道德是精神現象的一種，精神現象是物質的反映，物質既不復舊，道德斷無單獨復舊的道理；物質既須急於開新，道德亦必跟著開新，因爲物質與精神是一體的，因爲道德的要求是適應物質上社會的要求而成的。」〔註170〕所以，他認爲道德是人的一種社會本能，隨著生活的狀態和要求而有所差異，因而「一代聖賢的經訓格言，斷斷不是萬世不變的法則」，所謂聖道、王法、綱常、名教，都可以隨著生活的變動、社會的要求而有所變革，且是必然的變革。因而他認爲，「孔子主義（就是中國人所謂綱常名教）並不是永久不變的真理。孔子或其他古人，只是一代哲人，決不是『萬事師表』。他的學說，所以能在中國行了二千餘年，全是因爲中國的農業經濟沒有很大的變動。他的學說適宜於那樣經濟狀況的原故。現在經濟上生了變動，他的學說，就根本動搖，因爲他不能適應中國現代的生活、現代的社會。」從而主張思想學說要和社會發展變化相適應，不能固守舊制，〔註171〕要因應變革。

〔註169〕李大釗：《厭世心與自覺心》，《李大釗全集》第 1 卷，北京：人民出版社 2006年版，第 137 頁。

〔註170〕李大釗：《物質變動與道德變動》，《李大釗全集》第 3 卷，北京：人民出版社2006 年版，第 112 頁。

〔註171〕李大釗：《由經濟上解釋中國近代思想變動原因》，《李大釗全集》第 3 卷，北京：人民出版社 2006 年版，149～150 頁。

　　由於經濟上的變動，物質上開新是必然要求，倫理道德又是與一定的經濟基礎、政治制度相適應的，必定要隨著客觀條件的變化而作相應的調整，而「道德既是因時因地而常有變動，那麼道德也就有新舊問題的發生」。因此，社會情況則變爲：適應從前生活而發生的道德，到了那種生活有變動的時候，自然失了他的運命和價值，變成了舊道德。而新發生的新生活、新社會必然要求一種適應他的新道德出來，新道德的發生是不能遏抑的。既然新道德會隨著物質的變動而有所變動，那麼物質若是開新，道德亦必須跟著開新，物質若是復舊，道德也必跟著復舊，「宇宙進化的大路，只是一個健行不息的長流，只有前進，沒有反顧；只有開新，沒有復舊；有時舊的毀滅，新的再興。這只是重生，只是再造，也斷斷不能說是復舊。物質上，道德上，均沒有復舊的道理」。〔註172〕可見這種認識並不是僅僅爲謀求共處的妥協，而是更看重社會的發展以及文化的新機，在強調要東西兩種文化並立競存的前提下，追求物質與道德的雙重改善與進化。所要求的新道德「是適應人類一體的生活，世界一家的社會之道德」。〔註173〕從而也就和主張物質開新而不變綱常倫理的「體用」派在文化觀上呈現出了不同之處。

　　從以上言論及比較中可知，杜亞泉、章士釗、李大釗等調和論者，並非固守與盲從於舊道德，而是主張要隨時勢的發展對道德作相應的因革損益。和陳獨秀等人的道德激進論相比，更多是從社會的穩定性著眼考慮問題。他們以道德進化論爲認知基礎，把道德的形成看作是一種漫長的過程，其改變也只能漸進地改革，不能過於激烈。認爲激進的新文化運動者對傳統道德一概否決的態度，不利於社會的平穩過渡，並且導致了舊道德舊倫理被打倒，而新道德新倫理尚未建立起來的混亂狀態，使社會出現了人心迷亂的現象。所以，他們一方面主張舊道德應有所改良，應適宜新時勢的需要。另一方面也有堅持，強調不能對舊有的倫理道德一概打倒，而要在原有的基礎上逐漸與新的因子結合，生發出適宜新時代需求的新道德。也只有在原有的基礎上調和新舊，才不至於使社會混亂，人心澆薄，世俗竊敗，君子道消，小人道長。因此對於如何對待中西道德問題，杜亞泉表示：在道德上，因中西國情不同，只能把西方作爲一種刺激中國作出改革的觸媒，在外勢侵入時，「正宜

〔註172〕李大釗：《物質變動與道德變動》，《李大釗全集》第3卷，北京：人民出版社
　　　　2006年版，116～117頁。
〔註173〕李大釗：《物質變動與道德變動》，《李大釗全集》第3卷，北京：人民出版社
　　　　2006年版，第117頁。

刷新舊物，鞏固防圍，以爲抵抗。無捨一國之特性，靡然與他人俱化之理」。〔註174〕這些主張，體現了一種對道德的審慎和理性態度。事實上，對於道德的改變是不可用強力摧折的，只能在時勢轉移下作漸進的改革才能保證社會的安定，否則必招致破壞與災難。在此點上，調和論者的審慎與變通是有借鑒意義的。這正如休·塞西爾所言「繼承的觀念提供了穩妥的保存原則和穩妥的留傳原則，但它又並不排斥改善原則。繼承的觀念使人們能夠不受約束地獲得有價值的東西，但它又保護它所獲致的東西。」〔註175〕杜亞泉等調和論者對道德的態度即透顯了這種繼承與改善，保護與獲致的雙重思慮，體現著社會發展中的一種新舊調和趨向，是符合事物發展規律的穩妥與理性之思。

　　道德是文化中最核心的部分，對道德的態度往往可以作爲判斷一個人或一個文化流派文化觀的重要考察層面。五四時期，正是中國文化近代轉型的關鍵時期，各種文化派別對道德問題都有自己的思考。文化激進主張者認爲，道德並沒有中西之分，是人性的一種共同訴求。他們對當時思想界的因循保守不思進取狀況甚爲失望，認爲傳統太束縛國人思想，特別是種種倫理道德根本不適應現代生活的發展，主張棄舊迎新，廢棄舊道德，建立新道德。應該說，他們對守舊者在文化與道德上的自滿、自戀情結給予強烈批評是合乎社會發展的。但卻在急躁心態的催促下走入另一個極端，認爲中國傳統道德幾乎都是爲君主政體張目，爲政權服務，應推翻重建。而他們的摹本則全部取自西方。這種激進做法的合理性是值得思考的。誠然，中國的傳統道德有很多是與專制政體相伴而生的。但也應看到，傳統道德除了適應政權的一面，更多的是對人的生活狀態的思考和適應而逐漸確立起來的，目的是讓人與人，人與自然，人與社會能達一種和諧調和狀態。這是人類共同的期待和要求，很多道德主張都具有普世性的價值，因而全面予以否棄不能不說是一種急躁心態下的片面認知。道德是文化中核心的層面，應客觀審慎地看待。激進派認爲人類文化有根本相似之處，有趨同的一面並沒有錯，事實上這也是文化之間可以相互比較的基礎。但文化既然是人類應對自然社會的產物，環境不同，當然就會有不同的構建因子，從而才會形成不同的文化形態，構成文化上的同中有異現象。正如賀麟所言：道德的發展雖有「東聖西聖，心同理同」的一面，「然道德由本能，而習俗，而反省，則中西演進之歷程一也；

〔註174〕傖父：《國民今後之道德》，《東方雜誌》第 10 卷第 5 號。
〔註175〕〔英〕休·塞西爾：《保守主義》，杜汝楫譯，北京：商務印書館 1986 年版，第 37 頁。

道德由昏而明，由偏而溥，由外而內，則中西演進之公式一也，不寧唯是，道德法則之通明公溥者，爲人心所同然，無間於中西；而中土所謂恕道，而西方所謂金律，均有正負兩面，尤不謀而合」。〔註 176〕此認知可以袪除認爲中國道德重內，西人騖外的錯誤觀念。承認了文化上的同中有異，異中有同，最終能達到和諧之境的狀態。無疑是較爲通達客觀的。因此，杜亞泉等人主張「道德有體有用，體不可變，而用不能不變」，並強調這個「體」就是「至善」，是不能變的，「用」則可因時而變，且是「勢所必至」。〔註 177〕其認知是與時俱進，相時而動的。

　　由此看來，以往學術界把杜亞泉等人稱爲中體西用者是不恰當的。對中體西用者來說，器物，制度都可以採用西學，唯獨中國文化的倫理道德不可變。即他們所保守的中體，是指維護封建政體的綱常名教不可變更。而調和論者主張東西文化的調和，深入到了文化的最深層，即主張要進行東西洋道德上的調和。雖然他們對傳統倫理道德不無欣賞之處，但卻並不固守舊制和定法，而是以進化的觀念參照社會的發展，主張對文化中最深層的道德倫理層面調和貫通，因時因勢加以變更，以建設一種適應世界發展潮流的新文化，而不是極端化地固守舊的倫理道德或是棄舊迎新。他們主張在新舊相續的基礎上，中西互補貫通，形成一種新的倫理標準以指導社會，最終以建設獨立的民族文化爲目標。這些觀點顯然不能以保守視之。

第四節　離開《東方雜誌》後的調和言論及論爭

　　1919 年的思想界，因新文化運動的日漸拓展，激進主義思潮成爲了思想界的主流，杜亞泉等人倡導的溫和穩健的文化調和主張在激進的社會氛圍中日漸邊緣化，漸失言論勢力，因此，商務印書館認爲杜亞泉過於持舊，慮及館方的聲譽及營業，勸杜亞泉改變觀點及編輯方針，杜亞泉堅持自己的文化主張，遂於 1920 年不再擔任《東方雜誌》主編職務。離開《東方雜誌》後，杜亞泉回到商務理化編譯所，基本結束了在民初的輿論生涯。但他並未停止對文化問題的關注和思考，在 20 年代，還多次參與思想界的文化論爭，如與余雲岫的中西醫學的討論，與李石岑的新舊倫理之爭，與朱光潛的情與理的爭論等。在這些論爭中，他仍然堅持會通中西、新舊融合的調和思想，以及

〔註 176〕賀麟：《五十年來的中國哲學》，北京：商務印書館 2002 年版，第 53～54 頁。
〔註 177〕傖父：《國民今後之道德》，《東方雜誌》第 10 卷第 5 號。

以理智支配欲望、理智與情意和諧的文化觀。〔註178〕晚年的《人生哲學》，更是其調和思想在哲學上的集中體現。

一、與余雲岫的中西醫學之爭

五四前後中西文化衝突劇烈，在醫學領域出現了以西醫否認中醫的西化主張。針對這種極端化傾向，杜亞泉在離開《東方雜誌》後還一度與余雲岫就中醫西醫問題進行了論爭。杜亞泉自幼從父兄學過中醫，後又自學西醫，對中西醫學都有所瞭解。在醫學上他一向主張結合中西，融會互補。1916年時就曾為陳漢翹的《中西驗方新編》作過敘言。該文有言：「中西醫學，大同小異，世之學者，往往先入為主，掠其異而求其同，中醫西醫，遂界若鴻溝。習西醫者詆中醫，謂中醫專重陰陽五行之說，憑臆想而不求實驗；信中醫者排斥西醫，謂西醫多用金石劇烈之藥，精外科而不善內治。」杜亞泉認為這些看法「皆一孔之見，偏執之論」。文章指出：「醫學中精到之處，中西學說，若合符節。有中醫相傳之理，語焉不詳，而西醫則竟委窮源，瞭如指掌者，以西醫之說考之則益明；有西醫發明之事，詡為新得，而中醫則習用已久，視為故常者，以中醫之法證之則益信。」從而認為「習西醫以詆其中醫，固為無見；若信中醫以排斥西醫，亦同為無識」。在他看來，「無論中醫西醫，其研究各有淺深，道德各有高下」，不可妄為取捨，因為「學術者在於實事求是，本無國界可言，安有中西之別？融會而貫通之，實為現今學者之責任。」〔註179〕主張中醫西醫的融會貫通，體現了他力圖調和東西文化的一貫思想。

1920年，余雲岫的《科學的國產藥物研究之第一步》發表於《學藝》第2卷第4號，該文鄙薄中醫，有主張拋棄中醫全盤採用西醫傾向。對此，杜亞泉則撰《中國醫學的研究方法》一文，對余文的觀點進行了批評。

余雲岫認為，中醫不僅在解剖學上落後，其醫學理論也非基於科學的基礎立論。他認為中醫所依賴的陰陽五行說或是十二經脈說都是沒有科學根據的空想，應該全部拋棄。中醫的治療效果完全是靠藥物、經驗、自然康愈和心理暗示的結果。從而批評中醫的學問，理論與事實毫不相干。主張要「循著科學的系統，用科學的方法，來證明藥物的作用，一一照西洋藥物學研究

〔註178〕關於這幾次論爭，高力克先生也有所關注，參見《調適的智慧——杜亞泉思想研究》第七章，杭州：浙江人民出版社1998年版。
〔註179〕傖父：《中西驗方新編敘言》，《東方雜誌》第13卷第11號。

的法兒，然後研究出來的成績，方才靠得住」。〔註180〕

　　杜亞泉不贊同余雲岫要把中國醫學理論「一起推翻」的主張，認為用陰陽五行來附會一切，是庸醫的欺偽，「不是中國醫學的欺偽」，不可對中醫全盤拋棄。高明的醫生所說的陰陽五行六氣三候，並非沒有道理，只是沒有學過西洋科學，不能用科學的名詞和術語來解釋而已。若是用科學的方法和語言對中國醫學進行細心研究，必有許多與西洋醫學相合甚至更高明之處。以他的觀察，西洋醫學的發達在於解剖學、顯微鏡的檢查、生物體的試驗發達而已，但這些並不能解決醫學上所有問題。中國的醫學則專從心靈的體會上著手，若能用合宜的方法，把這種微妙的體驗發揮出來，必有相當的價值可言。因此，他希望中醫西醫能夠調和起來，即「希望有科學知識的人，不要把機械的試驗，看得太重，把心靈的體會，看得太輕。世界上的科學，除了物質方面以外，凡是精神科學、社會科學，都不是全靠著機械的試驗才能成立。」〔註181〕

　　在杜亞泉看來，中醫理論以「血氣」為基礎。「血」就是「血液」，「氣」則可作看「自然作用」和「神經作用」理解。所以中醫所言「氣以行血，血以攝氣」，用西醫的理解來說，即是循環系統和神經系統的相互作用。而血表示人體上物的方面，氣是表人體上靈的方面，所謂陰陽則表哲學上所動與能動的作用。與西洋學說講血液營養與神經聯絡是一個道理。而中醫中所說的「陰陽不合」與「血氣不和」，用西洋病理學的術語來說則是指「循環障礙」。由此則引起病理學上「充血」、「鬱血」、「貧血」循環障礙的三子目。這與中國醫學上的「氣血不和」的風、火、寒、熱、燥、濕「六淫」皆為同理。「六淫」又叫「六氣」，不但是人體上陰陽不和的子目，也與自然界的現象貫通一氣。他認為中醫中「六氣」，雖沒有西洋病因論所講完密，但疾病的外因，除了毒物作用、電氣作用、x光作用、器械作用等特別病因外，不過溫度作用、氣壓作用、病源菌及寄生動物的作用為普通病因。中醫以寒、熱、燥、濕表「高溫作用」、「低溫作用」、「高氣壓作用」、「低氣壓作用」四種病因，用「風」字表溫度氣壓劇變時的病因。表明中西醫學在病理上其實是相通的。

　　至於中國的藥理，杜亞泉認為雖然沒有西洋藥理學確實，但十分也有三四分是中西相同的，中國醫書所講藥的效用和西洋藥物學上所講，暗合的不

〔註180〕余雲岫：《科學的國產藥物研究之第一步》，《學藝》第2卷第4號。
〔註181〕傖父：《中國醫學的研究方法》，《學藝》第2卷第4號。

少。所以古人的經驗並非完全靠不住。如能把中國醫書所用的術語解釋明白，必定可以尋繹出許多意義來。中醫所謂的涼、溫、熱、寒等現象都與血液與神經的運動相關，與西醫只是表述上有差異，並非完全不可取。中醫的診脈現象用科學的推論來講，不及西醫精準。但脈的搏動，是血液循環的一部分，循環障礙時，脈搏自然會受到影響，積累了經驗，就可以下準確的判斷。因此，把脈並非完全無理。而精神集注與心靈覺察的體驗，科學的法則難以說明，所以，診脈察病的道理，和見面知心的道理相同，不是用科學的法則可以說明的。他表示自己並非反對科學，而是希望世人不要作「科學萬能」的迷想。那些說世界萬物都不出科學範圍的人，都是不明白科學的人講的。由此，他主張：「現在學西醫的或是學中醫的，應該把中國的醫學，可以用科學說明的，就用科學的方法說明，歸納到科學的範圍以內。不能用科學說明的，從『君子蓋闕』之義，留著將來研究。」主張不但中國的醫學應如此，其它學問也應如此，不能用現世的科學來否定中國的一切學問。這表達了他調和中西，反對全盤從西的一貫主張。〔註182〕

　　杜亞泉融滙貫通中西醫的主張，體現了他一貫的調和論思想。他揭示了重分析的西方醫學和重整體的中國醫學在方法學上的不同理路及其互補性，認為中西醫學一長於機械實驗，一長於心理體會，並以西醫中的「血液循環」和「神經學說」闡釋中醫中的「血氣」，以西方病理學的「循環障礙」理論解釋中醫中的「血氣不和」與診脈方法，以溫度作用與氣壓作用解釋中醫的「六淫」，皆體現了他融通中西學思想的努力。同時，他認為科學是一個不斷完善的過程，反對「科學萬能」的迷信，反對用「唯科學主義」的態度來看待東西文明，也是一種較為求真的理性態度。

二、與李石岑的新舊倫理之爭

　　1927年，李石岑發表了《舊倫理觀與新倫理觀》一文，從道德宗教、科學和社會發展等角度，對新舊倫理進行了區分。該文認為，理智是欲望的產物，是人類保存生命和擴張生命的一種工具。欲望是因，理智是果。因此，欲望是主體，理智是客體。在社會大轉變時期，道德領域則表現為新舊倫理的遞嬗更替。於是產生了新舊倫理之分。新舊倫理的分歧在於：舊道德舊宗教倡導以理智支配欲望的禁欲主義，新道德新宗教則主張欲望

〔註182〕傖父：《中國醫學的研究方法》，《學藝》第2卷第4號。

支配理智的導欲主義。從前的道德說是從理智出發，重形式原理，因襲的
觀念，服從的品性；新道德則從欲望出發，重特殊的事實，創造的意志，
革命的勇氣；舊道德重「市恩」的觀念，新道德則重正義的心理；舊道德
重因襲，重功利，新道德則是革命的，是藝術的。從科學的角度觀察新舊
倫理則可發現，舊倫理是冷靜的、知足的、決定主義的、實際主義的；新
倫理是活動的、進取的、自由主義的、人本主義的。從社會發展來看，家
族倫理、階級倫理、國家倫理爲舊倫理，而世界倫理、人格倫理才是新倫
理。處於世界的大轉變時期，新舊倫理的迭變是一種必然趨勢，中國思想
界應努力順應這一潮流。〔註183〕

　　對於李石岑的觀點，杜亞泉提出了質疑和批評。對於李石岑的理智與
欲望的關係問題。杜亞泉堅持主張「欲望由理智產生」，理智是因，欲望是
果。理智較高的人，欲望必然較多，因爲有了理智，自然能產生欲望。而
欲望較盛的人，理智未必很高。因爲只有欲望，不能產生理智。而李石岑
所謂的導欲與禁欲，不過是同一事件的兩面看法而已。人類往往有多種欲
望共存，經心意的選擇，才能決定，而選擇的行爲就是理智支配欲望的過
程。被選的欲望，就是理智對於欲望所負輔導的責任，選擇的結果，一個
被選的欲望，賴理智的輔導而得滿足，是導欲的一面，其餘落選的欲望，
就不能不受理智的抑制，則體現了禁欲的一面。因此，當許多欲望相互抗
爭的時候，理智若沒有禁欲的能力，同時也就沒有導欲的能力。導欲與禁
欲有如生物界的生存競爭現象，「天道好生」與「天道好殺」是同時存在的，
不能以新舊區別二者。

　　除了質疑李石岑的新舊倫理觀點外，杜亞泉明確表示其不過是「借李先
生的論文來批評新倫理罷了」。因此，在與李石岑進行新舊倫理之辯時，他對
新文化運動的激進與浮泛之風再次作了嚴肅的批評，表達了其一貫秉持的文
化主張和理性態度。杜氏認爲新文化運動中很多人並不懂得什麼是新，只是
在那裡跟風喊口號。他說：「從前也有幾位朋友，提倡『新思想』、『新文化』
的，究竟什麼叫新思想，什麼叫新文化，說來說去，總不能具體的說出；眞
是使我們『如墜五里霧中』，幼時見牆角上有人題著：『我有一首詩，天下無
人知，有人來問我，連我不得知。』那時候提倡新思想新文化的，大約也是

〔註183〕李石岑：《舊倫理觀與新倫理觀》，《一般》第2卷第1號。另見《杜亞泉文存》，
　　　　　上海：上海教育出版社2003年版，第437～444頁。

如此。」〔註184〕他批評時人趨新鶩時，割裂新舊，把導欲與禁欲，因襲與創造對立起來的態度。因其處在新舊交替的過渡時代，人們往往嫌惡因襲，喜歡創造。且普遍的群眾心理，凡是因襲的都是壞的，創造的都是好的。用他的話說就是「現在正是『因襲』二字『蹙眉頭』的時代，好的地方總沒有他的，壞的地方總是有他的。但是『創造』二字，卻正是『出鋒頭』時候，只要有他到場就好」。杜亞泉認為因襲與創造，是同一事件的兩方面。沒有因襲，就沒有創造；沒有創造，也就沒有因襲。純粹的創造與因襲都是不可能的。「理智的發達，全在記憶和想像，因襲從記憶來的，創造從想像來的。想像的材料，全出於記憶。說因襲德罪理智，和說木料得罪木匠相同。」〔註185〕他認為激進論者割裂新舊，武斷的二元對立趨向在當時的社會非常明顯，而普遍大眾又缺乏根本的判斷力與思想的審辯力，常受其炫惑。所謂新思想的鼓吹者以及思想淺薄者又為數不少，因此，立論常從功利角度出發，以新為口號、為標語，鬧動世人。很多人「只要新奇，其餘都不必顧及，好在群眾大概是不會來反駁的」。當時的社會境況是「鬧動世人，單是用新奇的學說，還不很濟事。最好不要學說，只要立一個標語，就是什麼『新思想』呀！『新文化』呀！『新道德』呀！『新宗教』呀！『新倫理』呀！這標語裏面的內容，可以不要管他；好在人們聽了標語，大概是不問內容的。……即使有人來考究內容，只須把大家歡迎的或者出鋒頭的幾個名詞，統統裝在新的方面，還把大家厭惡的或者蹙眉頭的幾個名詞，裝在舊的方面」就可以了。在這些人看來，「不論什麼標語，大概都可以裝得上去，就是裝不上，也只管裝著，不要緊的。你不要顧著你的話有無理性，你只要在大眾面前喊得響，聽見的人多，你的話就佔了優勢，就有暗示的力量，就有催眠的性質」。〔註186〕「至於世人呢，受了他的鬧騙，好像喝醉了酒的一樣。凡是醉了酒的，總是要勸人喝酒，而且要硬拉人喝酒的。你若是不喝，說不定他就是一拳頭打下來。

〔註184〕杜亞泉：《對於李石岑先生演講〈舊倫理觀與新倫理觀〉的疑義和感想》，《一般》2 卷 2 號。另見《杜亞泉文存》，上海：上海教育出版社 2003 年版，第437～438 頁。

〔註185〕杜亞泉：《對於李石岑先生演講〈舊倫理觀與新倫理觀〉的疑義和感想》，《一般》2 卷 2 號。另見《杜亞泉文存》，上海：上海教育出版社 2003 年版，第441 頁。

〔註186〕杜亞泉：《對於李石岑先生演講〈舊倫理觀與新倫理觀〉的疑義和感想》，《一般》2 卷 2 號。另見《杜亞泉文存》，上海：上海教育出版社 2003 年版，第442 頁。

所以喝醉酒的人，一定是越鬧越多的。這一群酒醉的人，將來不曉得怎樣醒
過來」〔註187〕。這種趨新驚新，貼標語喊口號的世風，使一般國民缺乏審
慎的辨別力而盲目行動，讓杜亞泉深爲擔憂。在他看來，歐戰的發生，就是
受了當時所謂軍國民教育的鬧騙，斷送了一千萬人的性命，可悲可嘆。他極
力反對以新爲奇，以新爲口號而並無內容，亂提倡新主義的傾向，希望人們
不要受新奇而無內容的所謂新主義的迷惑，要爲自己而生，「我們的人，是
自然而生，不是爲著什麼主義而生的；做人就是做人，不是有了主義才做人
的。……一個人當然要立自家的主義，不要爲了那個『新』字的標誌，就把
人家的主義當自家的主義」，〔註188〕勸導人們信仰「沒有主義的主義」的「新
新主義」。

　　以上論爭也展示了杜亞泉一貫堅守的理性尺度。他能夠始終不驚新，
不趨時，冷靜地看待世人和世事，以一種自由主義知識分子的獨立審慎精
神來判斷當時社會流行的種種新思想，新主義，在新思潮的奔湧之路上作
打假的工作，力圖調和新舊，可謂一個執著的調和論者。尤其需要注意的
是，他調和新舊的主張，尋求新文化的目標與新文化派的主旨並不衝突，
都是向前而行的。區別在於，他更加留意於新文化運動發展過程中出現的
各種弊端，從而回首作一些清理和批評的工作。這是激進的新文化倡導者
們未能顧及的。

三、與朱光潛的情與理之爭

　　1927年，針對張東蓀在《東方雜誌》上討論「獸性問題」，從而提倡理智
救國的主張及杜亞泉在與李石岑討論新舊倫理時提倡的「以理智支配欲望」
的觀點，朱光潛在一封與中學生談情與理的信中，對張、杜等人爲理智辯護
的觀點提出了批評。此信刊於《一般》第3卷第2號。隨後，杜亞泉作《關
於情與理的辯論》刊於《一般》第3卷第3號，就情感與理智對人生之關係
如何，與朱光潛展開了論爭。

〔註187〕杜亞泉：《對於李石岑先生演講〈舊倫理觀與新倫理觀〉的疑義和感想》，《一
　　　　般》2卷2號。另見《杜亞泉文存》，上海：上海教育出版社2003年版，第
　　　　443頁。
〔註188〕杜亞泉：《對於李石岑先生演講〈舊倫理觀與新倫理觀〉的疑義和感想》，《一
　　　　般》2卷2號。另見《杜亞泉文存》，上海：上海教育出版社2003年版，第
　　　　444頁。

　　朱光潛指出杜亞泉、張東蓀等人主張以理智救國，以理智支配欲望的觀點是有問題的。他認為張、杜等人的學說既沒有把規範和事實分別清楚，又想離開事實，只憑自家理想去定規範。把理智擡舉到萬能的地位，而不問事實上理智是否萬能。他批評張東蓀主張以理智支配一切生活的看法，認為杜亞泉從哲學和心理學的觀點去抨擊李石岑，卻不知李氏的學說得自尼采，也不知其所依據的心理學久已陳死。

　　朱光潛認為，從現代哲學與心理學的發展來看，世界文化和個人生活不能順著理智所指的路前進。現代哲學的主要潮流是對十八世紀的理智主義的反動，從尼采、叔本華以至柏格森，都認為理智的權威並不實在。依現代哲學家的認識，宇宙、社會、個人的生命都只是有目的而無先見。所謂有目的，是說生命是向著某固定方向前進的。所謂無先見是說生命不能預知歸宿何在。生命不受先見支配，所以不受理智支配。心理學上的反理智主義則以墨獨孤的動原主義（Homic Theory）與弗洛依德的潛意識心理學為代表。墨獨孤批評邊沁的樂利主義（Hedomism）是倒果為因，認為行為的原動力是本能與情緒，不是理智。而弗洛依德則認為意識在心理中所佔位置極小，理智在意識中所佔比例又甚小，所以理智的能力是極小的。理智不僅不能駕馭情感，而且是情感的變相。因此，朱光潛認為，在事實上理智支配生活的能力是極微弱的。尊理智抑感情是人在思想上開倒車。

　　朱氏還認為，理智的生活價值並不比感情的生活價值高。在他看來，理智的生活是很狹隘的。如果純任理智，則美術、音樂、宗教，愛情對於生活都無意義。而人是有感情的動物，有了感情，世界會因之而改變，人生也會因之而改變。他還認為，理智的生活是冷酷寡恩的。因為理智指示人們應做的事太多，而能做的不及百分之一，很多事純任理智，人們是不為的，往往需要有情感的驅動才行。人類如果全任理智生存，則人生趣味全無，且道德也必流於下品。生活中必只有法律而無道德。即使有也只是問理的道德而不是問心的道德。而問理的道德迫於外力，問心的道德激於衷情，問理不問心的道德只能給人類以束縛而不能給人類以幸福。因此，仁勝於義，問心的道德勝於問理的道德，所以情感的生活勝於理智的生活。理智的生活只是片面的生活，理智沒有多大能力去支配情感，理勝於情的生活和文化都是不理想的生活。〔註189〕

〔註189〕朱孟實：《談理與情》，《一般》第 3 卷第 2 號。另見《杜亞泉文存》，上海：
　　　　　上海教育出版社 2003 年版，第 457～462 頁。

　　針對朱光潛的見解，杜亞泉作《關於情與理的辯論》刊於《一般》第 3
卷第 3 號，批評了朱氏尊情抑理的反理性主義觀點。對於朱氏謂他「不知李
先生的學說得自尼采」，「不知自己所根據的心理學是久已陳死的」批評，杜
亞泉表示，他與李石岑所爭論的觀點皆來自於他自己的見解，不會因李先生
的學說來自於尼采而改變主張。至於學說問題，他只看其是與不是，不看它
是陳不陳死不死。面對朱光潛謂其「尊理知抑感情的人，在思想上是開倒車」
的批評，他也有不同看法。在他看來，從前的哲學，全求諸理智，從前心理
學，以理智爲一切行動的根原，確是錯了。但現在附和現代哲學與現代心理
學的，卻變本加厲，蔑棄理智以徇情欲，卻更是大錯特錯。由此，試圖調和
這兩種極端。因爲宇宙意志、生命意志，都是盲目的。理智雖由生命的意志
產生，但理智產生後，就負有支配生活，指導行爲的責任，只有用理智來支
配情欲，制御情欲，才能導生活於前進。尊情抑理的看法才是真正的開倒車。
由此，他進一步指出，墨獨孤所言「行爲的原動力是本能與情緒，不是理智」
的觀點只是生命的原始狀態。隨著人類智識的發達，人類會把可以先見預期
的範圍逐漸擴大，把不能預見的部分縮小。這才是生命潮流應努力的方向，
如是因爲現在理智支配生活的能力薄弱，而窒聰塞明，任情縱欲，其結果不
是出現聽天由命的保守主義便是發生破壞一切的工團主義。

　　杜亞泉試圖調和朱光潛對立理智與情欲的二分法。認爲朱氏謂「純任理
智，則美術宗教與愛，對於人生均無意義」的觀點太過極端。正是有了情意，
才需要有理智的指導，世界決無只有理智沒有情意的人生，而且意義的有無，
得依靠理智的評判，所以藝術宗教的發達，愛的普遍，也是理智的功勞。杜
亞泉還批評了朱氏所言，純任理智的人，工於算計，許多俠烈之事迹，都是
情感所促而不是理智的功勞的觀點。認爲，成天打算不肯做不利於己的事，
只是一種低下的理智。俠烈的事，出發於高尚的情操，而這高尚的情操，卻
要有高尚的理智才能發生。沒有理智，只憑情感，冒然去死，只是撲火的燈
蛾。那些貪夫殉財者，都是理智淺薄之徒，依著低劣情感去做，不能謂之俠
烈。杜亞泉進一步認爲朱氏謂「問心的道德，勝於問理的道德」的觀點，恰
是中了「仁內義外」之弊。主張理性是人類精神中的一個要素，不能把理提
在心外。應把問心問理的說法，說成是主情主理更爲妥當。這樣就可以把理
智與情感調和起來。主情的道德，是從情出發的道德，但情有道德與不道德
之分，因此，需要用理智來指導情感，用修養的工夫把道德的情培養起來，

抑制不道德的情。同時，道德與否得靠理智來擇別，而情是盲目的，沒有擇別道德的本領，沒有理智便談不上道德了。所以主情的道德，不可誤會爲主情就是道德。人類應用高尚的理智來指導情感，隨處修養，才可達到儒家所言之「從心所欲不逾矩」。從心所欲是主情，不逾矩是主理，此時情與理，得到了調和，便沒有主情主理的差別了。

此外，杜亞泉還批評了朱光潛所謂「孝不是一種義務」，以及「問理的孝可非，問心的孝不可非」的觀點。他認爲，主情的孝是愛，主理的孝是義務。情理一致，爲眞孝，問情不問理，是獸畜之愛，問理不問情，是虛僞之行。教養子女與輔養父母，都是倫理上的義務，是由社會生活而發生的義務，而這種義務是由理智而產生的。無論在情感上有沒有眞實的愛，只要是社會的一分子，就得不容違反這種義務。沒有眞實的愛，只因倫理上的義務去輔養父母，教養子女，雖不能稱爲眞孝眞慈，但總比拋棄子女背離父母好些。若說愛就是孝，就是慈，沒有義務存在，那麼孝不孝，慈不慈可全憑感情決定了。但人類需求得個人生活與社會生活的一致，才能得到眞正的自由和發展。所以，主情與主理的生活本就是一聯合體，不能尊情抑理，而要以理智來制御情感，才能實現充分發展的人生。〔註190〕才能求得一種情與理相調和的愛與和諧。

很明顯，杜亞泉與余雲岫的中西醫學之爭，與李石岑的新舊倫理之辯，與朱光潛的情與理之論都是他在思想上自始自終堅持調和取向、追求理性的體現。他的調和取向，在其《人生哲學》中也得到了一以貫之的體現。

四、《人生哲學》的調和傾向

杜亞泉晚年出版的《人生哲學》一書，是他歷經多年萃成之作，是其調和思想在人生哲學上的集中反映，很受知識界的推重。

杜亞泉早年受到傳統文化的教育，後轉學數理，對社會進行科學啓蒙，但正如蔡元培先生所言，杜亞泉「始終不肯以數理自域，而常好根據哲理，以指導個人，改良社會；三十餘年，未之改也」。他在進行教學時，「就近人編譯書籍中，選其足以開發青年思想者數種，勸學生閱讀；又就生物學、心理學、社會學、哲學、論理學等科學中，編譯其新穎警切的理論，每周爲學生講述一次，尤於各科學的名詞界說，爲學生逐一檢查字典，嚴密注

〔註190〕　杜亞泉：《關於情與理的辯論》，《一般》第 3 卷第 3 號。另見《杜亞泉文存》，
　　　　　上海：上海教育出版社 2003 年版，第 452～456 頁。

意」。〔註 191〕後因學校停辦，杜亞泉乃取搜輯的材料，加以擴充與整理，編爲《人生哲學》，作爲高級中學教科書。歷時六七年，於 1929 年編輯出版。《人生哲學》一書中，杜亞泉廣泛介紹了西方思想家的各種思想，並結合自己的中學功底，形成了一種具有調和基調的人生哲學。他努力汲取西方新知，並與中國傳統哲學相融合，以期引導青年得窺各科學之精義，約見其根柢，在充分吸收中西思想的基礎上，形成一種健康的人生哲學作爲行動的指導。杜亞泉是一個由理而入文的思想家，思想性格上較少激情而偏於理智，使該書深具調和理性的色彩。

是書以人生問題爲軸心，以生物學、心理學、社會學和倫理學爲基底，循人類的機體生活、精神生活和社會生活諸層面的考察，進而探究人生的目的與價值，以及人生觀問題。在人生哲學上，他以叔本華的意志哲學和斯賓塞的進化哲學奠其基，詹姆士的實用主義和尼采的超人哲學承其緒，倭鏗和柏格森的生命哲學總其成。把人生觀分爲厭世觀、樂天觀、改善觀三類。厭世觀又分爲絕對與相對兩種。杜氏強調，世界確實存在種種罪惡和苦惱，故相對的厭世觀不乏合理之處。但絕對的厭世觀否定整個人生，違反理性，爲情意所不容，會使人永久沉淪於不幸之中，不值得提倡。樂天人生觀則認現實世界爲美善，否定了客觀存在的苦難，不符合現實。因此，厭世觀和樂天觀均不免偏頗，同爲消極的人生觀。從而提倡一種介於厭世觀與樂天觀之間，既承認世界有悲苦，又相信通過努力，可以抑制罪惡以達美善世界的改善觀。對於人生的目的論而言，他以生命哲學融合倫理學，將生命本質歸本於生活的發展，並以追求知情意及個人與社會和諧發展的人格實現說，爲人類最高的道德理想，從而辯證地闡釋了人生的目的與價值問題。

《人生哲學》是杜亞泉唯一的哲學著作，凝聚了他探索人生究竟，重建意義世界的理想，體現了其一貫提倡的調和傾向。蔡元培就曾明確提到這點，「先生此書，說機體生活及精神生活，占全書三分之一，以先生所治者爲科學的哲學，與懸想哲學家當然不同也。先生既以科學方法研求哲理，故周詳審愼，力避偏宕。對於各種學說，往往執兩端而取其中，如惟物與惟心、個人與社會、歐化與國粹、國粹中之漢學與宋學、動機論與功利論、樂天觀與厭世觀，種種相對的主張，無不以折衷之法，兼取其長而調和之；於倫理

〔註191〕杜亞泉：《人生哲學》，《杜亞泉著作兩種》，田建業編校，北京：新星出版社 2007 年版，第 3 頁。

主義取普泛的完成主義，於人生觀取改善觀，皆其折衷的綜合的哲學見解也。」〔註192〕此書是杜亞泉退出思想輿論界後，在思想上的「精力之所萃」〔註193〕，從哲學的高度集中體現了他執著的調和取向。正是這種人生觀上的調和取向，成為了他文化思想上調和言論的一種理論支持。

綜上所觀，杜亞泉博學通識，於詞章，考據，音韻，訓詁等傳統學問皆有傳習，富有較為深厚的傳統儒學根基，又能兼采中外思想，不囿陳見，積極汲取新知，接受新事物，力圖貫通中西，融滙古今。從其論爭言說、哲學認知及種種著述中，可以明顯地感受到他的整個思想中，自始自終貫穿著一種溫和的調劑態度，一種理性取捨、先立後破的指導思想，體現出一種「調適的智慧」。

然而，杜亞泉身處一個社會急驟變遷動蕩的時代，在文化上持調和論，反對急劇變革，曾被看作是一位反對革新的落伍者，守舊者。其實，他的思想睿智並不遜色於同時代的一些著名思想家。正如王元化先生所言，杜亞泉是一位理性主義者，他「不僅是一個啓蒙者，也是一位自由主義者」。〔註194〕而他之所以長期被人當作守舊者主要與當時中國具體國情有關，即中國在從傳統向近代的轉化過程中，屢戰屢敗的慘痛遭遇讓國人產生了徹底改革的急躁心理。「在這樣的氣候之下，杜亞泉就顯得過於穩健、過於持重過於保守了」。〔註195〕

杜亞泉曾評價自己是一個「不新不舊」的「穩健派」。而《東方雜誌》在紀念他的悼文中認為他是「功勳彪炳的科學家」，「是中國民主啓蒙時期的一個典型學者」。〔註196〕高力克先生則高度讚揚了杜亞泉穩健的思想主張，認為「杜的穩健路線的底蘊不在『保守』，而在於尋求超越西方模式的健全的東方現代性」。在高先生看來，「杜亞泉的文化思想是啓蒙時代的一筆未被發揚的思想遺產。他關於在現代化中護存東方精神傳統的觀點，關於『先立

〔註192〕 蔡元培：《書杜亞泉先生遺事》，田建業編：《一溪集——杜亞泉的生平與思想》，北京：生活・讀書・新知三聯出版社1999年版，第7〜8頁。
〔註193〕 章錫琛：《杜亞泉傳略》，田建業編：《一溪集——杜亞泉的生平與思想》，北京：生活・讀書・新知三聯出版社1999年版，第17頁。
〔註194〕 王元化：《杜亞泉與東西文化論戰》，《杜亞泉文存》，上海：上海教育出版社2003年版，第3頁。
〔註195〕 王元化：《杜亞泉與東西文化論戰》，《杜亞泉文存》，上海：上海教育出版社2003年版，第5頁。
〔註196〕 《追悼杜亞泉先生》，《東方雜誌》第31卷第1號。

後破』的漸進式文化轉型進路，關於以東方傳統、西方現代性和社會主義爲精神文化資源而創造中國新文明的文化綜合方針，以及關於物質文明與精神文明協調發展『既富加教』的社會發展目標，不失爲先驅者富有遠見卓識的金玉良言，是二十世紀中國思想史之一份經過歷史汰洗而彌足珍貴的思想遺產」。〔註197〕

　　杜亞泉是五四前後提倡文化調和論的「主帥」，其言論主張大致代表了這一時期文化調和論的思想水準。但需要說明的是，文化調和論是五四前後思想界的一種重要文化思潮，所以並不是杜亞泉一個人的文化致思，當時章士釗、李大釗、梁啓超等人都是提倡文化調和論的重要代表人物。不過，因本書是以杜亞泉及《東方雜誌》爲考察中心，只在比較的視角上涉及他們的言論，故對他們不作專章考察。此外，錢智修、陳嘉異、朱調孫等人也是提倡文化調和論的重要人物，因其相關言論幾乎都發表在杜亞泉主編的《東方雜誌》上，是杜亞泉的支持者，從而本書把他們視爲以杜亞泉爲代表的《東方雜誌》群體來考察，也不一一分述。

　　總的說來，五四前後文化調和論倡導者構成比較複雜，在各自的主張上也有差異，但是，他們在文化道路的選擇上卻有共同的主張，體現了調和論的一般特徵：在新舊問題上持「接續主義」，強調文化是一個新業與舊業相續生成，不可分割的有機體，「一方面含有開進之意味，一方面又含保守之意味」；新與舊「僅是程度而已」，並不絕然對立。文化的新舊問題是一個繼承和發揚的問題，只能以漸進的方式求改良而不能以強力摧折以求新。在中西文化問題上主張「互補主義」，強調中國文化是一種「靜」的文明，西方文化是一種「動」的文明，兩者乃「性質之異」，各有短長，應互相吸收，取長補短。〔註198〕東西文化各有特色，是人類基於不同的地理環境，解決不同的社會問題，在長期的社會實踐中慢慢積累成長起來的，有其自身的獨特性，不能捨己從彼。主張對東方文明進行科學刷新，吸收西方文化。又用東方文明去補西方文明之不足，相互補救，生成一種新文明。東西文化只能協力以進，新舊文化只能推陳而出新，才能生成一種健康的文化，指導社會循序漸進。成爲五四前後與激進文化論、文化保守主義者既相區別又相聯繫的一種特殊思想主張。下文進一步深入考察這種思想的理論基礎、思想內涵及特質。

〔註197〕高力克：《重評杜亞泉與陳獨秀的東西文化論戰》，《近代史研究》1994年第4期。
〔註198〕傖父：《迷亂之現代人心》，《東方雜誌》第15卷第4號。

第三章　理論基礎及思想內涵

　　從廣義上講，調和妥協是人類社會發展的一種常態，而革命與突變，是發展達到某一關節點時，表現出來的一種特殊形態。反映常態的思想，自然比較易於為人所接受。所以，調和往往也是人們待人接物的一種慣常的心態，或品評人物、事件時，持論的準繩。儘管如此，卻不是所有提及「調和」的言論都可稱為調和論。從狹義上來看，調和的心態雖自古有之，普遍存在，但是系統化的「調和論」卻是近現代以來的「新生事物」。雖然之前不乏相近或相關的表述，但在政治主張上或是文化構建上，明確提倡以「調和」為取向，則是杜亞泉、章士釗等人在新文化運動興起後才明確提出來的。這種主張之所以在這一時期能產生較大影響，成為一種頗具特色的文化流派，在於它不是一種零亂思考或是胡思亂想，而是針對具體的歷史課題所作的認真思考，既具有現實針對性，又有一定的相關理論闡述，言論成系統，對思想界產生了較大的影響力。本章主要考察這種文化建設思想的理論基礎及思想內涵，其中蘊含著種種獨特的思想資源，可以作為當今文化建設的取鑒之資。

第一節　理論基礎

一、有序中的對抗

　　五四前後的文化調和論，之所以能產生較大影響，在於它具有較為嚴密的理論基礎，其中對「對抗力」的注重尤引人注意。杜亞泉等人把調和看作是一種於對抗中見秩序的狀態，提出了「力的調節」及「社會協力論」。並從哲學的角度進行了闡述，使其提倡的調和論更具理論形態。這種試圖從理論

上進行疏解和闡釋的努力使調和論帶上了獨特的理論色彩，這也是調和論能具有代表性和影響力的原因之一。

（一）「有衝突有調和，進步之機括」

在杜亞泉看來，矛盾是普遍存在的現象，但又是相反相成的，既有對抗力存在的一面，也有協同調和的一面。調和是求得進步的一個法則，而對抗力的存在，是使矛盾雙方相互制衡與協調發展的前提。因爲「決無有以鑿枘不相容之兩主義，並道而行，一無衝突，且未嘗犧牲其素抱之主義，而竟能與相反之主義，協同活動者」。〔註 1〕杜亞泉把對抗力的存在看作是矛盾雙方要平穩發展必須尋求的共同點，有此共同點，調和才得以產生，即矛盾是調和產生的前提，有衝突而後有調和：「矛盾乃天演所必不可逃，衝突爲人世所必不能免，要貴有盡力乎其間者，斡旋補救，以減殺其禍患，遏止其潮流，則衝突之餘，未嘗無調和之希望，矛盾之後，或可有融洽之時期」。〔註 2〕在杜亞泉看來，主義並非天然對立矛盾，各主義間多有交互關聯之處，「主義云者，乃人爲之規定，非天然之範圍。人類因事理之紛紜雜出無可辯識也，乃就理性上所認爲宗旨相同統系相屬者，名之爲某某主義。實則人事雜糅，道理交錯，決非人爲所定之疆域可以強爲區分，其中交互關聯，彼此印合之處，自復不少」，因此主義既是人爲所規定，而人事又常隨時代以遷移，故每一種主義，經人事時代之遞嬗，次第移轉，常發生流轉，甚至與初起之時呈相反之局，都是常有的事情。所以，不可強拗於一種主義而不懂調和變通之理。正是有了對抗力存在，不同主義，不同思想，不同文化間才可相互制約，因對抗力之間可相與轉化，所以可以調和共處。而人類的認識能力又是有局限的，因而不可能存在一種囊括眞理的絕對主義。同時，因人類認識事物是逐漸深入的，所以主義也不是一層不變的，會發生流轉、變遷以適應新的情況。基於這些認識，杜亞泉認爲，社會的進步，思想的進步正是在這種對抗力的相與調和中謀得發展的。所以，矛盾與調和是事物發展的兩個相互交叉的進程，不能對立二者，「進化論謂世界進化，嘗賴矛盾之兩力，對抗進行，此實爲矛盾協進最大之顯例。蓋所謂對抗者，仍不外吾人理性習慣上所定之名詞，若從本原上推究之，則爲對抗，爲調和，恐無一定之意義也」。〔註 3〕因此，

〔註 1〕傖父：《矛盾之調和》，《東方雜誌》第 15 卷第 2 號。
〔註 2〕傖父：《吾人今後之自覺》，《東方雜誌》第 12 卷 10 號。
〔註 3〕傖父：《矛盾之調和》，《東方雜誌》第 15 卷第 2 號。

杜亞泉認為:「社會如何進步,思想之衝突,終不能免。有衝突有調和,進步之機括,實在於此。」〔註4〕進步在於有衝突之起,而承認衝突就是承認事物的進化需要有對抗力的存在,這是調和的前提所在。

　　章士釗的調和論也建立在承認對抗力存在的哲學認知上,提倡一種相抵相讓的調和之德。他明確表示:「調和生於相抵,成於相讓。無抵力不足以言調和,無讓德不足以言調和。」〔註5〕要達到調和,就應找到「雙方心理差足自安之一點」。〔註6〕這種「差足自安」之一點是指不同事物之間的平衡點,而這個點並不是固定的、僵化的,而是隨著具體情況的變化而相應變化的,要「當其可而割之,應於時而低之,是謂調和」。〔註7〕只有隨具體情況而作出相應的變化,作迂迴的變動,才能求得真正的平衡和穩定。在他看來,「調和者,對於今日社會之一種適應物也」〔註8〕。值得注意的是,這種適應物並不是「萬應膏」,而應有創見獨識,所謂「創見獨識,亦即調和中之一面觀,並不能外於調和而特立。蓋調和云者,亦告人不當固執己見已耳,並非欲人犧牲己見」,即在承認雙方具有差異的基礎上,尋求一種相抵相讓的「調和之德」,〔註9〕承認矛盾雙方的自存地位,不屈己就人,在對抗力中,相抵相生,求同存異。

　　在章士釗看來,「大凡一意之生,生必不滅。一象之進,進必不退。有時見為滅為退者,非真滅而退也,乃正其迂迴宛轉,所以為生與進也」。〔註10〕他把這種現象看作是一種以退為進,求得和諧的策略,曾多次以「輻德」作喻加以解釋。

　　何謂「輻德」?章士釗曾以柳子厚所言之「方中而圓外」的「車德」

〔註4〕 傖父:《再論新舊思想之衝突》,《東方雜誌》第13卷第4號。
〔註5〕 秋桐:《調和立國論上》,《章士釗全集》第3卷,上海:文匯出版社2000年版,第253頁。
〔註6〕 秋桐:《國教問題》,《章士釗全集》第4卷,上海:文匯出版社2000年版,第13頁。
〔註7〕 秋桐:《調和立國論上》,《章士釗全集》第3卷,上海:文匯出版社2000年版,第263頁。
〔註8〕 孤桐:《進化與調和》,《章士釗全集》第4卷,上海:文匯出版社2000年版,第104頁。
〔註9〕 孤桐:《進化與調和》,《章士釗全集》第4卷,上海:文匯出版社2000年版,第104～105頁。
〔註10〕 秋桐:《調和立國論上》,《章士釗全集》第3卷,上海:文匯出版社2000年版,第275頁。

作引申，他認為「輾德」可以釋解他所提倡的相抵相讓的調和之道。他說：「兩車相抵，則奈何？曰：惟『輾』以濟之而已。『輾』者，還也；車相避也。相避者，又非徒相避也，乃乍還以通其道，旋乃復進也。自有此『輾』，車乃無道而不可行。『輾』之時義大矣哉！今諺有所謂開倒車者，時人談及，以謂有背進化之通義，輒大病之，是全不明夫『輾』者也。」〔註11〕章士釗重辦《甲寅》周刊，被新文化運動者批評為開倒車，而章士釗認為批評者並未解其深意，他說，「時論鬱而不昌久矣！主新文化者，因謂天下已無異議，一切問題，都成過去。本志之興，微切輿論之脈，有以知其未然。愚不敢謂吾派所談，皆宗於正，然重提舊事，悉心推究，廣搜材料，以求折衷，乃吾人不貸之責也」。〔註12〕面對新文化人的指責，他申論道：「所見不同者，人之情也；士論不一者，國之華也。《甲寅》本國文之風格，為大事之商量，斟酌中西，調和新舊，天下儘有不得通之志，與不得已之思，迸發環趨，於焉寄託？海枯石爛，斯意不磨。」〔註13〕他認為自己的所為，並不是開倒車，只是在以退為進，努力營造一種折衷調和方案，並不違反進化之道。

對於持久爭論的新舊文化問題，他說：「承舊以新，承新仍返諸舊。舊不欲新也，以捨舊無可為新也，新舊如環，因成進化必然之理。」〔註14〕章士釗之所以一再提倡輾德。在於他看到了新文化運動的開展在促進社會前進的同時，過於激進的主張也給社會帶去了種種弊端。於是在《新舊與調和》及《新時代之青年》兩文中闡述了他的新舊調和論，認為宇宙進化在本質上就是一個自然調和過程，以此觀點作為糾正主張以人為之力強力摧折新舊演變的激進化趨向，他說：「天演中有進化、退化二境。而進退云者，乃平陂往復之自然秩序，不容有人間善惡美醜行主觀之念，摻雜其間。愚近年頗持是說，為一意求新者下一棒喝。」〔註15〕

〔註11〕 孤桐：《說輾》，《章士釗全集》第5卷，上海：文匯出版社2000年版，第210頁。

〔註12〕 孤桐：《白話文——答劉孝存》，《章士釗全集》第5卷，上海：文匯出版社2000年版，第328頁。

〔註13〕 孤桐：《答稚暉先生》，《章士釗全集》第5卷，上海：文匯出版社2000年版，第551～552頁。

〔註14〕 孤桐：《說輾》，《章士釗全集》第5卷，上海：文匯出版社2000年版，第211頁。

〔註15〕 孤桐：《美國——答劉咸》，《章士釗全集》第5卷，上海：文匯出版社2000年版，第556頁。

　　章士釗認為因「人類厭常與守舊之兩矛盾性，時乃融會貫通而趨於一」，常會使新舊「不遠而復」，而激進的新文化運動者不解此意，「以為新者乃離舊而僻馳。一是仇舊，而惟渺不可得之新是鶩。宜夫數年間，精神界大亂，鬱鬱悵悵之象充塞天下，躁妄者悍然莫明其非，謹厚者菑然喪其所守，父無以教子，兄無以詔弟，以言教化，乃全陷於青黃不接、轅轍背馳之一大恐慌也」。〔註16〕正是基於這些現象，他希望製造一種類似於西方文藝復興的有效行動，即製造一種抵抗力作為新文化運動激進趨向的抑制力，並稱其為「輞德」，實質是提倡相抵相讓的調和之德，即以退為進的調和之方。他說：「六年前之國語文學，承文體久弊之後，彌有新義。今率全國而為不學爭名之事，開卷惡俗，渾不可耐，遂不期而有文藝復古之思。此之復古，乃是新機，與意大利之利乃誦斯正同。適之訾愚『守舊』，不知己乃化為沈痼莫救之新守舊黨而不自覺。」〔註17〕在他看來，「天下無真是非久矣！凡一時代激急之論，一派獨擅之以為名高，因束縛馳驟人，使懾於其勢，不顯與為抗，一遭反詰，甚且囁嚅無敢自承。於是此一派者，氣焰獨張，或隱或顯，壟斷天下之興論而君之，久之他派盡失其自守之域，軒輊之態，如彈簧然，一唯外力之所施者以為受，不論久暫全闕。天下大勢，終統於一尊。然理詘不申，利害情感，鬱結無自舒發，群序既不得平流而進，國家社會之元氣，乖盭過甚，卒亦大傷」。〔註18〕其用心良苦可見一斑。他認為新文化運動事關國運大體，而激進派以運動方式壓倒其它反對聲音，動輒以「開倒車」、「落伍」、「賊賊」而加以批駁，「似天下之論，已歸於一」，這種狀態已經引起了極大的社會弊端，「四、五年來，自非無目，莫不見倫紀之凌夷，文事之傾落，如水就下，獸走壙，日騖千里而未艾也」。

　　從這些言論中，可以看出章士釗是在批評新文化運動強調一尊而主張拋棄固有文化的激進做法，不但使一般趨易避難之人拋棄傳統，就是一些「老師宿儒，且紛紛易節，以期無背識時俊傑之義」。〔註19〕這讓他深為擔憂東方

〔註16〕孤桐：《評新文化運動》，《章士釗全集》第 4 卷，上海：文匯出版社 2000 年版，第 213 頁。

〔註17〕孤桐：《說輞》，《章士釗全集》第 5 卷，上海：文匯出版社 2000 年版，第 211 頁。

〔註18〕孤桐：《疏解輞義》，《章士釗全集》第 5 卷，上海：文匯出版社 2000 年版，第 310 頁。

〔註19〕孤桐：《疏解輞義》，《章士釗全集》第 5 卷，上海：文匯出版社 2000 年版，第 311 頁。

文化「竟至中斬」。〔註 20〕因此，他希望能「妙調和之用」，在激進與守舊之間生成一種相互的抵力，形成「公同信念」。他認爲，「凡一社會，能同維秩序，各長養子孫，利害不同，而遊刃有餘，賢不肖渾淆，而無過不及之大差，雍容演化，即於繁祉，共遊一藩，不爲天下裂，必其有公同信念以爲之基。基立而構興，則相與飲食焉，男女焉，教化焉，事爲焉，途雖萬殊，要歸於一者也」。〔註 21〕這種「公同信念」是一種立基於固有文化基礎上的一套價值信仰，能夠維繫人心於不墜。應該看到的是，這一時期，一些激進的新文化運動者割裂新舊的做法也確實引起社會上出現了一些紛亂現象，這讓章士釗甚爲擔心維繫人心的「公同信念」失墜。在這一點上，他與杜亞泉的擔心是一致的。他說：「甲無所謂進化，乙亦無所謂退化。與愚曩舉『輲』義，蓋有合焉。夫吾國亦苦社會公同信念之搖落也甚矣。舊者悉毀，而新者未生。後生徒恃己意所能判斷者，自立準裁。大道之憂，孰甚於是？」〔註 22〕基於這種擔憂，他希望用調和來解此種弊端，從而不顧「開倒車」之譏，認爲只有提倡新舊調和，提倡相抵相讓的調和之德，然後可講改造。

杜亞泉強調調和要有「對抗力」的存在，章士釗提倡相抵相讓的調和之德，而李大釗也認爲，調和的關鍵在於要有「對抗」存在。這種觀念是調和論者的共同理論基礎。李大釗強調調和的目的不在於消滅對方，而是各守自由之域而達並存兩立的目的。他認爲：「宇宙間凡能承一命而爲存在者，必皆有其自由之域，守之以與外界之體相調和、相對抗，以圖與之並存而兩立。倘有悍然自大而不恤侵及他人者，則彼之大即此之小，彼之張即此之屈，彼之強即此之弱，彼之長即此之消；一方蒙厥幸運，一方即被厥災殃，一方引爲福利，一方即指爲禍患。」〔註 23〕所以，並立兩存才是眞調和。並認爲這種承認對抗力的存在是中外提倡調和論者的共同理論基礎，他說：「斯賓塞、穆勒、莫烈、古里天森（Chrestensen）諸人信之，秋桐、劍農、一涵諸君信之，愚亦篤信之而不疑」。他把「對抗」看作是講求調和的前提，認爲「宇宙萬象，

〔註 20〕孤桐：《疏解輲義》，《章士釗全集》第 5 卷，上海：文匯出版社 2000 年版，第 312 頁。

〔註 21〕孤桐：《再疏解輲義》，《章士釗全集》第 5 卷，上海：文匯出版社 2000 年版，第 431 頁。

〔註 22〕孤桐：《再疏解輲義》，《章士釗全集》第 5 卷，上海：文匯出版社 2000 年版，第 432～433 頁。

〔註 23〕守常：《Pan……ism 之失敗與 Democracy 之勝利》，《李大釗全集》第 2 卷，北京：人民出版社 2006 年版，第 245 頁。

成於對抗。又因對抗，而有流轉。由是新陳代謝、推嬗以至於無窮，而天地之大化成矣」。強調調和不在於捨己從人，而在於各持本分，但又存容人之量，以明急進與緩進之旨趣及眞正的創化之機，即「各人於其一群之中，因其執性所近，對於政治或學術，擇一得半之位，認定保守或進步爲其確切不移之信念；同時復認定此等信念，宜爲並存，匪可滅盡，正如車有兩輪，鳥有雙翼，而相率相挽以馳驅世界於進化之軌道也」。〔註24〕即先要堅持自己的立場，存人存己，共同創化。從而主張無論新舊都應允許其有發表的空間，舊與新相互論辯，才能眞正確立新的地位。在思想文化上「避二力之迭興，主張二力之對立」，〔註25〕讓激進與保守兩方各有發表言論的空間，同時並存，相質相抗，調和以爲新質。強調要堅守「自他兩存」，「有容」，「有抗」，「不需要第三者調停」的調和「法則」才不致「日言調和而全失其眞」〔註26〕。

　　可見，強調對抗力的存在是講求調和的基礎所在。但要達到眞正的調和還應在對抗中講求秩序，才不致社會產生混亂，從而達到平穩發展的目的。由此，杜亞泉不斷思索，努力構建自己的理論體系，並試圖從其宇宙認識論中提供理論支持。

（二）「無極太極論」與有序對抗

　　杜亞泉從中國傳統哲學中尋求資源，提出「無極太極論」來支持自己的調和論。在他看來，所謂「無極」是指空間、時間和物質世界構成的世界，無垠廣大，無所不包，「上無極，下無極，四方無極，今日之萬有，直無極之所包圍耳」。〔註27〕而所謂「太極」，是指無極之中有限定。「無極」與「太極」的關係正是「萬有包含於無極之中，而吾於無極之內，截取其地段若干，而立爲太極。太者大也，最大之止境也。人類所取之太極，即在人類思想能力所已及者爲界，謂太極界。」〔註28〕由於人的認識有局限，對宇宙的認識必

〔註24〕守常：《闢僞調和》，《李大釗全集》第 2 卷，北京：人民出版社 2006 年版，第 158 頁。

〔註25〕守常：《調和剩言》，《李大釗全集》第 2 卷，北京：人民出版社 2006 年版，第 210 頁。

〔註26〕守常：《闢僞調和》，《李大釗全集》第 2 卷，北京：人民出版社 2006 年版，第 166 頁。

〔註27〕傖父：《無極太極論》，《普通學報》第 2 期。另見《杜亞泉文存》，上海：上海教育出版社 2003 年版，第 3 頁。

〔註28〕傖父：《無極太極論》，《普通學報》第 2 期。另見《杜亞泉文存》，上海：上海教育出版社 2003 年版，第 4 頁。

定有一定的範圍，這個認知的最大化就是太極的觀念，因而「太極界」即指
人類的認識範圍。這個「太極」的觀念隨著人類對宇宙認識的加深而逐步擴
展，但對於無極界來說，人又是不能窮盡認知的，因而會永遠處於一種中間
狀態中。他說：「若以正負言之，正者可由一而至無量數，則負者亦可由一而
至於無量數。然則吾人所有日用之數目，即在正負兩無量數之中間，而為兩
無量數所包含也。若以大小言之，則由一而積之，可無窮大，由一而析之，
可無窮小。然則吾人所有日用之數目，即在無窮大無窮小之中間，而為兩無
窮所包含者也。」〔註29〕隨著人類認識的擴展，太極界愈擴愈大，人類也日
趨於進步。這種哲學上的認知，投射到具體的文化主張上，則希望文化改革
按一定的程序，以漸進的觀念，實行逐步的改革，調和東西，接續新舊，順
應發展，而不能打斷發展的秩序，以激進的方式實行改革，在「太極」的範
圍內改良，擴大人類認識的範圍，循序漸進地追求進步。同時，他還強調，「太
極也者，其界即由漸而擴者也」，其擴充則應按一定的秩序去進行，「秩序也
者，乃競爭之無極範圍內所立之太極界也。文明云者，乃即其秩序之極界擴
展於至大之謂。最文明之世，萬有皆列於秩序之中而已……競爭者，無極也，
天則也；秩序者，太極也，亦天則也。今之人聞競爭之說，以為天則，而吾
欲舉秩序亦天則之言以匹敵之，故為此論」。〔註30〕明確表示要在倡競爭之說
中講求秩序，追求穩定，提倡穩健的改革步驟，循序漸進。

　　正是基於這種無極太極調和而趨於有秩序的發展哲學，杜亞泉認識到，
無論是政治上的調和，還是思想上的調和，首先要有衝突，即要有對抗力的
存在，而對抗力之間又是相互協力的，且這種相互協力是宇宙間的一種常態。
他認為：「宇宙間發生種種之現象，無不有力之存在。不特有形之物質變動離
合，受力之支配也，即無形之事功成敗舉廢，亦莫不由力之作用。」因此，
力之調節是社會有序發展的必然要求。社會的動亂，改革的失敗，往往緣於
沒有領悟「力之調節」的功效，以致「凌躐無序，用力之方法，既不同途，
致力之鵠的，又不一揆，此起彼滅，無協互之功能」，以致形成自相牽掣、衝
突的現象，不能收相互調節之實績。要改變這種現象，在杜亞泉看來，首先
要有容異的雅量，才能交互產生作用，「能節斯健，惟調乃強」，依靠調節，

〔註29〕傖父：《無極太極論》，《普通學報》第 2 期。另見《杜亞泉文存》，上海：上
　　　海教育出版社 2003 年版，第 3 頁。

〔註30〕傖父：《無極太極論》，《普通學報》第 2 期。另見《杜亞泉文存》，上海：上
　　　海教育出版社 2003 年版，第 5 頁。

相互補充才能「相麗而存，相劑爲用」。只有與對抗力進行調節，提高自身的
抵抗力，才是眞正的強健之道。外力的衝擊要求加強自身的應付能力，改變
固有思維模式，提高認識力和判斷力，他說：「如歐美的學說輸入以來，民力
始稍稍發展，未幾而立憲，又未幾而革命，於是，此政治力乃得公然使用於
民間。人民各得貢獻其意志，拓展其能力，以參與國家之大事，宜若可以群
策群力，相安而理矣。」〔註31〕他深信外力的楔入，是豐富完善自身的一種
機遇，只有本著承認對抗力存在的寬容心態，增加自身的力量，懂得調節之
道，把西學的輸入當作一種挑戰和機遇，不深閉固拒，也不盲目接受倣仿，
努力融滙二者，調劑相爲，「勿逞意氣而走於極端」，〔註32〕才是中國在面對
外來文化衝擊下的應有心態。因此，他並非一味反對西學，而是更多地把西
學看作一種中國文化的對抗力，力主調節二者，相與爲用，強調秩序的調節
作用，從而穩健地擴展「無極」之中的「太極界」。

　　由於承認對抗力的存在是宇宙的自然現象，杜亞泉認爲思想文化上存在對
抗力也屬必然。「有某種之勢力，必有他種之勢力相與抗衡；有此方之主張，須
有彼方之主張以隱爲對待」。主張「欲對外而行其對抗，必先對內而施其調節」。
調節的目的不是無原則的屈己就人，而是「養成有秩序之對抗，使之悉遵正軌，
不爲無意識之交鬨」。在承認不同力量之間存在對抗的前提下，「去其小異，以
即於大同，絕其歧趨，以納於統系，使多數不軌之渙散力，合而爲有條理之團
結力，以成旗鼓相當功力悉敵之對抗，是又調節之效果也。要之，調節之有裨
於對抗，一在養成對抗之秩序，一在造成對抗之形勢」。〔註33〕這裡的「調節」
實際上是主張調和對抗雙方以成有序的對抗，導改革於穩健之路。

　　由這種哲學上的「無極太極論」及承認有秩序的對抗，使杜亞泉在東西
文化及新舊文化問題上持一種溫和的調和主張。他明確反對一概排斥西洋文
化的「頑固保守」態度，更反對一味「醉心歐化」的激進主張，他認爲，東
西文明的調和勢所必至，恰如「水之必至於平，堤障之設，可以暫止，而不
能永絕也」，從而主張對中西文明持一種「調和而趨新」〔註34〕的「調劑之道」。
〔註35〕

〔註31〕傖父：《力之調節》，《東方雜誌》第 13 卷 6 號。
〔註32〕傖父：《力之調節》，《東方雜誌》第 13 卷 6 號。
〔註33〕傖父：《力之調節》，《東方雜誌》第 13 卷 6 號。
〔註34〕傖父：《力之調節》，《東方雜誌》第 13 卷 6 號。
〔註35〕傖父：《靜的文明與動的文明》，《東方雜誌》第 13 卷第 10 號。

　　杜亞泉倡導調和，強調對抗，追求一種充分不逾其量的秩序感。主張處理政治和文化問題時，要本著一種處事勿專，疾惡勿甚的態度，使對抗的二者相互制約以達平衡，達到有序對抗。他說：「是皆所以裁制其愛，使不得充分以逾其量。愛不逾其量，雖不能持此以息天下之爭，然爭亦可稍輯矣。推斯道而行之，則愛國家、愛民族、愛道德、愛信義，其當適如其量焉亦然。所謂量者，即使人人各得用其愛之謂也。我之愛固不可以不如人，而人之愛亦不可謂其不如我。是故他人之意見，不可不許其表白而容納之；他人之罪過，不可不許其懺悔而原宥之。處事勿專，與他人以行愛之機會；疾惡勿甚，留他人以用愛之餘地。勿充己之愛，以拒人之愛，勿張己之愛，以絕人之愛，平愛之道，如斯而已。」〔註36〕強調調和之道在於充分不逾其量，恰到好處，不專不甚，達於平和，在變革中，在對抗中形成秩序的觀念，對改革加以疏導，保證改革能平穩進行。這些主張，正是基於他從哲學上對對抗力存在的重要性的理解來闡發的。這正是提倡調和論者首要承認的理論基礎。

　　對此，李大釗也有所強調：所謂眞調和，除了自他兩存外，還需要在對抗過程中注重秩序，因爲，「群演之道，乃在一方固其秩序，一方促其進步。無秩序則進步難期，無進步則秩序莫保」，〔註37〕他認爲調和是一種和諧的境界，是對立雙方在秩序平衡下，宇宙人生的一種至美境界。他的調和論建立在順應自然發展，順應時代發展潮流動態認知上，更注重社會的自然進化。〔註38〕這種認識與杜亞泉的調和論並非完全相同，但承認對抗力的存在，承認對立雙方調和中見秩序的哲學認知卻是相通的。這是他們共同的理論基礎。

　　調和論強調對抗力的重要性。一方面承認對抗乃社會進步的「機括」，一方面注重對抗中的秩序感。具體到思想文化領域，則表現爲承認異質文化的存在，尋求不同文化的協力互助，共同發展，從而達到調和的狀態，促成新文化的生成。

（三）承認異質文化存在

　　杜亞泉認爲，文化的發展，不能自囿於一個封閉的狀態中自滿自足，要

〔註36〕傖父：《愛與爭》，《東方雜誌》第 13 卷第 5 號。
〔註37〕李大釗：《青年與老人》，《李大釗全集》第 2 卷，北京：人民出版社 2006 年版，第 32 頁。
〔註38〕參見孤松：《時代——最有力的調和者》，《李大釗全集》第 3 卷，北京：人民出版社 2006 年版，第 80 頁。

承認異質文化的存在，並善於與之接觸融合，才能使文化煥發新的生機，漸趨進化。他說「文化相異的兩社會接觸混合，當然爲文化發達的一種條件」〔註39〕，而「內容相異的兩文化結合，常發生優秀的文化」。〔註40〕在他的思想意識裏，東西文化在客觀上存在異質性，但二者在一定程度上也是可以融滙調和的。他在客觀上一方面承認西洋文化有優於中國文化的地方，並且相信東西洋文化的接觸，有利於淘汰中國文化中一些不好的成分，促成中國文化的轉換。另一方面則認爲中國文化也可對西方文化的弊端作一種救濟。二者相與爲用，互爲補充，調和以產生出新文化，因而有言：「東洋文化和西洋文化結合，產生未來的新文化，亦爲吾人所希望」。〔註41〕

　　在杜亞泉看來，中國自與西洋交通以來，輸入種種主義相互矛盾不可調和，完全是中國沒有領會其主義學說之眞義而引起的。他說：「自與西洋交通，複雜事理，次第輸入，社會上、政治上乃有各種主義之發生。在西洋之有此名目，初非各築牆壁，顯相敵視也，實含有分道而馳，各程其功之意。第吾人不善傚法，失其本旨，於是未收分途程功之效，先開同室內鬨之端。苟既知矛盾之時或協和，世界事理，非一種主義所能包涵，且知兩矛盾常有類似之處，而主義又或隨人事時代而轉變，則狹隘褊淺主奴丹素之見，不可不力爲裁抑。」〔註42〕他主張對各主義要本其性之所近，心之所安來指導實踐，不是爲了某種目的，而始求主義以爲應援，朝三暮四。更重要的是，對於相反之主義，「不特不宜排斥，更當以寧靜之態度，研究其異同」。〔註43〕如此，雖極矛盾之兩種主義，遇有機會，也可能會有協合之時，即使不能協合，也不至於生無端之紛擾。可見，他對處於矛盾狀態中的對抗力持有一種較爲理性健全的寬容心態。

　　因此，從理論上考察，杜亞泉等人的調和論建立在注重對抗力存在的基礎之上，把對抗的存在看作是講求調和的前提和基礎。由此在文化思想上，強調新舊思潮的爭論，應建立在承認對抗、承認異質力量存在的前提下，在

〔註39〕　杜亞泉：《人生哲學》，《杜亞泉著作兩種》，田建業編校，北京：新星出版社2007年版，第106頁。

〔註40〕　杜亞泉：《人生哲學》，《杜亞泉著作兩種》，田建業編校，北京：新星出版社2007年版，第105頁。

〔註41〕　杜亞泉：《人生哲學》，《杜亞泉著作兩種》，田建業編校，北京：新星出版社2007年版，第105～106頁。

〔註42〕　傖父：《矛盾之調和》，《東方雜誌》第15卷第2號。

〔註43〕　傖父：《矛盾之調和》，《東方雜誌》第15卷第2號。

有序的狀態中,「立在同一水平線上來講話」,〔註44〕與對抗一方光明磊落地辯駁、討論,才能相互推演進化以達調和之效,而不是迴避問題與遷就對方。他們批評國內的新舊勢力沒能在秩序的限圍下形成一種真正的對抗力,從而導致一部分人高倡破壞,對立中西,割裂新舊,走入了極端化情緒之中。而另一部分頑固守舊之人,也未明對抗力之重要,否認新舊調和之必要,不從思想上細密陳述自己的意見,不用自己的理性分析去說服對方,而妄想依靠政治上的勢力攻擊新事物,是一種沒有力量的頑抗,也是一種站不住腳的方式,終究阻擋不了新思潮的奔湧向前,是一種「靠人不靠己,信力不信理」的做法。李大釗就曾非常嚴厲的警告林紓等守舊之人,若總是「隱在人家的背後,想抱著那位偉丈夫的大腿,拿強暴的勢力壓倒你們反對的人,替你們出出氣,或是作篇鬼話妄想的小說快快口,造段謠言寬寬心,那真是極無聊的舉動。須知今日如果有真正覺醒的青年,斷不受你們那偉丈夫的摧殘;你們的偉丈夫,也斷不能摧殘這些青年的精神」。〔註45〕總之,杜亞泉等調和論者看來,講求調和則首應承認有序對抗力的存在,這是進步之「機括」,是調和論的立論基礎。

二、協力主義

調和論者的另一個理論出發點是協力主義。在他們看來,對抗雙方常依賴於協力的作用而達到調和,對抗雙方往往是「甲之義務,即乙之權利,而同時乙之義務,亦即甲之權利,互相消即互相益也」。〔註46〕他們把現代文明,看作為「協力之文明」,現代社會,看作為「調和之社會」,由是強調,「惟其協力與調和,而後文明之進步,社會之幸福,乃有可圖」。〔註47〕

杜亞泉認為,社會的發展離不開對抗雙方既競爭又相互協力的發展態勢,所以力倡「社會協力主義」。他吸收了斯賓塞的社會協力說,認為「宇宙萬有,由等質而進於不等質,由不定形而進於定形,由不調和而進於調和,為進化方式」,而進化的極致,則是「社會內協力的完成」。但社會的協力也

〔註44〕 李大釗:《新的!舊的!》,《李大釗全集》第 2 卷,北京:人民出版社 2006 年版,第 197 頁。

〔註45〕 守常:《新舊思潮之激戰》,《李大釗全集》第 2 卷,北京:人民出版社 2006 年版,第 313 頁。

〔註46〕 《文明患》,《東方雜誌》第 14 卷第 10 號。

〔註47〕 李大釗:《青年與老人》,《李大釗全集》第 2 卷,北京:人民出版社 2006 年版,第 32 頁。

有一個發展的過程，初為強制協力，「當社會間互相抗爭時代，惟有從社會的要求，以限制個人的要求。漸入和平時代，個人為社會犧牲的漸少，此時以個人生活的完成，為社會生活完成的直接目的。其後則以自由的協力，代強制的協力，以社會全體的生活，完成個人的生活；而人類的究極目的與其直接目的，乃為根本的調和」。〔註48〕

這種思想，杜亞泉早在 1913 年提倡精神救國論時就有所表示。他在批評進化論籠罩下的物競天擇引起的物質萬能主義時，就主張物質與精神的相互協力。他認為達爾文的學說與斯賓塞的學說，皆以進化為根本法則，一指自然界，一指人類社會。無論自然界還是人類社會都是「物質由不定形不調和之等質狀態，變為有定形而調和之異質狀態」。兩學說都應用生物學原理，「一則以生存競爭自然淘汰之事實，就人類社會觀察，一則以生物體之組織與人類社會之組織比較，以明社會之性質與其生長發達之法則，一屬於動的方面，一屬於靜的方面」。而中國因特殊的國情及思想認識上的不足，單方面倡導物質救國論，尤其是對進化論的片面認識，把進化論視為弱肉強食的異名，置人類道德於不顧，給人類帶來了極大的弊害，釀成了物質亡國論，因而他力倡精神救國以治其弊。他認為「達氏之說，決非蔑視道德者」，達氏之說在於強調生物自然本能與社會本能並存，而社會本能中道德為其中要素，其學說中貫穿著道德觀念，「達氏之道德觀念，與競爭觀念，實相成而不相悖」。而斯賓塞之社會有機體說，也不是只強調自然淘汰之理，而是強調社會協力與競爭的並存。杜亞泉指出：「斯氏之進化說，以協力相助，為人類進步之特徵，已與生存競爭之說，隱相對抗。斯氏謂：『吾人因自己生活之欲望而有競爭，因與他人共生活與他人之要求相調和而有協力。協力者也，組織社會之行為，而社會之維持，實為此社會中各個人生命維持之手段。其初社會與社會之間，互相抗爭，故常犧牲個人之福利，以保社會之生命。其時之道德法，以社會之要求為重，而視個人之要求為輕，是為強制的協力。其後漸進於平和時代，個人為社會而犧牲之程度，次第漸少，社會全體之生活，以個人生活之完成為目的，強制的協力，變而為自動的協力。於是個人之要求，與社會之要求，根本調和，道德法治始明白而恆久。』是斯氏固以協力互助，與生存競爭，根本調和，

〔註48〕 杜亞泉：《人生哲學》，《杜亞泉著作兩種》，田建業編校，北京：新星出版社 2007 年版，第 131 頁。

爲絕對之道德法，其說較達氏爲精。」〔註49〕強調了協力的重要。

杜氏認爲中國當時片面理解進化論，以致陷入了一種物質萬能主義之中。他介紹了赫胥黎、烏爾土氏、特蘭門德（Drumont Henry）等學者反駁達爾文的生存競爭說的言論。赫氏強調人類社會的演化受道德的影響，生存競爭學說不能泛用於人間世界，強調生物之間、動物之間乃至人類社會，不僅是競爭的關係，也是一種協力發展的關係。俄人克羅帕得肯（Kropokin Peter Alexeivich 今通譯作克魯泡特金——引者）也倡導這種協力論。而英人頡德氏（Benjamin Kidd），強調人類社會之進步，實靠理性與社會感情交互作用而使然，以愛他的感情爲泰西文明之特色，以情的能力爲社會進化的本質。美人巴特文（James Mark Baldwin）從心理學的原理上進一步闡釋了生物個體具有普遍性與特殊性，從而形成兩種社會力，相互調和協力以求社會的進步。是以智的能力爲社會進化的本質。而社會學家胡德（Lester F.Ward）的「社會動力學」，強調文化要素中，「心的功績，比物的功績，尤爲可貴」，〔註50〕認爲社會的發展不僅爲競爭關係，更是物質與精神相互依賴協力共存的關係，從而批評物質萬能主義，主張物質文明與精神文明的協力。

在杜亞泉的理解中，「協力之意義，決不在消滅國民及人種間之差異，而尤以國民及人種間之分化，爲人類協力之所必須。蓋分化愈甚，則協力愈全，固生物學社會學中所證明者也」。所以，「東洋文明與西洋文明，爲精神上之協力，一方面發展自國之特長，保存自國之特性，一方面確守國際上之道德，實行四海同胞之理想」〔註51〕，二者應相互協力調和，而不應強分彼此。這種協力主義的目的在於承認對抗的基礎上調和雙方差異，達到諧和狀態。既希望開進社會的發展，也希望能夠避免社會上的激烈衝突以求得平和的生活。由此觀點出發，他認爲一戰的爆發，一個很大的原因即在於，一方面國家主義思想日趨於極端化，摧折了民性。另一方面，平和主義者又持世界大同思想，缺乏必要的民族意識，強調和平而忽略矛盾性的客觀性，忽略了對反對力量的制衡作用，使國家主義、民族主義的氣焰高漲而釀出禍端。在他看來，國家主義與平和主義既不應處對抗位置，也不是主從關係，而應「調

〔註49〕傖父：《精神救國論》，《東方雜誌》第 10 卷第 1 號。

〔註50〕傖父：《精神救國論續一》，《東方雜誌》第 10 卷第 2 號。

〔註51〕傖父：《社會協力主義》，《東方雜誌》第 12 卷第 1 號。

和二者，以構成國民之新思想，以隨伴世界之新機運」。〔註52〕這種協力主義同樣表現在愛與爭這對矛盾體之中，他說：「利己者，競立爭存，為己之生命而努力，爭之因也。利他者，協力互助，為他之生命而努力，愛之本也。」〔註53〕把人類進化看作是利己與利他因素相互協力調和的關係。

　　近代以來，因國勢的窳敗，造成了一般群眾的急迫救亡心態。這種現象讓杜亞泉看到了社會上的極端風氣：「一主義之興，往往易走極端，而其勢且不能自止」，行動則往往缺乏理性的制約，「任意氣而乏思考，多猜忌而易衝動，其性質常傾向於極端」。他認為自然界與社會的進步都是競爭與協力相互相承的結果。協力的範圍越廣，方法越備，競爭力就越強，生存能力也就越強。競爭與協力處於反對之地位，但二者的調和則在於「二者之間，常有一界，界以內為協力，界以外為競爭」。他從人類社會發展的歷程中認為，社會的進步有賴於相互間協力而不是競爭。國家之間，由競爭而漸進於協力，是人類社會發展的一種自然趨向，「不論何國，無不借自己國民之協力，及與他國民之協力，以資生活，以圖繁榮。這種情態之下，不但不許對於本國人含有仇怨之意，並不許對於外國人而存敵視之心」。而如何達到協力也是杜亞泉所思考的問題。他把協力的過程看作是一個發展的過程，並非一蹴而就，必須先實現國民協力，才能達到人類的協力，也就是說「協力之進行，自必以人類協力為極至，而不可不以國民協力為基礎」。國民協力是指行於國家以內之協力主義，無對外競爭之責，而國家主義之協力為對內協力，對外競爭。因而國民協力是一種平和的國家主義。要達到的目標，「首在國民之儲力，即砥礪其才智是也；次在國民之努力，即勤勉其事業是也。必儲力與努力，而後始有協力之可言。」解決問題要從實事做起，充分發揮國民的才智，而不是隨流波而浮動，高談理想與主義。主張「吾人不必於積極上謀協力之進行，而不可不於消極上去協力之障礙」。另一方面，協力主義是一種以承認不同文化為基礎的平和主義。他說：「協力主義者，平和主義也。然協力之意義，決不在消滅國民及人種間之差異，而尤以國人及人種間之分化，為人類協力之所必須。蓋分化愈甚，則協力愈全，固生物學社會學中所證明者也。農業國與工商業國，為物質上之協力；東洋文明與西洋文明，為精神上之協力。一方面發展自國之特長，保存自國之特性，一方面確守國際上之道德，實行四

〔註52〕　傖父：《社會協力主義》，《東方雜誌》第 12 卷第 1 號。
〔註53〕　傖父：《愛與爭》，《東方雜誌》第 13 卷第 5 號。

海同胞之理想,則所謂國家的平和主義是矣。此平和的國家主義,在承認各國家之並立於世界,各得自謀其繁榮進步。」〔註54〕可見,杜亞泉的協力主義是一種承認對抗力存在,主張多元共存、和諧相處以謀發展的寬容文化心態。

三、分化與統整

　　杜亞泉的文化調和論還建立在他的分化與統整的理論基礎上,而這種思想,從一定程度上說是從其協力主義上延伸出來的。即認爲分化與統整爲社會發展不可或缺的二個方面,二者常常處於一種協力關係之中。

　　按杜亞泉的理解,宇宙進化分爲無機界之進化、有機界之進化、人類社會進化三個層次,而將三階段合而觀之,則有一個普遍的理法,他稱之爲「分化與統整」(Differentiation and Integration)。二者的合力則是促進社會發展的「造化力」。這是杜亞泉看待世界的哲學基礎。他認爲,無機界、有機界、人類社會的發展都有賴於這種分化與統整的合力。而這種分化與統整的理法則是從進化論中得來的。他強調研究進化論,應從考察進化之目的著手而不能專從形式立論。因此,強調人類社會的進化除了存在及生存的目的外,更有一種「心意遂達的目的」。除了有分化的一面外,還需要有統整的一面,以保持人類社會的正常發展,使人類不至於陷於物質萬能的「唯物主義」之中,而「亟亟焉爲生存欲所迫,皇皇焉爲競爭心所驅,幾有不可終日之勢,物欲昌熾,理性梏亡,中華民國之國家,行將變爲動物之藪澤矣。舊道德之強制的協力,與宗教之超理的制裁」,「不能復施於今日之社會」。因此,他倡導喚起精神的制御作用,以圖挽救人心迷亂。杜亞泉在駁斥生存競爭說時特別強調,進化一方面「決不宜略去其對於外圍抗爭的現象」,但另一方面則應看到事物本身具有適應性,而且是主因,「惟個體有變異之本能,故或爲偶然變異,或於受外圍刺戟時,以使用而發生變異,皆爲生物進化之內的原因,而對於外圍之抗爭,則生物進化之外的原因也」。〔註55〕因而以生存爲目的,「以在內的變異與對外的抗爭爲原因,遂演成分化與統整之形式」。這個理法是事物發展的自然現象,二者常常處於一種調和狀態之中。

　　在杜亞泉看來,分化與統整屬於同一進化過程的兩個方面,也是一種有

〔註54〕傖父:《社會協力主義》,《東方雜誌》第12卷第1號。
〔註55〕傖父:《精神救國論續二》,《東方雜誌》第10卷第3號。

序對抗中的和諧狀態。分化使進化發生變異、分離或多樣化，統整使進化保持一致或擁有統一性。有分化而無統整，或有統整而無分化，都不能謂為正常的進化，甚至會導致退化。只有分化與統整互相調劑，才是宇宙進化的「普遍之理法」。不過，他認為統整在進化過程中起著根本和基礎作用，分化與統整的相互調劑，應為統整基礎上的調劑，如分化與統整出現矛盾，也應先保證統整不受到根本性的動搖為前提。否則會出現進化上的病變或是退化。這是他在文化上主張調和論的認識論基礎，即以重統整，抑分化為特徵。在他看來，中國「固有文明之特長，即在於統整」，而當時由於輸入西洋近世的「種種雜多之主張」，使「吾人之精神界中種種龐雜之思想，互相反撥，互相抵銷」，而使「固有之是」破棄，中國幾千年的統整局面被拆散，使中國思想界「有分化而無統整」，社會人心迷亂。不過，他所謂的思想統整或文明統整「非如歐洲黑暗時代之禁遏學術之謂，亦非如附和雷同之謂，亦非儒學即學術之謂，亦非不翻譯歐書不輸入歐洲文化之謂。」〔註56〕主張要救濟中國乃至世界文明，一方面應「統整中國固有之文明」，使其「本有系統」者更明瞭之，使其「間有錯出者」得以修整之，另一方面則應「融合」西洋文明「於吾國固有文明之中」，〔註57〕主張「吸收西洋現代的新潮，整理我國固有的國粹」，〔註58〕以建立統整的人生觀，給青年以指導，糾正當時青年對西方思想上的盲從、輕信趨向。同時用中國固有文明的「繩索」，把輸入的零碎的西洋文明「一以貫之」。〔註59〕杜亞泉認為，只有調和東西洋文化這種分化與統整的現象，才是解決中國文化危機的出路。

　　強調分化與統整調和，其中一個表現即是主張多元並存下的體合。對於西方各種學說，杜亞泉主張要本著多元並存、容納不同意見的寬容心態，明瞭西洋文化的發展有其自己的進路，和中國的發展情況有所差異，對其進行仔細的選擇，不能頑固抗拒，也不能照搬照套，他說：「夫西洋人思想，本不如吾國之統一，其自由發達之結果，思想之方面甚多，若個人主義、國家主義、軍國主義、社會主義、無政府主義等。苟研究一家之言，尋繹一派之論，無不有充足之理由，確鑿之佐證，可以奉為師資，施之當世者。吾國青年學

〔註56〕傖父：《答〈新青年〉雜誌記者之質問》，《東方雜誌》第 15 卷第 12 號。
〔註57〕傖父：《迷亂之現代人心》，《東方雜誌》第 15 卷第 4 號。
〔註58〕杜亞泉：《人生哲學》，《杜亞泉著作兩種》，田建業編校，北京：新星出版社 2007 年版，第 3～4 頁。
〔註59〕傖父：《迷亂之現代人心》，《東方雜誌》第 15 卷第 4 號。

子，好爲陳亢異聞之求，又具子路兼人之概，貿貿然信之，啞啞焉求之。而一般國民，思想本極膚淺，其或贊成之焉，無確實之見地，僅知附和而雷同；其或反對之焉，亦無適當之批評，僅爲頑強之抗拒。果爾則我國將來之思想戰，或且方興未艾，未可知矣。此亦吾國前途之隱患也。」他認爲要發達思想，避免思想戰，則應本著一種多元並存的寬容心態對待不同文化與思想。並提出了四點要求：

> 第一，宜開濬其思想。不問何黨派之言論，何社會之心理，皆當察其原因，考其理由，以發展自己之思想。蓋思想貧乏者，易受眩惑也。第二，宜廣博其思想。既知甲說，更不可不知反對之乙說，尤不可不知調和之丙說。蓋近世思想發達，往往兩種反對之說，各自成立，互相補救者。若專主一說，則思想易陷於謬誤。第三，勿輕易排斥異己之思想。世界事理，如環無端。東行之極，則至於西；西行之極，亦至於東。吾人平日主張一種之思想，偶聞異己之論，在當時確認爲毫無價值者，迨吾所主張之思想，研究更深，而此異己之論，忽迎面相逢，爲吾思想之先導。此等景象，吾人往往遇之。若入主出奴，惡聞異議，則其思想之淺率可知。第四，勿極端主張自己之思想。世界事理，無往不復，寒往則暑來，否極則泰生。辛亥之革命，即戊戌以來極端守舊思想之反動，近日之復古，亦辛亥以後極端革新思想之反響也。地球之存在，由離心力與向心力對抗調和之故；社會之成立，由利己心與利他心對抗調和之故。故不明對抗調和之理，而欲乘一時之機會，極端發表其思想者，皆所以召反對而速禍亂者也。

杜亞泉認爲，人之所以偏狹無寬容之心，常與上述四者相反。由此，他希望國民在東西文化與思想衝突激烈之時，「務宜力懲前弊，虛懷密慮，明辨審思，以寧靜之態度，精祥之考察，應付此紛紜之世變、繁賾之事理，雖不能遽望戰爭之消弭耳，然或不至以新舊思想之歧異，而釀生無意識之衝突」〔註60〕。

可見杜亞泉主張的是多元並存下的統整，並不是思想上的禁錮。對此，章錫琛有進一步的解釋，認爲統整強調的是「統一」，是多元思想下的和諧並存，而不是「均一」。章錫琛認爲：「所謂統一者，乃由自身以其對象複雜之

〔註60〕傖父：《論思想戰》，《東方雜誌》第 12 卷第 3 號。

構成為前提者也。故欲謀國民意識之統一，必先以完全充足國家生存條件之目的確立，為政策之根本的中心原則，凡構成國民意識內容之各部分，非直接與此原則相抵觸者，皆當認許其存在之權利，俾得自遂其十分之發達，各皆發揮其特質以貢獻於全體之完美，若然，則全部結合而形成有調和有節度有秩序之渾一體」。國民全體由此「利害同一，痛癢相關，脈絡貫通，無少阻滯」，從而形成一個有機和諧的統一體。而所謂「國民意識均一化」，是一種不自然的現象，是國內一部分傳統的支配階級，謀自身利益的保全，使「國民之文化程度至於停滯而貧弱」的居心。這種「均一」，必使國民文化生活退化。強調「國民意識真個之統一」，要發揮「寬容精神之明智與雅量」〔註61〕，以一種自由主義的寬容精神，求國民意識的「統一」，而不是「均一」，在承認多元共存的基礎上達到統整的目的，從而保證政治、思想、文化能夠有序地進行。

四、接續主義

接續主義是文化調和論者對待新舊文化所持的又一個基礎理論。他們強調文化與思想的發展是一個連續過程，有其前因與後果，因此文化的產生絕不是孤立的，它不會憑空地突然冒出來或是消失，妄想打斷一切重新再造是不可能的。五四前後文化調和論者的新舊觀即建立在這種歷史的接續主義認識之上。

針對當時思想界存在的棄絕傳統的極端化傾向，杜亞泉於 1914 年曾發表文章專門討論過這個問題，正式提出了「接續主義」，反對這種極端化趨向。而「接續主義」這個概念則來自於西方學說的影響。杜亞泉在論證道德需要限制時說：「廣大權利之上，不可不有道德上之義務以限制之，此道德上之義務，即對於從前之國民，及今後之國民，所應擔負之義務。對於從前之國民而善為接續，對於今後之國民而使其可以接續。此即德儒佛郎都氏所著的《國家生理學》中之所謂『接續主義』是矣。」〔註62〕由此，他借用了這一概念，用來觀察歷史文化，並作為調和新舊文化的一個理論支撐。

他進一步解釋接續主義的內涵道：「接續主義，一方面含有開進之意味，一方面又含有保守之意味。蓋接續云者，以舊業與新業相接續之謂。有保守

〔註61〕章錫琛：《國民意識與國家政策》，《東方雜誌》第 13 卷第 11、12 號。
〔註62〕傖父：《接續主義》，《東方雜誌》第 11 卷第 1 號。

而無開進，則拘墟舊業，復何所用其接續乎？若是則僅可謂之頑固而已。……反之，有開進而無保守，使新舊間之接續，截然中斷，則國家之基礎，必爲之動搖」，在思想界也必然會造成公共信仰的缺失。而「舊時之習慣既失，各人之意見紛呈，甲以爲然者，乙以爲否，丙以爲是者，丁以爲非。此時雖有如何之理論，決不能折衷於一是，以理論辯護者，人即能以理論反駁之」，往往造成信仰的混亂。所以他說：「欲謀開進者，不可不善於接續。」並一再強調，開進之中，不可不注意保守，這裡的保守，「在不事紛更，而非力求復古」〔註63〕，對舊時法制，沒有斷的要接續上，創痍自會癒合；已被破壞的，也必須要儘量整理之，以恢復生機，如不善於接續，而「復興舊制，摧折新機，則破壞之後，重以破壞，而國本愈搖矣」。杜亞泉把接續看作是文化發展中的一種自然法則，如同「水之流也，往者過，來者續，接續者如斯而已；若必激東流之水返之在山，是豈水之性也哉？」所以，反對那種斷裂古今的激進做法，並以法國大革命後社會屢有動蕩爲例說明接續的不可或缺。

　　杜亞泉還從文化發展的角度進一步對接續主義進行了闡述。他認爲，「文化是由人類的勞作而產出的總體」。〔註64〕狹義的文化則「專指科學、藝術、道德等有完成人格的價值者而言」。〔註65〕新文化的產生，不能憑空出現，必定要依賴於原有的基礎，依賴於一定的文化沉澱，才會有新因素的產生，「大抵文化上新內容的發生，往往非個人所能成就。一器物的創作，一學說的成立，考諸歷史，往往有若干人倡導於前，若干人踵接於後。所謂天才偉人，不過此若干個人中的一個代表；且社會上有許多風俗、制度、技藝、方術，沿習已久，並其創始的代表人亦無可稽考，遂認爲社會上共同的產物。所以文化內容的增加，從社會上觀察，爲個人特殊化的產物；從文化自身上觀察，不過爲既存文化內容的結合」。〔註66〕文化不是一層不變的，新舊更替也爲自然現象，「文化的內容，亦有新陳代謝的現象。當新的內容成立，可能替代舊內容時，舊內容即歸廢棄」。而舊文化的退去，僅爲一種「睡眠狀態」，應環

〔註63〕 傖父：《接續主義》，《東方雜誌》第 11 卷第 1 號。
〔註64〕 杜亞泉：《人生哲學》，《杜亞泉著作兩種》，田建業編校，北京：新星出版社
　　　　 2007 年版，第 102 頁。
〔註65〕 杜亞泉：《人生哲學》，《杜亞泉著作兩種》，田建業編校，北京：新星出版社
　　　　 2007 年版，第 103 頁。
〔註66〕 杜亞泉：《人生哲學》，《杜亞泉著作兩種》，田建業編校，北京：新星出版社
　　　　 2007 年版，第 105 頁。

境的變化，仍能覺醒活動，這是文化的一種特性。在這種理論認識下，他強調文化具有接續性，其中一個表現就是強調新思想新文化的生成，不能忽視舊有的基礎，因爲新思想都是在舊思想的基礎上逐漸生成的。他說：「現時代之新思想，可爲戊戌時代新舊思想之折衷。而吾人今日之所論者，則又爲現時代新舊思想之折衷。蓋現在之世界，雖爲新時勢發展之時期，而舊時勢之餘威尙儼然存在。」〔註67〕

還需要注意的是，杜亞泉強調在講求接續主義時，加以道德的約束是一個不可忽視的重要條件。要使接續主義不致破滅，惟有「恃國民之道德以救濟之」。因爲國家積個人而成，公民的道德直接影響著國家的發展。「國民無道德，則政治失接續，此由因生果也。政治之接續愈破裂，則國民之道德愈墮落，此又由果生因」。〔註68〕

由此觀來，杜亞泉所強調的接續主義是一種自然法則，是社會穩定，歷史發展，思想文化不斷提升所不可否認的現象。內蘊著開進與保守兩種力量，保守是開進的基礎，開進乃是保守的目的。目的在於使歷史發展中開進與保守兩種力量得以調和，並在道德的制約下使社會得以平穩地、有序地順自然之則而不斷演進。

李大釗的新舊調和論與今古觀也內蘊著接續主義的理論基礎。他在強調新舊合一基礎上，持新舊接續、以今爲重的觀點，主張新舊的自然調和。與杜亞泉等調和論者在言說上雖有差異，但承認新舊接續的理論是相通的。

李大釗認爲，宇宙進化，全由新舊兩種精神運行相生，但「這兩種精神活動的方向，必須是代謝的，不是固定的；是合體的，不是分立的，才能於進化有益」。〔註69〕強調新與舊應處在對等地位，「立在同一水平線上來講話」，〔註70〕才能相互推演調和以達進化。而新與舊的對抗，新的因素要起到引導的作用，要努力與舊的調和以創造新生活。而當時的現狀是：雖然民國成立，新文化運動已經興起，但無論政治生活、法制習俗、思想觀念等各方面都呈現出新舊雜陳矛盾重疊的現象，「新舊之間，縱的距離太遠，橫的

〔註67〕傖父：《新舊思想之折衷》，《東方雜誌》第16卷第9號。

〔註68〕傖父：《新舊思想之折衷》，《東方雜誌》第16卷第9號。

〔註69〕李大釗：《新的！舊的！》，《李大釗全集》第2卷，北京：人民出版社2006年版，第196頁。

〔註70〕李大釗：《新的！舊的！》，《李大釗全集》第2卷，北京：人民出版社2006年版，第197頁。

距離太近；時間的性質差的太多，空間的接觸逼的太緊。同時同地不容並存
的人物、事實、思想、議論，走來走去，竟不能不走在一路來碰頭，呈出兩
兩配映、兩兩對立的奇觀。這就是新的氣力太薄，不能努力創造新生活，以
征服舊的過處了。」〔註71〕在他看來，處於新舊更迭過程中的社會、政治、
法律、經濟、文藝、哲學等諸方面都處於一種新舊並存卻不融合的矛盾狀態
之中，造成了人民生活中的種種二重負擔，實際上是一種不調和、不自然、
不統一的生活的表現。究其原因，李大釗認爲，在社會轉型的過程中，未能
處理好新與舊的問題，「舊者自守其舊，新者自用其新，二者分野，儼若鴻
溝。既無同化之功，亦鮮融合之效，卒到新者自新，舊者自舊，同時同地而
不容並存者，乃竟各存其形式」。依李大釗的理解，這是一種不調和的生活，
往往造成「新者不能成其新，舊者不能存其舊」的結果。在他看來，「國家
莫大之福，莫若以新勢力承繼舊勢力；而莫大之害，則必爲以新勢力攻倒舊
勢力」。〔註72〕因此他希望積極「謀所以打破此矛盾生活之階段，而使之新
舊合一」。〔註73〕基於這種認知，他又提出了接續的今古觀來進一步闡明他
的新舊調和論。

　　李大釗的調和論建立在新舊接續的理論認知上。所以，他一再強調「新」
與「舊」的不可分離。在時間上，他則把這種新舊觀轉化爲今古觀，強調今
日與過去與未來的連續性。並把著眼點放在對「今」的重視和對「未來」的
憧憬上。他強調古今相續，不可分割，「此日」與「今」都是和過去、未來無
限連綴的，「月異歲新，與時俱進，頁頁聯綴，永續無窮。以過去之此日爲紀
念，以未來之此日爲理想；以過去之此日爲陳迹，以未來之此日爲前程，如
是推嬗，吾人之此日無空期，即吾人之進步無止境」。〔註74〕把認識建立在歷
史的接續主義上，強調「今」的重要，認爲「今」，就是「此日」，就是「現
在」，就是所有「過去」流入的世界，因此，他認爲：「一時代的思潮，不是
單純在這個時代所能憑空成立的」，「過去」時代的思潮，「差不多可以說是由

〔註71〕 李大釗：《新的！舊的！》，《李大釗全集》第 2 卷，北京：人民出版社 2006
　　　　年版，第 197～198 頁。

〔註72〕 守常：《鬭偽調和》，《李大釗全集》第 2 卷，北京：人民出版社 2006 年版，
　　　　第 160 頁。

〔註73〕 李大釗：《矛盾生活與二重負擔》，《李大釗全集》第 1 卷，北京：人民出版社
　　　　2006 年版，第 238 頁。

〔註74〕 L.S.C.生：《此日——致〈太平洋〉雜誌記者》，《李大釗全集》第 2 卷，北京：
　　　　人民出版社 2006 年版，第 169 頁。

所有『過去』時代的思潮一起湊合而成的。」〔註75〕在他看來，「過去」以「現在」爲歸宿，「未來」以「現在」爲淵源，強調要走出「厭今」與「樂今」的誤區，以「今」爲最重要，以繼承「過去」爲手段，以創造「將來」爲努力方向。他批評「樂今」的人不思進取，「是一種惰性」，是一種守成的表現；也批評「厭今」者，熱心復古，開口閉口都是說「現在」的境象如何黑暗，如何卑污，罪惡如何深重，禍患如何劇烈，而不知道「現在」的境象「都是『過去』所遺留的宿孽，斷斷不是『現在』造成的。」所以，復古根本不是解決問題之道，而應在認識古今相續的基礎上，「當努力以創造未來，不當努力以回覆『過去』」，〔註76〕不使今日之「我」沉滯於昨日。他說：「吾人在世，不可厭『今』而徒回思『過去』，夢想『將來』，以耗誤『現在』的努力。又不可以『今』境自足，毫不拿出『現在』的努力，謀『將來』的發展。宜善用『今』，以努力爲『將來』之創造」。〔註77〕由此可見，李大釗既反對復古，也不主張守成，而是希望在承認時間的連續性的基礎上，以「現在」爲重心，以創造將來爲目的，從而提出了他的古今相續，新舊調和以創造新文化的文化觀。

　　儘管李大釗於俄國十月革命後，逐漸轉變爲一個激進的馬克思主義者，但文化上他還是持一種接續主義，主張新舊調和。1922年，他再次就「今古」問題在北京孔德學校作了專題演講，當時《晨報副刊》和《民國日報》副刊《覺悟》同時登了他的這篇今古觀。該演講對新舊問題關係的認識和他前期主張並無太大差別，仍強調新舊接續、今勝於古的觀點。他首先分析了社會上出現懷古現象的原因主要在於：一是對於現在的人心、風俗、政治、道德，都不滿意，感覺苦痛，因而厭倦現在，認爲現在都是黑暗的，沒有光明的。有了這種思想不是去向前努力加以改變而是想退回古代；二是受時間距離太遠的影響，在心理上產生一種羨慕古人之心。受空間距離太遠的影響，過分崇敬古人；三是因社會的演進，常呈一盛一衰，一起一落現象，每當處於衰落之時，常使人回思過去的昌明；四是家庭制度的盛行，易產生崇拜祖先的

〔註75〕李大釗：《今》，《李大釗全集》第2卷，北京：人民出版社2006年版，第191頁。

〔註76〕李大釗：《今》，《李大釗全集》第2卷，北京：人民出版社2006年版，第193頁。

〔註77〕李大釗：《今》，《李大釗全集》第2卷，北京：人民出版社2006年版，第194頁。

思想；五是確實存在一些現在不如古代的地方。這些都是守舊者產生懷古之情，希望重回以往「黃金時代」的原因。在李大釗看來，社會的發展都是建立在今古相續的基礎上而面向未來的，因此，復古不是真正的出路。他說：「古代自有古代相當之價值，但古雖好，也包含於今之內。人的生活，是不斷的生命（連續的生活），由古而今，是一線串聯的一個大生命。我們看古是舊，將來看今也是古。……古人所創造的東西，都在今人生活之中包藏著，我們不要想他。」至於崇古派「黃金時代說」，「萬世師表」的觀念都沒有正確認識自然與人相互演進的關係。他分析道：「古時的自然產生孔子那樣的偉人，現在的自然亦可以產生孔子那樣的偉人。……崇古派所認為黃金時代產生之人，現在也可以產生出來，我們不必去懷古。懷古的思想，固可打破，但我們不能不以現在為階梯，而向前追求，決不能認現在為天國。當時時有不滿意現在的思想，厭倦現在思想，有了這種思想，再求所以改進之方。」崇古派所想的是過去的，「我們只是想將來的」。要認識到歷史是人創造的，「古時是古人創造的，今世是今人創造的」，而歷史又是循環不斷的，古人生活與我們現在相接，我們又和子孫相續，所以，古今是連續的並向前發展的，今天所應做的就是「要利用現在的生活，而加創造，使後世子孫得有黃金時代，這是我們的責任」。〔註78〕

　　1923 年，他又作同名文章《今與古》進一步闡述今與古的關係，再次表達了社會進化、新舊相續、以今為重的觀點。他認為宇宙大化，人間歷史，都是不斷流轉相續的，都有古今之分，於是「今古的質態既殊，今古的爭論遂起」，在這爭論中出現了兩派，一派被稱為懷古派，他們對現狀不滿，認為一切今的，都是惡的，一切古的，都是好的，總之是今不如古。動輒發思古之幽情，說世道日衰，人心不古，而懷念所謂的古代黃金時代。另一派則可稱為崇今派，與懷古派相對，對於現在及將來抱無限樂觀態度。無限的古代，都以現今為歸宿，無限的將來，都以現今為胚胎。人類的知識，隨著時代的發展，不斷的擴大，不斷的增加，一切今的，都勝於古，都優於古。李大釗認為社會的發展就是在這兩派的論爭中逐漸得以實現的。在他看來，爭論過程中，崇今派主要立於攻擊者的地位，想讓世人從死人的權威中解放出來，

─────────────

〔註78〕 李守常講演，吳前模、王淑周筆記：《今與古──在北京孔德學校的演講》，《李大釗全集》第 4 卷，北京：人民出版社 2006 年版，第 13、14 頁。（注：此文最先發表在 1922 年 1 月 8 日的《晨報副刊》上。1922 年 1 月 13 日，《覺悟》上也登載了署名為李大釗《今與古》一文，內容大致相同。）

主張自然的勢力永遠存在，反對人類退化說。並認為對於人類智識上的進步而言，「崇今派貢獻獨多」。〔註79〕他還例舉了法國與英國今古兩派的爭論史，意在表明崇今派在與懷古派的相互爭論中逐漸完善了自己的理論認知，並指導現實一步步向更好的未來邁進，促進了社會的向前發展。表達了他「以今為重」的立場。〔註80〕

可見李大釗雖然把今古當作一對對應的概念，也提到二者各自的重要性，但他的社會發展觀是一種循序漸進的發展觀，雖然認為古今相續、連接未來，但今要勝於古。他批評懷舊派不思進取，主張要以崇今的精神，努力向前發展的觀點正是立基於這種認識上。其中需要注意的是，他的崇今並不否認「古」的作用與意義，而是認為今古相續，古已經融化在了今中，歷史的演化就是一個宇宙進化自然流轉的過程，所以，「要立足在演化論與進化論上」，〔註81〕不必去懷古，而應更加重視現在。並提出了「最有力的調和者為時代」的觀點，也建立在這種今古相續，以今為重的認知上。很明顯，雖然他依然強調新舊相續與古今相接的調和論，但卻以「現在」為重點，並讚賞崇今派對於人類智識進步的貢獻，這是他比杜亞泉、章士釗與新文化運動主流派走得更近的原因之一，也是他最終選擇馬克思主義的一個思想基礎。

有時，他也用「時」的觀念來強調「今」的重要。他認為「時是偉大的創造者，時亦是偉大的破壞者。歷史的樓臺，是他的創造的工程。歷史的廢墟，是他的破壞的遺跡」。〔註82〕在「時」所包含的過去、現在和未來中，他再次強調了「今」的重要。他說：「三代世遷，惟今為重，凡諸過去，悉納於今，有今為基，無限未來，乃胎於此。……過去未來，皆賴乎今，以為延引。」〔註83〕以此觀之歷史，觀之人生，應明瞭時間與空間之異，明瞭「時」是流轉不復、一往向前的。如若在這種行程中旁觀回顧，總是在回首瞻望遠古並不存在的黃金時代，不是向前看，而是向後轉，便會成為懷古派，便會成為

〔註79〕 李大釗：《今與古》，《李大釗全集》第 4 卷，北京：人民出版社 2006 年版，第 257～258 頁。

〔註80〕 李大釗：《今與古》，《李大釗全集》第 4 卷，北京：人民出版社 2006 年版，第 259 頁。

〔註81〕 李大釗：《演化與進步》，《李大釗全集》第 4 卷，北京：人民出版社 2006 年版，第 157 頁。

〔註82〕 李守常：《時》，《李大釗全集》第 4 卷，北京：人民出版社 2006 年版，第 349 頁。

〔註83〕 李守常：《時》，《李大釗全集》第 4 卷，北京：人民出版社 2006 年版，第 350 頁。

「時代的落伍者」。復古的觀念「產生的歷史觀、人生觀，是逆退的，是回顧過去的，是喪失未來的。」他希望能夠發揮人的主動性，並在向前的發展行程中，以今為主，有「時」的觀念，向著未來發展的路向邁進，變逆退為順進，變靜止為行動。

李大釗之所以特別強調今古的關係，重視「現在」，重視「今」，強調「時」的重要，主要是想建立起一種積極的、向前的、樂觀的人生觀與歷史觀以引導國人眼光向前而不是轉後。而這又是針對當時政治界、思想界復古懷舊之風很濃的現象提出來的。他認為中國思想界「有退反於退落或循環的歷史觀的傾向」，他深懼此種傾向為懷古者所利用，所以，「特揭出『時』的問題以與賢者相商榷，冀其翻然思反，復歸於進步論者之林，與我們攜手提撕，共到進步的大路上去」。〔註84〕可見他的今古觀強調新舊接續，但卻建立在社會進化的基礎上，更強調時代的自為調和性，主張要順應自然的趨勢，以達自然的調和。在新舊相續相承的基礎上，順應時代的發展，促使新舊調和下的第三種文明的生成，達到一種真正的調和之美，讓社會在和諧的狀態中健康向前發展。

章士釗也同樣注意到了今與古的關係。他認為人們每欲產生懷古之幽情，在於「不能熟察現象，與以相當應有之處置，惟覺當前之百無一可。人至為當前之境所制所惱所拘攣所戲弄，則其心思恒遊於境外，而不禁生其懷舊思古之情」。〔註85〕但「改革者，本非能驟見光明之事」，所以不能向後轉，只能向前看，「捨尊今別無良法」，而「所謂今者，為古人不可逃之一限，而又決非理想之域，其中情感利害意見希望，新舊相銜，錯綜百出，欲爬梳而條理之，所須調和質劑之功，至無涯量，而此者又斷非不可能之業」。他認為調和質劑之目的在於使情感、利害、意見、希望「各各到其好處」，即傳統文化中所謂「位育」的境界，他深知這種境界之難以達成，但卻不能「廢阻」。〔註86〕所應做的，只能是「毋妄憶過去而流於悲觀，毋預計將來而蹈乎空想，腳踏實地，從所踏處做去」，才是應有的態度。可見章士釗是反對懷古薄今的，

〔註84〕 李守常：《時》，《李大釗全集》第 4 卷，北京：人民出版社 2006 年版，第 351～353 頁。
〔註85〕 秋桐：《發端》，《章士釗全集》第 4 卷，北京：人民出版社 2006 年版，第 3 頁。
〔註86〕 秋桐：《發端》，《章士釗全集》第 4 卷，北京：人民出版社 2006 年版，第 4 頁。

他把「今」當作調劑位育、向前發展的踏實做法。〔註 87〕在此點上，他與李大釗的認知有相似之處。

第二節　思想內涵與特質

　　文化調和論之所以在五四時期成為人們討論的焦點問題之一，無論在當時還是在當前均引起了思想界的關注，除了它曾與激進的新文化運動派有過激烈論爭外，還在於它是一種別具特色的思想主張，體現了一代知識分子在中國文化的近代轉型時期，在新文化建設上進行了認真思考，提出了不少真知灼見，值得認真總結與借鑒。在其言論主張中，他們較為關注以下幾個方面：

一、強調文化的調劑體合

　　文化調和論的主張是多側面多層次的，其中一個重要內涵是主張融合東西，接續古今，通過對東西文化的反省審察，取長補短，最終調劑以達到「體合」，創造新文化，為中國的文化出路尋找生機。這是調和論者都認同的一個共同取向。其言論中屢屢提到「體合」的重要性。

　　杜亞泉認為文化交流要「推測抉擇」，「貫通融會」，「調劑之以求其體合」，〔註 88〕充分注重不同文化接觸時的「體合」問題。章士釗也說「調和首義，在發見新舊之媒，使之接搆」〔註 89〕，本國文化要「坦然與他質相投，自為體合，因得保其固有尊嚴之量。」〔註 90〕其量的多寡，則要根據天演的法則，「視時勢為轉移」，並「不與調融之說相背」。〔註 91〕

　　所謂「體合」，指不同文化模式的涵化與整合。嚴復曾對之有所解釋：「體合者，物自變其形以合所遇之境之謂」。〔註 92〕錢智修則對此作了詳細的闡

〔註 87〕秋桐：《發端》，《章士釗全集》第 4 卷，北京：人民出版社 2006 年版，第 5 頁。

〔註 88〕傖父：《現代文明之弱點》，《東方雜誌》第 9 卷 11 號。

〔註 89〕秋桐：《調和立國論上》，《章士釗全集》第 3 卷，上海：文匯出版社 2000 年版，第 277 頁。

〔註 90〕秋桐：《調和立國論》，《章士釗全集》第 3 卷，上海：文匯出版社 2000 年版，第 257 頁。

〔註 91〕秋桐：《調和立國論》，《章士釗全集》第 3 卷，上海：文匯出版社 2000 年版，第 258 頁。

〔註 92〕轉見《章士釗全集》第 3 卷，上海：文匯出版社 2000 年版，第 257 頁注釋 3。

釋，認爲文化的接觸是一個新舊衝突，融滙吸收並與本國文化相互體合，漸趨進化的過程。所謂「體合」，即是指「以內部之機能，適應四周之境遇」。而中國當時政治上之所以混亂反覆，思想上之所以出現復古風潮，就在於內部之機能「不能與四周環境體合而已」。因此才出現了「歐美諸國之新制度新學說，所以爲善群進種國利民福之基石，自行諸我國，皆以國民無體合之能力，而化爲叢弊之媒」的現象。思想文化上也復如此，因缺乏與西洋文化體合的能力，從而「以爲東洋文明與西洋文明，於根本上絕不相容」，遂生抵抗西方文化之心，當時復古主義的出現也是由於缺乏這種體合能力的反映。他觀察到：「我國近時之困難，既緣模仿西洋文明而起，則補救之方，亦惟在保存舊制，以冀不入其漩渦，於是國粹復古之論，遂積盛於一時，國教之建議，祀天之規復，學校則強迫讀經，用人則偏重舊派，凡裒衣博帶之倫，榮古虐今之士，莫不鼓唇弄舌，奮攄腷臆，以自託於救國之至計」，以致復古之風大熾。錢智修反對這種復古傾向，認爲通過復古方式挽救世局，只能是「益增新舊衝突之禍而已矣」。在他看來，「一國民之存立於世，必當保其固有之特性，而不當盡情破壞，以爲他國文明之奴隸，斯固然矣。然亦惟斟酌損益，不大背乎世界之趨勢，而後能以固有之特性，抵禦外界之侵陵」。可人們受「精神的惰性之作用」的影響，往往對新事物的接受有一個過程，抵制新制度，新文化，「故每經一次之改革，必有一次之反動」，遂使新制不易推行。而道德上的表現也呈現出矛盾鑿枘之象，不能融劑體合，其表現則是：「督制主義，已易爲自由主義，因果之迷信，神權之崇拜，既以科學發明，不足爲宰制人心之具，而新倫理之信條，則猶未確實，天賦人權，徒爲踰閑蕩檢之口實，競爭進化，益啓弱肉強食之頹風，外無輿論之制裁，內無良心之刻責，則精神上大起恐慌，而風紀遂不堪問，此道德上之不能體合也。」〔註93〕如何才能做到體合，使新舊相適呢？錢智修認爲第一事，「當改革舊時之習慣」。習慣的力量很強大，「當新舊過渡時代，則社會習慣尤不可不加多少之改革，若以舊時習慣，混合於新制度之中，則新制度且因舊習慣之同化作用，而成非驢非馬之形式」。而「習慣之改革，以社會之自覺心爲動機，既感或種習慣之不合於時勢，則此種習慣，自因不使用而歸於淘汰。蓋社會心理，固與時俱變，日重整其自身之組織，而適應自然之要求，與人類之意志者也，吾人所宜注意者，惟不當困石據藜，加以人爲之桎梏耳」；

〔註93〕 錢智修：《說體合》，《東方雜誌》第 10 卷第 7 號。

第二事，「則當容忍一時之苦痛」。其原因在於，社會之進步，「每以理想爲先導，而後有事實以繼之，當其理想已達或種之限度，而事實不能相應之時，則所感受苦痛，甚爲強烈。」且過渡時代之制度，「大都由模仿而來，模仿而來之制度，未必盡適於國情也。則必有方枘圓鑿之患，而國民之實質，又未必能遽合於模仿而來之制度也。則必經淘汰蟬蛻之厄，而當舊制度已破壞新制度未確定之期間，尤必有青黃不接之恐慌，此皆過渡時代必須經歷之階段也」。所以，忍一時的苦痛，才能得最後之勝利；第三事，「當承認對抗之勢力」。在他看來，「一社會中，大都含有新舊兩種勢力，舊者毗於保守，新者毗於進步，而以兩方面能互認其他方面之價值爲最佳」。這恰如人體之遺傳性與變異性，遺傳性在保持固有之優良與特性，變異性在淘汰不適之劣點，社會上保守進步之勢力，亦復如是。但社會之變異，「受智力之指導，可有調劑審察折衷至當之餘地」。因此，應努力養成承認對抗勢力的雅量，才不至阻礙社會的發展。因此，錢智修一再強調他所提倡的「體合」，「非謂事事當循歐美之成規」，而應保持自己的特性，而不成歐美之奴隸，況且歐美文明也是流弊叢生。所應做的事，一方面重視本國所有，一方面學習歐美，「吾人有數千年之歷史，又有歐美諸強國過去之經驗，爲從違取捨之資」調劑體合，開出一種新的生機。〔註94〕

錢智修在《功利主義與學術》一文中再一次提到了這個問題。強調學問有因有革，東西文化應調劑體合才益於促進學術進步。他說：「蓋學問之事，其第一步爲因，其第二步爲革。因者取於人以爲善，其道利在同。革者創諸己而見長，其道利在異。因革互用，同異相資，故甲國之學，既以先進之資格爲乙國所師，乙國之學亦時以後起之變異爲師於甲國，而學術即因轉益相師而進步。然其所以能變異而進步者，則因載學之器之文字不同，外來之思想，經本國文字發表，已與本國思想體合而易其原形故也。若廢棄本國文字而易以歐洲之通用語，於爲因爲同計則得矣，將又何以爲革爲異，而促進學術之進步耶？」〔註95〕強調體合在文化交流中的重要性。

蔡元培也提到了東西文化的「體合」問題，不過他用了另一個詞——「媒合」來表達此義。1919 年，他在北京教育界公祝杜威六十歲生日晚會上的發言中，提出了東西文明應「媒合」的觀點。他說：「我覺得孔子的理想與杜威

〔註94〕 錢智修：《說體合》，《東方雜誌》第 10 卷第 7 號。
〔註95〕 錢智修：《功利主義與學術》，《東方雜誌》第 15 卷第 6 號。

博士的學說，很有相同的點，這就是東西文明要媒合的證據了。但媒合的方法，必先要領得西洋科學的精神，然後用他來整理中國的舊學說，才能發生一種新義。」〔註96〕其中特別需要做到兩點：「一以西方文化輸入東方，二以東方文化傳佈西方。」〔註97〕主張用科學的方法整理固有文化，使東西文化達到一種媒合狀態，成就出一種新的文化。

在對待東西文明問題上，梁啓超也主張要抱定盡性主義，解放思想，以自省的態度調和東西文明，「以化合起來成一新文明」。他主張改革「著急不得」，一方面要切切實實地著手思想的解放，意志的磨煉，學問的培養，「抱定盡性主義，求個徹底的自我實現」。另一方面，要客觀審視中西文化及現狀，既看到固守舊傳統無補於實際，又看到盲目西化所帶來的弊端，「拿西洋的文明來擴充我的文明，又拿我的文明去補助西洋的文明，叫他化合起來成一種新文明。」從而在文化建設上，「向全人類全體有所貢獻」〔註98〕。

如此看來，五四前後的文化調和論者，雖然其表述上各有差異，具體觀點也不盡相同，但卻有一個基本點是相同的，即希望東西文化、新舊文化之間能夠彼此互融調劑，最終達到「體合」，得到共同發展，而不像激進主義那樣企圖以「畢其功於一役」的方式，採取二元對立的思維去處理新舊、中西文化的問題。事實上，文化問題是極其複雜的，通常需要長時段的過程才能適宜變化，而一旦適宜後便具有較爲穩固的惰性力。靠強力去摧折，往往容易導致社會秩序的混亂，並不能從根本上解決問題。調和論者主張在激烈的過渡時代，以一種漸進的變革方式對待東西、新舊文化，以期讓社會能夠平穩有序地過渡，達到創造新文化的目的，不失爲一種理性之思。當然，他們也深知文化的創新決不是一件輕而易舉的事情，其程序是複雜的，其過程是漫長的，他們甚至承認選擇以調和的方式去解決東西文化以及新舊文化的衝突，只是權宜之計，只是探索之路，主要是希望能夠以這種方式緩和這兩對矛盾之間的劇烈衝突，不至於讓社會過於動蕩，從而和諧健康地向前發展，使人們能夠有一定的價值皈依感而不致於精神迷亂，這是他們的一種理性訴求，正如像霍布豪斯描述自由主義者所說的那樣：「向和諧邁進是理性的人持

〔註96〕蔡元培：《蔡元培全集》第 3 卷，杭州：浙江教育出版社 1997 年版，第 350頁。

〔註97〕蔡元培：《東西文化結合──在華盛頓喬治城大學演説詞》，《蔡元培全集》第 4 卷，杭州：浙江教育出版社 1997 年版，第 50 頁。

〔註98〕梁啓超：《歐遊心影錄》，《晨報》副刊，1920 年 3 月 6 日到 8 月 17 日。

久不變的衝動，即使這個目標永遠也達不到。」〔註99〕

二、注重理性力量

　　杜亞泉是一個頭腦冷靜的思想家，十分注重理性的力量，主張以「理性勢力說」作為處理文化問題的理論基礎。他說：「理性者，吾人所持以應付事物、範圍身心者也。本乎生理之自然，與夫心理之契合，又益之以外圍時地之經驗，遂形成一種意識。平時寂處，則蘊之為良知；出與物接，則發之為意志。凡人類之各遂其生活，社會之獲保其安寧，非僅恃乎軍隊之保障，政治之設施，法令之詔示，刑賞之勸懲已也，賴有理性焉，為之主宰是而綱維是。小之如生民細故，大之如國政邦交，無不本此以策進行而定趨向，無所令而莫之或叛，無所強而莫敢或違焉。其目的所在，雖以暢達個人之生機，希求小己之利益為基礎，然充義至盡，且或呈反是之現象。」他認為理性有「調和統合」社會之機能，有「偉大之勢力」。社會的發展是在理性的調和狀態下發展的。雖然會受到欲望、武力、經濟等因素的影響而受到削弱，常常出現「理性迷誤」和「理性變遷」，〔註100〕但總的來說，社會發展的趨勢是趨於調和，治多亂少的。社會的進步是在一種理性與迷失的交錯變遷中逐步前進的。正如他所言，社會「有時不免為欲望所遏抑，然必理性戰勝，社會乃進於文明。吾人所以高出庶物，脫除蠻野，成為今日之社會者，皆歷代理性戰勝之成績也。若夫武力專制，固為事實所不能免，第從歷史觀之，則此種現象，究居少數，且不久即回覆常態。自古一治一亂，即二者勢力互為消長之時。而治日常多，亂日常少，則理性仍占長時間之勝利」。理性迷失，在於「欲望實為理性中之一部分，惟性質有公私，目的有廣狹，此其所以異耳。故二者之間，無論欲望常為理性所克制，就令欲望戰勝，亦仍在理性勢力範圍之中，僅能謂之內部之爭持，不能謂其對於外界而有所撓屈也」，而「武力初無意識，必賴理性之主持，而理性失之過激，往往一發不可復收，既動而不能遽靜，軼出軌範，反乎原動之主的，而為其障礙」。這種理性的迷失一是緣於感情的激烈，溢出軌範，二是「覺世牖民之學說」過於艱深，而群眾理性多為平庸，往往得粗忘精，「持論之故作新奇，立說之好為穎異」，使「理性之難得中正」，遂使社會不能平穩有序地發展。因此，杜亞泉認為，要使理

〔註99〕霍布豪斯：《自由主義》，朱曾汶譯，北京：商務印書館1996年版，第65頁。
〔註100〕傖父：《理性之勢力》，《東方雜誌》第10卷第6號。

性的勢力得以發揮，達到調和中正的狀態。一是「吾人當各澄清其意慮，疏
瀹其靈明，養成判別事理審察物情之能力……其次則凡操維持世道化民成俗
之權者，當知人民理性之不可抑撓，而又不容任其迷誤，一方而迎機善導，
順其發展之本能；一方面救弊扶偏，匡厥趨向之歧誤」。〔註101〕主張以理性來
統御情感，對待新舊中西文化，勿使其偏激盲從。

由於理性是人類智識向上的一種表現，理性的保持對於學術的中正平
和，新事物的接納，改革的有序進行等皆有重大關係，因此，杜亞泉希望世
人莫爲激情所役，應本著一種中庸平和的精神發言立論，立身處事，「力求平
正，切中事情，察人民程度以立言，揆世運遷流而立教，毋騖高遠，毋尙精
深，毋見彈求炙而涉及張皇，毋懲羹吹薤而流於激烈，庶理性得和平中正之
指導，而不致偏倚矯切，貽世界以無窮之紛擾也」。〔註102〕強調改革的穩固發
展離不開理性力量的制衡，要以一種審愼的抉擇態度，在學習西方的過程中
振刷內部精神，在奮鬥中取中正的態度，戒絕奮鬥中的極端化趨向。他認爲，
中國當時已是「外圍之逼壓愈深，人心之頹喪愈甚，微特對於世界社會，漠
不相關，即其家庭小己之間，亦且有我躬不閱遑恤我後之慨；又微特素性恬
退，淡於名利之人，即力爭上游，在政治社會上有所作爲者，亦多存五日京
兆之心，而不作謀及百年之計，凡所規劃，但求及身或其任事之時期內，得
以敷衍粉飾而止，永久之利害、他日之安危，非所慮也。大局之兀臬若彼，
人心之泄沓若此，國事寧有奓耶？」〔註103〕國勢上的頹敗消極，軍事上的失
敗，政治上的混亂，致使人心激進浮燥，難謀長久建設，相比之下，西方世
界雖然矛盾衝突嚴重，但「彼都人士，乃亟亟焉講求消弭之方，討論善後之
策，以爲休戰後恢復和平、遏絕擾亂之準備，曾不因遭此巨變，而稍墮厥志
焉」。因此，鼓勵國人「亦可聞而興起」，向西方學習，取奮鬥的生活態度「以
爲吾人所宜自覺者」。

這種奮鬥的精神，內涵著一種冷靜的態度。他強調國勢贏弱必以奮鬥之
心以振衰。但奮鬥不是盲目的爭鬥，必應有理性的指導以求中正之心，不走
極端，穩步前行。而當時中國最突出的問題恰恰就是思想主張、社會改革常
趨於極端。他指出：「吾民弱點，一方面爲萎靡不振，一方面爲好大喜功，苟

〔註101〕傖父：《理性之勢力》，《東方雜誌》第 10 卷第 6 號。
〔註102〕傖父：《理性之勢力》，《東方雜誌》第 10 卷第 6 號。
〔註103〕傖父：《吾人今後之自覺》，《東方雜誌》第 12 卷第 10 號。

徒鼓吹奮鬥，不丁寧於此限制之間，則興高采烈之餘，或創巨痛深而後，難保無不負責任之言辭，逾越範圍之表示，乘虛憍客氣，而發為排外之主張者，雖言者逞一時之意氣，示必見諸實行，然足以啓外人之疑惑，為實際之妨害者，固已不淺矣。」〔註104〕

由此可見，杜亞泉主一種奮鬥前進的生活，但要求時時守中正之道，平衡左右。他批評國人在面對來自內部或外界挑戰時所顯示的極端性，是民智未成熟的表現，往往拒甲而受乙，不利於中國自身的穩健發展。他對國家前途憂思重重，主張國人要覺醒，要有一種奮鬥的自覺，並在理性的認知下逐步實施而不是一時的感情用事或非此即彼，弱肉強食。主張改革要力避走入極端，「守正義，重人道，維持協力主義，振刷內部精神」。〔註105〕表現出一種力闢偏執的中正平和態度，希望在理性的制御下，對西學鑒別抉擇，調和東西，以促使社會的健康發展。

而朱調孫在強調新舊調和時，也一再強調感情不要過於強烈，要有準確的知識為輔助，以理性的態度著力於具體的事業。他說：「提倡研究新舊調和之必要，似於新派之銳意改革腐敗社會不無阻其熱度之發展，則不佞期期以為不然，以為吾人解決一切問題當有準確之知識與常蓄不泄之感情。至於魄力一層，固為經營事業之要素，然不佞以為新派皆是主張進取者，此種要素並不缺乏。不佞所為之杞憂者，即感情過於激昂而無準確知識以為之輔，不合目前事實，一旦大失敗，感情已發泄無餘，則心灰意冷，或且羨為世外人耳。人惟有忍毅始可以集事，而青年則對此二字工夫不易做到。所謂忍毅者，具百折不回之志，積蓄濃厚有餘的感情，以冷靜之頭腦體察外面環境現象，苟有可乘，決不放鬆，得尺進尺，得寸進寸，務達目的而後已。不佞以為，凡為現今青年所欲望之人物，最好一方面積極提倡青年各項社會實際的建造事業……青年有具體的高尚事業從事，其感情自有所附麗，日日培養，則中國前途之希望正無窮也。」〔註106〕主張青年應把改革的激情，落實到實踐之中，謀現實的建設事業，而不是一任激情高漲而高呼破壞口號，提倡以理性的冷靜態度著力於新文化的建設。也正是在這種理性勢力說下日漸形成了著重於建設，主張先立後破的文化觀。

〔註104〕傖父：《吾人今後之自覺》，《東方雜誌》第12卷第10號。
〔註105〕傖父：《吾人今後之自覺》，《東方雜誌》第12卷第10號。
〔註106〕朱調孫：《研究新舊思想調和之必要及其方法》，《東方雜誌》第17卷第4號。

如何理性對待地東西文化，錢智修對一戰後西方思想界及國內思想界所興起的「恭維中國文化」的評論具有一定的代表性。他說由於環境的變化，「西洋學者的羨慕中國文化，我們盡可以說他們出於誠意；中國文化的優點，我們儘可以說能補救西洋文化的破綻。但是西洋人處一種境界，中國人所處又是一種境界；補救西洋文化是一件事，保持固有文化又是一件事。」「我們不能因爲西洋文化的發見破綻，就關起大門，矜中國文化爲獨得之秘。」西洋文化有缺點，有向中國學習的地方，不能認爲中國的文化就最好，西洋好的地方還是應老實學習。「文化是可以補足的。我們應該認清我們的病源，對症下藥；不應該聽了隔壁人家的醫案，就認爲自己家內早已有了秘傳的良方。」〔註107〕這種對東西文化的認識是理性而反省的，既不自戀於本國文化，也不盲目崇尚外國文化，能夠客觀地認識東西文化各自的優缺點，謀求雙方的調和，以創造新文化爲目的，這是文化調和論崇尚理性的表現。

近代以來，中國人因政治、軍事上的挫折，漸趨走向激進主義，文化改革則往往過於急躁，以致改革中弊端叢生，缺少理性的制御。而文化調和論者則對此多有反思，倡導以理性主義爲指導，力圖使文化建設走上穩健之道。這種理性主義精神一直貫穿在杜亞泉的文化思想之中，他與蔣夢麟的何謂新思想之爭，與李石岑的新舊倫理之爭及與朱光潛的情與理之爭都體現了他注重理性精神的思想傾向，爲糾正新文化運動者的激進傾向有警醒作用，表現了思想啓蒙家的客觀冷靜的心態，有利於文化建設走上穩定的道路。這種對理性的強調正是文化調和論者所一貫注重的思想特質。

三、反對盲目倣仿西方

還在新文化運動興起之前，杜亞泉對於國人向西方學習的弱點就有較爲深入的認識。他認爲，一戰爆發前，國人提出的種種文化方案，多爲「急則治標之計劃」，不思及未來。然而，在他看來，「世界一切事物，有現在，有未來。現在之事理，固宜應付，未來之事理，亦不容漠視。」主張解決問題，在方法的選擇上，應有長遠的眼光，不能只顧一時之需，要謀及將來，講求長效，要思及「解決之遲速，解決方法之優絀，與夫解決後之留遺後患否耳」。〔註108〕主張要從文化建設上謀治本之方，以理性爲指導，有選擇有鑒別地學

〔註107〕堅瓠：《互助的文化觀》，《東方雜誌》第 20 卷第 6 號。
〔註108〕傖父：《現代文明之弱點》，《東方雜誌》第 9 卷第 11 號。

習西方。

　　杜亞泉認為，國人對西學缺乏理性的擇別態度，「當國運衰頹之際，外來之新理，乃連翩而輸入，又不幸而吾人乏冷靜之頭腦，精密之研究，對此新來之學理，但倉惶驚羨以迎受之，鹵莽滅裂以宣揚之，不嘗為有條理之貫串，有統系之吸收，故國民概念，遂蒙其弊」。針對這種狀況，他主張對西學要持一種批判吸收的態度，不能盲從。「凡關於政治社會諸學理，苟非洞明原委，熟審利弊，不宜輕於提倡，率為傳播。」主張對於西方各學說，在要精研學理的基礎上，「博取眾說而討論之，羅致群言而考覈之」。然而當時許多青年，對於外來之西學，「不審其可否，而遽以詔示國民，冀其傳佈，則為害非淺。十餘年來，吾國學者，多蹈此病。今日見某說，則揭其義曰，非此不足以救亡；明日聞某理，又更其辭曰，非此不足以轉弱；道聽途說，其前後兩義之能接續否，不違背否，非所問也。在彼固不妨自為辯護曰，昨非今是，吾故從其是而棄其非，然被其影響，受其迷誤者，已棼如亂絲，雜糅而不可梳理矣」。〔註 109〕在此，他並不反對吸收西學，只是強調不能盲從，要仔細研究後有鑒別地吸收。

　　杜亞泉更多看到的是國人在引進西學時的種種不理性表現。他認為，「群眾心理，往往任意氣而乏思考，多猜忌而易衝動，其性質常傾向於極端」。〔註 110〕而且，當時言論者在取材外籍，征諸外國文獻時多犯有囫圇吞棗的毛病，既不能忠乎情實，也不能淺顯明瞭，往往標舉所謂並不明瞭的新學說、新主義為好尚，「偏持一種學說，欲以包容萬有；如治法律者，謂法律可解一切紛紜，治經濟者，謂經濟實為百政樞紐，動輒標舉其所寢饋者娓娓陳述，連篇累牘皆沉晦深邃之談」，使言論不得其要，不能發揮公共輿論引導社會健康發展的功能。他也承認，言論家鑒於社會情勢的羸弱，以激進的言辭警醒國人是可以理解的，「社會沉寂偷惰之時，不可不有以刺戟而覺醒之。言論之聳聽者，振發聵聾之利器也。」但同時他指出，激進言論並不能引導社會健康有序地發展，並會產生一定的副作用，「危警論，可以暫試而不可常用，猶之患瘥麻者，固當興奮其神經，然屢屢興奮，則病與藥成為習慣，不特功效減退，且有因而瘥麻愈甚者焉。」在批評社會上的激進趨向時，杜亞泉並不一味迴護固有現狀，他說「吾國政治之腐敗、民氣之衰頹、實業之凋落，比之歐美，

〔註 109〕傖父：《國民共同之概念》，《東方雜誌》第 12 卷第 11 號。
〔註 110〕傖父：《社會協力主義》，《東方雜誌》，第 12 卷第 1 號。

誠覺相形見絀。」因而「言論家欲促國人之自覺，故常歷舉他人之長，較我之短，使國人瞿然警悟，急起直追」是愛國熱誠的表現。但激進論者動輒「稱崇他人，貶抑自己，以國民知識爲愚蒙，以人民程度爲低下，其極端偏畸者，則謂中國事事物物均不如人，幾欲盡棄其固有之文化，效法歐美」。對於這種極端的言論和做法，他表示難以苟同，希望言論界能本著審慎客觀的態度來引導社會輿論，希望「批評之分量，以適當而止，且宜與以轉圜之地，勿爲疾惡過甚之辭，示以補救之方，毋作入苙從寶之語，夫而後矜平躁釋，得收從改悅繹之功」。反對過於極端，強調言論「不能與前者爲極端之牴牾，後此所述，不宜與現在爲絕對之僢馳。」〔註111〕這樣才能使言論界所構築的公共輿論空間不致失墜，樹立起公共的信仰，爲社會的平穩有序發展作出貢獻。

　　杜亞泉一向認爲：「人性爲人類在其他生物及動物間所具有的特性，一方面又爲普通成人所具有的通性，但人類的各個人間所具的性，一方面通共點固然很多，一方面特殊點也復不少。」〔註112〕基於這種哲學上的認知，他認爲東西文化也有共性和特殊性之分，共性是其可以交流的基礎，個性則是雙方保持自己特色，調和互補的基礎。因此，解決東西文化的衝突，只能通過學習西方得以解決。但他仍然強調其一貫主張，反對盲目學習西方，力圖以理性客觀的態度評判東西文化，取長補短，創造新文化。他承認新舊衝突與東西文化衝突密切相關，但並非同一問題，原因在於：「以亙古不相交通之東西洋兩種思想，忽相接觸，異點之多，自不待言；況兩種思想，各有悠久之歷史、龐大之社會以爲根據，其勢自不能相下。然謂吾國民思想之衝突，即東洋思想與西洋思想之衝突，則殊未是。」〔註113〕因此，不能把新舊衝突與東西衝突等同視之，「東西思想之衝突，……決非吾國新舊二派思想可以代表。吾國民之所謂新思想者，豈能脫離固有之東洋思想，惟吸收幾分之西洋思想而已。而所謂舊思想者，又豈能全然墨守其固有之東洋思想，以排斥西洋思想？」在他看來，東西思想是相互影響的，學習西方是一種必然趨向，但當時國內片面強調西化的傾向卻使文化運動不免走入極端，其盲目性帶來了不少負面影響。

　　對於物質文明而言，杜亞泉觀察道：「返觀吾社會程度，則絕少利用此

〔註111〕傖父：《言論勢力失墜之原因》，《東方雜誌》15卷第12號。
〔註112〕杜亞泉：《人生哲學》，《杜亞泉著作兩種》，田建業編校，北京：新星出版社2007年版，第79頁。
〔註113〕傖父：《再論新舊思想之衝突》，《東方雜誌》第13卷第4號。

物質文明，以裨益己國之能力。徽特無匠心獨運，闡明一二新理，以發揮已有之文明，即對於輸入之文明，依樣葫蘆，猶多缺陷。其歡迎文明也，不過如兒童之歡迎玩物，但求縱其欲望，他無所知。是吾社會乃物質文明之消耗場，而非物質文明之生產地也；吾社會人民，乃使用物質文明之人類，而非製造物質文明之人類也。」〔註114〕中國不見物質進步之福，而日趨窮蹙，使他非常擔憂。而更令他深以為憂的是精神界的虛弱。當時中國剛脫離專制時代，精神得以解放，種種新思潮魚貫輸入，「倫理，論理、教育諸問題，亦莫不有新思想之輸入，甚至社會主義，文明各國尚未能實行者，吾社會亦起而倡導之，似亦足與歐美爭勝矣」，然而細觀之下，國人學習西方的精神文明大有問題，他批評道：「新思潮之灌注，雖彌漫全國，然知其當然而不知其所以然者，仍居多數。其影響於事實如此其速者，乃緣時勢之要求，非全出於精神上之作用也。且近今所謂精神文明者，類由摹仿襲取而來，非己身所產出，而又無推測抉擇之力，貫通融會之方，調劑之以求其體合。假鄰人之冠服，不審其修短廣狹，貿然被之於吾身，故貌合神離、削足適履之誚，常所不免。」在他看來，「一國有一國之特性，則一國亦自有一國之文明，取他人所長，以補吾之所短，可也；乞他人所餘，而棄吾之所有，不可也。而吾社會輸入之文明，則與舊時之國性，居於衝突之地位，絕不融合，乃欲持此摹仿襲取而來，無國性以繫乎其後者，以與世界相見，是猶披假貸之冠服，以傲其所借之物主，其不貽笑者幾何？不徒貽笑已也。恐將被引而與之同化，此亦當預為顧慮者也。」〔註115〕這裡有幾層意思要注意：一是無論是在物質層面還是精神層面上，他並不反對學習西方。反對的只是不加鑒別的盲目吸收，棄長取短；二是主張吸收外來文化要與固有文明相結合，反對一味的摹仿襲取，削足適履；三是主張在學習西方的過程中應注意民族性與世界性的結合，以國性見於世界，調劑體合，共鑄新文化。希望「就物質上精神上之文明，裁除其弱點，養助其優點，使不長此為消耗、為襲取，而利用此輸入之文明，以形成吾國獨立之文明而已」。〔註116〕可見他的目的是要形成中國獨立的文明，而不是固守舊文化，也不是西化。

〔註114〕儋父：《現代文明之弱點》，《東方雜誌》第9卷第11號。
〔註115〕儋父：《現代文明之弱點》，《東方雜誌》第9卷第11號。
〔註116〕儋父：《現代文明之弱點》，《東方雜誌》第9卷第11號。

　　因此，外國學說「不能強移植之於吾國」，〔註117〕更不能「盲從輕信，摘未熟之果，揠未長之苗，以貽害於無窮焉」。主張持科學的態度，客觀地取鑒西學，既要看到其缺陷，又要看到其優勝於中國文化之處。他說：「至於科學上之學說，如競爭論、意志論等，雖各有證據，各成系統，但皆理性中之一端，而非其全體，當視之與諸子百家相等，不可奉爲信條。吾人當確信吾社會固有之道德觀念，爲最純粹最中正者。但吾人雖不可無如是之確信，卻不可以此自封自囿。世界各國之賢哲，所闡發之名理，所留遺之言論，精深透闢，足以使吾人固有之觀念益明益確者，吾人當研究之。」「吾人所取資於西洋者，不但在輸入其學說，以明確吾人固有之道德觀念而已。……以彼之長補我之短，對於此點，吾人固宜效法也。」〔註118〕明確表示要取鑒西方學說以濟固有文明之不足。

　　而應按什麼原則選擇西學？則是調和論者進一步思考的問題。他們希望對西方文化，能夠注意消化和吸收，做到「有條件地容受」。

　　蔡元培在《東方雜誌》上曾發表了《文明之消化》一文，直接討論了這個問題。蔡元培認爲：「消化者，吸收外界適當之食料，而製煉之，使類化爲本身之分子，以助其發達。」這種消化作用，不惟在物質界，亦在精神界存在。如希臘文明、歐洲文明、中國文明，皆是逐漸吸收、消化了外來分子後得以形成的。而所謂「吸收者，消化之預備，必擇其可以消化者，而始吸收之」。這兩個過程在東西文明調和時同樣不可避免，因而在具體過程中，一方面應注意於文明的吸收，否則會造成消化不良現象。如中國對印度文明的引進即犯有此病，「印度文明之輸入也，其滋養品實爲哲理，而埋蘊於宗教臭味之中，吸收者渾淪而吞之，致釀成消化不良之疾，鉤稽哲理，如有宋諸儒，既不免拘牽門戶之成見，而普通社會，爲宗教臭味所薰習，迷信滋彰，至今爲梗」。因而，文明的吸收是一個需要特別謹慎的過程，希望國人在吸收歐洲文明時要謹防造成消化不良現象，不要崇西過甚而不顧中國的吸收狀況。對此，蔡元培指出：「歐洲文明，以學術爲中堅，本視印度爲複雜，而附屬品之不可消化者，亦隨而多歧。政潮之排蕩，金力之劫持，教宗之拘忌，率皆爲思想自由之障礙，使皆渾淪而吞之，則他日消化不良之弊，將視印度文明尤甚。審愼於吸收之始，毋爲消化時代之障礙，此吾儕所當注意者也。」同時

〔註117〕傖父：《大戰終結後國人之覺悟如何》，《東方雜誌》第 16 卷第 1 號。
〔註118〕傖父：《戰後東西文明之調和》，《東方雜誌》第 14 卷第 4 號。

認爲，文化的交流不可強爲阻攔，而應做根本的調和準備，對於歐洲文明，「向使吾儕見彼此習俗之殊別，而不能推見其共通之公理，震新舊思想之衝突，而不能預爲根本之調和，則臭味差池，即使強飲強食，其亦將出而哇之耳。當吸收之始，即參以消化之作用，俾得減吸收時代之阻力，此亦吾人不可不注意者也」。〔註119〕可見，要使東西文明調和適應，必須要注意文明的消化與吸收兩個過程，主動吸收，審愼選擇，輸入西學時充分考察中國的實情及需要，有所鑒別，與中國的具體實況結合起來，注意對西方文化的消化與吸收，才是文明調和所需尤爲注意之處。

陳嘉異也有類似提法，希望對西方文化採取「有條件的容受」。他既承認中國固有文明不乏優秀之處，也看到了西方文明之所長，主張調劑二者生成具有民族特性與時代精神的世界性新文化。他認爲西方文化之優長有三點：一是科學之方法與精神；二是物質文明發達；三是社會組織力強。三者又以科學精神一以貫之。物質文明，乃科學精神自然產生之副產品，而社會組織力之精且強，則是富於科學精神之頭腦所致。中國文明最缺乏科學精神，從正面論，善於直契究極原理，從反面論，易流於思想籠統。因此，他希望調和中西以創造新文化，他說：「今補救之道，惟有求之科學精神，故此民族所應虛心完全採納者。至於物質文明與社會組織，亦當爲有條件的容受。必有科學方法以渝吾學物質文明以厚吾生。社會組織，以繕吾群而後東方文化之原理，乃得附麗於此種方式與其體制，以盡其用，所謂吸收西方文化之精英，以爲文化之交換者道在是耳。」〔註120〕

在現代化過程中，在民族國家成爲一種普遍政治實體的氛圍下，文化的選擇也應考慮到民族性的因素，不能拋棄自己的根柢而在文化選擇上盲從他國，每一個國家都有自己的特殊性，其文化也是在其特殊的環境中逐漸形成的，不能生搬硬套對西方政治文化生吞活剝，特別是在文化上，要有開放健全的心態，既要承認自身的民族特性，也應看到人類社會具有文化追求上的同一性。在自身文化根基上生發新的枝丫，才能使文化顯示出蓬勃生機。這需要以反省的態度，檢討自身文化的優缺點，努力融入世界，同時保持自身的特色。事實上，民族文化是一個民族生發繁衍的根基，它會隨著事物的變化、時勢的變遷作相應的調適與演進。因此，在與異文化接觸時，要敢於正

〔註119〕子民：《文明之消化》，《東方雜誌》第 14 卷第 2 號。
〔註120〕參見陳嘉異：《東方文化與吾人之大任》，《東方雜誌》第 18 卷第 1、2 號。

視自身的缺點，同時也要努力地發揮自身的優點，批判地對待固有文化，再開放地迎受異質文化，對之進行「有條件容受」，創造一種既是中國的，又能貢獻於世界的新文化。不能在文化選擇上採取二元對立的觀點，要麼固守傳統，排斥西學，要麼主張西化，拋棄傳統。拒斥外來文化是缺乏民族包容力和民族信心的表現，必然會帶來負面效應，留下歷史的後遺症。拋棄固有根基則會失去文化上的主體性，陷於被動而把自身放在一種危險的境地。因此，文化路徑的選擇必須在激進與固守中尋求調和之道以應世變，才能使自身能夠順應時勢而保持底色。五四前後的文化調和論力圖在文化主張上強調這一點，是極其可貴的。

從整體上考察可見，杜亞泉等人提倡東西文化調和論，其前提建立在學習西方、研究固有文化的基礎上，是一種比較視野下的文化觀。一方面反思西方文明的弊端，批評國內新文化運動的激進主義存在盲目趨向，主張要注意對外來文化的「消化和吸收」，實行「有條件的容受」。在對待固有文明問題上，則堅持以科學的法則刷新之，與西方文化取長補短，創造出適應世局變遷的新文化。

四、以科學的法則刷新固有文明以創造新文化

如何創造中國未來的新文化是當時思想界所普遍關注的問題。正如常乃惪在《中國民族與中國新文化之創造》一文中所言：「我們是用全力來恢復中國的固有舊文化呢？我們還是以舊文化爲主，部分的吸收西洋新文化呢？我們還是分中西文化，擇善而取之呢？我們還是徹底拋棄中國舊文化，去迎受西洋的新文化呢？我們迎受西洋文化是迎受希臘羅馬的文化呢？還是迎受基督教的文化呢？還是迎受文藝復興以後的新文化呢？還是迎受歐戰後的世界最新文化呢？還是迎受尚在虛無縹渺之際的未來派文化呢？倘若我們也不要全盤承受西洋文化，則我們是不是要想拋棄了本國和西洋兩層文化的固有形式而徹底去自由創造新文化呢？除了這些方面以外，我們沒有其他更好的方式了嗎？」〔註121〕這種種疑問正可表現出當時思想界在文化問題上的思考及一般傾向。對此，調和論者堅持一方面用科學方法刷新固有文明，一方面要調和中西文明以創造出新文明。

早在 1902 年，杜亞泉在潯溪公學演講時，就對東西文明作了文化類型上

〔註121〕常乃惪：《中國民族與中國新文化之創造》，《東方雜誌》第 24 卷第 24 號。

的比較，主張在學習西方的基礎上，用科學的方法刷新固有文明以創造新文化，再調和二者。他說：「我黃色人種，建社會於亞細亞，白色人種，建社會於歐羅巴，各不相謀，而自籌其生活之法，治安之道，以成一種之文明。故世界之文明者，有二大潮流，即東洋文明與西洋文明是也。此二大文明，發源不同，性質自異，雖其間不無互相交通互相影響之處，而四千年來未曾直相接觸，今也不但相接觸而且相衝突矣。」他認爲東西文明雖有衝突，但反對將二者對立起來，希望化合二者，以成新文明。在他看來，東洋文明儘管有弊端，但卻不可一筆抹煞，東西文明各有其特質，不能以新舊來加以判斷。因爲「所謂新者，無非爲腐者之改良，所謂腐者，又未始不可爲新者之材料也。……基於科學而發達之形體文明，即形而下之文明，則東固輸一籌於西；若屬於思想道義界之精神的文明，即形而上之文明，東西之孰優孰劣，固未易遽判也。然則東之未盡劣於西，而不無東優於西之處矣」。他承認中國文化的優點，「經百年內之八股家，支離破壞以後，幾亦無可表見」，〔註122〕必須要用科學的方法重新整理發掘。具體方法則爲：「第一當研求科學以補東洋文明之不足，第二研究固有之文明，與西洋之文明包含而化合之，以表章一絕新之文明於十九周之後，以爲東洋之特色。」〔註123〕

　　此後，新文化運動興起，陳獨秀等人持激烈的文化主張，高倡新舊不兩立，宣言要棄舊迎新。但杜亞泉認爲，新文化運動中主張革除中國固有文明同化於西洋者，並不是新的代表。他說：「以時代關係言之，則不能不以主張刷新中國固有文明貢獻於世界者爲新，而以主張革除中國固有文明同化於西洋者爲舊。」眞正的新應是對固有文明進行科學刷新，並努力貢獻於世界者。中西文化處於同等重要地位，二者應共同協作以促進世界文化的前進。在他看來：「現時代之所謂新舊，與戊戌時代之所謂新舊，表面上幾有倒轉之觀。然詳察之，同現時代之新思想，對於固有文明亦主張相當的吸收，惟不主張完全的仿傚而已。」一再表示他並非反對西學，而只是反對盲目的仿傚。他說：「吾人若因時代之關係而以新舊二字爲之標誌，則不能不以主張創造未來文明者爲新，而以主張維持現代文明者爲舊。……中國固有文明，雖非可直接應用於未來世界，然其根本上與西洋現代文明差異殊多，關於人

〔註122〕傖父：《溽溪公學開校之演說》，《杜亞泉文存》，上海：上海教育出版社2003
　　　　年版，第328頁。
〔註123〕傖父：《溽溪公學開校之演說》，《杜亞泉文存》，上海：上海教育出版社2003
　　　　年版，第329頁。

類生活上之經驗與理想，頗有足以證明西洋現代文明之錯誤，爲世界未來文明之指導者。苟以科學的法則整理而刷新之，其爲未來文明中重要一成分，自無疑義。」〔註124〕如對中西哲學而言，杜亞泉也主張用西方的科學方法整理中國的固有哲學。他認爲東西方雖然都有關注人生問題的哲學，但中國沒有發展出嚴密的邏輯，多爲體悟式的哲學，少論證與說服力，所以應融合中西學術，用科學方法整理之，創造中國哲學，使之精密化系統化。基於這種認知，他解釋說：「吾國所謂道，以人爲重，以生爲本，與西洋現代哲學的根柢相同，惟吾國自古迄今，均偏重於形上的道，忽於形下的器，自然科學遂不如西洋近世的發達。哲學上沒有科學的基礎，當然不很精密。我們應該依據近代的科學知識，把固有的哲學思想，整理一番才好。」〔註125〕而朱調孫也提出過相似類的觀點，主張「多輸入西洋活的新思想，但須暫時加以若干之修正」。〔註126〕強調要以科學的方法刷新固有文化，才能創造出眞正適應於中國，貢獻於世界的新文化。

而如何調和東西文化，如何整理中國固有學術文化，陳嘉異認爲可從以下幾端入手：

第一，以科學方法整理舊籍，將吾先民之學術思想乃至吾社會所以形成之原理，一一抉擇闡發爲統系之說明，使人咸知東方文化之眞面目究竟安在，而後東方文化確有可存在與討論之範圍。第二，既知東方文化眞義之所在，即當擇善而從，篤信其說，複本其原理以求實現爲奮鬥的生涯，以建一有意義有價值的生活。第三，吾人即本此奮鬥之精神，以文字的譯述，團體的宣傳，儘量灌輸東方文化之精蘊於歐美人士，以爲文化之交換。第四，一面以極精銳之別擇力，極深刻之吸收力，融合西方文化之精英，使吾人生活上內的生命（精神）與外的生命（物質），爲平行之進步，以完成個人與社會最高義的生活。同時，即本互助之努力，以創造一最高義的世界文化。

對於崇尚西方文化者，則希望他們要做到以下幾點：

第一，既以介紹西方文化爲己任，則應先將歐美各派（無論精

〔註124〕傖父：《新舊思想之折衷》，《東方雜誌》第 16 卷第 9 號。
〔註125〕杜亞泉：《人生哲學》，《杜亞泉著作兩種》，田建業編校，北京：新星出版社 2007 年版，第 12 頁。
〔註126〕朱調孫：《研究新舊思想調和之必要及其方法》，《東方雜誌》第 17 卷第 4 號。

神方面或物質方面）學說盡量輸入，使西方文化成一有條貫之體系，然後便於與東方文化爲明確之比較。第二，必用如此嚴密之方法，校勘確得東方文化之缺點，然後再對東方文化施以總攻擊尚不爲遲，此時暫勿以枝節之西說爲割裂之攻擊，致令東方統系轉爲所紊亂。第三，抑不當僅以攻擊固有文化爲能事，即所介紹之新學說等亦當使之融鑄消化，而後有眞歐化可兼納於吾國之可言。〔註127〕

主張一方面以科學的方法整理中國固有文化，一方面系統地、有批判性地介紹西學，二者結合，相與調和，才有望創造出一種有生機的、適應世界發展的新文化。

　　錢智修贊同陳嘉異振興東方文化與崇信西方文化所定應守之事項，並對科學地整理舊籍提出了自己的補充，希望能「以中立態度，闡發其眞相，以待他日之重新估價」，不必先定一個好壞再來整理。〔註128〕他一再強調調和東西文化的目的是爲了創造新文化，而不是爲了固守舊制。認爲中國文化實際上不斷地吸取了先進的外來文化，其獨立性是相對的，中國文化「血統亦已混亂，非復當時嫡裔」。因此，對於能夠裨助東方固有文化缺陷的先進文化，應持歡迎態度，「凡外來文化之能戰勝固有文化，必有其確能裨補吾人缺陷者在，吾人方當歡迎之不暇，不必深閉固拒是也」。〔註129〕同時，在未來文化的發展方向上，他反對武斷地認定東方文化在將來世界上必占最重位置的觀點，認爲既然西方文化暴露了破綻，取而代之的應是「第四種文化」，而絕不是任何一種舊文化，「余則以爲文化之爲物，固無永久不變之理。彼西方文化，經歐戰之試驗，與社會革命之震撼，其破綻尤不難概見。然其起而代之者，必爲更適於新時代之第四種文化，而與舊日任何人種之文化決非同物」。如果過多地強調中國文化之優點則與篤舊人士所言相類，且會受到文化的「惰性所乘」，〔註130〕不利於其融滙東西、建設新文化的訴求。

　　李大釗則言，在新時期「惟當順世界文明之潮流，別造一種新勢力以代之」〔註131〕。而常乃憩也表示：「一切文化是含有地域性和時代性的，今日中

〔註127〕陳嘉異：《東方文化與吾人之大任》，《東方雜誌》第 18 卷第 1、2 號。
〔註128〕堅瓠：《文化發展之徑路》，《東方雜誌》第 18 卷第 2 號。
〔註129〕堅瓠：《文化發展之徑路》，《東方雜誌》第 18 卷第 2 號。
〔註130〕堅瓠：《文化發展之徑路》，《東方雜誌》第 18 卷第 2 號。
〔註131〕守常：《中心勢力創造論》，《李大釗全集》第 2 卷，北京：人民出版社 2006 年版，第 121 頁。

國之新文化，在地域上是『中國』，在時間上是『今日』，因為是在中國，所以決非西洋，決不能完全承受舊中國的文化」。因此，「我們的問題不是怎樣採取，而是怎樣創造，我們依據時代和地域的背景而創造中國的新文化，這是我們今日中國民族唯一的責任」。由此而主張調和東西文化之爭，「我們不必保守或攻擊舊文化，我們不必介紹或反對西洋文化，我們只要創造新文化。」當然，他也認識到「所要創造的新文化自然也脫不了『國粹』和『歐化』兩層的影響 ，但決非僅限於這兩層已有的死規模，我們還有個人理想加入的餘地」。〔註132〕提出了調和新舊、中西文化以生成新文化的理想。

在這一時期，梁啟超的思想也深具調和取向，在對待中西文化問題上，他希望評價中西文化要客觀而不能感情用事，既批評守舊派，也批評了那些動輒言拋棄固有的激進主張者，他說：「國中那些老輩，故步自封，說什麼西學都是中國所固有，誠然可笑。那沉醉西風的，把中國什麼東西，都說得一錢不值，好像我們幾千年來，就像土蠻部落，一無所有，豈不更可笑嗎？須知凡一種思想，總是拿他的時代來做背景，我們要學習的，是學那思想的根本精神，不是學他派生的條件，因為一落到條件，就沒有不受時代支配的。……明白這一點，那麼研究中國舊學，就可以得公平的判斷，去取不至於謬誤了」。但「要發揮我們的文化，非借他們的文化做途徑不可，因為他們研究的方法，實在精密，所謂『欲善其事，必先利其器。』」〔註133〕主張學習西洋文化，對固有文化進行科學的整理和刷新。

梁啟超還進一步闡述了他刷新固有文明、調和中西文化的具體步驟：第一步，要人人存一個尊重愛護本國文化的誠意；第二步，要用那西洋人研究學問的方法去研究他，得他的真相；第三步，把自己的文化綜合起來，還拿別人的補助他，叫他起一種化合作用，成了個新文化系統；第四步，把這新系統往外擴充，叫人類全體都得著他的好處。〔註134〕梁啟超的這些文化主張中，有幾點值得注意：一是尊重愛護本國文化，並不是固守本國文化；二是要學習西洋人的研究方法去整理國故以生成一種新文化；三是這種新文化必須是世界主義的，要貢獻於全人類。他的這種調和中西新舊的文化觀，能夠客觀地承認自身文化的不足，以自覺的反省的態度，去對待中西文化，虛

〔註132〕常乃惪：《中國民族與中國新文化之創造》，《東方雜誌》第24卷第24號。
〔註133〕梁啟超：《歐遊心影錄》，《晨報》副刊，1920年3月6日到8月17日。
〔註134〕梁啟超：《歐遊心影錄》，《晨報》副刊，1920年3月6日到8月17日。

心地向西方學習，客觀地承認自身文化的短處，同時，能理性地審思西方思想，希望通過科學的方法刷新固有文明，調和新舊，生成一種立基於傳統但卻面向世界的新文化。此外，他還意識到現實的急迫，需要新的文化來應對，但卻不能急躁，他說：「天下事急不來的，總要把求速效的心事去掉，然後效乃有可言。」主張持以積極的心態與穩健的態度來處理東西、新舊文化問題。用他的話說就是：「要知暫時支持這種字樣，才真是亡國心理！若要不亡，只有紮硬寨打死仗這一法，這個法兒卻是斷斷急不來的。」〔註135〕這些思想主張力圖在客觀認識東西文化的基礎上，調和二者以謀新文化，在五四前後的各種文化思潮中，是比較理性而健全的文化觀。但這種文化主張在新舊衝突劇烈，激進思潮成為時代主潮的五四時期，終成為一種「被放棄的選擇」。〔註136〕

　　由此可見，五四前後，以杜亞泉為代表的文化調和論者，一方面主張在維持傳統的基礎上批判傳統，另一方面也主張在批判西方的前提下學習西方，強調以中國文化為根基進行中西文化的調和，重建民族主體性的新文化系統。他們一再強調文化在調和的過程中，有一個「趨新」的主題在內，從而在對待東西文化時，既有別於傳統的中體西用模式，也不是在歐化與國粹兩方面各摘一點東西來敷衍應付，而是把文化看作是一個既有地域性又有時代性特質的綜合產物，著力於創造一種地域上是「中國」的，在時代上是「今日」的新文化，主張用科學的方法整理固有文明，調和東西以生成新文化，貢獻於世界，成為世界文明的一部分。這些見解與胡適所倡導「研究問題、輸入學理、整理國故，再造文明」的新思潮，在理路上是同向的。

五、民族精神與世界化的統一

　　強調東西文明的調和，主張用科學的法則整理中國固有文化，創造貢獻於世界的新文化是五四前後調和論的一個文化目標。這種新文化則內蘊著民族精神與世界化的統一。無論是杜亞泉、李大釗的東西文明動靜之別，還是章士釗對文化的同一性與民族性統一的論述。他們都一再強調東西文化是兩種不同類型的文化，有著自身的民族特性，同時又都有體現人類文化共同性的地方，要調和二者，創造一種既是中國的，又是世界的新文化。

〔註135〕梁啟超：《歐遊心影錄》，《晨報》副刊，1920年3月6日至8月17日。
〔註136〕黃克武：《一個被放棄的選擇──梁啟超調適思想之研究》，北京：新星出版社2006年。

　　一戰後，國際間聯繫更趨密切，《東方雜誌》很快就意識到了這種趨勢，認為「大戰以後，人類一切活動，皆有國際合作之傾向，國家畛域之觀念，已不如前此之固執。」文化上也有國際聯合的趨勢，「各國學者固可各自研究，而無待於國際之聯合，然其他學術，則大都與全世界文化有關，其效用被於人類之全體當然非由國際學者聯合研究，必難望其充分發展也。」而且，「各國學者才能有不同，智力有不同，學術之進化，全賴他山之攻錯，集全世界才智而共同討究之，較一國學者之所造詣，自必有天壤之殊，故諺謂學術無國界」。該文認為一戰之所以為禍之烈，受劫之巨，「皆由於各國思想界之隔膜」，故主張精神科學上的聯合。可見，《東方雜誌》有心提倡思想上的東西聯合，以促成東西精神上的溝通，從而達到一種和諧共融。〔註137〕

　　基於對這種世界發展潮流的認識，《東方雜誌》主張要建設文化上的國家主義，其目的「在增高文化上之國家地位，使國民不致為世界文明人類之落伍者，與從前以武力統一世界或以武力保障滅亡之舊國家主義，完全不同。對於舊國家主義，首在提倡思想上之自由貿易，採取世界各國之思想學說，放棄自給主義，一面並努力從事於各種文化事業之建設，如是則增高本國之地位，而亦不致與各國之利害相衝突，非特不為國際主義世界主義之障礙，且可促成國際主義世界主義之實現，保障世界之和平，增進人類之福利。」〔註138〕這種文化上的國家主義與民族精神的培育又是相互聯繫的。

　　杜亞泉意識到，一戰後人類生活必起大變化，文化也會因之一變，中國不僅要應對自身的變化，也應思索「對於世界，能有若何之表示乎？」〔註139〕的問題。一戰的爆發使西洋文明破綻顯露無遺，引起了當時思想界對東西洋文明態度的重新思考。他說：「平情而論，則東西洋之現代生活，皆不能認為圓滿的生活，即東西洋之現代文明，皆不能許為模範的文明；而新文明之發生，亦因人心之覺悟，有迫不及待之勢。但文明之發生，常由於因襲而不由於創作，故戰後之新文明，自必就現代文明，取其所長，棄其所短，而以適於人類生活者為歸。」在他看來，當時的東西洋文明，「皆現一種病的狀態；而缺點之補足，病處之治療，乃人類協同之事業，不問人種與國民之同異，

〔註137〕《國際的文化運動》，《東方雜誌》17卷第12號。
〔註138〕君實：《文化的國家主義》，《東方雜誌》第17卷第16號。
〔註139〕傖父：《戰後東西文明之調和》，《東方雜誌》第14卷第4號。

當有一致之覺悟」。〔註140〕主張客觀審視東西文化，取長補短，調和二者，體現了他努力融入世界的一種文化自覺感。

在建設新文化上，杜亞泉反對照搬西方發展模式，他強調：「中國社會與歐美社會，文明之根柢既不相同，則生活之方法亦自然各異。與其違理性以仿傚他社會之文明，不如循理性以行，隨時勢而加以調節之為愈也。」〔註141〕因此，他反對固持己說的頑固守舊，但也認為精神文明的形成有其自身的獨特原因，不能一味盲從西方，應絜量短長，融合新舊。他批評「持保守之說者，每謂吾國開化，遠在希臘羅馬以前，文物典章，粲焉明備。今雖時勢變更，不能篤守閉關之故態，然所宜改革以蘄合於世界之大同者，不過國體政體之間而已。若道德，若文學，若宗教，以及社會之風習，家族之制度，凡在國家民族範圍以內者，固無所用其變革也」。杜亞泉認為這種說法有其合理的一面，但卻認為「精神文明之於其國也，非無因而產出，亦非虛懸一物而盡人皆可適用也，必經其國若干年之歷史教習慣經驗，與夫地利以及外界之關係。相劘相蕩，相醞相釀，始形成一特種之文明。雖其大要，為人類之所同，然必有一二端，為某種人類之所獨，宜於甲者，未必宜於乙也。吾國易閉關為開放，改專制為共和，形勢驟變，舊時文化，既不敷今日之需用，而欲由歷史等種種關係，自釀一特種之文明，又迫不及待，則取他人已行之成績，以補吾所未備，亦過渡時代所不能免者，特不可不絜量短長，以定去取，融合新舊，以期適合耳」。〔註142〕他批評國人對西洋文化的輸入不合中國國情而流於膚淺。認為「吾目前所輸入者，往往不審情勢，刻意效顰，苟有先例之可援，便爾步趨之恐後，而與吾國之歷史政教風習經驗，不無鑿枘」。所以他主張「吾人現今所宜致力者，當採世界文明之所同，而去其一二端之所獨，復以吾國性之所獨，融合乎世界之所同，毋徒此摹仿襲取者，慊然自足，誇耀其文明之進步也」。〔註143〕強調了中國文化的特性，及建立世界文化的希望。

為了能在保持本民族文化特性的基礎上，吸收新知，調和中西，有機地融入世界，創造出一種民族精神與世界化統一的新文化。杜亞泉等人以《東方雜誌》為園地，一方面努力與世界新潮接軌，對本國文化有所批評，一方面也積極發掘本國文化的優點。他們把文化看作是人類逐漸適應環境的產

〔註140〕傖父：《戰後東西文明之調和》，《東方雜誌》第 14 卷第 4 號。
〔註141〕傖父：《推測中國社會將來之變遷》，《東方雜誌》第 15 卷第 1 號。
〔註142〕傖父：《現代文明之弱點》，《東方雜誌》第 9 卷第 11 號。
〔註143〕傖父：《現代文明之弱點》，《東方雜誌》第 9 卷第 11 號。

物，有其自身的特性所在，在學習西方學說的同時，應寶愛中國之文化特性並以之爲根基，才能創造出不失自己特性又能適應世界發展趨勢的新文化。既要看到學習西方文化的正當性，順應新思潮的方向，也應考察西方文明存在的缺陷，積極發掘中國文明的特性，糾正盲目西化的弊端。此外，還不時翻譯介紹一些國外人士研究中國文化的文章。如《東方雜誌》曾刊發了日本《中央公論》對中國民族性的討論文章。認爲，中國人具有三個特殊性：一爲隱忍。持消極道德，不起競爭之心，民性柔和而不爭，往往小屈而大伸；二爲務實，不爲空想所誘，常致力於日用倫常之間，以人間生活爲本，學問有根柢不爲外界所撼，所以能持久；三爲耐久，百忍成金，所以其執著力、彈力、民族之繁殖力甚強。而這種種特殊的民族性，「正是中國民族之必能永久存在，且大有發展之望」的根基。﹝註 144﹞很明顯，介紹這種文章的目的在於說明：這種種民族特性，正是中華民族在適應環境中逐漸形成的。日人尙且讚揚而欣賞，中國人自當珍愛而發揚之，只有如此，才有助於創造出融民族精神與世界化爲一體的新文化。

常乃悳也提到，「中國文化的特質應當依中國的地域，中國的物質環境，中國的民族血統，中國的民族大多數的普有的氣質，中國的歷史演化的事實，中國的社會組織，中國的歷史上少數天才努力的方向，以及四圍環境所給與中國人的刺激等，合併起來而產生的複雜現象」，會因時因地而發生變化，所以，所謂中西文化之爭大可不必。其原因在於：一方面「一種文化其本身即爲一複雜之混一體，吾人不能於其中分出那一部分是中國的，那一部分是西洋的。蓋中國西洋之分系以地而分，非以時而分。既以地而分，則根本上中國地方即決不能有西洋文化發生」。所以「中體西用」之說根本不成立；另一方面，「中國今日之新文化，與中國昔日之舊文化說不能互相比較選擇，蓋文化既因時代而不同，舊文化之過去，已成事實，今日之新文化縱使其中含有多少舊文化之特質，然根本已決非舊文化，猶如子雖似父，決非即父。」﹝註 145﹞所以，東西調和生成的新文化不應只注重於固有文化，也不是徹底的西化，而應是一種內蘊著民族化與世界化統一的新文化。

錢嘉異也表達了這種文化理想，同樣希望調和東西、接續新舊生成的新文化是一種既具有民族精神又具有時代精神，既是中國的又是世界化的新文

﹝註 144﹞ 章錫琛譯：《中國民族性論》，《東方雜誌》第 14 卷第 1 號。

﹝註 145﹞ 常乃悳：《中國民族與中國新文化的創造》，《東方雜誌》第 24 卷第 24 號。

化，即要「創造一最高義之世界文化」。他說：「今日欲救國人之積病，介紹新說與昌明國學，固同爲亟務。而鈎發國學霾而未現之精英，實尤爲較重且適。」注重對中國固有文化精華的發掘，認爲民族精神與時代精神是相與調和的，主張新文化的創造要體現出固有的民族精神。就民族精神而言，「其民族若不善於運用之，則易流爲固性的傳統思想，而隨時代之變易以適應其環境，則此精神或且爲一時代之障礙物」。新文化的產生，是民族精神與時代精神相調節的結果。在他看來：「我國自前清戊戌以後，歐洲新說競入，思潮陡變。篤新之士，遂竭力攻擊吾固有之道德學說；一時碩舊，咸目爲狂潮。而卒之新思想勢力如挾萬鈞之弩，吾舊有政制與傳說均不免如落葉之掃。於是國人咸以爲新思想戰勝，其實當知所摧掃之舊制度、舊傳統而如是之易且速者，正以此等舊物自身本已腐朽，早不適於時代之新要求，即無外來之新思想亦當歸於淘汰者。而具有此淘汰作用之根本潛伏力，即余所謂吾族有此調節民族精神與時代精神之天才是也。」〔註146〕新思潮的發生，除了外來文化的衝擊外，固有文化在民族精神與時代精神的相互激蕩下會產生一種自我調節機制，不能一概捨棄。因此，他主張「如欲煥新一時代之思想與制度，仍在先淬屬其固有之民族精神」。其出發點，並非固守舊文化而妄自尊大，而是要創一體現新時代精神和民族精神的東方文化。他說：「從吾先民之所示，則不惟負有容納新時代精神之宏量，尤負有創造新時代精神之責任，而創造一新時代精神，尤必以民族精神爲其背景。」因而反對那種把新思想與固有文化對立割裂的態度，認爲那種「但知趨附時代潮流，而不知淬屬固有之民族精神，以迎此潮流而加以磨刮，再創一更新之文化者，與夫但知固步自封，而不敢與新時代相周旋之士」，皆不足取道。強調東方文化實爲世界文化的一部分，文化建設的目標也應朝這個方向努力。「東方文化實非僅東方國家之文化，乃一未來之世界文化也。」認爲那種「一面發揮民族之精神，一面啓發時代之曙光，以完全個人無上之人格，與世界無上之文化」，才是「東方文化之唯一精髓，亦即吾人今後之唯一大任也。」同時他對復古主義提出了批評，認爲中華民族「負有對於吾國與世界之兩重責任，吾人苟持褊狹之愛國心與愛古心，即失應爲世界盡力之責；苟徒盲從歐化主義，則又愧對祖先精神遺產之豐。」〔註147〕表達了他希望以中國文化爲根柢，融合民族精神與時代精

〔註146〕陳嘉異：《東方文化與吾人之大任》，《東方雜誌》第18卷第1、2號。
〔註147〕陳嘉異：《東方文化與吾人之大任》，《東方雜誌》第18卷第1、2號。

神於一體，創造世界化新文化的目標。

主張民族精神與世界的統一，實際上也就是在討論文化的同一性與民族性的關係問題，章士釗對此發表過相關見解，他說：

> 文化二字，作何詁乎？此吾人第一所欲知之事也。以愚所思，文化者，非飄然而無倚，或泛應而俱當者也。蓋不脫乎人地時之三要素。凡一民族，善守其歷代相傳之特性，適應與接之環境，曲迎時代之精神，各本其性情之所近，嗜好之所安，力能之所至，孜孜爲之，大小精粗，俱得一體，而於典章文物，內學外藝，爲其代表人物所樹立布達者，悉呈一種歡樂雍容、情文並茂之觀，斯爲文化。如此惟斯，言文化者不得不冠以東洋、西洋或今與古之狀物詞。若剝去此類加詞而求一物，焉能足人類之意欲，表襮人類之材性，放之四海而皆準，俟之百世而不惑者？字曰文化，殆非理想中之所能有。……今之言文化者，以爲其中有此共相，因虛擬一的，群起而逐之。其目之爲正爲鵠，及大小遠近何若？殆無一人有差明之印象。東西古今之辨，雖亦爲心目中所恒有，而以此特文化偶著之偏相耳。人有通欲，材有通性，西方何物，有爲者亦若是。因謀毀棄固有之文明務盡，以求合于口耳四寸所得自西方者使之畢肖。微論所得者至爲膚淺，無足追摹也。即深造焉，而吾人非西方之人，吾地非西方之地，吾時非西方之時，諸緣盡異，而求其得果之相同，其極非至盡變其種，無所歸類不止，此時賢誤解文化二字之受病處。〔註148〕

從此段論述中可見，章士釗認爲文化雖有同一性，但因人、地、時之不同所導致的差異是不可忽視的，所以文化必須要有東西洋之分，或是古今之不同，不講差異而專講共性，不能充分展現各個民族意欲、材性，從而批評西化論者崇西過甚，忽視文化所獨具的民族性內涵。但他也承認，文化是同一性與特殊性的統一體：「夫人心有其公同，物性有其通質，吾輩讀書明理之士，苟猶不知所以發揚公同，貫融通質之道，則於斯世更將何之。」人類具有變通的公同性，因此在文化上則有同一性的表現，這正是文化之間可以相互調和的基礎。但是當時思想界的人都趨於極端，要麼過於強調東西文化的不同，要麼則偏向於人類文化的同一性而忽略其差異，導致「辛亥以來，有爲之士，

〔註148〕孤桐：《評新文化運動》，《章士釗全集》第4卷，上海：文匯出版社2000年版，第211頁。

未明異同離合之術，自墜其可同之基，而強萬不可同者以爲同，以致國事敗壞，迄於今日」。〔註149〕在他的認知中，「國家者既有一定之土地、人民、復有特殊之歷史族性，易之不能，絕之不可，於斯本吾理想之力，創爲政制以覆於上，亦惟視其土地、人民、歷史族性所能受之量，斟酌損益以出之，而後足以爲功。不然，將不至潰裂無可收拾不止」。〔註150〕明確強調了文化改革與建設不能忽略文化民族性特色。他說：「文化運動，所以化揚民族之特性，一民族之特性，在具體的事物上表現出來，是謂文化。然則所謂新文化，應不應該脫離吾國民族數千年固有之特性？歐洲文化，亦自有其歷史上之特性，中國人能否一概搬運過來？而且有無力量運用之於中國？」〔註151〕這些都是應嚴肅思考的問題。他主張文化運動應以本國的具體情況爲出發點，不能盲目照搬西方模式，削足適履。要從本國的民族特性出發，保持自己的本色才能融入世界。這是他調和東西文化所堅持的前提，也是他對文化的基本理論認知。1925年，他在《原化》一文中又提出這個問題，他說：「文化者，蓋合天時、地、人三要素而成之。偏舉其一，皆不足隱括本義而無憾。今之倡言新文化者，不解此理，以謂文化當有盡人可能無地不行之共相，因謀毀棄固有文明以盡，而求與零星稗販於西洋者合轍。此誠不揣其本而齊其末之甚者也。」〔註152〕再次批評了激進新文化運動者只看到人類文化同一性而忽略其民族特性的主張。

這種思想認知的可貴之處在於：既看到文化所具有的同一性，更注重文化所內蘊的民族性特點。這是促使文化交流趨於健康發展不可或缺的認識基礎。文化的交流要在著力於同一性的認識基礎上，注重民族性的發展，才能對世界文化有所貢獻，保持住自己不可取代的獨特地位。而這種文化必須要與生活的改善，社會的發展緊密相關，而不是一味的炫奇，陳列古董。文化是人類應付環境的產物，有其表現人類共性的一面，但是每個環境各有其不同，其生成的文化樣態是不一樣的，從這個意義上說，每一個

〔註149〕《答黃君遠庸》，《章士釗全集》第 3 卷，上海：文匯出版社 2000 年版，第 613 頁。

〔註150〕秋桐：《調和立國論殘稿》，《章士釗全集》第 3 卷，上海：文匯出版社 2000 年版，第 278 頁。

〔註151〕章行嚴：《記章行先生演詞》，《章士釗全集》第 4 卷，上海：文匯出版社 2000 年版，第 155 頁。

〔註152〕孤桐：《原化》，《章士釗全集》第 5 卷，上海：文匯出版社 2000 年版，第 331 頁。

較有系統的文化，都是人類應付生活的結晶，都有其特殊的價值，如果否認這種文化的特殊性，試圖以西代中，迴避文化改造中的種種複雜的困難，試圖忽視這種差異，則會使文化改造中的一些問題得不到很好的解決。

文化是一複雜的現象，既有共性也有特殊性，在某種程度上說確實存在著先進與落後之分，但就其自身所形成的特質或賴以整合的模式而言，有著同樣的價值。文化人類學中的文化相對主義就強調，每種文化都有其獨特面貌，在各自的社會中都擁有自己的合理性和聚合力，因而在評價文化時應在這種文化所屬的價值體系中加以評價。這種理論對批判民族中心主義和種族主義起過積極作用，但也並非沒有缺陷，因爲它強調的是內部觀察的角度，卻忽視了外部的角度，看到了文化特殊性的一面，卻忽視了普遍性的一面，它在很大程度上把文化看成是一個封閉的自足的系統，但實際上，變遷又是經常發生的，文化相對主義在某種程度上忽視了社會發展。

以之來觀察激進論與調和論則可看到，在近代的文化論爭中，激進文化主張者看到了文化所具有的普遍性、共同性的一面，因而提倡把中國的文化發展模式納入西化的模式中去，走西方的發展之道，以期與西方合轍，實現民主富強。這是他們在文化認識上的深刻處。從陳獨秀、胡適、魯迅、錢玄同等人的文化活動來看，他們也並不一概拋棄傳統文化或是中國文化，只是主張要先破後立，才能挽救中國之頹勢，但卻在爭論中說了一些過激話語，有忽視文化民族性的趨向。文化調和論者則在一定程度承認文化的相對性與普適性，但更強調文化所具有的特殊性，主張社會的發展不能以丟棄自身文化的獨特性爲代價，從而提出調和新舊、東西文化的方案。這實際上是一種文化多元論，承認在普世性的文化價值上還有一些特殊的價值，要求在尊重自己文化特色的同時，也承認他者的文化同樣具有獨特之處，既不盲目倣仿別人，也不以自己的文化爲尊，養成寬容的心態，最終形成多元共存的文化氛圍。然後在承認共同性的基礎上，讓不同的文化能夠自由的交流，融合，逐漸發生轉化，形成新的適應發展的新文化。這是調和論值得肯定的思想價值。因爲無論是文化相對論還是文化普遍論，都是將文化看作是相對獨立的系統，但事實上並不存在獨立的文化系統。世界上幾乎所有的社會和民族必然在其發展演變過程中會與其他的社會民族發生文化上的接觸，而文化的接觸往往會帶來文化上的變異，逐漸使文化發生變遷，生成新的文化。杜亞泉

就主張對於國家、民族、道德、信義、愛與爭皆要「適如其量」，要有寬容的胸量，「處事勿專」，「疾惡勿甚」，以求調和之效。在他看來，文化與主義不是宗教，天下事理，決非一種主義所能包涵盡淨，所以應允許數種主義，同時並存，以期在不知不覺間「收交互提攜之效」。〔註153〕同時，調和論還強調了新舊之間的接續性，並把傳統當作「新舊相銜之妙諦」，〔註154〕力圖在傳統與現代的接續中找到出路，協調新舊衝突，以穩健的方式進行建設而不期待「畢其功於一役」的速效。

六、反省的文化意識

近代民族主義的中心目標是建立近代的民族國家，而其最基本的內容是實現獨立、統一、民主、富強。民族主義有其感情和心理的成份，但不能僅停留在感情的層次上，要完成建立近代民族國家這樣艱巨的任務，必須依靠健全的理性為指導。同樣，文化的現代化，也需要理性的指導，不能僅僅建立在感情的層次上。具體到對待中西文化問題上，則需要有一種建立在民族情感上的深度的文化反省，去掉對西方文化的盲目態度，有選擇地吸收。

能否站在一種理性成熟的民族情感上來審思中西文化，是判斷其文化觀是否開放或開放到何種程度的一個判斷標準，而能否對自身文化進行深度反省，則是判斷一種思想主張到達何種深度的一個評判標準。正如耿雲志先生所言：「一個國家，一個民族要發展，要進步，就必須虛心，必須知道自己之不足，學他人之所長，在近代思想史上，多次發生圍繞中西文化關係的爭論。凡是持開放進取態度的人，都勇於承認中國之不足，努力介紹西方先進的東西。」〔註155〕民族信心必須站在「反省」的基礎之上，因為信心絕不可能是盲目自信的結果，只有嚴格的反省，知己知彼，才能建立可靠的民族自信心，這才是健全開放的態度。

五四前後的文化調和論者，在客觀審視東西文化的基礎上，對中國文化及傳統文化有較為深刻的自省。這一點與西化派有共通之處，只是他們認為，中國文化有嚴重的缺失，但也有其自身的生成環境與構成因子，因而中國文化的出路又必須要有自己的底色，所以，其反省是一種蘊含著民族情感的反省。

〔註153〕傖父：《矛盾之調和》，《東方雜誌》第15卷第2號。
〔註154〕孤桐：《評新文化運動》，《章士釗全集》第5卷，上海：文匯出版社2000年版，第211頁。
〔註155〕耿雲志：《耿雲志文集》，上海：上海辭書出版社2005年版，第228頁。

　　杜亞泉對中國文化自身的缺陷並不否認。據他的觀察：「吾儕自與西洋社會接觸以來，雖不敢謂西洋社會，事事物物，悉勝於吾儕，爲吾儕所當效法，然比較衡量之餘，終覺吾儕之社會間，積五千餘年沉澱之渣滓，蒙二十餘朝風化之塵埃，癥結之所在，迷謬之所叢，不可不有以擴清而掃除之。故近二三十年以內，社會變動之狀況，雖左旋右轉，方向不同，而其以改革爲動機則一也。社會間稍有智能之人士，其對於社會之運動，雖溫和急進，手段不同，而其以改革爲目的則一也。改革雲者，實吾儕社會新陳代謝之機能，而亦吾儕社會生死存亡之關鍵矣。」爲了改造中國，他嚴厲批評了中國現狀：「吾儕之身體，則孱弱而不能自強也；吾儕之精神，則萎頓而勿能自振也；吾儕之不學，乃無異於世人；世人多欲，而吾儕之多欲，乃更甚於世人。是以言政治而政治紊亂，講教育而教育益墜落，求實業而實業上之詐偽乃益甚。今日吾儕社會間杌隉不安之現象，皆吾儕抱改革社會之希望與志願者所演成，而不能不屍其咎者矣。」〔註156〕客觀上承認了中國不及西方之處。

　　這種對自身文化的反省，在李大釗身上也有反映。他在《東西文明根本之異點》中曾有四點深刻的認識：一，國人對於現代西洋最有價值之學說恒扞格不相入，詆排之惟恐不及，沒有反省意識，而歐人卻「能虛心坦懷資爲他人之助，能視膠執己見、夜郎自大之吾人，度量相越之遠，有非可以道里計者。」二，「時至今日，吾人所當努力者，惟在如何以吸收西洋文明之長以濟吾東洋文明之窮，斷不許以義和團的思想，欲以吾陳死寂滅之氣象腐化世界。斷不許舍己芸人，但指摘西洋物質文明之疲窮，不自反東洋精神文明之頹廢。」三，「希望吾青年學者出全力以研究西洋之文明，以迎受西洋之學說，同時將吾東洋文明之較與近世精神接近者介紹之於歐人，期於東西文明之調和有所裨助，以盡對於世界文明二次之貢獻。」四，認識到「吾東方靜的世界觀，若不加以最大之努力使之與動的世界觀接近，則其採用種種動的新制度新服器必至怪象百出，不見其利只見其害。」「取法乎上，僅得乎中。吾人即於日常生活中常懸一動的精神爲準則，其結果尤不能完全變易其執性之靜止。倘復偏執而保守之，則活動之氣將永不見於吾人之身心，久且必歸於腐亡。」〔註157〕這幾點要求，意在說明，國人應以一種反省的文化意識，

〔註156〕傖父：《個人之改革》，《東方雜誌》第 10 卷第 12 號。
〔註157〕李大釗：《東西文明根本之異點》，《李大釗全集》第 2 卷，北京：人民出版社 2006 年版，參見第 219〜229 頁。

客觀認知中西文化，承認自身存在的缺陷，向西洋學習，從根本上改造中國文化，即從世界觀上作努力。同時，把中國文明的優點也介紹於歐人，使中國文化融入於世界。這是一種文化自省意識，理性而開放，正是一個民族文化心理趨於健全的表現。

此外，錢智修、杜亞泉等人對中國國民的「惰性」也有較為清醒的認識，並力圖改造國民的之「惰性」。

錢智修認為，政治上的改革反覆無定，文化上復古思潮屢有所興，一個重要的原因在於「國民不能忍改制之苦痛」，「雖有良法美意，當其孵新蛻故之時，固不能無相當之苦痛，過此苦痛之一關，則舊制之阻力漸去，而新制之利益漸顯，是始所謂不適者終亦未見其不適者也，是故國民於玄黃鼎革之交，既富有別擇制度之能力，尤當有維持制度之決心，維持之以達一定期間，然後制度之適不適可以斷定，而從違棄取生焉。」〔註158〕在他看來，國民不能忍受苦痛正是思想上出現激進與復古的原因所在。「吾民則於猝經苦痛之時已不能忍受而去之，去之而改圖他制，然他制又詎無相當之苦痛者，則其不能忍受而去之，亦必如故棄其流弊，必至對於現在境遇皆跼蹐不安，非回想往昔之盛明，則懸想未來之郅治，回思往昔者，復古派之所為也。懸想未來者，激進派之所為也。此兩派者，持論不同，而不滿意於現制則同，究之立國以何制為適宜，則兩派之俱有所不能定也。此又輿論之所以翻覆無憑而政潮之所以有動無靜也」。〔註159〕錢智修站在一種試圖彌合激進與復古兩派的立場上謀調和。他看到改革的艱難性，主張以穩妥的、持續的態度，客觀面對改革所面臨的陣痛過程，以收改革的長效之功，而不是迴避困難，朝三暮四，使改革無定基。調和論者認為，沒有充分認識到社會改革出現的弊端，而妄想走捷徑，畢其功於一役，或者是以復古的方式以迴避改革的苦痛，都是致使政治文化不上軌道的原因，實際上是一種真正懶惰，而這正是中國國民性的大缺陷。在錢智修看來，中國文化的病根在於國民惰性太重：「吾以為吾民之特性，亦可以惰字概之，質言之，則舉國之人，感染慢性之精神病是也。」〔註160〕把這種現象看作是一種苟且因循，「其模仿西治而此苟且心之暴露，尤彰著無遺，學

〔註158〕錢智修：《循環政治》，《東方雜誌》第 13 卷第 12 號。
〔註159〕錢智修：《循環政治》，《東方雜誌》第 13 卷第 12 號。
〔註160〕錢智修：《惰性之國民》，《東方雜誌》第 13 卷第 11 號。

校則有速成簡易之科,變法則以襲取皮毛爲尚,乃至鼎革之大故,可以草草收場,主政之人物,可以臨時拉攏,吾無以名之,亦名之曰苟且之國家而已。」在他看來,國民因惰性太濃,苟且之心太重,依賴之心太強,遂造成種種缺點:如不耐深沉之思,常讒媚無操守;無後慮,常以現在享受爲鵠的;無勇氣而悲觀;不克己而放縱;無久長之記憶易健忘等等。由此而盲目處世,政治改革不見效,思想不發達,無精神的抵抗力,不足以言改過雪恥。而要救治這些病狀,「惟救之精神上之補劑而已,道德宗教則其補劑之君也,學術政治則其補劑之臣也,適應其症候而培養其元氣,勿使興奮過度,一發而不可制焉,則此千載沉疴或者有起死回生之望未可知也。」可以看出,《東方雜誌》並沒有沉浸於對固有文化的讚美之中,而是深刻地剖析了國民性及文化上的弱點,然後尋找救治的方法,主張從精神上培養元氣,打掉惰性,積極從道德宗教、學術政治上去調劑修補固有文化的沉疴固疾,以求中國文化的新出路。

就此問題,杜亞泉進一步有所補正。他認爲中國人確有惰性之缺點,但西方之勤又有「誤用其力」的問題,因而不能盲目崇尚西學,要調和之。在他看來,中國「社會構成之元素有二:一爲孔孟之學,二爲老莊之學。孔孟之學躬行實踐,示人以努力之道;老莊之學清淨無爲,示人以不努力之道。努力之道,固不可以不知,而不努力之道尤不可不知。蓋使人爲正當之努力尚易,使人不爲不正當之努力爲最難耳」。而我國文明能持續幾千年,「能維繫而不墜者,實由孔孟之積極的精神與黃老之消極的思想互相調劑」乃成。而西方人雖可謂勤,其「所詡爲文明進化者,亦增高其生活程度與激進競爭,其大部分皆不正當之努力而已」。因此,杜亞泉深爲擔憂國人盲目效法西方之勤,而不得其正,「其結果使吾民誤用其力,求文明者反墮落耳」。〔註161〕杜氏因其自身的局限,對西方文明的認識因不深刻而有一偏之見,但他確實看到了國人學習西化上存在的功利目的和淺薄性,導致了世風日蝕,民情浮淺,奢侈之風日熾,政治競爭勞攘的現象,希望能調劑中國的努力之道與無爲之道以治西化激進之病症。這種對自身文化進行深刻反省,對西方文化也不盲目傚仿的態度,正是一種較爲健全的文化心態,也是調和論有獨特思想價值的地方之一。

〔註161〕傖父:《中國人果惰乎》,《東方雜誌》第 14 卷第 1 號。

七、寬容的多元文化觀

調和論者主張多元並存中的協同與體合。這是不同文化能夠得到調和的一個認識基礎，也正是調和論思想特質中的積極因素，表現出了比文化激進論者更加溫和的寬容性。

陳獨秀認為中國的傳統文化，特別是儒家倫理，與西方的自由平等學說水火不容，不能調和。他以孔德和斯賓塞的社會進化論為理論基礎，把中西文化的區別看作是古今文化之別，即新舊之別，程度之異。在《法蘭西與近世文明》中，他把東洋文明看作是古代文明，把西洋文明看作是近世文明，主張中國文化的現代化就是西方化，從而主張摒棄傳統文化，向西方學習。這種西化主張成為當時思想界的主流，產生了巨大的社會影響。

而胡適的「有限可能說」，認為中國雖然暫時落後，但只要奮起直追，終會有生存自立的機會。但首要任務就是向西方學習，趕上西方，可謂抓住當時中國最緊要的發展問題，深富洞見。但這種文化觀也並非沒有缺陷。因為人類生活雖然大同小異，但環境不同，時間有別，往往會形成異質的文化類型。在文化的表現形式、心理層面及精神信仰系統上都有較大差異，從而在現實中形成一種「文化屏障」，而文化上的障礙又是最頑強與複雜的，往往會把兩種文化隔離起來。〔註162〕

陳獨秀、胡適等人敏銳地把握了世界現代化的歷史趨勢，看到東西文化的差距，提出以西方現代化為借鏡，變革中國傳統文化的歷史課題，也為當時中國思想界向西方學習提供了理論上的支持，為中國在文化層面上走向近代化有促進作用；但因其文化改造理論是一種由東方向西方的一元進化觀，忽視甚至否定東方文化在世界文化中的價值，否定新舊的連續性，寄望於通過棄舊以迎新。這種主張在傳統文化權威失墜，新信仰尚未建立起來的文化轉型時期，使一些思想淺薄者沒有深思考量中西文化的異同優劣，就一味追慕西方，主張棄絕中國的固有文化，帶上了強烈的激進色彩。他們的文化主張，帶有明顯的工具理性性質，容易造成人們精神上的意義危機。他們主張拋棄傳統，向西方學習，但卻忽略了西方在走向現代性時，並沒有拋棄傳統，這是西化派文化改造的內在困境。而調和論則是對這些偏弊的救濟。

〔註162〕參見〔英〕諾曼・丹尼爾：《文化屏障》，王奮宇等譯，杭州：浙江人民出版社 1992 年版，第 29～30 頁。

　　面對西化派的主張，杜亞泉堅持認爲，東西文化是「性質之異」，而非「程度之差」。主張東西文化只能講調和，不能以西代中。他認爲不同文化之間，既有衝突也有調和。對抗力的存在是宇宙中的自然現象，因而應承認異質文化的存在。他把社會的進步看作是一個矛盾不斷調和過程，由此不認同陳獨秀的激進主張，提倡東西文化調和，以科學的方法整刷固有文明，在反省的基礎上創造出一種能夠貢獻於世界的新文化。他相信文化的進化既有時間性的進化趨向，又有空間性的多元進路。從而反對陳獨秀等人的一元進化論，批判這種進化論只著重於「惟物」，致使思想界精神失墜，陷入了「惟物主義」的迷亂之中，〔註163〕從而主張物質和精神並舉的「心物」二元進化論，著重精神的進化。把東西文化之間的關係視爲一個雙向交流過程，而不是一種單向的批判。

　　無論是杜亞泉注重對抗中的秩序感，主張分化與統整的協力主義，還是章士釗提倡「相抵相抗」的調和之德，承認文化乃民族性與時代性的統一體，李大釗主張「有容有抗」、「自他兩存」的眞調和，都體現出了一種與新文化激進派不同的寬容文化觀。如何理解這兩種文化主張的區別所在呢？

　　如果從自由主義的角度來理解這二者在文化觀上的差異，則可看作是一種自由主義下的一元論與多元論的分殊。

　　激進論以社會發展依直線進化展開爲基礎，持一元文化觀，把東西文化差異轉化爲新舊文化差異。雖然胡適的觀點未盡如此，他也承認文化的多元，但陳獨秀等人的一元進化論因飽含激情而更有受眾。而以杜亞泉爲代表的調和論者則一直強調東西文化之差別「乃性質之異」，並非「程度之差」，秉持一種多元文化觀，強調以寬容的心態對待東西文化。但無論是陳獨秀、胡適等人，還是杜亞泉等人，他們都是自由主義知識分子，其文化觀卻產生了如此分殊，該如何理解這種差別呢？約翰・格雷對自由主義的認識或許可以對之進行解釋。

　　約翰・格雷認爲，自由主義對理想生活的追求存有差異，存在兩張面孔，一者認爲，自由主義是一種普遍的、理性的共識，它企圖實現對全人類來說所謂最好的生活方式。在他們的價值判斷中，自由主義是對普遍政權的規定，寬容是對理想生活形式的追求。另一者則認爲，自由主義是一種計劃，企圖實現不同的制度和生活方式的和平共處，它可以在不同的文化與不同的政治

〔註163〕傖父：《迷亂之現代人心》，《東方雜誌》第 15 卷第 4 號。

形態中成為人們共同的追求。〔註164〕以這種認識來觀察近代中國的思想界，則可以發現，人們往往把自由主義、保守主義和社會主義並稱為當今社會的三大主流意識形態。不過，值得注意的是，這幾種主義並非判然離析，其中多有相通之處。如以陳獨秀為代表的一批新文化運動健將既是激進主義者，又是自由主義者。以杜亞泉，章士釗為代表的一批調和論者既是文化保守主義者，也被稱為自由主義者。〔註165〕為什麼他們都持自由主義理念，卻又在文化改革上產生激進與調和的不同呢？

　　依照格雷對自由主義的認識來觀察，則可看到，激進論者與調和論者之間的一個重大差別在於：在激進論者的價值系統中，認為人世間存在一個普遍的、理性的共識，這種社會是人類應該普遍追求的最好的生活方式。他們普遍地持有寬容之心，但這種寬容是對他們理想生活形式追求的內在要求。他們認為，最好的生活方式，最好的價值觀念已經被自由主義找到。正如他們認為中國的一切制度文化都已落後，最好的社會制度是西方的民主制度。國勢上的衰弱使他們的思想不由得趨向了激進，一種嚮往美好生活的急迫心態，使他們產生了徹底改造舊傳統的思想，他們認為中國百事不如人，一切舊的都已陳腐，必須要以新代舊，拋棄舊傳統，以西方文化作為挽救國運的良藥。然而，這種自由主義的問題在於，它是在「一致的價值觀念以及一致的實現這種價值觀念的體制上獲得理性共識的希望」以支撐其自由主義理想的。「這種自由主義只是現代性的代表性標誌之一，賦予有限的理性以無限的能力，確信價值觀念的等級制」。他們雖然承認最好的生活可能無法或者難以實現，但他們相信這個最終的目標。於是在心裏構築了一個類似於烏托邦式的理性的社會，這種社會即是現代性的社會，而這種追求恰好暴露出了這一批自由主義者的缺陷所在。正如格雷所指出，「現代性並不始於對差異的承認，而是始於對一致性的要求」，〔註166〕一致性要求實際上是要求權威性，而

〔註164〕 江濤：《自由主義的兩張面孔素描》，〔英〕約翰・格雷：《自由主義的兩張面孔》，顧愛彬，李瑞華譯，南京：江蘇人民出版社2002年版，第1～2頁。

〔註165〕 王化元、高力克、洪九來等學者都稱杜亞泉為自由主義者。王元化：《杜亞泉與東西文化論戰》，《杜亞泉文存》，上海：上海教育出版社2003年版；高力克：《調適的智慧》，杭州：浙江人民出版社1998年版；洪九來：《寬容與理性——〈東方雜誌〉公共輿論研究（1904～1932）》，上海：上海人民出版社2006年版。

〔註166〕 〔英〕約翰・格雷：《自由主義的兩張面孔》序言，顧愛彬，李瑞華譯，南京：江蘇人民出版社2002年版，第4頁。

權威又正是自由主義所力圖反對的。這種自由主義存在著難以解釋的悖論，使得這種自由主義的追求必然會出現錯謬之處，產生一定的消極影響。相信一切行動的背後有一個最高的理性共識，有一種要求一致性的權威趨向，由之而來的行動就不免顯得過激。

而在另一種自由主義中，寬容的目標不是理性的共識，而是和平的共存。他們認為人類可以以多種形式共同地生活在一起，這些形式有共同的部分，有無法比較高低的部分，有存在分歧甚至相互對立的部分，但是不存在價值的中心和等級，沒有實現價值的政治體制的範本。這裡的自由主義只是一種「權宜之計」，即認為沒有哪一種生活對所有的人來說都是最好的。「權宜之計」的目標不可能平息各種價值之間的衝突，而是調和崇尚這些相互衝突的價值觀的個人以及他們的生活方式，使他們能夠共同生活。它是適宜多元化這一歷史事實的自由主義的寬容。「這種自由主義不是寬容地推選惟一正確的自由主義，而是讓自由主義和其他價值觀、生活方式、社會制度共同而和平地存在下去」，〔註167〕而且這種「合理的生活方式和合法的政權不是對一種特殊的理想、利益、價值觀念的反映，也不是對所謂普遍的理想、利益，價值觀念的維護，而是在最基本的有關人權、善惡的共同準則基礎上，維護不同理想、不同利益、相互衝突的價值觀念的和平共處。」這是一種放棄理性共識的自由主義，主張價值觀念、文化認知上的寬容和調和，而不是高揚所謂的普世的理想主義以樹立另一種權威。「從權宜之計的角度看，沒有哪一種生活方式可以說對任何人都是最好的。人類之善是如此千差萬別，它不可能在任何一種生活中都得到實現。」〔註168〕因此需要有寬容之心。調和論者在這一點上與之甚為相似。杜亞泉就曾明確地表達過：「天下事理，決非一種主義所能包涵盡淨。苟事實上無至大之衝突及弊害，而適合當時社會之現狀，則雖極鑿枘之數種主義，亦可同時並存，且於不知不覺之間，收交互提攜之效。」因而「凡兩種主義，雖極端睽隔，但其中有一部分，或宗旨相似，利害相同者，則無論其大體上若何矛盾，嘗緣此一部分之吸引，使之聯袂而進行。」〔註169〕主張多元並存下的相互調和，對不同主義持一種

〔註167〕江濤：《自由主義和兩張面孔素描》，〔英〕約翰·格雷：《自由主義的兩張面孔》，顧愛彬，李瑞華譯，南京：江蘇人民出版社2002年版，第4頁。

〔註168〕江濤：《自由主義和兩張面孔素描》，〔英〕約翰·格雷：《自由主義的兩張面孔》，顧愛彬，李瑞華譯，南京：江蘇人民出版社2002年版，第5頁。

〔註169〕傖父：《矛盾之調和》，《東方雜誌》第15卷第2號。

寬容之心。

　　從自由主義的兩張面孔中，我們可以看到文化激進論者與調和論者的內在分殊所在：即文化觀上一元論與多元論的對立。從歷史的發展狀況，我們應該懂得，一元的獨尊只能帶來盲目與自大。在思想上，文化上，應持一種多元並存的寬容心態，才能更有利於促成比較與討論的氛圍，引導人類擇善而從。對於具有健全文化心態的人來說，多元的並存才是自身存在的依據。調和論者一再強調要存異，才能存己，主張不好同惡異，自他兩存，在政治上追求民主應如此，在思想上，追求自身理論的完善性、科學性更是要有容納異己的雅量，允許有不同聲音的存在，這樣才能使不同思想之間相互攻錯，不同文化相互交流，從而逐步靠近真理，否則只能助長專制的滋生，為製造社會動盪埋下潛因。所以，追求現代化的路上，調和論寬容的多元文化觀正是一種寶貴的思想資源。

第四章　文化調和論的思想來源

　　杜亞泉等人於五四前後提倡文化調和論，希望在承認不同文化因素的對抗下求共存，以「調」的方式來達到多元並存下「和」的目的。其「調和」觀念的形成，有賴於一定的思想基礎：一方面，「調和」本身就是中國傳統文化中向所注重的觀念，是傳統文化中「和而不同」、「尚和去同」，不偏不易的「中庸」思想在新時代下的一種反映和變動；另一方面，也是近代以來，外來文化傳入，中國思想家因應變革，努力吸收西方思想資源的結果。

第一節　來自傳統文化的影響

一、中國傳統文化的中庸底色

　　中國的傳統文化，一向追求「和」的境界。但這種「和」是「和而不同」，是中國人嚮往中庸協調之美所恪守的世界觀宇宙觀。而什麼叫「和」，則是應首先弄清楚的問題。《左傳・昭公二十年》有這樣的記載：「齊侯至自田，晏子侍於遄臺，子猶馳而造焉。公曰：『唯據與我和夫！』，晏子對曰：『據亦也同，焉得為和？』公曰：『和與同異乎？』對曰：『異。和如羹焉水火醯鹽梅，以烹魚肉，燀之以薪，宰失和之，齊之以味，濟其不及，以泄其過。君子食之，以平其心，君臣亦然。君所謂可而有否焉，臣獻其否以成其可，君所謂否而有可焉，臣獻其可以去其否，是以政平而不干，民無爭心。……今據不然。君所謂可，據亦曰可；君所謂否，據亦曰否。』」這則記載區別出了「和」與「同」之間的差異。確切地說，所謂「和」是指不同事物的相剋相生，配伍相成，而相同的事物加在一起只能叫做「同」。「和而不同」，是希望在保持

特性的基礎上，尋找共同點，使事物能夠相互協調發展。是人們睿智地洞察宇宙，理性地審視自我的產物，也是中國文化一向所追求的境界。

從哲學的角度來看，世間是在相反相成的關係中呈現作用並相互依賴與補充的。事物是由矛盾雙方構成的。它們不僅相互依存，並相互轉化。因此，對異質要素的強調是必要的。異質要素的相互依存貫穿於宇宙萬物中。應重視對立因素的價值，甚至從相反的角度來實現自己的目的，達到理想的效果。和諧的局面和理想狀況，通常是異質要素在相對和相持中導致的結果，但卻要不逾「道」所規定的尺度和界限，對矛盾的兩端給予必要的關注。因此，「和而不同」強調的是對異質要素的接納和認同。

儒家學說一直強調中庸的境界。在儒家經典中，對中庸的闡釋是：「不偏之謂中，不易之謂庸。中者，天下之正道；庸者，天下之定理」，〔註1〕並對中庸與「和」的關係有所解釋：「喜怒哀樂之未發，謂之中；發而皆中節，謂之和。中也者，天下之大本也；和也者，天下之達道也。致中和，天地位焉，萬物育焉。」朱熹對此進一步解釋爲：「喜、怒、哀、樂，情也。其未發，無所偏倚，故謂之中。發皆中節，情之正也，無所乖戾，故謂之和。大本者，天下之理皆由此出，道之體也。」「致者，推而極之也。位者，安其所也。育者，遂其生也。自戒懼而約之，以至於至靜之中，無少偏倚，而其守不失，則極其中而天地位焉。自謹獨而精之，以至於應物之處，無少差謬，而無適不然，則極其和而萬物育矣。」〔註2〕朱熹認爲「變和言庸者，游氏曰『以性情言之，則曰中和，以德行言之，則曰中庸是也。』然中庸之中，實兼中和之義」。〔註3〕而這種「中和」，強調的是種「萬物並育而不相害，道並行而不相悖」的和諧境界。〔註4〕承認不同事物的並立相生，追求的是一種恰到好處的動態平衡，如此才能涵育萬物。所以，在中國傳統文化裏，達到中庸之境才能達到眞正的強。所以孔子言：「君子和而不流，強哉矯！中立而不倚，強哉矯！國有道，不變塞焉，強哉矯！國無道，至死不變，強哉矯！」〔註5〕但中庸之「中」並不是固定於一點，關鍵在於「中無定體，隨時而在，是乃平常之理也」。要在動態平衡的狀態中追求一種恰到好處是很困難的。《中庸》

〔註1〕 朱熹：《四書章句集注》，北京：中華書局1983年版，第17頁。
〔註2〕 朱熹：《四書章句集注》，北京：中華書局1983年版，第18頁。
〔註3〕 朱熹：《四書章句集注》，北京：中華書局1983年版，第19頁。
〔註4〕 朱熹：《四書章句集注》，北京：中華書局1983年版，第37頁。
〔註5〕 朱熹：《四書章句集注》，北京：中華書局1983年版，第21頁。

有言：「道之不行也，我知之也，知者過之，愚者不及也；道之不明也，我知之矣，賢者過之，不肖者不及也。」對此朱熹注解爲：「道者，天理之當然，中而已矣。知愚賢不肖之過不及，則生稟之異而失其中也。知者知之過，既以道爲不足行；愚者不及知，又不知所以行，此道之所以常不行也。賢者行窈寞求之，既以道爲不足知；不肖者不及行，又不求所以知，此道之所以常不明也。」〔註 6〕顯然，這裡的道，即是「中」的境界，「中」之義，即過猶不及，是一種難以達到又不斷追求的境界，即所謂「極高明而道中庸」。〔註 7〕所以孔子說：「中庸其至矣乎！民鮮能久矣！」〔註 8〕表明中庸是一種難以達到的境界，但又是人們所嚮往的境界。擴展於文化上，則要求一種達到和諧共存的境界，提倡調和。這種強調中和、位育、和諧的中庸思想，及要求在發展中保持動態平衡，做到恰到好處，致中節而育萬物的主張，既是一種處事之方，是又一種理想狀態，正是中國傳統文化中的精髓，影響著中國人的思維方式，是一種調和持中的理想。

二、中庸是一種調和持中的理想

在中國傳統文化裏，中庸作爲一種行爲處事與思考問題的理想準則，已經深深浸透在中國人的思維方式之中。從傳統意義上來說，中庸強調在「過」與「不及」之間尋找平衡，達到調和持中，達到和而育萬物。所以，「中庸」，作爲活著的歷史文化積澱，就隱藏在我們當下的生活中，以一種日用而不知的方式存在著。

中國的思想與文化是在對「中庸」理想的追求中逐漸積澱起來的。中庸是對歷代聖賢所傳心法的總結。「中庸」之道，有其悠久的歷史譜系，從堯、舜、禹，到成湯、文、武、皋陶、伊、傅、周、召，再到孔子、顏氏、曾氏，一直到子思，它始終被理解爲中國文化精神與靈魂的直接詮釋。中庸之道，在歷代聖賢那裡有各種不同的表述。如「允執厥中」、「執中」，「時中」等，但都未離開一個「中」字。在儒家的道統譜系的書寫中，「中庸」的精神一直與中國思想或中國文化的精神特性聯繫在一起。並在《尚書》、《周易》、《論語》，《孟子》、《禮記》等經典中得以體現。正如有學者言：「如果不是將『六經』僅僅視爲儒家的專有物，不是將堯、舜、禹視爲僅僅與儒家的文化象徵

〔註 6〕　朱熹：《四書章句集注》，北京：中華書局 1983 年版，第 19 頁。
〔註 7〕　朱熹：《四書章句集注》，北京：中華書局 1983 年版，第 35 頁。
〔註 8〕　朱熹：《四書章句集注》，北京：中華書局 1983 年版，第 19 頁。

體系相聯繫的聖賢，而是把『六經』視爲先秦各家共同尊奉的文化遺產，將堯、舜、禹視爲整個中國歷史圖景與文化圖景中的『故事』，那麼『中』或『中庸』所關聯著的道統譜系就必須在古代中國思想的整體中加以確立。」〔註9〕事實上，在《老子》、《墨子》、《韓非子》、《抱朴子》等中都可看到「守中」的概念。而《莊子》中也有「中道」、「養中」的說法。「中道」一詞，還成爲佛經東傳翻譯的一個中心觀念。這些都顯示出一種以「中」爲中心構建起來的思想方向與文化形態的集體趨向。《禮記》鄭玄注對「中庸」的理解是「名曰中庸者，以其記中和之爲用也。庸，用也。」把「用中」作爲了中庸之道的根本。然而「中」作何解釋仍不甚明白。《說文解字》對中的解釋是「中，內也，從口，上下通。」〔註10〕以上下通達，構成了「執中」的要點所在。「中」的特別意義在於：無論是「兩端」之中，還是「四方」之中，抑或「上下」之中，「中」作爲一個中間地帶，它提供了將兩端、四方、上下貫通起來的可能性。

在中國傳統的中庸思想裏，「中」與「和」是連接起來的，王夫之對此有所解釋。

> 中，本訓云：和也。其字從口，而上下貫通，調和而無偏勝，適與相宜，故周子早曰：『中也者，和也。』酌之以中，所以和順義理，而苟得其中，自無乖戾也。中爲體，和爲用，用者即用其體，故中、和一也。東西南北之無倚，上下之皆貫，則居事物之裏矣，故又爲內也，與外相對。唯在其內，故不偏倚於一方，不偏不倚，必貫其內矣，其義一也。不偏而和，則與事物恰合，故又爲當也，『發而皆中節』，當其節也。俗有『中用』之中，意正如此。〔註11〕

可以說，「中」與「和」就是中國傳統文化所追求的一種和諧境界。

由此可見，中國文化是一種深深浸染著中庸理想的文化，是一種崇尙「和」的文化，在傳統文化裏雖然不乏各種思想的湧現，但傳統文化構築起來的文化世界和理想境界無不嚮往一種中庸和諧。所以歷代國人所尊崇的儒家經典，無論是儒家所謂的六經，還是十三經及其注疏，都蘊含著中庸的精神和

〔註9〕 陳贇：《中庸的思想‧自序》，北京：生活‧讀書‧新知三聯書店 2007 年版，第 47 頁。

〔註10〕 李愼：《說文解字》，北京：中華書局 1963 年版，第 14 頁。

〔註11〕 〔明〕王夫之：《說文廣義》卷二，《船山全書》第九冊，長沙：嶽麓書社 1996 年版，第 240 頁。

思維模式，這種精神已經內化為中華民族的性格特徵及行為取向，並在傳統的延續中代代相傳，因此，日日浸淫於這種文化中的每一個國人，特別是讀書人，皆脫離不了中庸思想的影響。但經典不是僵化的教條，它會隨著時代和環境的變化而作出意義上的調整，呈現出新的內涵。當中國進入近代後，社會的內在變遷與外在刺激都促使著中國從古典意義上的精神世界作出新的適應性調整。深受中庸思想影響的啟蒙思想家也在進行著自身思想認識上的調整，因而在思考中國文化的出路時，如何面對古今，如何接榫中西，「極高明而道中庸」就成為了人們再次追尋的理想境界。《尚書‧大禹謨》中言，「人心惟危，道心惟危，惟精惟一，允執厥中」。而杜亞泉等人正是有這種文化上的內在取向，所以，他們在五四時期，期待能以這種「執中」的精神去挽救頹勢。他在倡導「理性勢力說」時，就強調了與中庸的關係。他說：「孔子言理性，丁寧反覆於中庸之為德。嗚呼！此其所以範圍天下而不過歟！」〔註12〕他認為，中國的傳統文化中，已經深深地浸染上了中庸調和的底色，並表現在生活實踐中，特別是在實踐中出現衝突時，往往不是用強力去解決，而是「必須斟情酌理，揆時度勢，審經量權，折衷至當」。並認為傳統經典如《中庸》中「所謂『時中』，大學所謂『至善』都是一種調和的良性狀態」。〔註13〕他從中西人生觀的對比中，強調了中國人的中庸調和傾向，特別強調儒、墨兩家，在人生觀的取向上皆是一種調和厭世與樂天的改善的人生觀，而這種人生觀有自我調和機制，可以保證社會趨於穩固的秩序之中。陳嘉異也提到，中國文化有調和精神生活與物質生活的優越性，體現了孔孟學說的中庸特性。他說，「子思作中庸，大闡成己成物之說。蓋成己成物者，即融合精神生活與物質生活而使之醇化為一之謂」。孔子集古代思想之大成在於「執兩用『中』是已，孔子以此執中之誼，衡論古之道術而得其全。故於吾人生活之內（精神的）外（物質的）兩要柢，能直抉其奧而通其紐。然下此者不能如孔子之得其中，遂日趨於偏枯」。〔註14〕由此看來，面對歧義多變的文化因素，訴諸中庸之道，力圖融合各種因素以創造新的文化生機，「調和」則成為了一部分知識分子或思想家，面對新世局所提出的「權宜之計」。在他們看來，調和是持中而不是控制，是事物發展的自然趨勢。

〔註12〕傖父：《理性之勢力》，《東方雜誌》，第 10 卷第 6 號。
〔註13〕杜亞泉：《人生哲學》，《杜亞泉著作兩種》，田建業編校，北京：新星出版社 2007 年版，第 159 頁。
〔註14〕陳嘉異：《東方文化與吾人之大任》，《東方雜誌》第 18 卷第 1、2 號。

　　李大釗所提出的「調和之美」，強調的「第三」境界，也是中庸理想在他文化觀上的一種體現。在他看來，調和是一種和諧的境界，是社會發展的一種常態，是一種宇宙人生的至美境界。他說：「調和者，美之母也」。把調和看作是一種最協調的狀態，認爲「宇宙間一切美尚之性品，美滿之境遇，罔不由異樣殊態相調和、相配稱之間蕩漾而出者」，〔註15〕美味、美色、美音等都是調和的產物。調和的狀態是一種美的體現，所以，凡是「愛美者當先愛調和」。〔註16〕他還把調和與中國傳統哲學聯繫起來，認爲調和的境界就是中國傳統思想世界裏「三」的境界，代表著一種新生，一種向上的追求，是生發萬物宇宙的大經大倫。從這種認識論出發看待東西文化問題，他認爲二種文明各有所偏，都不是理想之境，最好的方式是調和二者，生成第三種文明，他說：「第三者，理想之境，復活之境，日新之境，向上之境，中庸之境，獨立之境也。第一文明偏於靈；第二文明偏於肉；吾寧歡迎『第三』之文明。蓋『第三』文明，乃靈肉一致之文明，理想之文明，向上之文明也。」東西文明則各有所偏，都不是理想之境，應調和二者，生成「第三」境界。在他看來，東西文化一偏於柔，一偏於剛，都不是和諧的至美境界，二者應調劑共存，剛柔相劑，合於中庸，生成適應宇宙變化規則的「獨立之說」。他說：「甲之說畸於剛，乙之說畸於柔，吾寧歡迎『第三』之說。蓋『第三』之說，乃剛柔適宜之說，中庸之說，獨立之說也。」但這種第三的境界不是僵化固定的，而是一種理想，正所謂「有理想而無實境」，不斷向前演化，正體現了「宇宙進化之數」。〔註17〕這種認識和章士釗的認識是相同的，都認爲調和之境，從邏輯可推理之，而實況往往難以達到。

　　李大釗把調和看作是一種自然的中庸的最美境界。認爲眞正的調和是自然的調和，不是人爲調和，所應做的則是順應自然的發展，讓其在社會發展中自然地調和。這種自然的調和者就是「時代」。他說：「時代不仁，演出新舊，惹得主張調和的人天天忙，天天擔憂，天天夾在新舊之間，受些閒氣，結果還是兩面不討好。我勸主張調和的人歇歇罷！那進行不息的時代，才有

〔註15〕守常：《調和之美》，《李大釗全集》第 1 卷，北京：人民出版社 2006 年版，第 241 頁。

〔註16〕李大釗：《調和之法則》，《李大釗全集》第 2 卷，北京：人民出版社 2006 年版，第 26 頁。

〔註17〕守常：《第三》，《李大釗全集》第 1 卷，北京：人民出版社 2006 年版，第 173 頁。

調和的真本領呢！……枯黃的樹葉還想占著來春新葉的位置，秋風起了，可以請他走開。」〔註 18〕顯然，他的調和論趨向於順應自然發展規律的自然調和，主張社會的自然進化，以期達到代表著新興氣象的「第三」的境界，這是他所期待的調和的最美境界。這種不依強力，順應自然，臻於至善的文化觀即是傳統中庸思想所追求的自然境界。

　　嚴既澄在思考如何應對東西文化之間的衝突時，也透顯出了一種中庸取向，他說：「我們所要討論的，只問調節持中的辦法，利害到底如何就夠了。依我說，持中的辦法是合理的，正以他能夠調節無窮的意欲而使人生時時在舒適不煩苦的生活中；也正因他──惟有他──能夠滿足我們的欲望，而措置我們的情志於安穩固定的地位。我們須要明白這持中兩字，不是控制！控制是要吃苦的，只是不去進欲，是有要求而去想法子滿足他；而持中是不吃苦的，只是不去進欲，不去促進要求，如果情志上已經起了要求，便得酌量去求個滿足了。在我看來，東西文化不但有調和的可能，並且是非調和不可。」〔註 19〕可見，這種調和論與中庸思想有著意義上的自然聯結，是在中庸思想孕育下的一種處理問題的思維取向。調和論者在不知不覺間都有這種價值訴求。

三、「調和」釋義

　　從「調和」這個詞的本義來考察，可以發現它與中國傳統文化的中庸底色密不可分。在中國古文字中，「調」與「龢」可以互訓。《說文解字》曰：「調，龢也」，〔註 20〕「龢，調也」，〔註 21〕而「龢」又等於「和」。所以，「調」與「和」是緊密相聯的。而「和」與「中庸」又是密不可分的。據《辭源》對「調和」詞條的解釋：「調」有調節之義。《詩・小雅》車攻：「決拾既飲，弓矢既調。」鄭玄箋注曰：「調，謂弓強弱與矢輕重相得。」《墨子・雜守》：「先舉城中官府，民宅室署，大小調處。」這裡的「調」有配合得當的意思。〔註 22〕又《禮記・月令》曰「仲夏之月……調笙竽簧」。此處的「調」也是配合得當之意。而「和」也指協調或適應。《說文解字》：「和，相應也。」《辭

〔註 18〕孤松：《時代──最有力的調和者》，《李大釗全集》第 3 卷，北京：人民出版社 2006 年版，第 80 頁。

〔註 19〕嚴既澄：《評〈東西文化及其哲學〉》，《民鐸》第 3 卷第 3 號。

〔註 20〕李愼：《說文解字》，北京：中華書局 1963 年版，第 53 頁。

〔註 21〕李愼：《說文解字》，北京：中華書局 1963 年版，第 48 頁。

〔註 22〕《辭源》合訂本，北京：商務印書館 1988 年版，第 1579 頁。

源》上對「和」詞條的解釋爲：「和」，和順、諧和。《易》：「禮中庸：『發而皆中節謂之和』」。《國語・鄭》說：「和六律以總耳」，含有相反相成之意。因此，「和」，通常會被引申爲諧和、和合、和睦、平和、親和等義。「調」與「和」合起來構成「調和」一詞，指和合，協調。《漢語大詞典》解釋「調和」爲：「協調、和諧、折中，中和」之義。〔註23〕基本涵義爲將不同的元素配合得當，使之協調和諧。如《墨子・節葬下》中即申明此意，「是故大國之所以不攻小國者，積委多，城郭修，上下調和。」《荀子・修身》：「血氣剛強，則柔之以調和。」此外，「調和」還有調味之義。《呂氏春秋・去私》：「庖人調和而弗敢食，故可以爲庖。」引申爲調味品。《西遊記》六十八回中也有言：「行者暗笑道：沙僧，好生煮飯，等我們去買調和來。」從這些例證中可以看出，「調和」的目的即是要達到構成事物的不同要素之間能夠既保持各自的性質，又能配合得當達到諧和的境界，追求的是「和而不同」，是一種致中和，求廣大的文化理想。而「中和」之道，就是儒家的中庸之道，能「致中和」，則無事不達於和諧的境界。

由此看來，「調和」與「中庸」、「中和」在意義上都有共通之處，其「調」的目的在於達到「和」的願望。「調和」主要是指使多種差異元素統一或協同於一體。因此，可以說，「調和論」追求的是各種元素之間的一種和諧共處狀態，其實質是一種「和諧論」。與中國儒家思想中一貫所倡導的「中庸」、「平和」相糅和。「調和」和「中庸」在意義上也就密不可分了。

從「調和」與中國傳統文化的內在聯繫及其本身的詞義來看，其主要涵義在於通過適當配合，使事物各要素間的比例平衡得當，能夠有機地共處一體，達到和諧狀態。因此，「調和」一詞也往往被引申運用。用到人際關係中，常有調解雙方差異或矛盾糾紛之意，使雙方重歸於好。在政治上往往指不同政見派別之間產生爭執或歧義對抗之時，爲達到和諧狀態的目的，而互相妥協讓步，以達到共識或協同的目的。在思想文化上，則常常被運用來調解不同文化、不同思想間的衝突對抗以求達到共融共存，自他兩存，「致中和」的目的。五四前後的文化調和論，就是一種在中庸觀念的浸染下，應對外來文化因素刺激而提出的文化理想。這一時期，思想界的主流是激進的西化思潮，主張批判傳統甚至拋棄傳統，而調和論因其與中庸思想有著思想承續上的淵源關係，在很大程度上被理解爲折衷或騎牆，被看作是依違新舊沒有立場，

〔註23〕 《漢語大詞典》第 11 冊，漢語大詞典出版社 1993 年版，第 301 頁。

再加上調和論者在理論闡述時因自身知識上的缺陷，常常也有含糊的時候，所以，其調和意義並不是很明朗，很容易遭到意義上的誤解而得不到更多的支持。

　　杜亞泉、章士釗、李大釗、梁啓超等人，從小就接受了傳統文化的薰染，有著較深的傳統文化根基。雖然其後對西學日有接觸、吸收甚至鑽研，受西學的影響，思想有一定的變遷，但一個人對新文化的接受，是以他已有的知識和環境爲基礎的，接受西學也是在其傳統文化基礎上有選擇的吸收。其文化觀深受中國中庸平和思想的影響，有著濃厚的傳統文化底色，成爲調和論的一個重要思想資源。另一方面，他們的調和論也是吸取新學，瞭解國際情勢後的一種選擇。其中對法國激進思潮的反思與對英倫調和傳統的欣賞讓他們更趨向於選擇中庸平和之道。

第二節　對法國激進思潮的反思與對英倫調和傳統的欣賞

一、對法國激進思潮的反思

　　中國的新文化運動，主張與傳統文化決裂，深受法國激進主義的影響。特別是《新青年》派的領袖人物陳獨秀，在許多方面都有受影響的痕迹。他本人精通法文，對法蘭西文明倍加讚賞，由他主編的《新青年》刊有不少提倡和讚美法蘭西文明的文章。從《新青年》創刊號《青年雜誌》上可以明顯地看出這一點。其封面上印著一排坐著的學生，上面鮮明地寫著「La Jeunesse」即法語「青年」的意思。選擇這個副標題，並不是偶然的，「它本身是法國文化和法國革命民主思想深遠影響的反映，不僅影響了陳獨秀本人，而且也影響了許多他的同代人」。〔註24〕而《青年雜誌》上，第一篇文章是發刊詞性質的《敬告青年》，第二篇即《法蘭西人與近世文明》，可見新文化人對法國文化與其民主的嚮往。

　　在具體的文化主張上，也可以看出陳獨秀深受法國激進思潮的影響，他把文化的東西之別轉化爲新舊之別，認爲「近世東西洋絕別爲二。代表東洋文明者，曰印度，曰中國，此二種文明雖不無相異之點，而大體相同，其質

〔註24〕　Witlold Rodzinski：a history of china, Volume 1, 1979, P437.轉引自彭明：《「五四」研究》，鄭州：河南大學出版社 1994 年版，第 62 頁。

量舉未能脫古代文明之窠臼，名爲近世，其實猶古之遺也，可稱曰近世文明者，乃歐羅巴之所獨有，即西洋文明也。亦謂之歐羅巴文明」，「其先發主動者率爲法蘭西人」。並說：「近代文明之特徵，最足以變古之道，而使人心社會劃然一新者，厥有三事，一曰人權說，一曰生物進化論，一曰社會主義是也」，「此近世三大文明皆法蘭西人之賜，世界而無法蘭西，今日之黑暗不識仍居何等？」〔註 25〕可見陳獨秀對法國文化的崇尙。可以看出，他不破不立的激進文化主張一方面緣於其個性的熱烈，一方面則深受法國激進文化傳統的影響。

由於陳獨秀等人深受法國激進思潮的鼓舞，文化主張不免偏激，引起了杜亞泉等人的憂慮。於是杜亞泉一方面批判法國激進傳統的偏弊，以之比對中國，吸取教訓，另一方面則甚爲欣賞英倫的調和取向，提出了文化調和的另一種思路。

杜亞泉對法國大革命的激進甚爲反感，認爲其破壞性太強。他說：「吾國國體改革，未滿六年，而事變迭出。凡法蘭西大革命後九十年間經過之事實及其恐怖，吾國幾一一步其後塵。」〔註 26〕他在批評中國文化的弱點時，認爲中國應吸取法國的教訓，要拔除一些體制上的弊害，並引用法國社會學者愛特蒙特摩蘭之書《掌握政權者有利乎》，〔註 27〕認爲法國爲中央集權政治的故鄉和官僚政治的發源地，所以官吏之害甚爲嚴重。「法國近七八年來，內閣更迭，凡三十餘次。其陷於爭奪政權之漩渦中而不能自拔者，原因果何在乎？則由於其人民重視官吏之故。」〔註 28〕並以之爲借鏡，批評中國的官吏之害與法國相比更爲嚴重。在他看來，我國數千年，處於專制政體之下，官吏威權特重，且安定富享尊榮，享優厚待遇，所以「人民之重視官吏，幾成根性。秦漢以後，經長久之時期，而政治不改良，實業不進化者，實爲此根性之所累。今者政體雖更，根性未變，競爭益劇，運動益多，而當局者復持糜官政策牢籠一世，將藉此以實行中央集權之主義，回覆官僚政治之盛況，吾知流風所播，將有倍蓰於法蘭西者。況來日大難，已無復容爭奪政權之餘地，瓜分豆剖，雖欲爲法蘭西而不可得焉。吾輩欲謀民國政治之安寧，望民國實業之發達，則其首要之條件，即在拔除人民

〔註 25〕 陳獨秀：《法蘭西人與近世文明》，《青年雜誌》第 1 卷第 1 號。
〔註 26〕 傖父：《今後時局之覺悟》，《東方雜誌》第 14 卷第 8 號。
〔註 27〕 杜亞泉注明他閱讀的是此書的日本應慶義塾譯本，並改名爲《大國民》。
〔註 28〕 傖父：《今後時局之覺悟》，《東方雜誌》第 14 卷第 8 號。

重視官吏之根性」。〔註29〕把法蘭西作為整治中國的殷鑒之資。

　　杜亞泉從反思法國革命中得到了啓發。認為法蘭西共和國的造成，不是新勢力之使然，而是舊勢力已盡，「法蘭西共和之告成，固非革命黨之力，有以致此，乃兩世拿破崙自取敗亡以後，專制之力已盡，遂不得不實行共和政治」的結果，因而反對中國改革中的破壞主義，而主張要先立後破，確定國家建設的穩固基礎。〔註30〕此外，杜亞泉主張道德改革要以溫和的態度，走穩健的改革步驟，也與他對法國大革命的反思有關，他說：「法國革命後，所以全國搶攘，造成恐怖時代，迄一世紀而始獲安寧，未始不由舊道德全然破壞所致也。」〔註31〕李大釗也談及過此問題，他認為歐洲中世紀黑暗時代，就因保守主義勢力過重，而淪於腐敗，而法蘭西革命，又因進步主義過激，趨於極端，導致暴烈結果，其原因都在於「不能使二力為空間的交互動作之結果，以致反動相尋，不能並立於空間，則求代興於時間，至是乃不免猛烈之震動，而平流以進之秩序，遂無可望」。〔註32〕在反思法國激進主義思潮時提倡一種有序對抗的調和主張。

　　由於陳獨秀等激進新文化運動者極為欣賞法蘭西文明，做事發論往往趨於極端，導致社會難免出現一些流弊，這讓一向少激情而多理性的杜亞泉深為擔憂，常常反思法蘭西激情帶來之弊害，並力圖尋找補救之資，因而對英倫式的調和取向甚為欣賞，並認定調和論與激進論相比將會更有利於社會建設的平穩性和長效性。

二、對英倫調和傳統的欣賞

　　依據高力克先生的觀點，中國的啓蒙運動可以按照歐洲啓蒙思想之英國學派與法國學派作類似的劃分。因此，杜亞泉承嚴復、梁啓超啓蒙思想之緒，也屬於「嚴梁一系的英國式溫和啓蒙傳統，其調和思想體現了英倫思想之理性寬容的精神品格。」章士釗、李大釗、蔡元培等人也帶有這種溫和的英倫特色。〔註33〕

〔註29〕傖父：《論人民重視官吏之害》，《東方雜誌》第 9 卷第 4 號。
〔註30〕傖父：《中國之新生命》，《東方雜誌》第 15 卷第 7 號。
〔註31〕傖父：《國民今後之道德》，《東方雜誌》第 10 卷第 5 號。
〔註32〕守常：《調和剩言》，《李大釗全集》第 2 卷，北京：人民出版社 2006 年版，第 210 頁。
〔註33〕高力克：《調適的智慧——杜亞泉思想研究》，杭州：浙江人民出版社 1998 年版，第 183 頁。

英國人素以善於調和而著稱。這一特徵是得到學術界公認的。〔註 34〕杜亞泉認爲社會的發展是一個開進與保守相調和過程。社會發展，國家穩定離不開新舊的接續，因此，不能割裂傳統。他甚爲欣賞英國文化的調和底色，認爲英國的國家政治及社會發展充分體現了接續主義的精神，對開進與保守的調和，堪稱典範。他說：「近世之國家中，開進而兼能保守者，以英國爲第一，用能以三島之土地，威加海陸」，這種融開進與保守的接續主義對於國家可謂「明效大驗」。而法國不善接續，則走向極端，摧折舊制，「古法破滅，其後雖屢欲復古，卒不能成功」，〔註 35〕社會屢屢動蕩，不利於社會的向前發展。

杜亞泉闡述他的調和論時，對英國學者的觀點多有提及，如他在讚揚兼容同化的宗教團體「波海會」時，就特別提到了英人約翰斯頓氏。約翰斯頓是英國的著名思想家，在文化上倡導東西融合。此人主張在知識上、道德上、美術上，東西方人皆能得自由之交換，並著有《聯合中西各國保存國粹提倡精神文化意見書》，倡導東西文化的互相取鑒與融合。杜亞泉對此文甚爲關注，在《東方雜誌》上刊譯了這篇文章。該《意見書》讚美了中國文化的獨特之處：一方面認爲「保存國粹，蓋中國今日所不可不急行提倡之事」，另一方面認爲「諸愛國少年，熱心革新，將以古國之國粹，一一擯棄無餘，……而輸入西方之物質文明，恐將以東方精神文明之根基，一一毀滅無存」的激進做法過於極端，應加以批評。約翰斯頓還認爲，西方人曾有詆毀中國文化之論，都已翻然悔悟，而一部分中國人，「竟有人以爲吾西人向時詆毀之言，幾無一不確當者，此實今日中國最可駭詫之現象也。」在他看來，中國一部分激進派鄙薄中國文化，其原因在於中國文化「既未能拒絕異族之內犯，袪除外人之專制，亦未能使其人民因而富盛，既未能引起列強之敬畏，開闢天然之利源，亦未能在科學上發明無數之新事物，故此輩以爲中國之文化，實不足當文化之稱，且其文化，無氅武好勇之精神，故亟欲棄之如敝屐」，從而主張學習西方文化。但「華人對於西方文化，僅見其物質文明而不見其精神

〔註 34〕 錢乘旦、陳曉律：《在傳統與變革之間──英國文化模式溯源》，杭州：浙江人民出版社 1997 年版；叢日云：《西方政治文化傳統》，大連：大連出版社 1996 年版；程漢大：《英國政治制度史》，北京：中國社會科學出版社 1995 年版。在這些著作中都提到了英國人的調和特點。嚴復所譯斯賓塞的《群學肄言》中也揭示了英國人的這種特性。

〔註 35〕 傖父：《接續主義》，《東方雜誌》第 11 卷第 1 號。

文化」，也是一種缺陷。因此，關注物質文明乃人類發展所必然，「苟欲自存，自必注重於物質文明」。而「吾人今日所當懼者，殊不在此而在精神文明之喪失。東西方文化，今均陷於物質文明之潮流，遂致有喪失精神文明一層之可慮。」東方人欲效法西方人，不能僅關注物質文明層面，還要明瞭精神文明所處之「危境」，從而要努力實現東西文化的結合，促使「東西方人得自由交換思想，且融洽國民之交誼」，其目的在於能使東西方「能自尊其文化之優點」。約翰斯頓指出，東西文化並非決然隔離，而是可以相遇相融的，因此，「對於宗教，不專尚一宗，對於政治，不偏向一派，對於無論何事，均持大公無私之態度」，才是應取之道。反對將東西文化對立，希望二者能處平等之地位，互相爲教師，均願爲好學之徒。他相信，「東西人之自由交換思想，自由比較志趣，不論其屬於美術文學哲學宗教政治社會，東西文化，自將因而接近，東西文化，異日或能融合而成一更爲優美之文化，不偏於東，不偏於西，取其長而去其短」，出現新的融合。所以，他們極力反對那種「強東方附從歐化，或強西方附從亞化」的極端主張。〔註36〕這些言論倡導的實爲一種東西互相借鑒、取長補短的文化調和觀，正是對杜亞泉文化主張的理論支持，杜亞泉把該文刊於《東方雜誌》之上的目的即是以之作爲對自身觀點的一種外來支持。

　　杜亞泉調和論的一個理論支撐在於他深受社會協力學說的影響。而這種影響，實由英國學者達爾文開其緒。杜亞泉認爲，社會協力說與進化論爲「並峙之學說」，〔註37〕與競爭學說一起相反相承促成了社會的發展。他說：「競爭之說，達爾文實倡導之；協助之說，達氏已開其端。後之學者，益光大其說，於協助與競爭，兩說並峙。」〔註38〕此外，他在提倡協力主義時，還提到英國學者諾爾曼・安格爾氏的主張。安格爾氏認爲，要增進世人的繁榮進步，則不得不保證國家主義與平和主義的調和。由此杜亞泉認爲，「抱持平和主義，欲營人類協力之生活，則務使吾國家能出其力以與他國家相協，且當使他國家能出其力與吾國家相協焉」，以此促成力的平衡，達到相互的協力和信賴，實現平和主義。可見，杜亞泉的協力主義深受英倫學者的影響。

　　英倫調和趨向的影響，同樣在章士釗身上有所體現。章士釗曾留學英倫，

〔註36〕〔英〕約翰斯頓（H・F・Johnston）：《聯合中西各國保存國粹提倡精神文明意見書》，楊錦森譯，《東方雜誌》第 9 卷第 12 號。
〔註37〕傖父：《社會協力主義》，《東方雜誌》第 12 卷第 1 號。
〔註38〕傖父：《愛與爭》，《東方雜誌》第 13 卷第 5 號。

閱讀了大量西方政治學、法學、邏輯學、哲學方面的書籍。廣泛涉獵了英國的約翰‧密爾（John stuart Mill）、斯賓塞（Herbert Spencer）、達爾文（Charles Robert Darwin）、赫胥黎（Thomas Huxley）、莫烈（John Morley）、柏克（Edmund Burke）、梅因（Henry Sumner Maine）、梅依（Erskine May）、白芝浩（Walter Bagehot）、布萊斯（James Beyce）等人的著作。這些人都具有不同程度的調和思想，普遍肯定了調和精神對憲政的作用，這些思想家的調和主張和傾向，對章士釗影響較大。〔註39〕這一點章士釗曾有所自述。他說：「曩歲治學英倫，見其民族善用調和本能，得使反對黨之意見，以時消息，詳參深念，彌致景崇。今也初聞政事，焉敢自畔其義？」認爲調和之義在於堅守己之所信，但不排斥別人所見，秉持他所尊崇的「讓德」，這既是英倫傳統中調和異己之見的表徵，也體現了中國傳統文化裏的「恕」道。〔註40〕可見，他對英倫的調和理想是認同並接受的。

從總體上觀之，五四前後的調和論，一方面吸收了中國傳統文化中「和」的觀念，深具「中庸」理念的底色。另一方面在反思法國傳統的基礎上，甚爲欣賞英倫的調和傳統，是東西文化交流下的思想產物。此外，來自日本思想界的風向也在一定程度上對這種思潮的形成產生了影響。

第三節　日本思想界吹來的風

在從傳統社會向現代社會的轉型過程中，日本與中國都曾面臨著外來文化的衝擊考驗。因此，該如何處理東西文化問題，也是日本思想界向所留意之事。而日本思想界除了主流的脫亞入歐論以外，也有一部分人持東西文化調和的主張，特別是一戰期間，對中國的思想界產生了一定影響，可從《東方雜誌》上刊登的大量日本譯文中得以窺見。這是以往研究不曾留意的地方。據學者統計，在《東方雜誌》的廣告中，商務印書館翻譯的日本著作有40餘種。〔註41〕而在杜亞泉主編期間，更翻譯和介紹了大量日本方面的著作或文

〔註39〕 相關論述可參考鄒小站的《章士釗的社會政治思想研究》，長沙：湖南教育出版社2000年版；郭華清：《寬容與妥協——章士釗的調和論研究》，天津：天津古籍出版社2004年版。

〔註40〕 桐：《時評》，《章士釗全集》第5卷，上海：文匯出版社2000年版，第521頁。

〔註41〕 〔日〕實藤惠秀：《中國人留學日本史》，譚汝謙、林啓彥譯，北京：生活‧讀書‧新知三聯書店1983年版，第234～235頁。

章。其中包括本書第一章提到的泰戈爾訪日演說及其後引起的相關討論。此外，杜亞泉還廣泛刊登了來自日本《廿世紀》、《外交時報》、《太陽雜誌》、《日本之日本》、《植物學雜誌》等報刊上的文章。這些文章除了介紹國際時勢外，多有主張東西文明調和之論。

當時一部分日本人認為，歐人對自己的文明自誇自大「未免過甚」，對於東方文明未免過於輕視，而歐戰的爆發正好說明，西方文明要想獲得新的生機，必須向東方文明尋求救治之方以「得暗示與啓發」。表達了一種調和東西文化的願望。〔註42〕君實在翻譯的《對支解決卑見》中進一步提到：「一切事物，立於差別而歸於平等，然因差別即平等，平等即差別之融合一致，渾然而保全體之大調和於其間，猶天地相對而天地始完，陰陽相對而陰陽始全，既有差別，比較生，故競爭起，競爭所以起，即有優劣、有勝敗、有興亡、有盛衰，然其對象則始終相關聯，無須臾之分離，交相為因，交相為果，而輾轉於無已。」這種注重對抗差別，主張調和的觀點，正是文化調和論看待東西文化的理論基礎，杜亞泉、章士釗、李大釗等人對此都有所表述。他們認為，東西文明的調和，正是基於兩種勢力的存在。而當時日人中就有相關言論：「近代人理想中所謂世界平和者，似即為東西文明調和之稱。亦為因此東西兩大勢力相對立而始得實現之問題，於此相對不離之法則，兩方勢力相拮抗之間，則其競爭始能進步向上以至於調和，若離此約束，而二者之中，或失其一，勢必二者俱亡，一切破滅而後已。東西之對立，即為東西共通之生命，彼我之發達與調和，不可不兩兩相待。……所謂兩大文明之調和，將於是始開出現之境。」〔註43〕充分肯定了東西文明的調和離不開對抗力的存在，即承認異己力量為交流融合之基礎。與杜亞泉等人強調「有衝突有調和，進步之機括」的主張，在思想上是共通的。不過，日人認為當時的東西文化均衡局勢被打破，只有日人才能擔此調和重任。杜亞泉等人認為這種野心過於狂妄，但承認其強調有差別始有平等始能調和的觀點卻是有道理的。

當時的日本內閣總理大隈重信對文化問題有細緻的思考和觀察。杜亞泉對大隈重信的文化調和觀甚為重視，多次在《東方雜誌》上對其思想進行介

〔註42〕《新歐洲文明思潮之歸趨及基礎》，君實節譯自日本《新公論》雜誌，《東方雜誌》第16卷第5號。
〔註43〕君實譯：《日人之放論》，譯自日本《日本及日本人》雜誌，五百木良三原著：《對支解決卑見》，《東方雜誌》第14卷第3號。

紹。大隈重信認爲，東西文明的調和會創造出一種新文明，如果各個國家能
夠將其作爲一種新的世界秩序來加以發展，將會有利於世界的和平。一戰爆
發後，他對東西文化的出路問題進行了進一步的思考。在他看來，歐洲戰爭
使思想界產生了尼采的強力主義與托爾斯泰的無政府主義。這兩者皆過於極
端。人類的本能是傾於向善的，正如「波非水之常態，必有平靜之時，迷惑
亦非人生之常態，必有覺悟之時」。因此，極端趨向必有回轉之時。他把一戰
時期看作是一個文化的「回轉時代」，斷言「自此以後，必漸次發生一種新穎
而統一之思想，無可疑義，今日者，文明之回轉期也。此次大戰爭，不過生
新文明之產痛而已」。〔註44〕而在文化回轉時代，文化的出路應走東西文化調
和之路。因此，從 1916 年起，他便開始著手於東西文化研究的具體工作，並
出版了《東西方文明之調和》一書。

　　大隈重信在《東西方文明之調和》一書中認爲，一種文明要持續地煥發
活力，一方面必須要有健康的新陳代謝的內部調節功能；另一方面，也需不
斷吸收新的質素以應付新的問題。「變」才是使文化充滿生機的內在本質。一
層不變只能成陳迹，最多成爲博物館裏人們瞻仰的古物。他以東西文明的發
展作例證說道：「不管古代希臘文明的精華是多麼美好，如果這種文明隨著古
代希臘民族的衰亡而停止，沒有新的民族新的勢力來改造和推進，能否結成
近代歐洲文明的果實，不能不說還是個疑問。就是說，事物都是由於增加了
新的力量才能進步，否則就難免會自然停滯和腐敗。古代希臘文明正是通過
以後的新勢力來更新其舊勢力，一直發展到近代。」〔註45〕而「中國文明史
上重要的學術和思想到戰國時代已經充分地展開，在此以後，這些古代的學
術思想只不過是以種種形式傳承下來而已」。〔註46〕可以說，中國的文明在近
代以前，幾乎都在自我構建的軌道里運行，一直生活在過往學術的輝煌裏，
並且有著極強的自尊與自滿傾向。通過這種對東西文明發展特徵的比較，強
調文明的發展必須有新的質素注入。

　　此外，《東方雜誌》上還刊登了日本學者稻葉君氏關於中國社會文化的思
考，提出了以西洋文明補中國文明之弊的主張，也明顯帶有調和東西文化的

〔註44〕 許家慶：《大隈伯之回轉時代論》，《東方雜誌》第 12 卷第 3 號。

〔註45〕 〔日〕大隈重信：《東西方文明之調和》，卞立強等譯，北京：中國國際廣播
　　　　出版社 1992 年版，第 17 頁。

〔註46〕 〔日〕大隈重信：《東西方文明之調和》，卞立強等譯，北京：中國國際廣播
　　　　出版社 1992 年版，第 11 頁。

取向。此文對中國文化既有讚揚也有批評，力圖從文化上對中國的現狀作出解釋。認爲中國雖然發達比歐洲早，但「發達裏面，藏著衰兆，光榮的後面，也射著頹廢的陰影」，其缺點在於成熟過早，「民族缺乏感受性，所以，從外力而起的反應甚薄」。因此，希望中國能夠從西洋文明中吸取有益成分，「把捉世界發展的新機運，開拓自己的新生活」。〔註47〕這種對中國文明優劣缺失的審思，爲中國思想界思考中西文明問題提供了理論支撐。

除了刊登大量日本譯文可以看出《東方雜誌》吸取了不少日本的文化思想資源外，從杜亞泉個人身上也可看出這種痕迹。杜亞泉雖未曾留學日本，但對日本思想界的動態較爲諳熟。他從 1898 年開始「自學日文，不久能直譯而無阻，從而得以窺見世界新思潮，對我國傳統學說遂開始有所懷疑」。〔註48〕1906 年，赴日本考察教育，購置了大量日文書籍，並努力汲取相關知識，還親自翻譯了不少日本著作，達數十種之多。如他在主持普通學書室時翻譯的《支那文明史論》繫日本學者中西牛郎所著，該書「搜採我國經文史事，神鉤入髓，令讀者知我國之向有文明所在而得其研究之法，皆深切顯著，實爲我國人民之寶鑒。」已經開始重視中國固有文明之可貴之處。〔註49〕

此外，《東方雜誌》上更有大量日本譯文出自杜亞泉之手。其中有不少主張東西文化調和之作，例如由他翻譯的日本戶田博士所作《東西洋社會根本之差異》一文就認爲，東西洋社會因風俗習慣與生活狀態不同，既有相同點，也有相異處，不可全然模仿或全然排斥。主張適當地採用西學，特別是採用西方之精神文明。認爲東西洋文明，含有不同的要素，因此，「欲徹底採用異種之文明，不得不拋棄其根本主義，勢有所不能也」，但卻可於相同之點謀「彼我通融之途」。所以，明確表示：「舊思想派之人士，排斥西洋之精神文明，維持不適時勢之制度，吾人所宜反對者也。」在戶田博士看來，東西洋文明雖各有其不同之點，但「在適當之範圍以內，攝取異種之文明，以圖國粹之保存及國民根本性之發展」則是根本目的。〔註50〕承認東西洋文明各有所長，

〔註47〕　〔日〕稻葉君：《中國社會文化之特質》，楊祥蔭譯，《東方雜誌》第 18 卷第 5號。

〔註48〕　許紀霖、田建業編：《杜亞泉生平大事年表》，《杜亞泉文存》，上海：上海教育出版社 2003 年版，第 486 頁。

〔註49〕　轉引自田建業編：《一溪集——杜亞泉的生平與思想》，北京：生活・讀書・新知三聯出版社 1999 年版，第 311 頁。

〔註50〕　〔日〕戶田博士：《東西洋社會根本之差異》，傖父譯，《東方雜誌》第 8 卷第 3 號。

應學習西洋的先進文明，包括精神文明，但也承認文化的民族特性所在，主張文明的創造應以本國文明為根本出發點。這些觀點，與杜亞泉主張在承認文化具有同一性的基礎上，強調文化的民族特性，主張調和東西洋文明，以開創一新文明的思想是相通的。

杜亞泉的調和思想吸收了一定的日本思想資源還可以從他的《人生哲學》一書以窺一二。《人生哲學》是他多年來在文化上思考粹煉的結晶，有著濃厚的調和底色。而這本書是在參考大量日文資料的基礎上寫成的。從他在該書《編輯大意》中列舉的部分參考書中可以看出，其大部分書皆參考於日本文獻。詳見下表：〔註51〕

書　名	著者及編者	出版單位
哲學詞典	樊炳清編	商務印書館
新文化辭書	唐敬杲編	同上
生物學精義	日本岡村周諦著 湯爾和譯	同上
西洋哲學史	H・E・Cushnan 著 瞿世英譯	同上
近代思想	日本新潮社著 過耀根譯	同上
心理學綱要	日本十時彌編	
倫理學要領	日本中島德茂編	
心理學大集成	日本三浦藤作編	
社會學概論	日本高田保馬編 杜煒孫譯	商務印書館
社會進化論	日本小山東助編 杜煒孫譯	同上
人生哲學	李石岑著	同上

此外，陳嘉異的調和論也有日本思想影響的痕迹。他在《東方文化與吾人之大任》一文中，詳細地闡明了他的東西文化調和論。從該文的注釋中，可以看出他吸取了不少日本思想界的文化調和主張。他在談到孔子集大成者在「執兩用中」之義時，在注釋中說：「日人廣池九郎《支那法制史》，極推崇吾國『中』之一德目，謂與亞里斯多德之中庸之說相符云云。其後，謝无量之《中國哲學史》與《孔子》等書皆本之。余以為吾國『中』之一誼，自方法上論之可視為中國哲學上一種特殊方法（即執兩用中之義），幾與黑格爾之辯證法默契。自實際論之，則即為調節物心生活，使之達於諧和之一妙用。」

〔註51〕 杜亞泉：《人生哲學》，《杜亞泉著作兩種》，田建業編校，北京：新星出版社2007年版，第5～6頁。

他還認爲西方文化的根源希臘思想，本也「具有調和之精神，因歐人不善用之，僅取其注重物質生活的一面，而遺其靈肉合一之最高理想」〔註 52〕，才導致一戰的結果，他的這一認知也受到日本思想界的影響。他在該觀點的注釋中，詳細地列出了參考書，其中大部分爲日文書籍。包括：金子築水的《歐洲思想大觀》、《近世歐洲文化史論》及《近世思想界之變遷》，朝永三十郎的《於近世我之自覺史》，廚川白村的《文藝思潮史》等。此外還有受日人影響較深的周作人的《歐洲文學史》。〔註 53〕

　　陳嘉異還在文中詳細介紹了日本關於東西文化異同比較及倡導調和論的論述。其中提到的有：一、建部博士之說。認爲西洋文明之所短在於德教過於單純，法治社會存在缺失，社會囿於慣習，人心缺乏內在修養。東方文明之所長在於道德心之發達，德教之發達，宗教與現實的調和；二，北吉聆教授之說。在《光自中國》一書中的《論東西文明之融合》一文，也提到東西異同及融合問題。該文認爲，西洋文化在能利用及征服自然界，東洋文化則在能與自然界融和。西洋文化在吸收希臘之個人主義，與希臘靈魂不滅之說而成一保存個人價值之哲學。東洋文化則注重天、自然及無我。兩種文化應調和融劑，但認爲只有日本國民具有此種資格。此外，北吉聆氏還在《東洋思想之復活》，《第一義生活之提倡》等文中，極推崇東方文化；三，野村隈畔氏之說。在《中央公論》上的《東西文明之根本精神與未來之哲學》一文中以及《文化論文集》中，同樣也比較了東西文明。認爲儒教之根本精神在忠恕，佛教之根本精神在「無我法中有眞我」，基督教之根本精神爲「天國在爾度」，泰西哲學之根本精神在自我思想之發達。日本將來之哲學即在融合此等哲理以建一自我批判之哲學。而三宅博士《政與教》一書，則專言東方文化之精理。日本西京大學哲學文學部所創《支那學》雜誌，專研究中國學術思想之作品。爲發揚東方文化作勤勉細緻研究的工作，力圖融合東西文化所長，造一「自我批判之哲學」。這些日本學者的文化觀都有一種調和東西文化而以自身文化爲根基的趨向。陳嘉異雖對日人自居爲調和東西文化之「唯一有資格者」的說法不敢苟同，但他對日本思想界調和東西文化的精神卻甚爲感慨，說道：「我國人之聆聽此語其感想當如何？」其中希望中國人能客觀評價東西文化，並調劑融合以生成

〔註 52〕 陳嘉異：《我之新舊思想調和觀》，《東方雜誌》第 16 卷第 11 號。
〔註 53〕 參見陳嘉異：《東方文化與吾人之大任》，《東方雜誌》第 18 卷第 1、2 號。

新文化的心情是很明顯的。

受這些思想的刺激，陳嘉異在對東西文化的審思中，強調要用西學來整理中學，調和中西。他甚爲欣賞孟子的人生哲學，認爲孟子哲學合物質與精神生活爲一體，與郁根（倭鏗——引者，下同）所倡精神生活哲學相通。而他對倭鏗與柏格森哲學的瞭解則來自於日本書籍，他說：「郁根哲學有實際主義，重生活經驗之切實，而不流於淺薄。有布格遜（柏格森——引者，下同）重創造進化之透闢，而不走於鑿空。殆可謂兼有二派之長者。余愧未能讀郁根之原著，僅得讀日譯本數種。又畏友章君行嚴曾贈有約翰斯（A.J.Jones）所著郁根《人生哲學》一書。余受而讀之覺其於郁根哲學頗有鈎元提要之觀，惟余終以爲郁根所倡之精神生活於外的奮鬥一面，誠發揮盡致，即孟子集義之說。而於內的修養一面，則實欠指導說明，不及孟子養氣之功遠矣。」〔註54〕

李大釗認爲東西文化乃動靜之別，中國文化應深自反省，向西洋學習，相互調和補劑的觀點，在一定程度上也受到了日本思想界的影響。他在《東西文明根本之異點》一文中，與杜亞泉一樣，認爲東西文明的最大差別是一種「動靜」之別，主張動靜要相互調劑，生成新文明。該文對《東方雜誌》所刊《中西文明之評判》一文有所關注，並徵引了該文的大段文字以闡述他的觀點，而此文則轉自於日本雜誌《東亞之光》。此外，他對日本早稻田大學教授北聆吉的《論東西文化之融合》一文也有所提及。北吉聆認爲，「自然之制服，境遇之改造，爲西洋人努力所向之方向；與自然融合，對於所與境遇之滿足，爲東洋人優游之境地。此二者皆爲人間文化意志所向之標的。吾人於斯二者均不可蔑視。若徒埋頭於自然之制服，境遇之改造，而忘卻吾人對於內的生活之反省，則吾人之生活必歸於空虛」。北吉聆認爲歐美人在征服自然的過程中漸喪了自己的靈性，而東洋人懂得與自然融合者僅爲少數人，多數人無征服自然的能力，過著悲慘的生活。所以有「歐羅巴的文化與亞細亞的文化之補救乃至融合之必要」的觀點，認爲東西文明，「必兼斯二者，眞正人間的生活始放其光輝」。〔註55〕對北吉聆的這些觀點，李大釗是比較贊同的，因此他說：「其主張東西文明之須相調劑亦與愚論無違。」並強調調和要建立在對自身文化進行反省的基礎上，「東西文明調和之大業，必至二種文明

〔註54〕 陳嘉異：《我之新舊思想調和觀》，《東方雜誌》第 16 卷第 11 號。
〔註55〕 李大釗：《東西文明根本之異點》，《李大釗全集》第 2 卷，北京：人民出版社
2006 年版，第 222～223 頁。

本身各有徹底之覺悟，而以異派之所長補本身之所短，世界新文明始有煥揚光採發育完成之一日」。〔註56〕

　　通過以上三節的分析，可以看出，五四時期的調和論者，其文化主張一方面有中國傳統中庸思想的影響和浸染，另一方面也有外部的思想資源，他們欣賞於英國的調和傳統，因反對新文化運動激進派而反思法國的激進傳統，同時也受到了日本思想界的影響，提出了調和的主張。所以調和思想雖在中國文化中自古有之，但系統地提出調和論則是在五四新文化運動時期，它是中西文化衝突、交流、融合下的產物。

〔註56〕李大釗：《東西文明根本之異點》，《李大釗全集》第 2 卷，北京：人民出版社 2006 年版，第 223 頁。

第五章　文化實踐與建設理念

　　五四前後，正是中國社會由傳統向近代轉型的關鍵時期。在思想文化上，各種思潮紛呈湧現，各種文化方案競相出臺，思想界異常複雜迷離，論爭激烈。文化調和論正是在這種特殊的歷史時期出現在人們的思想論域之中，並與激進的新文化運動者展開了論戰，引起了近代以來影響深遠的東西文化論戰。如何評價這一時期的文化調和論，除了對它進行理論的梳理與思想特質的探析外，還應考察其文化實踐，才能對其作出公允的認知與評價。

　　陳寅恪主張對歷史研究應持一種「同情的理解」。錢穆提倡對本國以往歷史要持一種「溫情與敬意」態度，以「發潛德之幽光」。〔註 1〕而賀麟在評價湯用彤的學術成就時，也特別強調要「同情瞭解古哲，有一種尚友千古的態度」。〔註 2〕但僅有這一點是不夠的，正如耿雲志先生所言，在「同情的理解」的基礎上，還應持一種「評判的態度」以貫穿於研究對象中，才能對研究對象得到一個較為公允的評價和定位。對於五四前後的文化調和論，我們同樣應本著這種態度來客觀研究與審慎評析。以往學術界在評價此一時期的西化思潮與調和論時，往往易陷入二元對立的思維模式中去，要麼認為杜亞泉與陳獨秀等人有過論爭，章士釗等人批評過新文化運動，則認為他們反對新文化運動，是一種落後保守的文化觀。要麼則認為這種調和論能夠兼采各家之長，融古今思想、中外文化於一爐，是一種最理性，最健全的文化觀。究竟應如何認識杜亞泉等人及其所倡導的調和論，除了看其思想價值外，還需要通過其文化實踐上的成績來作評判。實際上，杜亞泉在五四前後的思想啓蒙

〔註 1〕　錢穆：《國史大綱》（修訂本）上冊，北京：商務印書館 1996 年版，第 1 頁。
〔註 2〕　賀麟：《五十年來的中國哲學》，北京：商務印書館 2002 年版，第 22 頁。

運動中，是有相當成績的。他通過辦學、辦刊、編輯教科書等實踐活動，成爲五四前後一位科學與思想啓蒙的先行者。尤其是他擔任《東方雜誌》主編期間，大力提倡文化調和論，使《東方雜誌》成爲了宣傳文化調和論的主場地，在五四前後的思想界別具特色，影響深遠。通過對杜亞泉主編時期的《東方雜誌》的考察發現，該刊並不反對新文化運動，甚至對一些問題的關注要早於《新青年》派，爲新文化運動的開展作了思想上的準備與鋪墊工作。雙方的分歧只是在具體的新文化建設上存在著「先立後破」與「先破後立」的路徑差異。因此，此一時期，杜亞泉主編的《東方雜誌》實際上是新文化運動中的一支穩健力量，與《新青年》派形成了一種互補關係。〔註3〕杜亞泉的文化成績可以體現在以下幾個方面：

第一節　科學與思想啓蒙的先行者

　　爲了對中國進行文化啓蒙，杜亞泉的一生都沉潛於踏實的實踐啓蒙工作中，在五四前後這段中國近代文化轉型的重要時期，作了重要的科學與思想啓蒙貢獻。在未進入商務印書館之前，他主要著手於辦學辦報，從事教學工作。進入商務後，重心放到了教科書的編寫上，使他不僅成爲了商務的大功臣，也爲近代的國民啓蒙工作作了重要貢獻。

一、編寫教科書

　　1900 年，杜亞泉在上海創辦《普通學報》時，和張元濟、夏瑞芳等已有業務往來。後來由於資金不足，他所經營的越郡公學不得不停辦，在上海慘淡經營的普通學書室也因資金問題陷入停頓。因其一直存在編譯書報啓迪民智的抱負和「爲國家謀文化之建設」的目標，遂把普通學書室併入了商務印書館（以下簡稱商務），自己也於 1904 年正式進入商務。此時的商務才剛剛起步，杜亞泉及其普通學室的併入，在人力和物力上對商務都是一種力量上的充實。進入商務後，他被聘爲編譯所理化部主任，與張元濟、高鳳歧、夏曾佑、高夢旦、蔣維喬等人一起，同心協力致力於科學技術的普及和傳播。張元濟依靠這批有著「昌明教育」之心的賢俊一起，以學制變革爲基礎，著

〔註 3〕　因本書是以杜亞泉及《東方雜誌》爲考察中心，所以儘管這一時期提倡文化調和論的人員眾多，且不少在近代中國的思想界影響很大，但限於篇幅，不能在此一一作詳細考察。

力於教科書的編寫，使商務得到了飛速的發展，很快成爲二十世紀初年中國普及新知、傳播新學的重鎮，對加快中國教育的轉型作出了重大貢獻。這當中當然有著杜亞泉的一份功勞。尤其在教科書的編譯上，他作出了傑出的貢獻，並與高夢旦、陸爾奎一起被稱爲商務印書館的「創業三傑」。〔註4〕

杜亞泉主持商務理化部的幾年間，組織編寫了大量的博物、算學、理化等教科書及輔助教材，這些書通常是由他親自設計編輯的。經杜亞泉之手編譯的教科書相當多，王雲五曾在《小學自然科詞書·序》中說：商務印書館百多種理科中小學課本都是亞泉先生編寫或主持編寫的。惜其所編之書多未落名，僅注以「本館編」字樣，使我們對於杜氏所編之教科書難以有精確的統計。但從《東方雜誌》1919 年第 1 期的《商務印書館出版圖書總書目》中，仍可見到很多杜亞泉在此之前所編的書目。其中所編的教科書有：《文學初階》六卷，《初等小學堂國文教科書》，1904 年出版。《東方雜誌》創刊號上登有該書廣告，云：「紹興杜亞泉著。書分六卷，自淺入深，循循善誘。始以一二字相聯綴，導其先路，繼以三四字成詞句，挾其進步，依次遞進，如升階然。篇中詞尚淺近，意取明晰，務期童蒙易悟。附圖數百幅，凡飛潛動植服飾器用等類靡不惟妙惟肖。首卷並列教授諸書，尤便講解。學生約半年讀一冊，足敷三年教課之用。」該書是最早用新法編著的小學國文教科書之一。除此之外，這一時期經他編著的教科書還有：《格致》，1901 年出版。這是國人自編的具有系統性的早期新式教科書。《礦物學》，1902 年出版。這是目前已知最早的礦物學教科書之一。

進入商務後，杜亞泉更編著了大量新式教科書，爲近代的文化啓蒙作了重要貢獻。主要有：

《中學生理學教科書》（譯著）。

《動物學教科書》（譯著）。

《中學植物學教科書》（譯著）。

《新撰植物學教科書》（譯著），經「學部審定」。

《礦物學》（譯著），爲「最新中學教科書」之一，經「學部審定」。

《初等礦物學教科書》（譯著）。

《理化示教》，經「學部審定」。

《實驗化學教科書》，（杜就田編，杜亞泉校訂）。

〔註4〕陳江：《鄺富灼小傳》，《商務印書館館史資料》第 47 期第 24 頁。

《物理學新教科書》（譯著）。

《實驗植物學教科書》（譯著）。

《蓋氏對數表》，1909 年初版，後曾多次重印。

《最新格致教科書》（3 冊，杜亞泉等編）

《最新理科教科書》，（4 冊，謝紅賚著，杜亞泉參訂），為高等小學教科用書之一。有廣告稱此書「材料精當，部次分明，最便高等小學理科之用」。

《最新理科教授法》，（4 冊，謝紅賚著，杜亞泉參訂），此書「備載教授時應用之器具、圖畫，標本模型及預備之方法，講述之次序」，甚為完備。

《最新筆算教科書》（4 冊，杜亞泉等編），為高等小學教科用書之一，經「學部審定」。學部評云：「淺深比類，參互錯綜，皆採取各國新編而復參以經驗，自較舊藉為精。」

《最新筆算教授法》，（4 冊，杜亞泉等編）。

《最新農業教科書》（4 冊，杜亞泉、嚴保誠編）。〔註 5〕

這些教科書只是杜亞泉所編教科書中一小部分，已足見他在普及自然科學方面的突出貢獻了。蔣維喬曾在日記中就記有他於 1906 年所讀的教科書有杜譯《植物學》1 冊、《生理學粹》2 冊、《普及動物學教科書》1 冊、《簡明礦物學教科書》1 冊。〔註 6〕可見，當時杜亞泉所編的教科書影響是相當廣泛的。

在他的主持下，「編譯所理化部因此而成為二十世紀初年中國最有影響的普及和傳播近代自然科學知識的機構。」〔註 7〕就 1911 年《商務印書館出版圖書總書目》統計數字上看，由理化部組織編譯的初等小學算學、格致教科書有 13 種 38 冊，高等小學算學、理科、農業和商業教科書 13 種 57 冊，小學補習科簡易數學格致課本 2 種 3 冊，中學地理、博物、理化、數學科學 82 種 101 冊，師範學堂用書 12 種 14 冊，高等學堂用書 1 種。另有經「總理學務大臣審定」的各類教科書 5 種，共計 24 種 81 冊，占送審的各出版社之首。商務理化編譯部能有這樣的成績，與杜亞泉對科學技術的高度重視有關，也與他的精心策劃密不可分。他對近代的科學啟蒙實為功不可沒，影響深遠。大量教科書的編輯，對普及自然科學技術起了很大的啟蒙作用。同時

〔註 5〕 參見汪家熔：《杜亞泉對商務印書館的貢獻》，《一溪集——杜亞泉的生平與思想》，北京：生活・讀書・新知三聯書店 1999 年版，第 207～217 頁。

〔註 6〕 《蔣維喬日記》，《商務印書館館史資料》，第 47 期第 17 號。

〔註 7〕 周武：《杜亞泉與商務印書館》，《一溪集——杜亞泉的生平與思想》，北京：生活・讀書・新知三聯書店 1999 年版，第 195 頁。

也讓商務印書館的收入大增，成爲了二十世紀初普及和傳播近代自然科學技術的重鎮。對於改變整整一代人的知識結構，並進而推動新舊知識更新和思想觀念的轉化，以及對近代科學觀念的形成和科學精神的確立都具有重大啓蒙意義。

　　杜亞泉編寫的教科書，對於開發民智，提高國民素質影響甚大，很多工作都具有開創性。如他最初進入商務所編寫的《最新格致教科書》3 冊，《最新筆算教科書》4 冊，長期被當時各學校採用。其功績還在於，之前根本沒有小學的格致和筆算課本，他的這一編寫，可以說是「我國五千年文化史開天闢地第一本」，「不僅僅對商務即對我國的社會貢獻也是難以估計的。」〔註8〕而由他主編的《文學初階》，也有相當大的影響，雖然後被蔣維喬、高夢旦等人所編寫的《最新國文教科書》所替代，但其價值依然不容否定。因爲這本教材是在清廷學制改革章程還未出臺，政治上仍主張以「四書五經綱常大義爲主，以歷代史鑒及中外政治藝學爲輔」的背景下編寫的。《文學初階》是經過編輯編寫而不是選用的範文，且所編課文如《讓梨》、《擊缸救童》、《狼來了》、《螳螂捕蟬》，《曹沖稱象》等，一直被後來的課本所沿用。在內容上也多有革新：提出了平等的職業觀，認爲士農工商無貴賤之分；提倡對國家之忠，而不提對皇帝之忠；不僅教學生知書識理，還引導學生取積極的人生道路；讓學生要當知養生之道，爲人之道，習一藝以謀生，當知爲民之責。〔註9〕和以往提倡忠孝仁義的綱常倫理之教全然不同，對於啓迪民智有積極作用。此外，他編寫的《植物學大辭典》、《動物學大辭典》也是開新之作，利用了大量日文著作和中國古籍，影響深遠。植物學，動物學皆是從西方輸入的學問，當時中國在自然科學方面對西學的介紹很少，杜亞泉卻看到了這種工作的重要性，集十三人之力，十二年之功，編寫出了《植物學大辭典》，爲中國自然科學的進一步科學化、學術化作出了實質性的工作，促進了學術研究的深化。因而蔡元培評價道：「吾國近出科學辭典，詳博無逾於此者。」〔註10〕

　　此外，杜亞泉對《辭源》的編寫也有貢獻，但卻不爲人所知。《辭源》爲

〔註 8〕　汪家熔：《杜亞泉對商務印書館的貢獻》，《一溪集——杜亞泉的生平與思想》，
　　　　　北京：生活·讀書·新知三聯書店 1999 年版，第 209 頁。

〔註 9〕　汪家熔：《杜亞泉對商務印書館的貢獻》，《一溪集——杜亞泉的生平與思想》，
　　　　　北京：生活·讀書·新知三聯書店 1999 年版，第 216～217 頁。

〔註10〕　蔡元培：《植物大辭典序》，《東方雜志》第 14 卷第 10 號。

綜合性詞書，未修訂之前原收編有大量理科和自然科學詞彙，這一部分的相關條目和釋義都是杜亞泉及理化部的先生們擔任的。

二、介紹科學新知

除了辦學與編輯教科書外，杜亞泉對科學技術也非常注重，並作了積極的宣傳和介紹。他所創的《亞泉雜誌》，對近代化學的發展貢獻突出。具體體現在：率先介紹元素周期律；反映化學領域新成就，如對氬氦的發現，對放射性現象的發現，以及對化學的相關基本理論，分子—原子學說等的介紹；首創化學元素的中文譯名，如鈹、氬、鐠、釓、鐿的中文譯名爲國內化學界所接受，一直沿用至今；注重實驗，介紹化學分析方法，發表了《定性分析》、《考察金石表》、《化學奇觀》等，還於創辦越郡公學時期，購置化學儀器，躬自實驗，促成了我國較早經營科學實驗和教育儀器的專業商店——中國科學儀器館在上海成立。此外，編寫了《中外度量衡比較表》（1924 年初版）、《化學工藝寶鑒》（1932 年初版）、《高等植物分類學》（初版於 1933 年，同年再版）、《下等植物分類學》（初版於 1933 年，再版於 1934 年）、《蓋氏對數表》，附用法說明，（1909 年初版）曾印行多次。爲中國近代的科學事業作出了較大貢獻，成爲十九世紀末二十世紀初我國介紹西方科學成績卓著的人物之一。所以，對於杜亞泉介紹西學的成績，曾有學者這樣評價道：「十九世紀中期介紹西方科學最有成績的人，是眾所周知的徐壽先生。徐壽先生之後，十九世紀末和二十世紀初，杜亞泉先生要算是成績卓著的人物之一了。」〔註 11〕

三、在社會科學上的貢獻

杜亞泉一生除了在自然科學的介紹上成績突出外，對社會科學的介紹與傳播也有重要貢獻。在主編《東方雜誌》時期，他廣泛介紹政治學、社會學、語言學、哲學等社會科學方面的新知，並秉持東西文化及新舊文化相與調和的文化觀，使《東方雜誌》在五四前後的思想界別具一種穩健持中的特色。他在民初的政治秩序轉換中堅持理性主義的原則，主張以漸進主義指導社會變革，主動把中國民族主義納入世界格局，努力調和中西文化衝突，以現實主義的角度對待新舊文學，秉持古今學術流變中的進步主義取向，使《東方雜誌》在一批固守著理性、寬容、多元、漸進、調和等基本價值觀念的知識分

〔註 11〕 袁翰青：《自學有成的科學編譯者杜亞泉先生》，《一溪集——杜亞泉的生平與思想》，北京：生活・讀書・新知三聯書店 1999 年版，第 27 頁。

子的努力下，爲知識分子構建了一個溫和的自由主義的公共輿論空間。〔註 12〕
這一時期的《東方雜誌》，主張人的自覺與反省，提倡個性主義。一方面承認
孔學有其自身的價值所在，一方面反對立孔教爲國教。提倡世界語，介紹西
方新思潮，努力把中國融入世界，創造新文化。提倡通俗文，主張新舊文學
調和以創造新文學。在創造新文化的目標上與激進的新文化派並不根本相
違。是新文化運動中的一支創造新文化的穩健力量。（本章第二節將詳述此點）

　　值得一提的是，杜亞泉還最早在國內翻譯了日本幸德秋水的《社會主義
神髓》，連載於 1912 年 5 月至 9 月之《東方雜誌》第 8 卷 11 號至第 9 卷第 3
號，後被收入《東方雜誌文庫》叢書爲第二十六種，單本出版。較 1920 年 8
月陳望道先生翻譯的《共產黨宣言》要早八年。還有德國哲學家叔本華著名
的《處世哲學》也是由他最先翻譯的。此外，由他譯著的書籍據田建業先生
統計達二十多部。〔註 13〕爲中西文化的交流與融合作了不少實踐的工作。

　　除了辦學，編刊，編輯教科書外，杜亞泉在文化上還有其它成績爲人所
不知。他曾是國音統一委員會的成員，對於注音字母的創制有所貢獻。對於
中國新式標點的創制和推行，也出過不少心力。爲了檢驗初創時的幾種符號
是否適用和夠用，對研讀古典書籍是否有效，他以圈點《二十四史》作試驗，
歷時二年多。他還最早建議增加逗號的使用，並獲採用。此外，杜亞泉還認
爲「近人編纂國文典者，多拘牽於外國文典，有削足適履之害」，力圖對此弊
端加以矯正，親自作了創制國文典式例的嘗試，就名詞動詞狀詞如何由單詞
構成聯詞的法則作了探究。〔註 14〕這些文化上的實踐及成績與他的思想主張
一起成爲近代思想文化史上的一筆重要的財富。

　　可見，杜亞泉爲中國的啓蒙運動可謂勞其一生，成績卓著。所以有人認
爲他「始終沒有放棄科學的立場。其對於人生觀和社會觀，始終以理智支配
欲望，爲最高的理想，以使西方科學與東方傳統文化結合，爲最後的目標。
所以從思想方面說，先生實不失爲中國啓蒙時期的一個典型學者」。〔註 15〕
綜觀其在文化實踐上的成績，誠如有學者所言：「先生在中國學術界中，無

〔註 12〕　參見洪九來：《寬容與理性——〈東方雜誌〉的公共輿論研究（1904～1932）》，
　　　　　上海：上海人民出版社 2006 年版。
〔註 13〕　參見田建業：《杜亞泉譯著一覽表》，《一溪集——杜亞泉的生平與思想》，北
　　　　　京：生活‧讀書‧新知三聯書店 1999 年版，第 311～314 頁。
〔註 14〕　傖父：《國文典式例》，《東方雜誌》第 15 卷第 8 號。
〔註 15〕　胡愈之：《追悼杜亞泉先生》，《東方雜誌》第 31 卷第 1 號。

論就自然科學言，就社會科學言，就文哲思想言，固皆有其適當之地位也。」〔註16〕成為五四前後科學與思想啟蒙的先行者與踐履者。

第二節　新文化運動中的一支穩健力量

杜亞泉在五四前後的思想界之所以影響較大，更主要的還是緣於他主編《東方雜誌》時期，一直秉持文化調和論以作為創造新文化的主張與激進的新文化派不斷展開論爭，引起了思想界的廣泛參與。關於杜亞泉及《東方雜誌》與新文化運動的關係究竟怎樣，需要作進一步的考察。

在中國文化的近代轉型期，新文化運動可謂成績卓著：一方面在文化實踐上使文學革命取得巨大成功，白話國語得以確立。使教育改革取得初步成功，新教育臻於成熟。同時還促使了一代青年的覺醒及其與「社會的結合」。另一方面在思想上則確立了平民主義，個性主義，科學的態度和開放的文化觀念。〔註17〕在中國歷史上有著劃時代的意義。由此可見，新文化運動對中國的文化轉型有著巨大的歷史功績，因此，以反思新文化運動而興起的保守主義說新文化運動造成了中國文化的斷裂，與事實是不符的。恰恰是五四新文化運動給中國帶來了一個文化大發展的時代，在文化上、學術上，不僅有許多新的引進和新的創造，而且連中國固有文化的研究也在這時借鑒新的理論體系得到新的開創，呈現出嶄新的局面。由此看來，新文化運動代表了中國文化近代轉型的正確方向，其歷史功績是客觀的，也是主要的，應給予正面的肯定。不過，不能否認的是激進的新文化運動者，其理論武器是有缺陷的，他們視新舊水火不容的文化取代論割裂了新與舊的歷史承續關係，以致於被社會一般人誤解而生出種種弊端來。這種狀況正如霍布豪斯所言：「巨大的變革不是由觀念單獨引起的，但是沒有觀念就不會發生變革。要衝破習俗的冰霜或掙脫權威的鎖鏈，必須激發人們的熱情，但是熱情本身是盲目的，它的天地是混亂的。」〔註18〕新文化運動正是在一種改變現狀的激進觀念中掀起的，同時它也確實出現了激情高漲下的盲目性和混亂性傾向。

〔註16〕張梓生：《悼杜亞泉先生》《一溪集——杜亞泉的生平與思想》，北京：生活・讀書・新知三聯書店 1999 年版，第 18 頁。

〔註17〕關於新文化運動的實績與主要思想觀念，耿雲志先生在《近代中國文化轉型研究導論》一書中有精詳的分析，詳見第 147～169 頁。

〔註18〕〔英〕霍布豪斯：《自由主義》，朱曾汶譯，北京：商務印書館 1996 年版，第 24 頁。

　　杜亞泉等人正是看到了激進新文化主張的極端性，看到了固有國是的喪失和人心的迷亂，希望以東西結合、新舊接續的調和論來校正激進論的弊端。他們在本意上並非反對新文化運動，而且很多主張與新文化運動並無二致，但中國社會的特點，常因人脈關係會在論爭中形成一定的派系之爭，因而很難在發言起行中做到公正平和。調和論者與激進論者在論爭中皆不免帶有這種情緒在內。雖然他們都強調自身更加注重學理而不是「家派」，但在遇到實際的思想分歧時，其「群體身份認同相當明確，常常是首先站在新舊社會區分中為自己『家派』一邊出戰，而將觀念的異同置於第二位」。〔註19〕所以杜亞泉等人在論爭中往往也受自身立場局限，行動與言論也會有不合時宜之處，被人認為過於持舊也並非沒有因由。他之所以被撤去《東方雜誌》主編之職，也緣於他在一定程度上受到派系情緒的影響。張元濟在 1919 年 5 月 24 日的日記中，對撤杜亞泉主編職位有所記載，他說：「商請陶葆霖接辦《東方雜誌》，並擬登徵文。前主編杜亞泉太偏舊，投稿中甚有佳作而不用，常刊一些反對新文化運動的稿件，引起社會輿論不滿，故有撤杜換陶之議。」〔註20〕正因為杜亞泉等調和論者是站在對新文化運動持批評和反駁的立場上發論的，人們很自然地會認為他們是在反對新文化運動。事實上，不能對杜亞泉等調和論者及《東方雜誌》這樣簡單定性。新文化運動的主要觀念已不是籠統地提倡「民主」和「科學」，而是把「民主」細化為平民主義與個性主義，把「科學」深化為科學的態度和開放的文化觀念。〔註21〕以之觀察調和論者與激進新文化運動者之間的論爭，可以發現他們並不是截然對立的。從杜亞泉等調和論者的言論及《東方雜誌》的內容來看，他們雖然在具體的文化觀點上各有所強調，也不免有與激進派論爭的激動情緒在內，但與新文化運動的主要觀念卻並無根本相違。在一些共同觀念，如個性主義、科學態度、開放的文化觀念上有著共同或類似之處，甚至很多地方還要早於《新青年》。在某種意義上說，為新文化運動作了思想的準備工作和補偏救弊的修正，是新文化運動中一支穩健的力量。可以從以下幾個方面得以體現：

〔註19〕　羅志田：《裂變中的傳承——20 世紀前期的中國文化與學術》，北京：中華書局 2003 年版，第 185 頁。

〔註20〕　柳和城、張人鳳等編著：《張元濟年譜》，北京：商務印書館 1991 年版，第 169 頁。

〔註21〕　詳見耿雲志：《近代中國文化轉型研究導論》，成都：四川人民出版社 2008 年版，第 157～169 頁。

一、對個性主義的提倡

在杜亞泉主編《東方雜誌》期間，發表了不少提倡個性覺醒與解放的文章，而且比陳獨秀、胡適等人提倡相關主張要早。還在新文化運動興起之前，杜亞泉就注意到了個人與社會發展的重大關係，主張人的自覺與反省，強調個人於國家於社會的基礎作用。

在杜亞泉看來，個人是社會的基礎，個人之不獨立，不健全，必會導致社會的滯後不進，必呈衰亂之社會病態。所以，他以爲「治療之任務，不能望之政府，而當責之於社會之個人，不能委諸政治之機關，而當屬諸於社會之全體。」要治療這種病狀有廣狹兩個方案：狹義上應「保守自己之一分子，不受疾病之傳染是也」，廣義上應「改變社會心理，轉移社會積習爲要旨」。〔註22〕他認爲，只有從個人做起，社會才會有真正的起色，漸趨康健。

在談到國人應努力於消極境況中謀積極的社會建設時，杜亞泉再次強調了個人的重要性。他說：「無論時局如何窳敗，若何困難，驅吾人於不得不消極之途，而吾人自身，仍有用吾意志、盡吾能力之餘地。吾人當各隨其意志，度其能力，痛自刻厲，分途致功，或求效用於及身，或期遠果於來葉。」主張個人力量的發抒，「縱使不能有裨於社會，亦不令社會因吾身而重其腐敗」〔註23〕。很明顯，杜亞泉的消極是一種有精神指引的消極，是一種著力於進行實效建設的消極。他看到了個人與社會之間的關係，主張以一種平和的方式，力圖避免極端偏激，最大限度地實現自我，積極爲社會謀發展與建設。他認識到：「今日時局，多所牽掣，多所扞格，而非個人志力所能積極運行者，亦惟國家社會之全體而已。若夫一部分、一方隅，其可致吾志力者，爲事尚夥。如教育、如實業，縱不能大舉而大效，豈不能小用而小成？吾人盡可擇所能任而自盡厥責也。……國者家之積，社會者個人之所積，苟全國人人悉於此致意焉……吾願吾國衡慮困心，臥薪嘗膽，就其地位所在、志願所在，各求所以處此消極之道，毋諉之世運，徒揭消極之名，以爲卸責藏拙地也。」〔註24〕肯定了個人對社會的重要性。

對於個人自覺心與國家強盛的關係問題，《東方雜誌》上一篇名叫《余之所希望者》的文章提到：「中華民國何以能致強盛，自療治社會之疾病始。社

〔註22〕傖父：《吾人將以何法治療社會之疾病乎》，《東方雜誌》第9卷第6號。
〔註23〕傖父：《策消極》，《東方雜誌》第11卷第2號。
〔註24〕傖父：《策消極》，《東方雜誌》第11卷第2號。

會之疾病何以能痊愈，自療治社會內之受病分子始，從自覺心得之。」強調自覺心的覺醒是國家社會能得到強盛的基礎，只有「速醒吾人之自覺心，重整此不良之社會，以預防外物之侵害，稍保其殘喘，然後策我黃魂」，〔註25〕才能重振衰敗之社會。在這裡，已經意識到，只有發掘出人的自覺心，從個人做起，再施之以社會，才能逐漸導社會於良善。只有作為社會分子的個人真正獨立而健全了，才能救社會之衰病，使國家達到真正的強盛。

就在新文化運動開展之初，杜亞泉又在《東方雜誌》上，發表了一系列注重「個人發現」的文章。其中包括黃遠庸提倡個性主義的多篇文章。黃遠庸此時已經意識到了個人自覺心的重要。他表示「自今以往，吾人當各求其能力之發達，而欲自求此，……必先有一種自覺心」。〔註26〕而在其《懺悔錄》一文中，黃遠庸又通過對自身成長歷程的懺悔，表達一種掙脫牢籠，追求個性解放，樹立獨立人格，力圖對社會有所建設的渴望之情。他認為建設國家需要的是有主義有理想有節操的青年，而不是盲目講破壞卻不學無術的青年，因此，深自悔惡從前之激烈破壞主張太過極端，並認為民初社會無建設性也在於社會上極端風氣過盛，「革命之後，不從政治軌道為和平進行，乃一切以罷學式的革命之精神行之，至於一敗塗地，而受此後種種惡果，……余悔其罷學之後，過惡叢集，蓋以余太無學力只有感情而無理性，故非極端走入激狂即極端走入腐敗，穩健和平以謀建設作人之基礎，乃非吾所能也，吾國民無此建設性，則國家已矣，吾個人無此建設性，則吾個人已矣」。此時，他已敏銳地覺察到社會的建設有賴於個人理性的覺醒，認識到國家要走入正軌，必須從建設上著力，而不能一味地只謀破壞，尤需青年理性的覺醒和國民思想的自由和解放。所以，他強調：「欲改革國家，必須改造社會，欲改造社會，必須改造個人，社會者國家之根柢也，個人者社會之根柢也。國家吾不必問，社會吾不必問，他人吾亦不必問，且須先問吾自身。吾自身既不能為人，何能責他，更何能責國家與社會。」〔註27〕主張必須從思想上作批判清理的工夫，摒除國民思想上的「公毒」，才能為建設開道。

而何為國民「公毒」？黃遠庸認為，一言蔽之曰「思想界之籠統而已」。在他看來，思想界為「靈魂所發生之空氣，社會之人，翕受以為活者也」。在

〔註25〕陳弈民：《余之所希望者》，《東方雜誌》第 12 卷第 6 號。
〔註26〕遠生：《反省》，《東方雜誌》第 12 卷第 12 號。
〔註27〕遠生：《懺悔錄》，《東方雜誌》第 12 卷 11 號。

個人言之,而爲思想,就全體言之,則爲社會思潮。他認爲「籠統」實爲「今日造國保種變化進步之公敵之病象」。而籠統之害有消極與積極之分:「消極的籠統即根本不認有個人之人格與自由,必使一切之人格沒入於家族沒入於宗法社會,今日之新人則主張其沒入於國家;其積極的籠統則能犧牲一切之人以成其富貴榮華者即爲名譽若此者」,致使個人無從發見,國家民族精神隱沒喪失。他痛論吾國教義、學說、政治、歷史、文章、語言、小說、戲劇、社會制度乃至輸納外國政治學術,無不陷入籠統之弊,於是則造成籠統之學問與籠統之國民,而「籠統之國民必武斷,武斷者專守形式,專守形式者必不許懷疑,不許研究,懷疑研究則必認爲異端爲叛民,則必須火其書焚其爐」,以致輸入外國學理時,也「以籠統主義籠統之」。而這種籠統之習是「曰科學之分科,曰社會之分業,曰個性之解放,曰人格之獨立,重論理,重界限,重分劃,重獨立自尊」的文明的「公毒」,易生成專制、武斷、沉滯、尙形式的文化,有礙進步,因而主張打破國民籠統之公毒,重個人之發現,重思想之自由,重科學之分科,才能創造新局面。〔註28〕這種認識和其後新文化運動的主旨是沒有區別的,且在一定程度上爲新文化運動的開場作了鋪墊。

杜亞泉甚爲重視對「個人的發現」。在他看來,社會的發展依賴於個人的發展,要改造社會首先得改造個人,只有個人得到發現,才能從精神上有所反省,也才能眞正解決人心迷亂的問題。他說:「是故吾儕今日,不必討論吾儕之社會當如何改革,但研究吾儕之個人,但當如何改革而已;不必懸想吾儕之社會,當改革之使成如何之社會,惟考念吾儕之個人,當改革之使成如何之個人而已;不必嘆社會之病弱,但當求個人之強健;不必痛社會之荼疲,但當期個人之振作;不必悲社會之沉淪,但個人當自求其救濟;不必憂社會之墮落,但個人當自高其品格;不必斥社會之不道德無法律,但個人不可不有道德以自養,有法律以自治。吾儕非人個主義者,但吾儕之社會主義,當以個人主義發明之。」〔註29〕充分意識到了個人對社會發展的重要作用。

對於物質與精神的關係而言,《東方雜誌》同仁強調首先要求得精神上的安定,而這有賴於個人精神上的反省。因爲「吾儕人類,非僅僅要求物質上之滿足,又兼有精神上之要求者,不有以饜足其精神之要求,而與言社會安

〔註28〕 遠生:《國人之公毒》,《東方雜誌》第 13 卷第 1 號。
〔註29〕 傖父:《個人之改革》,《東方雜誌》第 10 卷第 12 號。

定，恐終不可得也」。〔註30〕社會動亂如果忽視精神上的問題只專注於物質問題，則會使人類陷入黃金萬能說的謬誤之中而出現精神的迷失。民國初年的社會，正處於這種狀態之中。如何解決這種問題，正是《東方雜誌》同仁所致力思考的一個問題。他們認爲，要解決社會人生的問題，除了考慮經濟的因素外，「所能爲力者，但在喚起時人之反省精神，使轉而求諸在我」，要求個人「各以熱心毅力，追隨個人之學問事業道德」，「達於人生之自覺」，以解決現代人精神上的迷亂問題。從而主張在思想上應發掘個人自省、自覺意識，對紛至沓來的新思想，「以從容鎮定之精神，取而研究之，整理之，同化之，固有利而無害」。〔註31〕導社會於良軌，循序漸進地走出精神上的迷失，有效吸收外來的思想文化，整理而同化之，爲創造新文化提供資源。

　　同樣，他們對於人的自覺心的覺醒與個人意識的關係也作了探討。認爲，要做到個人的覺醒，需要發掘人的自覺心，即要發現「我」的存在。而「我」的含義，則要求自我意識的覺醒，要求懂得「上下惟我獨尊，世間無我，即無世界，凡事我之所不能爲，未有他人能代而爲之者也。他人所不能代而爲之，未有孤特蘄向，存乎理想之物，獨能代而爲之者也。夫苟天下事皆不能思議其爲可爲也，則亦已矣。一有可爲，爲之者斷乎在我，是故我者眞萬事萬物之本也」。而這種「我」，「非一己所得而私者也。國於天地其中，個人之所事有其邏輯之一境焉，曰我所謂盡其在我，即以行事律諸此境，使不爽也，所謂求我即求此一境使毋遯也，吾之所爲果與此境合符，誠可謂得其我矣」。這種「我」並不非私我，而爲公我，「惟其所得者爲公我，爲邏輯之我，爲無盡之我，則所得決非一人之偶得，而於世道人心，有極切之關聯」。而且應達到「能得固得，否亦自明其天職，自張其權利，與障我者戰，而以必得爲期焉，此始得謂之公我也。得而熙熙然行所無事徒以自終其天年，此私我所爲也，得而推及於人人，己溺己饑，到處以天下爲任，此始得謂之公我也」。〔註32〕把自我的發現逐漸延伸而成就一種更爲廣闊的公我。

　　他們還就「個位主義」的內涵作了闡釋。認爲從宏觀上認識，「個位主義」，是從「我」的反省，發展到把「小我」擴展爲「公我」。從倫理學、社會學上講，個位主義者，「其論點本於心理學之個性說而在倫理學爲自我實現主義，

〔註30〕　余箴：《現代人生之救濟策》《東方雜誌》第 10 卷第 9 號。
〔註31〕　余箴：《現代人生之救濟策》《東方雜誌》第 10 卷第 9 號。
〔註32〕　民質：《我》，《東方雜誌》第 13 卷第 1 號。

在社會學爲個人本位主義者」。強調了人是具有自由意志和自身特性的個體，認爲「人既有個性矣，則人之第一天職即在發育其個性使之至於極度也」。這種個位主義是一種天然的呈現，一種倫理學意義上的「自我實現主義」。倫理學有三大目的，一是明善惡標準，二是確定何者爲善，三是如何爲善。但這些都是建立在承認人有「自我」的基礎之上，即「人當保育個位而產生自我實現」，而實現自我之事，則當「先認明我之個性，凡我性之所近，性之所長，取以爲我之職業。性之所尙，性之所好，取以爲我之行動。其對於客觀各事也，不肯隨聲附和，必據我個位而加以獨立批評，推是義也，凡百事以發育個性，主張個位爲主，其於教義也，不能迷信而必討論。其於學說也，不尙雷同而重創見。其於政治也，必不主形式獨斷。其於歷史也，必不致演爲相斫，書其於文章話言也，也必不流於混淆無界。其於小說戲劇也，必不徒爲一狐之貉。其於社會制度，必不只有奴隸而無主人。其輸入外國政治學術，亦必不圇圇吞棗而橘變爲枳。何者凡隨眾籠統不能實現自我即認爲惡也，故欲醫國人籠統之公毒則必自力倡自我實現之主義始」。其次，個位主義在社會學爲個人本位主義。把個人看作是社會組織的基礎，而不是附庸。中國傳統思想因不明個人之發現而存籠統之弊，常隱沒個人之自我及獨立之人格，不能發現自我，不知個人本位主義在社會中之眞正位置，而遲滯愚昧，殊少進化。所以出現黃遠庸所言之國民公毒，籠統蒙昧，無理性之辨別力，所以主張「欲醫國人此種籠統之公毒，則必力倡個人本位主義，使人恍然知我在社會之位置」。〔註 33〕從而認爲要醫治黃遠庸所言之「國民公毒」，必賴個位主義才可見效。

　　杜亞泉還進一步討論了個人主義與國家發展的關係問題。在中國傳統的思想中，是只知有國家而無個人的，或是只知有家庭而不知有個人的。二者的關係是單向的。國家爲全體，個人爲分子，分子當消納於全體之中，個人當從屬於國家之內，決無界域可以區分，個人附屬於國家，不能使國家與個人立於對等的觀念。杜亞泉否認這種傳統的觀點，他認爲：「個人雖爲國家分子，其個人地位，依然存在，未嘗消滅，而欲剝除一切之權利，阻遏其應有之生計，使受支配於國家，勢必不可。」因爲「個人所以爲國家效用者，賴有完全之人格，故得發展能力以裨益於國事也。若但注重國家，而置個人人格於不顧，或務縮小個人之範圍，使無自淑其身之餘地，則個人之地位，未

〔註33〕家義：《個位主義》，《東方雜誌》第 13 卷第 2 號。

克鞏固，其能效用者幾何？豈惟不能，或且以毫無修養毫無歷練之人格，鹵莽滅裂以從事焉，其流弊亦非淺鮮。由是而言，則欲使個人能盡力於國事，必使個人先盡力於自身。當其致力於自身之時，不必懸國家以爲標的也。但使各個人均有充實自治之能力，即不難隨其材職之高下，學識之深淺，直接間接以分任國事」。強調個人的發展是國家發展的基礎，個人與國家應各守其分，「不容或過」，〔註 34〕嚴守一定界限，以明區分，使個人的發展與國家發展得到統一。

如何使個人與國家之關係能各守其分，得到統一，則需要注意幾點：「第一，當先鞏固個人之地位。所謂地位者，非指權位勢力言，乃謂各個人所以自立之具，如道德、學問，以及謀生之職業是也。吾人處國家範圍之下，賴國家之保衛得以生存，則對於國家，自不能不與己身同一愛護。但必先有身而後有國，若己身不足以自立，雖日日昌言愛國，亦復何益？……個人者，建築國家之材料也。故吾人思爲國家造成有用之人才，當先就自己造成有用之人格。人格全而個人之地位固，個人之地位固，則國家自能受裨於無形；其二，個人對於國家，各有相當之責任；其三，毋強個人以沒入國家。要審力而行，勿逾分量之爲逾；其四，毋強國家以遷就個人。宜守定個人與國家之分際，毋使溢出範圍之外。遇有個人政見，與國家現勢，格不相入之時，則當稍貶方針，以爲妥協調和之地。果難假借，則無寧退出政治之外，以待時會之再來。」〔註 35〕強調了個人人格之獨立對國家之重要，同時也強調了國家應充分尊重個人人格以定分界，不能隱沒人的獨立性。

這種對個人覺醒，個位主義，「我之發現」，「個性之極度發育」的提倡和重視，正是新文化運動所追求的基本目標之一，與胡適提倡的「個性主義」在精神主旨上是契合的。而且，這些文章皆發表在 1917 年新文化運動蓬勃發展之前，比胡適發表《易卜生主義》（1918 年）及《不朽——我的宗教》（1919年）闡明「個性主義」及系統倡導「個性主義」早好幾年。因此，在一定程度上可以說，正是《東方雜誌》在這方面開導了新文化運動先聲。無論是杜亞泉還是其主編的《東方雜誌》，都不是反對新文化運動的。他們在要求人的自省、自覺、自醒，提倡個人主義，以作爲社會人生的救濟之道的思想主張，與《新青年》派並沒有根本的不同，只是雙方在文化建設的方案上存在著漸

〔註 34〕傖父：《個人與國家之界說》，《東方雜誌》第 14 卷第 3 號。
〔註 35〕傖父：《個人與國家之界說》，《東方雜誌》第 14 卷第 3 號。

進與激進之分而已。實際上，他們是新文化創造中的一支穩健力量，與激進派形成了一種相互補充的關係。

二、反對立孔教為國教

對於民初討論甚為激烈的立孔教為國教問題，《東方雜誌》的態度很明確，一方面承認孔學有其自身的價值所在，一方面反對立孔教為國教。認為孔教「二千年來，內蘊屢變，其精神亦大異」，倘定孔教為國教，只能得「一軀殼耳」。宗教的目的在於感化人，不是藉國力壓制人，所以「有孔教之責者，宜亟圖所以發揮其教義，實踐之而廣播之，毋徒借外來之權勢，以快一時之心，貽方來之禍」。〔註36〕主張新文化的建設要以中國固有文化為基礎，不能一概否絕孔學，也不可立孔教為國教。

《東方雜誌》力圖從如何對待中西文化的態度來看待立孔教為國教一事。錢智修認為陳煥章等人「非頑固守舊者可比也。其求進步而圖改進，較諸新中國熱心愛國之領袖，殆未遑多讓，凡西洋之學術經驗，有可以為鞏固國家及國民道德之助者，陳君蓋急欲輸入之。陳君為『孔門理財學』其書用英文敘述，並以擁護孔子之教恉，即此一端。……陳君之所謂孔教，實具宏通公普之理想，通合進化之順序，而能使政治、經濟、倫理、社會生活及宗教上，皆有高尚之觀念」。從道德上認可孔教派的愛國心，但卻反對立孔教為國教，認為「現在中國最要之問題，不在應有國教與否，而在中國文明，應自西洋之基礎，從新改造？或仍自孔教之基礎，維持不失？中國之文明，猶一樹也，其在原來地土中，固自有其滋養之材料，而移植於他處，則枯萎死亡，直意中事」。〔註37〕明確表達了中國文明的發展不能依從西洋文明來重新改造，而應以中國文化根基為本務。由此，反對中國仿傚西方設立國教。

而常乃悳在與陳獨秀討論如何看待尊孔與反孔的態度時認為：「今之尊孔者，其病在明知孔子非宗教家，又既知孔子之道，未必全適於後者，然因誤認今日社會道德之墮落，為亡棄舊學之故，思以孔道為補偏救弊之方，故不得不曲為之說，而以孔子為宗教，以孔教為國教之議遂興，此其皆不明道德之真相，不通論理之思辨有以致之。」他認同陳獨秀所言孔子之道不必尊的

〔註36〕《評國教》，《東方雜誌》第 10 卷第 7 號。
〔註37〕錢智修譯：《中國宗教之前途》，《東方雜誌》第 10 卷第 9 號。

觀點，但同時也糾正道：「謂孔子不必尊則可，謂孔學為純然專制之學，同猶未敢以為信也。」〔註38〕

　　章士釗也表示反對立孔教為國教。章士釗在辛亥革命時期對中國傳統文化曾有過尖銳的批評，認為中國幾千年來的歷史、風俗、教育都是培養奴隸的大熔爐，並認為中國在「道德上實已亡國」，而罪魁禍首就是所謂的名教。〔註39〕他批評儒學倫理失去了約束世道人心的作用，「今之尊孔者，捨其所習，喪其所守，離學而言教，意在奉孔子以抗耶穌使中華之教，定於一尊，則甚矣無當也」。〔註40〕相反卻頌揚西方基督教精神的自由和凝聚人心的作用：「自耶法之入吾邦，始惑於墮胎抉眼之謠，去之惟恐不遠。今則漸見奉教之民，頗能守分盡義，勤職有條理，不為偽誇行以及苟且偷惰敗德賊理一切之計，奉教愈虔者，修行愈謹……敢為傷天害理之事，倡尊孔愈甚，修行愈惡者，視之大有愧色焉。歐人至謂『支那人偶有知識，於立身行己之道，能得其正，皆耶穌之徒教之使然』。其方雖誇，而吾要無顏詆其未當，是宗教為物，並已有造於吾國，倡言排之者，直未之思也」。因此，他反對立孔教為國教，主張宗教自由。「今人感宗教之不可少，而欲立孔教以充之，其高心愚以為當，惟孔子夙非教主，其言絕無教質，神所不語，鬼不能事，性與天道，不可得聞，且口說所垂，刪訂所著，皆以傳諸門人，未嘗普及兆庶，後人祖述經師講習，系統不出乎師弟子，範圍不越乎大學書院，庸童婦人未或知焉。……本非教矣，而強以教名之不存之皮，圖以毛傳，是誠心勞日拙之事耳。」〔註41〕不過，他在留學日本和英國之前，曾受到過系統的傳統文化的教育，所以，對中國的傳統文化還是有著深厚的感情，因而他對儒家倫理的批判是有一定針對性的，其目的是為了追求民主革命而解除國人思想上的束縛。他批判的是真義被遮蔽的偽孔學。他曾明確表示過這種看法：「孔孟之道德之本原，明出處之大義，由其道而無弊，可以為公民，為豪傑，為義俠，為聖賢。」〔註42〕只是孔學被老子之學所侵奪，使偽孔之學盛行天下。所以，

〔註38〕常乃惠：《常乃惠書》，《新青年》第2卷第4號。

〔註39〕秋桐：《中國之本撥矣》，《帝國日報》1910年11月9日。

〔註40〕秋桐：《孔教》，《章士釗全集》第3卷，上海：文匯出版社2000年版，第70頁。

〔註41〕秋桐：《孔教》，《章士釗全集》第3卷，上海：文匯出版社2000年版，第74～75頁。

〔註42〕秋桐：《箴奴隸》，《民國日日報彙編》，臺北：中國國民黨中央委員會黨史史料編纂委員會1968年。

他希望出現一個路德式的人物，以改革宗教的手段來改革學派，除僞孔而現孔學眞義。

李大釗也反對立孔教爲國教。他在《孔子與憲法》中認爲孔教與憲法精神衝突牴牾，不能把孔教入於憲法之中，並對定孔教入憲的危害進行了分析，同時對孔子有尖銳的批評，他說：「孔子者，數千年前之殘骸枯骨也。憲法者，現代國民之血氣精神也。」「孔子者，歷代帝王專制之護符也。憲法者，現代國民自由之證券也。」「孔子者，國民中一部分所謂孔子之徒者之聖人也。憲法者，中國民國國民全體無問其信仰之爲佛爲耶，無問其種族之爲蒙爲回，所資以生存樂利之信條也。」「孔子之道者，含混無界之辭也。憲法者，一文一字均有極確之意義，極強之效力者也。」因其如此，所以，他堅決反對援孔教入憲法。但他並不完全反對尊孔，而主張對「一部尊崇孔子之人，盡可聽其自由以事傳播。國家並無法律以禁止之，社會並可另設法獎助之」，但沒有必要「定欲以憲法之權威，爲孔子壯其聲勢，俾他種宗教、他種學派不得其相當之分於憲法而後快於心」。〔註43〕

他認爲「眞理」才是宇宙間獨一無二的，「宇宙之本體，非一人一教所得而私也」。〔註44〕所以，主張追求眞理，反對定孔教爲國教。在他看來，孔教雖也含有眞理之道，但對其態度應爲「孔子之道有幾分合於此眞理者，我則取之；否者，斥之」。〔註45〕可見，孔學在李大釗的眼裏並不具有神聖地位，他把它看作是中國文化的一個重要組成部分，並從時代性的角度出發，認爲孔學有很多不適合時代發展的內容，不能一謂打倒或一謂尊崇，更不能立爲國教，要以一種選擇取捨的態度對待之。

其後由陳獨秀等人所掀起的新文化運動，一個主要的矛頭就是要打倒孔學的獨尊地位，因而極力反對立孔教爲國教。陳獨秀表示，孔子之道與現代生活根本不合，必隨時代而變遷或廢棄，「孔子生長封建時代，所提倡之道德，封建時代之道德也，所垂示之禮教，即生活狀態，封建時代之禮教，封建時代之生活狀態也；所主張之政治，封建時代之政治也。……所心營目注，其

〔註43〕 守常：《孔子與憲法》，《李大釗全集》第1卷，北京：人民出版社2006年版，第243～244頁。
〔註44〕 守常：《眞理》，《李大釗全集》第1卷，北京：人民出版社2006年版，第244頁。
〔註45〕 守常：《眞理（二）》，《李大釗全集》第1卷，北京：人民出版社2006年版，第245頁。

範圍不越君主貴族之權利與名譽，於多數國民之幸福無與焉。」〔註46〕因此主張「倘以新輸入之歐化為是，則不得不以舊有之孔教為非；倘以舊有之孔教為是，則不得不以新輸入之歐化為非，新舊之間絕無調和兩存之餘地。吾只得任取其一。」〔註47〕視孔教與現代生活勢不兩立，認為立孔教為國教違背新思潮，孔教與現代生活之間沒有調和的餘地，「孔教與共和乃絕對不相容之物，存其一必廢其一」。〔註48〕可見，五四前後的調和論者雖然對孔教並非如陳獨秀等人一樣進行全盤否定，但在反對立孔教為國教問題上卻是與之保持同調的。這是他們並不反對新文化運動的一個有力證明。

三、努力建立與世界文化的密接關係

在近代，對於西方文化，不是要不要的問題，而是如何要的問題，極端的方式不可取，深避固拒更行不通。世界的交往越來越頻繁，想獨守一隅已不可能。為了與其它國家比肩而行，不接受它國的一些好的文化便難以與之交融互動。向西方學習固然不可少，但卻不可把自身的東西全拋棄。只有從自身的民族性上生發出來的文化才更具有生命力。所以要想吸收西方文化，必須要把固有的東西作一個好的清理，即「居今日之中國而欲研究科學，討論真理，非先將歷史上遺傳之文明之思想，一一懷疑，一一批評，而與二十世紀之新思想相融合調和，則茫茫前途，永無臻於光明正大之域」。〔註49〕

而長期以來，中國思想界就一直在中西文化孰優孰劣的圈子裏糾纏不清，沒有找出一條真正有利於中西文化共同融合創造新機之道。他們在思維上常常陷入二元對立的模式，把傳統文化與西方文化置於對立位置，一直爭論不休。誠然，中西文化的生成土壤不同，因而存在著性質之異，但人類有大致相同的生活，有共同要解決的問題，文化上也存有相似性。這就為不同文化的交流提供了基礎。這種現象若從文化人類學的角度觀察，即為文化的涵化整合，其交融互動，需要有文化的容受力，在接受中整合，在整合中創化新機，「讓不同文化內在分子獨特的排列和內在關係得以存在，從而產生一種新的實體。」〔註50〕五四前後的文化調和論在某種程度上體現了這種向度，

〔註46〕陳獨秀：《孔子之道與現代生活》，《新青年》第2卷第4號。
〔註47〕陳獨秀：《答佩劍青年》，《新青年》第2卷第5號。
〔註48〕陳獨秀《復辟與尊孔》，《新青年》第3卷第6號。
〔註49〕傅桂馨：《傅桂馨致陳獨秀書》，《新青年》第3卷第1號。
〔註50〕〔美〕露絲·本尼迪克特：《文化模式》，北京：生活·讀書·新知三聯書店1988年，第48頁。

它反對西化論棄聖絕賢的激烈反傳統主張，而是強調不同文化有不同的特質，應隨時代發展的要求，讓不同質的文化充分地接觸，自然地浸潤，演化，互補，以趨於進化，最終生成一種既是中國的又是世界的文化。杜亞泉等調和論者主張中國文化的發展，不是以西化爲主，也不是以傳統爲主，而是在中西文化相互滲透與融合的過程中生長出來的一種新型文化，強調中國文化與世界文化的互補，和陳獨秀、胡適等人努力構建中國文化與世界文化的密接關係是一樣的。〔註51〕這可以從《東方雜誌》注意世界發展新形勢，積極傳播世界新知識、新思潮上看出。

對世界語的介紹和傳播，就是杜亞泉等人試圖與世界建立密接關係的一種努力的表現。早在1913年，杜亞泉就在《東方雜誌》上刊發了提倡世界語的文章。該文認爲世界語爲「大同全球學術文物之媒介物」。〔註52〕在他們看來，世界語有利於世界和平，有助於國與國之間的交流，有發達世界學術之能力，對於各國國際之感情，各國之交通以及世界之學術的發達都具有重要意義。因此，應大力提倡。並且還對世界語的字母及其文法進行了介紹。另一篇提倡世界語的文章則認爲，「方今世界文明大進，人類思想已有漸趨統一之勢，而用以代表思想之語言文字，轉不能一致，不可謂非進化之障，故世界語之發生，猶之民主政治與社會主義之勃興於近世，非出於偶然也」。認爲世界語集歐洲各國國語而熔爲一爐，具有簡單、明確、富麗等優點，有利於思想的傳播和文化的交流，而中國文字「最不合於邏輯的法則，數千年來思想之閉塞，學術之退化，未始不由於此」。〔註53〕這種態度與守舊派認爲中國一切皆好，特別是語言文字乃中國文化不可動搖之基的心理是有所區別的。主張文化的發展需要進行東西的交流和溝通，從而努力從世界發展的趨勢來看待自身文化，認爲「文明之進化，思想之發達，由於學問。學問之傳遞，由於語言，故語言之不統一，實爲世界文化之大障。吾東方國家與西方政治不同，宗教不同，社會不同，思想不同，欲謀溝通東西，非國際語不爲功」。〔註54〕從而積極提倡世界語，努力作溝通東西文化的工作。

〔註51〕 關於新文化運動在這方面的成績，詳見耿雲志：《新文化運動：建立中國與世界文化密接關係的努力》，《學術研究》2008年第2期及《近代中國文化轉型研究導論》，成都：四川人民出版社2008年版。
〔註52〕 陸式蕙：《世界語之世界觀》，《東方雜誌》第9卷第7號。
〔註53〕 胡學愚：《世界語發達之現勢》，《東方雜誌》第14卷第1號。
〔註54〕 胡學愚：《世界語發達之現勢》，《東方雜誌》第14卷第1號。

此外，爲了瞭解世界思想發展大勢，《東方雜誌》積極介紹了大量西方學說，開拓了國人的視野，使中國與世界的聯繫更爲緊密起來。杜亞泉、錢智修〔註55〕主編《東方雜誌》期間，對國外最新的文學觀、法國現代文學批評、日本的新思潮與新人物、柏格森倭鏗的生命哲學、杜里舒的生機主義、杜威的實驗主義及哲學、克魯泡特金的無政府主義及互助論、社會主義等西方學說與思潮都有詳細的介紹，爲五四前後的思想界打開了與西方交流的渠道，體現出了一種開放的文化心態。杜亞泉在一篇翻譯的文章中有言：「世界者，世界人之世界，因之而爲世界之人開闢世界之門，以圖世界的進步，則人類之融合親和，將日益加厚焉。」同時，強調「世界人之世界之主義，與國民主義，並不背馳，苟能維持國民之特長，使兩主義互相對峙，互相磨礪，亦世界進步之不可缺者也」。〔註56〕體現出一種融民族主義與世界主義爲一體的文化觀。

這種努力把中國融合進世界，使之成爲世界體系一分子的思想有一種明顯的世界主義趨向。這種世界主義正是新文化運動所極力倡導的。所以，從溝通中西文化，努力與世界新思潮接軌，形成中國文化與世界文化的密接關係而言，杜亞泉等人與新文化運動在目標上是一致的。新文化運動的文化心態，簡言之就是要理性與開放。而發展趨向最本質、最重要的就是世界化與個性主義。所謂世界化就是「自覺地，主動地參與世界文化的交流與創造，用世界文化來豐富自己的民族文化，又用自己民族的優秀文化去豐富世界文化，兩者經常處於良性互動之中。這只有在開放的文化觀念之下才有可能實現」。〔註57〕可見，《東方雜誌》在當時，與新文化運動的主流趨向其實是一致的，他們並不懼怕世界新思潮，而是要努力與世界建立密接關係，也是追求開放與世界化的。在文化觀上，他們主張中西文化的調和，強調以中國文化爲基礎，以世界主義爲理想，實現東西文化的有機融合，把中國文化看作世界文化的一部分。主張在融合東西時，更多地考慮到自己的民族特性，反

〔註55〕 錢智修在文化觀上，與杜亞泉有著共同的取向，也持一種文化調和主張，反對在文化建設上過於激烈。他力圖從自由主義的立場出發，平等看待世界之學術思想，反對「特別國情之說」，主張「於世界之學術思想、社會運動，均將以公平之眼光，務實之手段，介紹於讀者」。（參見堅瓠：《本志之希望》，《東方雜誌》第17卷第1號。）

〔註56〕 高勞：《世界人之世界主義》，《東方雜誌》第14卷第12號。

〔註57〕 耿雲志：《七十歲生日會上的講話》，《胡適研究通訊》（內刊）第1期，2008年2月25日。

對以西代中，反對操之過急，力主穩健地、理性地先立後破達到中西互補、新舊相續的調和狀態。

四、對新文學運動的支持

《東方雜誌》對新文化運動雖不無批評之辭，但並沒有根本加以反對，只是希望運動能夠從時代發展要求出發。這可以從是刊對文學革命及對白話文運動的態度上加以考察。其中有言：「世界日臻發達，文學亦不可不與時俱進，陳腐板滯之古典主義，既不能適用於今日，而放恣浮躁之浪漫主義，與淺薄卑猥之主情主義，亦決非文學之正軌，挹歷代之精英，集萬國之大成，調和而發達之，是今日文藝家之責也。」〔註58〕承認文學對於轉移世運，作用至爲重大，主張要適時加以調整，但方式則不可過激。

杜亞泉對胡適、陳獨秀等人掀起的新文學運動甚爲關注。胡適的《文學改良芻議》在《新青年》上發表不久，《東方雜誌》很快便在第14卷第10號的《內外時報》欄予以了轉載。表現了對這場運動的高度重視。「文學革命」是五四新文化運動的核心內容，而白話文運動又是五四新文學運動的重要環節，點燃了五四新文學運動的火炬。〔註59〕以往學術界多以杜氏反對白話文運動，認爲他反對新文學運動，從而作爲他反對新文化運動的一個證據。實際上，杜亞泉對新文學運動中的白話文運動有自己獨特的見解。他認爲世人把「白話文」與「通俗文」混淆爲一，二者實際上有一定的區分，也存在規範與粗糙之別，通俗文是一種比白話文更符合規範的文體。因此，應提倡通俗文，而不是白話文。他以爲，白話文與通俗文，其中自有精粗之別，應加以區分。在他看來，時人動輒以新炫奇，是一種非常不好的風氣。從而主張改革要循名責實。因此，他認爲近時流行之通俗文或稱爲新文學，只是文體的變化，不能稱之爲新文學。而且，這種文體非創始於今日，不可號稱爲新以「聳動庸眾之耳目而不顧事實之當否」，否則則是「政黨之手段非學者之態度」。要增進社會文化進步，應循名責實，「凡不適切於事實之名稱必於文化上發生障礙，吾人不可不矯正之」。〔註60〕

由此，杜亞泉對通俗文與白話文進行了區分。在他看來：「白話文以白話

〔註58〕雪村：《浪漫主義》，《東方雜誌》第12卷第9號。
〔註59〕陳萬雄：《五四新文化的源流》，北京：生活・讀書・新知三聯書店1997年版，第131～132頁。
〔註60〕傖父：《論通俗文》，《東方雜誌》第16卷12號。

為標準，乃白話語而記之以文字者，通俗文以普通文為標準，乃普通文而演之以語言者。以白話為標準者，其能事在確合語調。……通俗文者，不以一般人之白話為標準，而以新聞記者在報紙上演講時事之白話，與學校教師在講壇上講授科學之白話為標準。」因此，他認為以通俗文稱之更準確，應以通俗文為標準而不是白話文。他批評那些以白話為標準者，「凡名動狀詞古典成語，苟非一般的白話中所有者，皆宜擯棄不用，至一般白話中所有者，則無論其為不規則之略語，隱語，不雅馴之諧語詈語可以隨意應用。此誤解之結果，必至低抑文字以就語言，不能提高語言以就文字，即使文言合一，而以低度之言成低度之文，安能負增進文化之責任乎」。因此，「為增進文化計，變改普通文之語助詞以合於語調則可，低抑普通文之程度以合於白話則不可。」這是他區分白話文與通俗文的原因所在。主張文學改革應以通俗文為標準而不是以白話文為標準，做到文言合一。做法則是通俗文與普通文要相互為標準，一方面可以限制通俗文，使不流於鄙俚，一方面又可以限制普通文，使不傾於古奧，「兩相附麗，為文言兩方趨向之鵠的，文言合一之基礎即在於此」。他認為那種以為倡通俗文即可擯除其餘一切文體的看法，不利於文化進步。文化是逐漸趨於繁複的，不能專行一種文體而狹其範圍，各種文體皆有其特殊之興味，各有其表達的特殊性，若以文學改革而專倡白話文，「革新文學者轉有滅除文學之慮矣」。〔註61〕

他們承認，倡導語體文即白話文的目的，是為了「推廣新文化，新思潮，使感應快，效率大」，在這一點上文言文是比不上的。但是為了達到好的效果，對於語體文也應力求做到正確，首先要去土語，遵守一定的文法，有標點，句讀；其次要做到明白曉暢，要有系統有組織；三在語勢上要做到簡潔有力，重點突出；最後要流利，句法語法不要過於摹仿外國文。只有做到符合閱讀者的心理，文字精鍊，才可以使文章的感應力增強，收到更好的效果。〔註62〕而這與胡適在《文學改良芻議》中主張的「八不主義」——須言之有物，不摹倣古人，須講求文法，不作無病之呻吟，務去爛調套語，不用典，不講對仗，不避俗字俗語。〔註63〕以及陳獨秀在《文學革命論》中提出文學革命的三大主義——推倒雕琢的阿諛的貴族文學，建設平易的抒情的國民文學；推

〔註61〕 傖父：《論通俗文》，《東方雜誌》第 16 卷 12 號。
〔註62〕 傖父：《修辭學與語體文》，《東方雜誌》第 17 卷第 12 號。
〔註63〕 胡適：《文學改良芻議》，《新青年》第 2 卷第 5 號。

倒陳腐的鋪張的古典文學，建設新鮮的立誠的寫實文學；推倒迂晦的艱澀的山林文學，建設明瞭的通俗的社會文學。〔註64〕兩相比照，可見，其提法雖有別，但在改革的大方向上是一致的，在一些具體的主張上也有相似之處。

誠然，杜亞泉對白話文運動也確有一些批評之辭，認爲他們把通俗文與白話文混淆爲一。但批評並不是反對，只是想做一些認識上的糾正。他認爲白話文，通俗文皆不是所謂「新奇」之物，而是社會發展的產物，並非新創，不應襲「新」之名聳動世人。他認爲「白話文」沒有「通俗文」規範，因而在文學改革中更願意採用「通俗文」或是「語體文」，而不是固守古文。但他也反對存此去彼的極端思維，認爲文言文固有弊端，但並非一無是處，文言文與通俗文之間互有短長，可以互相補正，相與附麗，調和趨新，從而達到文言合一，雅俗共存。

錢智修接手《東方雜誌》後，也力圖與新思潮合拍，主張采用白話文翻譯西洋文學，表示《東方雜誌》「以爲能描寫自然之美趣，感通社會之情志者，莫如文學，而國人之治西洋文化者尚鮮，即有少數譯籍，亦往往不能脫古文詞賦之積習，其於西洋文學將彌失其眞，故今後擬以能傳達眞悎之白話文，翻譯名家之代表著，且敘述文學之派別，纂輯各家之批評，使國人知文學之果爲何物」。〔註65〕可以看出，錢智修想從自由主義的立場出發，開闢一個公共的輿論空間，廣泛介紹西洋各種思想學說，文學流派，世界新潮以開拓國人視野，調和各家，融鑄新知，爲改造中國作切實而穩健的準備。

他們還在新舊文學改良上持一種調和主張，認爲「新文學不能夠遏止，和舊文學不能夠廢除，是一樣的」。〔註66〕主張對新舊兩派分條討論，意識到「單是批評是沒有價值的，必須批評之後，再給他想個辦法」，這個辦法就是要調和二者。因爲舊文學本身並不是一成不變的。在體裁、性質上都有所變化。就體裁方面講，舊文學大致主要有文選派、經典派、古文派三派，而其中又略有變異，有不少衍體，如古文派中，有梁啓超的「報紙體」，林紓的「小說體」，嚴復的「翻譯體」。由胡適、陳獨秀等人提倡的新文學、白話文，雖然受了西方的影響，但是白話文體，實乃中國自古有之，只是到了秦漢以後文言與白話才分成兩條路而已。其後，作白話的人也很多，一直持續不斷，

〔註64〕 陳獨秀：《文學革命論》，《新青年》第 2 卷第 6 號。
〔註65〕 堅瓠：《本志之希望》，《東方雜誌》第 17 卷第 1 號。
〔註66〕 蔣善國：《我的新舊文學觀》，《東方雜誌》第 17 卷第 8 號。

且有相當成果。所以「白話是早已有的，並不是胡適現在自己的獨創」。儘管舊文學與新文學各有其理由和勢力，新文學者以為白話簡單易行，舊文學者則怕自己一生所學被廢，所以反對新文學發生，「這兩類人都錯了」。在作者看來，實際上，兩派的主要人物並沒有完全的新舊分別：「胡適等不是完全新的，林紓等也不是完全舊的。」胡適的主張與舊文學的主張並沒有嚴格的衝突，胡適與林紓相比，自然很新，林紓雖不懂外國的語言文字，「但他也常作關於時勢的文章，並翻譯外國許多的小說，這些小說固然是沒有什麼高尚的價值，然我們不能說他是完全舊的。」

從兩派的目的來看，他們也並非直接衝突，「舊學派的宗旨是發明舊的，新文學的宗旨是傳播新的。……發明舊的，和那傳播新的，他們所希望的，都是求一個『新』——不過由舊的裏發明的新，是間接的；由新的裏傳播的新是直接的，只有這一點的分別就是了。但是如研究好了，不論間接直接，他的功效都是一樣。」因此，討論新舊文學存在的價值，「須先問他們廢除同存留的結果，然後比較起來，才能斷言」。依其理解，「這兩派決不能有單獨存留或廢除的那一天」，對舊文學而言，中國歷史悠久，每一代都有優秀的文化，不能「一筆抹煞，盡丟失了」，丟了舊文學，不懂文言，便很難理解歷史，不理解自己的歷史，無法生成愛國的情懷。除了世界潮流的影響因素以外，新舊文學各有存在的價值，「舊文學存留，可以發明中國舊思想；新文學存留，可以傳播世界新思想」。所以，「新派當研究新的，同舊的相合，以求新的；舊派當研究舊的，同新的相合，以求新的——是並立的，是互相幫助的，是一派也不可少的」。

從兩派的用途上來觀察：白話和文言雖都是表情達意的工具，但「各有各的用途，彼此迥乎不同」，其區別在於，白話是給普通程度的人看的，文言是給高等程度的人看的；其次，白話文言各有表達的精妙所在，有時不能代替彼此。所以，主張調和二者，取長補短。因為，「『新』是進步的代表，我們已經知道新舊文學都是求新的，但是這個『新』字，求好了是進步，如求的不好，那就變成急進，由急進就漸漸的變成破壞。我們按著新舊文學現在的情形看來，已經到了急進的地步」，反而把「新」的目的給「鬧得更壞了」，便失了原意。所以，應對新舊文學進行調和，「主張舊文學的人，應當發揮他固有的特長，保存了舊文學的精神，對於新文學，但糾正他們不對的地方，不要摧折他們才是。新派當盡力把歐美新作出來的經驗，獻給我們中國的人，

以造成一種新思想，如果能做到一個極好的地步，那舊文學自然就淘汰的沒有了，又何用反對他呢？」因此，對於新舊二者而言，需要的是「用現代的眼光，來看古代的學術，使古代的學術，使古代的教訓，適合於新時勢，再用外國經驗得來的適宜分子，來補助這些古代傳下來的知識」。新舊兩派，各有所長，各有所短，「應當兼收並取，不能偏廢，研究舊的以發明中國固有的學術文化，研究新的以傳播歐美的新知識學說——才能把這兩派調和一處，加以比較，再加以評判，再加以選擇，才能出一個眞新」。〔註67〕

從中可以看出，新舊兩派其目的都是爲了「新」而不是舊，從這點來說，兩者沒有根本的分歧，應花開兩支，並蒂生長，應並存而不是存此廢彼。新文學的產生不是靠棄舊迎新而來，必定是在已有基礎上吸收新的因素，配合時代發展要求而作適時的變化得以產生的。因此，對於新舊文學應調和以改之，不可妄加拋棄。

從杜亞泉的相關言論及《東方雜誌》的內容來看，無論是在對個性主義的提倡，在反對立孔教爲國教，在努力建立與世界文化的密接關係上，他們與陳獨秀、胡適等人所掀起的新文化運動都無根本矛盾之處，甚至在一些觀念上要早於《新青年》派，如對個性主義的提倡，對新舊思想衝突的討論都爲新文化運動的開展作了一定的思想準備工作。雖然在文學革命上，他們反對棄舊迎新的激進之舉，主張要調和新舊以創造新文學，主張文言與通俗文的相互補充。但在創造新文學的目標上與新文化運動仍是一致的。因此，他們是新文化運動中的另一支力量，主張以穩健的方式，調和新舊，創造新文化，與胡適、陳獨秀等人所領導的新文化運動一起互爲補充。

第三節 「先破後立」與「先立後破」：兩種文化建設理念的互補

五四前後激進的新文化運動者與調和論者因對傳統文化與社會現狀的認知存在分歧，從而在新社會的構建上產生了「先破後立」與「先立後破」路徑差異。

面對激烈的新舊衝突，胡適等人力持不破不立的文化建設觀。在他們看來，破壞是建設的基礎。在這個階段，他們只開脈案，不開藥方。這是因爲，

〔註67〕 蔣善國：《我的新舊文學觀》，《東方雜誌》第 17 卷第 8 號。

「社會國家是時刻變遷的,所以不能指定那一種方法是救世的良藥;十年前用補藥,十年後或者須用泄藥了;十年前用涼藥,十年後或者須用熱藥了。況且各地的社會國家都不相同,適用於日本的藥,未必完全適用於中國;適用於德國的藥,未必適用於美國。只有康有爲那種『聖人』,還想用他們的『戊戌政策』來救戊午的中國;只有辜鴻銘那般怪物,還想用二千年前的『尊王大義』來施行於二十世紀的中國。」〔註68〕胡適認爲,世間沒有包治百病的藥,他們所能做的,只是揭露社會的種種黑暗污穢,找出社會的病因,只有找出病因才能根據具體情況解決問題,第一步就是把問題呈現出來。所以「破」的工夫是他們最爲著力進行的工作。

激進的新文化運動者,之所以主張要從根本上破舊立新,還在於他們認爲中國的思想學術在根本上就出了毛病。必須要對其先行打破才能吸收西方的先進文化,才有望改變中國的思想狀態。傅斯年曾對中國學術思想根本謬誤作過分析。他認爲中國學術與西洋學術相比,實有先進落後之分,而中國之落後是因在發端上有著根本的謬誤。這些謬誤表現爲:一,中國學術,以學爲單位者至少,以人爲單位者轉多。「以人爲單位之學術,人存學舉,人亡學息,萬不能孳衍發展,求其進步。學術所以能致其深微者,端在分疆之清,分疆嚴明,然後造詣有獨至,西洋近代學術,全以學爲單位,苟中國人本其『學人』之成心以習之,必若枘鑿之不相容也。」二,中國學人,不認個性之存在,而以爲人奴爲神聖之天職。「西洋學術發展至今日地位者,全在折衷於良心,胸中獨製標準,而以妄信古人依附前修爲思想界莫大罪惡,中國歷來學術思想界之主宰,概與此道相反。」三,中國學人,不認時間之存在,不察形勢之轉移,每立一說,必謂行於百世,通於古今,常「導人浮淺,貽害無窮」。四,中國學人,每不解計學上分工原理,以致造成學術要麼偏狹,要麼龐雜,收功甚少。五,中國學人,好談致用,其結果乃至一無所用。六,凡治學術,必有用以爲學之器,學之得失,惟器之良劣是賴,西洋近世學術,發展至今日地步者,誠以邏輯家言,詣精詣遠,學術思想界爲其率導,乃不流於左道也。名家之學,中土絕少。七,中國學術中,「重形式而不管精神,有排場而不顧實在。」在傅斯年看來,這些中國學術思想上的根本謬誤與西洋思想在根本上是扞格不合的。如果不加以打倒,結果必爲「操中國思想界

〔註68〕 胡適:《易卜生主義》,《新青年》第 4 卷第 6 號,1918 年 6 月 15 日。另見《胡適文集》第 2 卷第 488 頁。

之基本誤謬，以研西土近世之科學哲學文學，則西方學理，頓爲東方誤謬所同化」。他認爲，貽害中國思想學術發展的籠統腦筋，就是這若干基本誤謬活動的結果。這種種基本誤謬，即「造成中國思想界之所以爲中國思想界者也，亦所以區別中國思想界與西洋思想界者也。惟此基本誤謬，爲中國思想界不良之特質，又爲最有勢力之特質。則欲澄清中國思想界，宜自去此基本誤謬始，且惟此基本誤謬分別中西思想界之根本精神，則欲收容西洋學術思想，以爲我用。宜先去此基本誤謬，然後有以不相左耳。」因多數國人未能認清東西洋思想學術上的這種基本誤謬，所以常導致一些不求甚解之人，「一方未能脫除中國思想界渾沌之劣質，一方勉強容納西洋學說，而未能消化，二義相蕩，勢必至不能自身成統系，但及惝恍迷離之境，未臻親切著明之域，有所持論，論至中間，即不解之謂」。〔註 69〕

陳獨秀也認爲，當時國民觀念陳舊，智識陳舊浮淺，思想禁錮僵化，要想把新思潮輸入國民腦中，改革社會，必須要實行改革，而不破不立，不塞不止，是思想改造不得不行之辦法。他批評當時的國人，頭腦不清，受舊思想毒害，「每每犯『籠統』與『以耳代目』兩樣毛病」，認爲這與中國人思想學術不發達有很大關係。並專作《調和論與舊道德》一文，主張要進行道德上的革新，他說：「希望道德革新，正是因爲中國和西洋的舊道德觀念都不徹底，不但不徹底，而且有助長人類本能上不道德的黑暗方面的部分，所以東西洋自古到今的歷史，每頁都寫滿了社會上政治上悲慘不安的狀態，我們不懂得舊道德的功效在哪裏；我們主張的新道德，正是要徹底發達人類本能上光明方面，徹底消滅本能上黑暗方面，來救濟全社會悲慘不安的狀態，舊道德是我們不能滿足的了。」〔註 70〕

而當時因新思潮興起，一批守舊人士，包括一班士大夫和一批留學生，攻擊蔡元培、胡適是基督教徒，企圖利用國人的仇洋情緒阻止新文化運動也是舊思想頑固的一個例子。所以陳獨秀說道：「我所傷感的是中國現在的士大夫，留學生，還是和幾十年前毫無教育腦筋極簡單的蠢男女一樣！」〔註 71〕社會的種種陳舊現實使陳獨秀深刻地感受到，要想改造國人的思想，不得不先洗刷掉國人的舊腦筋，掃清道路，才能使科學和民主在國人心中生根，才

〔註 69〕 傅斯年：《中國學術思想界之基本誤謬》，《東方雜誌》第 15 卷第 10 號。
〔註 70〕 陳獨秀：《調和論與舊道德》，《新青年》第 7 卷第 1 號，1919 年 12 月。
〔註 71〕 陳獨秀：《「籠統」與「以耳代目」》，《新青年》第 7 卷第 1 號。

能有眞正的人格獨立，個性自由，才能實現民主共和的新國家。所以他下定決心以不妥協的徹底精神作改造國民思想的工作，從而堅決反對一切調和論。認爲調和是一種敷衍苟且，是一種相互遷就，不利於新思想的傳播。認爲調和雖是一種自然的趨向，但是要用人力去強力改變。這種認知是基於對現實的深切體悟而發出的改革之音。但人性中的黑暗面，是不會根本去除的，想一古腦解決最複雜的道德問題是不可能。強行對立新舊，打倒舊傳統舊道德，而新的道德尚未建立，社會則必會出現杜亞泉稱之爲的「迷亂之現代人心」的現象。因此，這種激進的主張也在客觀上產生一定的弊端，引起了一些思想者的憂心。

當時有學者建議《新青年》在主張上不要過於偏激，要「推行以漸」，要「一意創造新文化，不必破壞舊文學」〔註72〕，以免引起守舊者的反抗，從而阻礙改革進行。陳獨秀則以不可商量的語氣說道：「鄙意以爲不塞不流，不止不行，……新文學乃欲叫於春啼於秋者，舊文學不過啼叫於嚴冬之蟲鳥耳，安得不取而代之耶？」「舊文學、舊政治、舊倫理，本是一家眷屬，固不得去此而存彼；欲謀改革，乃畏阻力而牽就之，此東方人之思想，此改革數十年毫無進步之最大原因也。」〔註73〕

陳獨秀、胡適等新文化運動領袖，之所以提倡西化的主張，在於他們認定東西洋文明就是一種等級之差，一種先進與文明之別，要學習西洋，必須去除中國思想界的基本誤謬，才能使中國的學術思想有所轉機。質言之，就是東西文明在基本思想上存在著根本的區別，不能講調和，只能先破才能立。無須擔心傳統失墜，因爲傳統存在於千千萬萬的老百姓的生活裏，自會得到它的延續，他們擔心的正是傳統惰性力太強會阻礙新文化的生長及新思想的輸入。因此，要想改革有成效，想讓西方的民主共和思想和科學精神深入民心，必須要衝破與專制政體共生的一整套舊傳統，全面向西方學習。

調和論者也認識到文化的惰性，但卻主張以穩健的改良方式，力圖平和地「保舊迎新」，以收文化建設之功。在他們看來，棄舊迎新會丟失中國文化的特色所在，會有喪失國是的危險，因而主張在學習西方的同時，不能完全丟棄自己的文化傳統。他們一方面積極學習和研究西方文化，宣揚中西調和，另一方面也大力提倡保存和弘揚中國傳統文化，主張新舊調和。以寬容的心

〔註72〕　《易宗夔書》，《獨秀文存》，合肥：安徽人民出版社 1987 年版，第 778 頁。
〔註73〕　《答易宗夔》，《獨秀文存》，合肥：安徽人民出版社 1987 年版，第 776 頁。

態力圖構建一個以中國文化爲根底的多元並存的文化環境。同時，以理性的態度對中西、新舊文化持一種批判態度，各取短長，以漸進改良的方式創造新文化，而不是激烈的棄舊迎新。他們在闡發調和論的過程中，著重批判新文化運動中的極端化弊端，主張漸進的、先立後破的，從建設上著眼的文化方案，其理性穩健的特徵成爲五四時期一種有著獨特思想價值的文化建設主張。

西化論者與調和論者之所以在新文化建設上存在「先立後破」與「先破後立」差異。在於他們對傳統的態度存有分疏。他們都同樣看到了社會的動亂，主張從文化上救治中國。所不同的是，杜亞泉認爲傳統有一定的惰性，社會的沉疴不可能一下子全部清除，必須要以漸進改良的方式，啓導國民才能收效。而激進派則認爲，沉疴之所以難除，政治之所以沒有起色，就在於人們屈服舊傳統、舊思想、舊文化、舊倫理，所以必須要用強力加以打破才能收建設新社會之功。兩派之間的分歧透顯出了中國近代化轉型過程中的一個根本問題，即如何認識和對待傳統？

如何對待傳統？張東蓀在二十世紀四十年代就深富洞見地指出：「一個人把其所有的歷史都拋棄了，在事實上絕對不可能。一個民族亦然。不是不想這樣做，只是沒有辦法做到。一個人過去歷史印在其人的身上，不僅屬於心理，並且屬於生理。一個民族，其現存的制度在心理上本是一套觀念，在結構上就是生活的狀態，在由來上又正是傳襲而成。如何能一切斬絕棄盡呢？」〔註74〕因此，傳統無法擺脫，也無需擺脫，要根據具體情況作適時的調整，既不可一層不變，也不可全盤拋棄，我們沒有辦法去剷除傳統，正如龐樸所言，「若剷除一個民族的傳統，唯一的方法是剷除這個民族。」〔註75〕因此，面對中國文化的近代轉型問題，要持一種理性健全的文化心態，才能眞正找到文化的發展路徑。「有了健全的文化心態，中西文化的問題應當轉化爲中國文化與世界文化的關係的問題，亦即明瞭中國文化在世界文化中的個性特點和獨立地位，以及如何吸收一切先進文化，豐富和提高自己，再反過來對世界文化作出更大貢獻的問題。相應地，所謂文化之古今的問題，也應當轉化爲繼承與創新的問題，既不可妄自菲薄，也不可頌古非今，應在總結和評判

〔註74〕 張東蓀：《理性與民主》，北京：商務印書館 1946 年版，第 125 頁。

〔註75〕 龐樸：《文化的民族性與時代性》，北京：中國和平出版社 1988 年版，第 51 頁。

傳統的基礎上，適應新的時代，創造新的文化。」〔註76〕

　　不同文化的交流融合，需要建立在人類文化具有普遍共性的基礎上。但是，還應注意的是，一種文化，特別是一種歷史悠久的文化，必定有許多適宜於本群體和自身環境的文化傳統，維繫和整合著該群體內的各個分子，從而體現出自身文化的民族性特徵。傳統是一個民族在長期的生活實踐當中逐漸累積起來的，具有凝聚人心，融合群體的功能，並在日用而不知當中滲透在每一個身處其中的分子身上。也就是說，傳統是一個複雜體，它是在人們適應和改造環境的歷程中長久地、持續地制約著和規定著人們思想和行為方式的那些東西，是一種歷經歲月積澱而成的產物，其形成有一個漫長的過程，其廢除也需要一個長期的過程。而傳統中的倫理道德更是在實踐生活中逐漸形成的，已深入到國民的種種意識和生活之中，具有強大的惰性力，不可以也不可能一下子棄絕，需要根據現實情況而作適時的調整，而不是保留與捨棄那麼簡單或省力。無視傳統，排斥和反對一切傳統，或是對傳統抱殘守缺，盲從迷信，做傳統的俘虜都不是理性的舉動。要努力打破舊傳統，改造舊傳統，開創新局面。〔註77〕

　　正如有學者所認為的那樣，「現代性依然是在本土基礎上的現代性，是本土原有基礎可以容納轉化的現代性，並非割裂傳統去追求西化。只是，本土基礎有各種不同的歷史沉積，要向現代化之途邁進，就得接受傳統中靠近科學、民主一系的價值，以理智主義智識主義為南針，完成文藝復興的民族使命」。〔註78〕其實胡適等新文化人並非沒有認識到傳統的重要性，只是他們認為傳統並不會消失，而面對頹敗的國勢，當務之急則是先向西方學習。在他看來，虛心接受西方的科學工藝和它背後的精神文明，中國根柢或中國本位並不會消失，只有這樣才能真正實現世界化或是現代化。而同屬於新文化陣營的周作人，也曾深入地表達過這層意思。他說：「我們歡迎歐化是喜得有一種新空氣，可以供我們享用，造成新的活力，並不注射到血管裏，就替代血液之用。向來有一種鄉愿的調和說，主張中學為體西學為用，或者有人要疑

〔註76〕耿雲志：《近代中國文化轉型研究導論·前言》，成都：四川人民出版社 2008年版，第 3 頁。
〔註77〕耿雲志：《評胡適的中西文化觀》，《胡適研究論稿》，北京：社會科學文獻出版社 2007 年版，第 131～132 頁。
〔註78〕周昌龍：《超越西潮——胡適與中國傳統》，臺北：學生書局 2001 年版，第 6頁。

我的反對模仿歡迎影響說和他有點相似。但其間有這個差異：他們有一種國
粹優勝的偏見，只在這條件之上才容納若干無傷大體的改革，我卻以遺傳的
國性爲素地，盡他本質上的可能去承受各方面的影響，使其融合沁透，合爲
一體，連續變化下去，造成一個永久而常新的國民性，正如人的遺傳之逐代
增加異分子而不失其根本的性格。」〔註79〕胡、周二氏的看法，表達了一部
分知識分子主張超越國粹優勝或是中體西用的偏見，提倡袒開胸懷，自由而
充分地去承受科學背後的精神文明的影響，在國民性之基礎上，與世界文化
融合沁透的訴求。他們對文化、對傳統的認識是理性與開放的。但他們又在
不同的時候往往有很激烈的言論，主張棄舊迎新，甚至打倒傳統，把調和論
一概理解爲「中體西用」而加以全部否定。序論中已有說明，調和是社會發
展中的一種自然取向，很多派別都或多或少有所表現，只是程度有別。杜亞
泉等人的調和論應對的是新的內外部環境，有別於傳統的「中體西用」說，
不能一概而論。

　　思想啓蒙與思想清理工作是一個應同時進行的過程，西化論者在進行這
種努力時，常會感到舊勢力的強勁及舊傳統的根深蒂固，因此不免有「條石
壓駝背之舉」，常會有語不驚人死不休的激烈態度，在向民眾傳播思想主張時
難免言論過激。其情形恰如朱調孫所觀察：「今之新思想急進派者，目睹舊社
會日趨於衰落境況，急思扶掖國人同登福利之域，但以其愛國心殷，改良情
摯，故言論褊躁之弊，往往不免。」〔註80〕從而易產生舊思想全無存在價值，
新舊之間無調和餘地的極端化主張。這種傾向在陳獨秀、錢玄同等人身上最
爲明顯。就連一向理性溫和的胡適也說過一些矯枉過正之語，如他在主張破
除封建的孝悌觀念，主張個性解放時，就有過「父母於子無恩」的言論，認
爲養子教子只是一種「我們自己減輕罪過的法子，只是我們種下禍根之後自
己補過彌縫的法子」，並不是恩典。〔註81〕胡適的主張雖是從發展人的個性和
自主性上去發論的，但其言論的不謹慎確實容易引起誤解，當時一位叫汪長
祿的人士看見胡適的言論後，就不無擔憂地寫信與胡適談到：「平心而論，舊
時代的見解，好端端生在社會一個人，前途何等遙遠，責任何等重大，爲父

〔註79〕　周作人：《國粹與歐化》，《周作人全集》，臺中：藍燈文化事業股份有限公司
　　　　　1982 年版，第 10～11 頁。
〔註80〕　朱調孫：《研究新舊思想調和之必要及其方法》，《東方雜誌》第 17 卷第 4 號。
〔註81〕　胡適：《我的兒子》，《胡適文集》第 2 卷，歐陽哲生編，北京：北京大學出版
　　　　　社 1998 年版，第 523 頁。

母的單希望他做他倆的兒子，固然不對。但是照先生的主張，竟把一般做兒子的攛舉起來，看做一個『白吃不回帳』的主顧，那又未免太『矯枉過正』罷。」〔註82〕認爲胡適的這些言論在社會上會引起不良影響，出現「一般根底淺薄的青年，動輒抄襲名人一兩句話，敢於扯起幌子，便『肆無忌憚』起來」的現象。〔註83〕

這種擔憂並非無根而起。新文化運動主流派的激進主張在社會上確實引起了一些負面影響，民眾普遍產生了一種反傳統的傾向，一些青年因爲在思想上沒有根柢，常常片面地理解新文化的言論主張，生出種種極端過激行爲來。針對這種情況，一些人則擔心激進的思想主張會把青年引導到另一個極端，他們批評胡適的言論雖是急著要替舊社會「調換空氣，不知不覺言之太過」，很容易出現「把他從東邊扶起」，「怕是用力太猛，保不住又要跌向西邊去」，其結果和「沒有扶起一樣」。所以，他們想撥正思想上的激進趨向，做到「『恰如分際』，『彼此兼顧』，那才免得發生許多流弊」。〔註84〕針對當時思想上的激進傾向，一批文化上的穩健主張者，既反對固守舊制，也批評新文化運動開展得過於急躁，急功近利。認爲「凡一事物之改革，必以漸、不以驟；改革過於偏激，反失社會之信仰，所謂『欲速則不達』」。〔註85〕主張從積極的建設上去著手，希望《新青年》此後，「提倡積極之言論，不提倡消極之言論；提倡建設之言論，不提倡破壞之言論」。〔註86〕一位叫張護蘭的人致信陳獨秀說道：「凡事破壞易而建設難。願先生今後之論調，當稍趨於積極的建設一方面。」〔註87〕強調了社會改造中建設與破壞應同等關注的問題。

胡適後來對此也有所反思。作爲一個實驗主義者，對於自己的主張，他也從不敢以爲必是，只相信充分的證據。他在1926年給徐志摩的信中，對於新文化運動就有所反思。他說：「我這回去國，獨自旅行，頗多反省的時間。我很感覺一種心理上的反動，於自己的精神上，一方面感覺沮喪（depression），

〔註82〕胡適：《我的兒子》，《胡適文集》第2卷，歐陽哲生編，北京：北京大學出版社1998年版，第520～521頁。
〔註83〕胡適：《我的兒子》，《胡適文集》第2卷，歐陽哲生編，北京：北京大學出版社1998年版，第521～522。
〔註84〕胡適：《我的兒子》，《胡適文集》第2卷，歐陽哲生編，北京：北京大學出版社1998年版，第522頁。
〔註85〕《張鏐子書》，《新青年》第4卷第6號。
〔註86〕《常乃惠書》，《獨秀文存》，合肥：安徽人民出版社1987年版，第667頁。
〔註87〕《張護蘭書》，《新青年》第3卷第3號。

一方面卻又不少新的興奮。究竟我回國九年間，幹了些什麼！成績在何處？眼看見國家政治一天糟似一天，心裏著實難過。去國時的政治，比起我九年前回國時，真如同隔世了。我們固然可以自己卸責，說這都是前人種的惡因，於我們無關，話雖如此，我們種的表因卻在何處？滿地是『新文藝』的定期刊物，滿地是淺薄無聊的文藝與政談，這就是種新因了嗎？」〔註88〕新文化開展了好多年，仍不見政治上的轉機，不由得使胡適開始反思。此一時期，確實有很大一部分民眾，趨新鶩時不求精進，並沒有理解新文化的主旨而貿然採取激烈手段，唯「新」是從，引起了不少流弊，甚至影響於今。

常乃惪對新文化運動激進傾向也作過評論。他說：「平心而論，當時的新文化運動——《新青年》時代的新文化運動——不過僅僅有一股新生蓬勃之氣可愛罷了，講到內容上是非常幼稚淺薄的，他們的論斷態度大半毗於武斷，反不如《甲寅》時代的處處嚴守論理，內中陳獨秀、錢玄同二人的文字最犯武斷的毛病，《新青年》之不能盡滿人意在此。」〔註89〕

章士釗則甚爲嚴厲的批評激進新文化運動「所迎者爲新之僞，而舊之真者已破壞無餘也。」〔註90〕湯用彤也言新文化運動崇西詆中的極端化現象之所以嚴重，在於「時學淺隘，其故在對於學問猶未深造，即中外文化材料，實未廣搜精求，舊學毀棄，固無論矣。即現在時髦之西方文化均僅取一偏，失其大體。……夫文化，爲全體全國人民精神上之所結合研究者，應統計全局，不宜偏置，在言者固以一己主張而有去取，在聽者依者依一面之辭而不免盲從，此所以今日學者多流於固陋也。」〔註91〕在吳宓看來，「吾之所以不懍於新文化運動者，非以其新也。實以其所主張之道理，所輸入之材料，多屬一偏，而有害於中國之人。」〔註92〕他認爲中西學並不必然衝突，對於西學，不必採取排斥態度，但需有選擇地吸收。他認爲國人誤把西洋文化斷爲新文化，由此全然否決本國文化，導致了國粹與歐化的衝突，「其實二說均非是。蓋吾國言西學者，於西洋文明之精要，鮮有貫通而徹悟者，苟虛心多讀書籍，深入幽探，則知西洋真正之文化，與吾國之國粹，實多互相發明互相裨益之處，甚可兼蓄並收，相得益彰。誠能保

〔註88〕　胡適：《歐游道中寄書》，《胡適文集》4，第43頁。
〔註89〕　常乃惪：《中國思想小史》，上海：中華書局1930年版，184頁。
〔註90〕　章行嚴：《新時代之青年》，《東方雜誌》第16卷11號。
〔註91〕　湯用彤：《評近人之文化研究》，《學衡》，第12期。
〔註92〕　吳宓：《評新文化運動》，《學衡》第4期。

存國粹，而又昌明歐化，融會貫通，則學藝文章必多奇光異彩。然此極不易致，其關係全在選擇之得當與否。」在他看來，「西洋之文化，譬猶寶山，珠玉璀燦，恣我取拾，貴在審查之能精與選擇之得當而已。今新文化運動之流，乃專取外國吐棄之餘屑，以餉我國之人。」〔註 93〕其言論的主旨在於批評激進新文化運動者引進西學存在擇取不當與審查不精的弊端，引起了諸多社會問題。

賀麟則批評了新文化運動的實用主義取向。他認爲，實用主義在西洋由皮爾士、詹姆士、杜威等人提倡，由胡適等人引進中國，加上杜威本人來華作長達兩年的巡迴演講，以及胡適的大力宣傳，「在『五四』運動前後十年支配整個中國思想界。尤其是當時的青年思想，直接間接都受此思想的影響，而所謂新文化運動，更是這個思想的高潮」。〔註 94〕賀麟認爲實用主義注重實用，有用的被承認，無用的被拋棄，這種理論導致了新文化運動時期的文化激進主張的產生。「在『五四』時代，他們要推翻舊禮教，因爲舊禮教不適用於新時代；他們要打倒孔家店，因爲在他們看來孔子思想已無用了，宋明有理學而宋明國勢衰弱，亡於異族，所以他們反對理學。他們反對古文，提倡白話文，因爲古文是死文字，白話文是有用的活文字。他們甚至反對哲學，因爲哲學無用。」〔註 95〕顯然，在近代文化轉型期，一些新文化倡導者奉行的實用主義取向確實也使思想界產生了一些流弊。

在當時的文化激進分子看來，「中國眼前只要把某些弊端批判倒了就好；至於正面的建設，則是其次的問題」。五四新文化運動期間的激進派在具體的文化主張及行動上則恰恰犯有這種弊病，注重打倒，而把建設問題擺到後面。他們懷著啓蒙國民的淑世心態，試圖在政治秩序和文化領域裏，對造成國人苦難的原因進行追溯和清理，認爲只要植根於科學，新的社會秩序就能夠建立起來，而且這種解決是根本上的解決，是一種棄舊揚新的蛻變，是一種徹底的清算。在經過劇烈的陣痛後便會獲得新生。強烈的運動激情使他們具有濃烈的批判意識。批判意識對於啓蒙運動的展開不可謂無功，但「批判意識可能引出一強烈的社會效應，甚至最終導致社會變形，可是並不能眞正解決問題。考慮長期的中國文化路向問題，在我們自己的心態上，首先必須承認

〔註 93〕 吳宓：《評新文化運動》，《學衡》第 4 期。
〔註 94〕 賀麟：《五十年來的中國哲學》，北京：商務印書館 2002 年版，第 63 頁。
〔註 95〕 賀麟：《五十年來的中國哲學》，北京：商務印書館 2002 年版，第 66 頁。

建設意識是一必要條件」。〔註96〕調和論者正是擔心新文化運動著力破壞的激進傾向會引起社會激烈的新舊衝突，從而提出要更多從建設上入手，主張文化建設要先立後破，從而達到新者立而舊者自棄的目的，對激進主張的弊端力圖有所糾正。從這種意義上說，調和論充分考慮到了傳統的惰性力及調適性，是一種穩健而趨於建設的文化主張，與新文化運動中的激進派，在一定程度上形成了互補關係。

調和論與西化論都是爲了創造新文化，在實質上並不衝突，只是所選擇的路向有所不同。一個提倡先立後破，一個主張先破後立，二者並不矛盾，實爲相互相承的關係。二者的關係恰如《東方雜誌》一篇文章所言：「建設者，破壞者，在社會進化上均爲不可少之人。」該文認爲，首先，這二者側重不同，不必相排。建設者主張，「吾國今日一切之新基礎，俱不過甫有萌芽，必須費一番培植，前途始有希望。若徒事破壞，縱令得志，而轉瞬之間，必將更復原狀」。破壞者則認爲，「吾國舊染極深，官權極盛，兵匪之擾害無窮，社會之組織太舊，苟非先事廓清掃蕩，而遽言建設，則恐勞而無功，得不償失」。二者皆有相當的價值，「建設者與破壞者，在社會進步上，均所需要」，但「不可自信太深，以自己之主張爲唯一之方法，異己之說，皆視爲誤謬，一味排斥，不留餘地，是則不達之甚矣」，難以成就大事；其次，不可交惡。在現實中，二者常因辦事不順則把責任歸咎於對方。主張「委身事業必多努力於本目的直接範圍內之事，而於間接有關本目的之行爲，則以少爲貴。建設者之目的，在謀建設，非在阻止人之破壞也。破壞者之本目的，在圖破壞，非在妨害人之建設也」；再次，不可中變。希望不管是建設者，還是破壞者，都應堅守自己的立場行事，以收成效，而不能輕言更張，只有各依其主張在自己的範圍裏各自行事，才有利於社會的眞正進步。〔註97〕這種分析可作爲認識調和論者與西化論者相互關係的參考。二者皆是新文化運動中的積極力量，只是各有所側重，一主建設，一倡破壞，結合二者才是最佳之道。由此，主張文化建設要先培元氣，正如陳嘉異所言：「鄙意吾儕今日爲社會下針砭爲文化深灌溉，但多作自樹壁壘，自闢蹊徑之主張而少爲持繩引墨吹毛索瘢之排擊，此所以寢浮言而培

〔註96〕勞思光：《中國文化路向問題的新檢討》，臺北：東大圖書公司 1983 年版，第 184 頁。
〔註97〕說難：《建設者與破壞者》，《東方雜誌》第 17 卷第 17 號。

元氣也。」〔註98〕他們認為改革的目的，不在破壞，而在建設。「所謂新者，非脫卻舊之範圍，蓋其手段不在於破壞，而在於改良」。〔註99〕錢智修則表示：「今之討論改造問題，約分二派，有主張用總攻擊之手段，將現狀一齊打破，另創一新局面者，有不主用急激之手段，惟將各部分之問題，隨時應付，隨時解決，以圖新社會與新政治之實現者。余贊成後說者也。」〔註100〕這種總解決與零碎解決的區分，正是調和論與激進論在文化建設上的重要分疏點。

　　杜亞泉提倡要於消極中謀積極的建設。他認為民國初肇，國家建設中呈現出兩種普遍傾向：一為本積極心態謀改革，不顧現狀而趨於極端；一為過多看到社會的無序而滋生悲觀主義情緒，消極遁世，無所作為，得過且過，導致人心淪胥、群情枯寂。在他看來，「消極非惡德」，是與積極相對而言，而非絕對背馳，「積極志在進行，而消極固非卻走也，積極事屬建設，而消極亦非破壞也，苟善用之，固未嘗不可為積極之準備，且間接以成積極之功。」〔註101〕「積極也，消極也，一為效實，一為儲能，一為當境之設施，一為未來之預備，隨時隨地，皆可各致其功。吾國近今思想之趨於消極，非獨時勢迫之使然，抑亦社會進化人群活動所必不可逃之階段。今日所當自勉者，惟在此善用其消極主義之方法，俾得儲能以為後來之用斯可矣，不必謂積極乃可圖存，而消極之必將覆敗也。」〔註102〕因此，積極消極是可以調和的。消極並非不作為，也並非遁世逃避，而是主張在過渡時期積蓄能量以培建設之基，是一種更符合當時國基薄弱境況的穩健方式。而近代以來，國人心態卻在特殊國勢的催壓下日趨激進與急躁，「初則要求立憲，繼則創建共和，積極之精神，誠有不可一世之概。迨政體改變而後，全社會之思想、之言論、之行動，更覺發揚蹈厲，銳進無前，宜若可以致治而圖強矣。」一旦現實不如其所預期，轉而為消極悲觀。他認為這種積極是一種不理智的激進，「無根柢、無經驗、無條理、無軌途，故棼亂至於此極也」。這種積極並不是國家之福，而應採消極之策調和之以謀真正的建設。他說：「今幸時勢予我以教訓，阻其前進而不令盲行，吾人正宜及此時機，盤根錯節，退而返省，以為他日進行

〔註98〕　陳嘉異：《文化》，《甲寅》周刊第 1 卷第 40 號。
〔註99〕　《請看北京學界思潮變遷之近狀》，《新潮》第 1 卷第 4 號。
〔註100〕　堅瓠：《總解決與零碎解決》，《東方雜誌》第 17 卷第 16 號。
〔註101〕　傖父：《策消極》，《東方雜誌》第 11 卷第 2 號。
〔註102〕　傖父：《策消極》，《東方雜誌》第 11 卷第 2 號。

之計。」他希望國人能以培植根柢之建設態度，修正那些被激進心態擾亂的社會秩序，「認此消極爲栽植根柢，增加經驗之絕好機會，磨礱鍛鍊，動忍增益，舉曩日不規則之種種，驅而納諸條理軌途之中，夫然後不蒙消極之害，而轉獲消極之利，蓋消極中亦自有其進行之道在也。」在他看來，「吾人所宜注意者，不患人心之日趨於消極，而患虛糜其消極之光陰，不患無積極之時期，而患無積極之準備，尤不必強斯人以積極奮往之行動，而當示斯人消極正當之徑途也。」〔註103〕在談到東西文化衝突問題時，他主張要內外調理，「勤求內治，除暴安良，重農勸學，順世界之趨勢，開放門戶，輸入歐美文明」，如此，才能使東西兩國能夠互通有無，達到「互相利賴之結果，決不至於有如何衝突之發生」，〔註104〕體現出他於積極中求穩妥，於消極中謀建設，從東西互補中求共進，著力於建設的思想傾向。

激進的新文化運動者並不是不要傳統文化，也在一定的程度上主張中西融合，只是方式不同，表達的言辭在特殊的論爭氛圍裏而顯得有些極端，但通過其實際的文化活動來看，他們並不一概拋棄傳統文化或是中國文化。文化調和論者則更具中國思想的中庸底色，力圖協調好各種力量，以穩健的方式進行建設，他們深知文化發展的接續性，漸進性。西化派因看到文化的惰性而主張要先採取激烈的破壞方式打掉病根，「棄舊迎新」後再來一點一滴的改良。調和論者也因認識到文化的惰性，而主張要以穩健的改良方式，力圖平和地「保舊迎新」以收文化建設之功。由此可看出，調和論與激進論在改造國民新思想，創造新文化上沒有根本衝突。他們所不同的，只是所選擇的路徑有差異。

激進論認爲西洋的學術一切皆優於中國，且雙方是根本對立的。要學習西洋，迎頭趕上，必須要先把思想上的根本誤謬清理乾淨不可。而要清理，守舊不爲功，調和也不能爲功，只能是改弦更轍才可見效，所以要先破後立。調和論則認爲東西洋文化之別除了程度之差外，更重要的是性質之異，所以，他們主張要以漸進的方式，先立後破，才能使社會立於平穩，才能使國人不致精神迷失，以收改造建設的長效之功。因此，調和論與激進論分別提出了先立後破與先破後立的文化建設方案，其目標都是要改造中國文化，建設符合世界潮流的新文化，因此，二者的差異在於道路的選擇不同，在建設新文

〔註103〕傖父：《策消極》，《東方雜誌》第 11 卷第 2 號。
〔註104〕傖父：《國家自衛論》，《東方雜誌》第 12 卷第 4 卷。

化這個目標上則是一致的。兩者對文化的認知皆有其深刻之處，爲中國近代文化的轉型都提供了寶貴的思想資源。二者各有短長，都有其自身的思想價值所在，不應存此廢彼，而應結合二者，取利避害，合理採用，爲建立世界新文化提供思想上的借鑒。因而不應把文化調和論當作一種反對新文化運動的主張。

　　通過第三章和第五章的探析，我們對於調和論在思想上的內涵、特質及文化實踐、建設理念有所瞭解與肯定，但這並非認爲它是最完善的思想。在五四前後這段文化轉型的特殊時期，在選擇中國文化發展路徑上，調和論與西化論雖幾經論戰，一直未能居於時代思潮的主流，除了種種外部原因外，其理論本身也存有一定的問題。

第六章　比較視野下的理論與實踐缺陷

　　正如賀麟所觀察,「在新文化運動時期,中國思想界的趨勢是無選擇地介紹西方的思想學術,並勇猛地攻擊傳統的文化和禮教。」〔註1〕「這時的思想界可以說是只達到『文化批評』的階段,批評中西文化的異同優劣,以定建設新文化改革舊文化的方向。」〔註2〕在這種潮流所向中,各種文化建設方案競相湧現,杜亞泉等人提倡的文化調和論則是其中一種。

　　如果民主和自由是人類所追求的目標,是應肯定的價值訴求,那麼曾努力在這條路上行走的調和論也是值得肯定的。他們在政治上不主一尊,不好同惡異,容納異己,具有讓德,無疑都是達到民主和自由道路所應承認的。這不深論。在文化上他們承認多元文化的並存,承認文化是民族性與世界性的統一體。主張以科學的方法刷新固有文明,以一種自覺的文化反省意識承認東西文化各有特性和長短,又以一種較為開放的文化觀來接納西方文化,主張東西互補,新舊接續,以漸進方式建立一種基於民族情感上的世界新文化。他們並不頑固堅守自己的固有文化,而是主張以中國文化為根基,吸取新的文化質素,創造新文化,以理性之思尋找文化出路。在主張個性解放、努力建設與世界文化的密接關係,主張文學改革等方面,和新文化運動並沒有本質上的衝突,並在一定程度上校正了激進派的偏激言論和行動,成為新文化運動的先聲和穩健力量。其思想主張是激進時代的一種穩健之思,有助於人心的凝聚和社會的穩定,力圖達到力量的平衡和資源的充分吸收,使社會能夠循序漸進地健康發展。其先立後破的文化主張與激進的新文化運動者

〔註1〕 賀麟:《五十年來的中國哲學》,北京:商務印書館 2002 年,第 8 頁。
〔註2〕 賀麟:《五十年來的中國哲學》,北京:商務印書館 2002 年,第 9 頁。

在主張和實踐上形成了一種互補關係。在總體上應給予肯定。但同時，我們不能對研究對象過於偏愛，也應對其理論上的缺陷與實踐成績上的不足進行客觀評價。

第一節　理論缺陷

文化調和論雖然有其特殊的思想價值，但它並不是一種完美的理論，自身有其客觀缺陷所在，主要體現在幾個方面：一是他們對西學的瞭解並不深刻，所以常會產生東方文化優越感；二是「調和」這個概念本身就是一個意義不太確定的模糊概念，容易讓人產生歧義；三是這種文化主張主觀性色彩較濃，經不起實踐的檢驗；四是發言立論與現實往往不相契合，有一種時機的錯位感；五是對傳統惰性認識不足，與新文化運動的主流派相比，實踐成績相對遜色。

一、對西學瞭解不深刻

從前文的分析中可知，調和論並非反對新文化運動，只是更強調新文化的產生不能脫離固有文化，主張要以中國文化爲基礎，盡力輸入西洋文化，調和中西，同異相資，創造一種適應時代要求的新文化。其目的是無可非議的。但因杜亞泉等人自身知識結構上的局限，在發論時往往跳不出中國文化優越感的囿限。他對西方文明的認識，主要來自於日本書籍。他自己有明確的表述：「吾於西洋文明，固無所窺見，間讀日人所著支那文明史論及支那問題等書。折衷其言，認爲東西文化各有特長，孰優孰劣不能輕易下斷語。」〔註3〕可見，他對西學的認知並不是很深刻，因而會把西方文化理解爲斷片而乏系統的文化，把中國文化看成是統整而注重精神的文化。產生這種認識偏差，緣於杜亞泉對西學缺乏深入的瞭解。殊不知，文化的統整也正是中國文化缺乏活力而常爲人所詬病的地方。而西方各種思想則在自由主義理念下得到了充分的尊重，形成一種多元並存、多種學說紛呈的活躍局面，其科學的發達與它思想的豐富與高度是統一的，西方文明並非斷片的文明，只是中國在輸入西方文明時因知識的局限不能得其系統與眞義。相比之下，新文化運動領袖人物胡適、陳獨秀等人對西學的認識則要深刻一些。胡適精通英文，

〔註 3〕　杜亞泉：《潯溪公學開校之演說》，《普通學報》第 4 期。另見《杜亞泉文存》，
　　　　　上海：上海教育出版社 2003 年版，第 328 頁。

留美多年，對西方文明有較親密的接觸和直觀的感知，親身體驗過西方的民主，系統研究過西方學說，再加上他對中國傳統文化的稔熟，能夠產生一種比較的視角，看到中國文化的種種弊端和西方的優越之處，所以，其文化見解往往更加契合實際與深刻一些。陳獨秀既有傳統的功名，舊學根柢紮實，又留學日本，精通日文、英文和法文，瞭解西方民主之路的來之不易，對傳統的惰性有足夠的認識，所以也能從比較視角更深入地看到中國文化中的種種錮疾，才提出了不破不立的改革主張，認為「儒家不過學術之一種」，「近代中國之思想學術，無歐化輸入即已破產，不能謂是西化的罪過」。他批評杜亞泉求分化與統整相結合思想的不當，主張以分析與綜合而代之，「綜合的發展，是指綜合眾學以成一家之言，與學術思想之統一，決非一物」。〔註4〕認為杜亞泉所求之統整即是要求有統一之「國是」，會在實際上遏制新學術的產生，阻礙文化的發展。從而認為杜亞泉把西方文明看作是斷片的文明，中國文明看作為統整的文明，西洋人於物質上獲得成功而於精神上陷於苦悶的認知是膚淺的。認為西洋文明之種種主張為中國文明之一局部的提法更顯附會和無力。兩相比較，可以發現杜亞泉雖提倡建設一種既是民族的又是世界的新文化，但卻因對西學缺乏深刻的認識，在發言起論中會不知不覺地折回到中國固有文化中去尋求理論支撐。也正因如此，不免會被人當作是守舊人士而加以批評了。

二、概念含混與意義複雜

「調和」這個詞，本就具有一定的含混性，易給人造成意義上的誤解。而其內涵也較多哲思意味，意義複雜，不易讓人理解，因而得不到更多支持者，發動不了民眾。

學術界曾一度把調和論者定性為保守派，並持基本否定態度。但調和論與保守主義雖有聯繫，卻不能籠統地等同視之。前者在對待文化問題時對西學的態度雖然隨時勢有所變化，但在道德倫理層面卻是拒斥變革的。而調和派雖然也注重民族性和傳統，卻並不拒斥西方的政治和新思想，且主張中西道德的調和。在文化上，他們承認對抗力的存在，主張以寬容心態對待東西文化與新舊文化，極力想建設一種既根基於民族性，又面向世界的新文化，力圖客觀理性地審思中西文化，找出各自的優劣短長，著意於會通中西，於

〔註4〕陳獨秀：《再質問〈東方雜誌〉記者》，《新青年》第6卷第2號。

批評中求建設，在中國近百年來的激進運動和中國探尋現代化的曲折歷程中，不失爲一種較爲冷靜理性的文化主張，是一份值得重新發掘和珍視的思想遺產。但其自身存有的理論缺陷也是不容否定的，從概念上來說，「調和」一詞的說服力比較有限，因其語義的複雜，確實容易引起誤解。

「中庸」本是儒家學說中一種道德追求上的至高境界，但因其太過高遠，玄妙，難以企及，所以，在隨俗流變中，常常被認爲不符合實際。特別是到新文化運動時期，因儒家思想遭受批判，激進思潮的日益高漲，「中庸」一詞也就多被賦予了貶義，往往被人理解爲「和稀泥」、「老好人」、「不倒翁」、「無原則」、「保守」、「僵化」、「不思進取」，甚至被當作封建文化中的巨大毒瘤，受到了強烈的批評。因此，和「中庸」密不可分的「調和」，受到指責批判也就很自然了。再加上在中國的古代詞彙中，還有著「折中」、「騎牆」等詞，在意義上又常常與「調和」一詞相近而產生混淆，從而使「調和」一詞常被誤讀曲解，帶上貶義的色彩。而「調和」與「折衷」、「騎牆」有著意義上的差別，並不能等同視之。

據《辭源》上的解釋，「折中」，也稱「折衷」。是指在二者之間，取其中正，無所偏頗。其來源爲《管子‧小匡》：「決獄折中，不殺無辜，不誣無罪，臣不如實胥無。」《史記‧孔子世家》：「自天子王侯，中國言六藝者折中於夫子。」折衷同折中。王充《論衡自紀》：「上自黃唐，下臻秦漢而來，折衷以聖道，析理於通材。」〔註5〕可見其內涵最初並不帶貶義。

「騎牆」則多指依違之言，沒有眞知灼見。《太平廣記》九十一阿專師引《廣古今五行記》：「正見阿專師騎一破牆上坐，……以杖擊牆，口唱叱叱。所騎之牆一堵，忽然昇上，可數十仞，舉手謝鄉里曰：好住。」後謂兼跨兩牆、遊移於二者之間爲「騎牆」。意義與「折中」全然不同。

因新文化運動時期對儒學的整體批判，導致了人們對「調和」這個概念容易產生一種「天生」的反感。這是因爲「調和」觀念與儒學的「中庸」之道有所聯繫，從意義和時代因素來看，在那個特殊的時代，「中庸」又與「騎牆」、「折中」、「不偏不倚」和「兩面討好」，極易混淆，從而受到了趨新人士的批判。這種批判不是基於科學的分析、理性的判斷上作出的，而是由於時代原因、客觀情勢所造成的情感上的反感。要麼簡單否定，要麼不予以理睬。不幸的是，五四前後的文化調和論因其不具有革命的激情，也沒有偏執的堅

〔註5〕《辭源》合訂本，北京：商務印書館1988年版，第662頁。

守，因與時代節拍的不合符節，而沒有得天時地利人和的機緣，以致得不到彰顯，還常被曲解和誤會，甚至被當作是反動倒退的言論。

當時新文化運動中的激進論者，就把新舊調和等同於新舊折衷。認爲，「當新舊二派明張旗鼓之時，國中輒有一部分之人，好爲調停之說，以爲二者可以並行不悖，新者固在所取法，舊者也未可偏廢，一方面提倡維新，一方以又維護守舊，所謂折衷派是也。此派言論，對於認理不眞之國民，最易投合，且彼自身處於不負責任之地位，而能周旋於二者之間，因以爲利，彼之自處可謂巧矣，故養成此不新不舊之現象者，尤以此派爲最有力」。〔註6〕這裡的折衷是指社會上那一批見風使舵，沒有原則的投機主義者，是「僞調和」，不是杜亞泉、章士釗等人所主張的調和。眞正的調和，是在承認東西文化間具有同一性與特殊性，新舊文化間存在著繼承和創新關係的基礎上，努力解決文化發展上的困難，調和矛盾雙方，以創造新文化爲目的的方案。

可見，他們的態度是要正視矛盾並努力解決矛盾，和試圖忽視矛盾、掩蓋矛盾的投機主義有著本質區別。也可說是眞假調和的一個重要區別。儘管調和論者對此曾有所解釋，表明《東方雜誌》「不敢揭一派之旗幟以自限域，有時且故列兩派相反之學說以資比較。此非本志欲託於調停兩可間，以藏身之固也」，〔註7〕強調自身與調停兩可的妥協有所區別，並明確表示：「調停兩可者，於甲說取其半，於乙說亦取其半，其結果必至甲說乙說皆失其眞相，而本志不然，其介紹甲說也，務存甲說之眞相，其介紹乙說也，亦務存乙說之眞相，兩方面之眞相既存，則吾人欲爲最後之從違抉擇，亦庶幾不大背乎事實」。〔註8〕力求以理性而寬容的態度讓不同學說、不同文化、不同思想能夠自由地表達，和諧地共處。而在近代中國，由於新舊文化衝突的劇烈導致了激進主義的高漲，人們往往沒有細緻的區分調和與折衷在本質上的差別就對之一概而論。致使調和論長期被當作無原則的騎牆與折衷，處於意義的誤解中。

李大釗也曾意識到調和論的提倡，雖然「初旨本甚可貴」，但卻因思之不愼，辨之不明，常引起誤解，使社會上「僞調和之流行，幾於遍國中而皆是」，

〔註6〕 汪淑潛：《新舊問題》，《青年雜誌》第 1 卷第 1 期。
〔註7〕 堅瓠：《本志之希望》，《東方雜誌》第 17 卷第 1 號。
〔註8〕 堅瓠：《本志之希望》，《東方雜誌》第 17 卷第 1 號。

常使「眞正合理之調和未著厥功，而虛僞敷衍之調和已肆其禍」，〔註9〕造成社會失序。他認為，這種現象，「咎固不在調和，而在僞調和」。〔註10〕依他的理解：「調和者兩存之事非自毀之事，兩存則新舊相與蛻嬗而群體進化，自毀則新舊相與腐化而群體衰亡。故自毀之調和，為僞調和。抑調和者，直接之事，非間接之事。直接則知存人即所以存我，彼此易與以誠；間接則以雙方為鷸蚌，局外反成漁父。故間接之調和亦為僞調和，二者均在吾人排斥之列。」〔註11〕

為了區分眞假調和，李大釗曾對眞調和的原則作過詳細說明。他強調講求調和必須要注意幾個法則，才不會「日言調和而全失其眞，適居其反」，〔註12〕致使僞調和泛濫。

第一，「言調和者，須知調和之機，雖肇於兩讓，而調和之境，則保於兩存也」。在他看來，「調和之目的，在存我而不在媚人，亦在容人而不在毀我。自他兩存之事，非犧牲自我之事。抗行競進之事，非敷衍粉飾之事」。〔註13〕他認為莫烈所言，「調和為人事演進之象，歧力相劑之結果，而不是故意犧牲己義而優容異己」的觀點甚為高明，希望對東西文明也應持此兩存觀點以對待，他說，「東西洋之生活不同，文明各異，因之傳來之道德，亦相懸殊。西洋生活之自然法則，在於保存自我，東洋生活之自然法則，在於犧牲自我，而調和之目的，乃在自他兩存」，即各取所長，並存競立。因此，他強調：「余愛兩存之調和，余故排斥自毀之調和。余愛競立之調和，余否認犧牲之調和。」〔註14〕表明學習西方的目的是為了保存自己，而不是從屬同化於他人。

第二，「言調和者，須知新舊之質性本非絕異也」。在他看來「新者未必無舊，隸於舊者亦未必無新也。」新與舊「但有量之殊，安有質之異？」「新

〔註9〕 守常：《鬭僞調和》，《李大釗全集》第 2 卷，北京：人民出版社 2006 年版，第 156 頁。

〔註10〕 守常：《鬭僞調和》，《李大釗全集》第 2 卷，北京：人民出版社 2006 年版，第 155 頁。

〔註11〕 守常：《鬭僞調和》，《李大釗全集》第 2 卷，北京：人民出版社 2006 年版，第 155～156 頁。

〔註12〕 守常：《鬭僞調和》，《李大釗全集》第 2 卷，北京：人民出版社 2006 年版，第 166 頁。

〔註13〕 李大釗：《調和之法則》，《李大釗全集》第 2 卷，北京：人民出版社 2006 年版，第 27 頁。

〔註14〕 李大釗：《調和之法則》，《李大釗全集》第 2 卷，北京：人民出版社 2006 年版，第 28 頁。

云舊云，皆非絕對」。他批評當時社會上「動曰某派也新，某派也舊，某人也新，某人也舊，似其間有絕對之界域，儼然鴻溝者然。別白泰紛，爭鬩斯烈，馴致無人能自逃於門戶水火之外。相崎相峙，相攻相搏，而不悟共所秉持之質性本無絕異，且全相同。推原其故，殆皆不明新舊性質之咎也」。在李大釗看來，思想上新舊更非絕對相異，而是在追求進步與秩序的過程中時時調和的。因為「進步即行於秩序、安固之中，秩序與安固亦惟進步而始能保也」。〔註15〕所不同者，在於其各自所佔的量有差異。而所謂新者，則「所企關於進步者較多之人也」；所謂舊者，「所企關於秩序與安固者較多之人也」。〔註16〕所以，他認為新與舊之異在於量的差別，而不是性質之異。李大釗這種看法受益於穆勒的思想，並引穆勒之言：「凡於政治或社會，其所企無獨關於秩序者，亦無獨關於進步者。欲舉其一、二者必當並舉也。……進步之所需與秩序之所需，其性質相同，惟用於進步者視用於秩序者為量較多耳。安固之所需與進步之所需，其性質相同，惟用於安固者視用於進步者為量較少耳。二者蓋同質而異量耳。」〔註17〕他在《闢偽調和》中也再次強調，保守與急進只是存有量的差異而已。他說：「舊云保守云者乃與新云進步云者比較而出，其中絕無褒貶之意，亦無善惡之分；如必以新者為善、舊者為惡，進步為褒、保守為貶，則非為客感所中，即不諳進化之理者也。蓋進化之道，非純恃保守，亦非純恃進步；非專賴乎新，亦非專賴乎舊。」〔註18〕社會的進步，不可能僅徒謀改進而不顧及固有秩序能成功者，也沒有徒守舊制不加改良而能永存者，所以李大釗反對將新舊絕然對立起來。

第三，提倡「調和之德」。具體言之，就是對待不同的思想要持「有容」、「有抗」之態度。在他看來，「言調和者，須知各勢力中之各個分子，當盡備調和之德也。夫調和者，乃思想對思想之事，非個人對個人之事」。強調思想的調和不需要第三者的參與，而是兩種思想的「自為調和」。不需要第三方的調停，只要對抗雙方的自為調和。因此他說，真正的調和之境，「成於自律者

〔註15〕 李大釗：《調和之法則》，《李大釗全集》第 2 卷，北京：人民出版社 2006 年版，第 28 頁。

〔註16〕 李大釗：《調和之法則》，《李大釗全集》第 2 卷，北京：人民出版社 2006 年版，第 29 頁。

〔註17〕 李大釗：《調和之法則》，《李大釗全集》第 2 卷，北京：人民出版社 2006 年版，第 28～29 頁。

〔註18〕 守常：《闢偽調和》，《李大釗全集》第 2 卷，北京：人民出版社 2006 年版，第 159 頁。

半，他律者亦半，而第三者之調停不與焉 」。要達到自爲調和，其一要有「有容」之德，即「自居於一勢力者，能確遵調和之理，而深自抑制，以涵納其他之勢力，此自律之說也，是曰有容」；〔註 19〕其二要「有抗」，即「自居於一勢力者，確認其對待之勢力爲不能泯，而此對待之勢力，亦確足與之相抵，遂不得不出於調和之一途，此他律之說也，是曰有抗。」〔註 20〕李大釗認爲，只有這種涵納了「有容」「有抗」之德，不需要第三者參與的調和才是眞正調和，此外「皆虛僞之調和，非眞實之調和，枝節之調和，非根本之調和，絕無成功之希望者也」。〔註 21〕

　　第四，李大釗還強調，調和不是折衷雙方意見而另居一位置，而是要於新舊雙方中確定自己的立場，「以調和自任者，亦不必超然於局外，盡可加祖於一方，亦惟必加祖一方，其調和之感化，乃有權威也。夫調和之事，既無第三者容喙之必要，則言調和者，自當於新舊二者之中，擇一以自處」。調和應在明確自己立場的基礎上，爲新者能容舊，爲舊者能容新，才是眞正的調和。那種在二者之間搖擺，妄圖另處一不新不舊之位置的所謂調和就是投機、是挑撥、是敷衍，不是眞正的調和。他認爲，調和最忌諱的就是：「自別於新，而又自別於舊，不甘於舊而又不敢居新，宅不新不舊之地位，挾非新非舊之勢力，以夷猶容與乎二者之間，則新者將不視之爲新，而以疑忌臨之，舊者將不認之爲舊，而以敵異遇之，進退失據，無所歸依，人且棄之而不顧，調和之效，抑將安著？」〔註 22〕因而，他認爲新舊思潮的激戰，「一面要有容人並存的雅量，一面更要有自信獨守的堅操。」〔註 23〕所謂眞調和，除了自他兩存外，還需要講求秩序。並認爲，世界的進化有賴於急進與保守兩種力量的並存與相互調劑，「世界之進化，全爲二種觀念與確信所馳驅以行」。〔註 24〕

〔註 19〕 李大釗：《調和之法則》，《李大釗全集》第 2 卷，北京：人民出版社 2006 年版，第 29 頁。

〔註 20〕 李大釗：《調和之法則》，《李大釗全集》第 2 卷，北京：人民出版社 2006 年版，第 29～30 頁。

〔註 21〕 李大釗：《調和之法則》，《李大釗全集》第 2 卷，北京：人民出版社 2006 年版，第 30 頁。

〔註 22〕 李大釗：《調和之法則》，《李大釗全集》第 2 卷，北京：人民出版社 2006 年版，第 30 頁。

〔註 23〕 守常：《新舊思潮之激戰》，《李大釗全集》第 2 卷，北京：人民出版社 2006 年版，第 312 頁。

〔註 24〕 李大釗：《青年與老年》，《李大釗全集》第 2 卷，北京：人民出版社 2006 年版，第 33 頁。

　　儘管杜亞泉、章士釗、李大釗等調和論者對調和意涵都在盡力疏解，但其深富哲思意味的論理及說明使當時的一般民眾，甚至有一定學理的知識分子及思想先銳們往往未能區分真假調和的意義之別及原則差異，對調和論多存偏見與誤解，以致「調和論之在今日，幾為敷衍遷就者容頭過身之路，其黠者乃更竊為假面，以掩飾其挑撥利用之行。末流之弊，泯焚脆詭之象，全釀成於敷衍挑撥之中，而言調和者遂為世所詬病所唾棄」。〔註25〕可見，調和在語義上常常被人誤解為調停，投機，或是敷衍遷就。其核心概念在意義上的複雜性及含混性也是其頗受爭議或誤解的緣由。而在革命激情高漲的時代，民眾的理性容易被遮蔽，判斷力是不足的，對於意義不明朗或是理解困難的思想言論則多不喜好與接受。這也是調和論在五四新文化運動時期得不到更多支持者的原因。

三、主觀的文化理想，經不起實踐檢驗

　　五四前後，正是中國社會由傳統向近代轉型的關鍵時期。在此階段，陳獨秀、胡適等新文化運動的領袖人物，深刻地意識到，想讓政治走上正軌，實現真正的民主共和，不打消國人心中的舊思想、舊迷根則難以為功，於是掀起了轟轟烈烈的新文化運動，向舊傳統發起了猛烈的攻擊，特別是對舊道德舊倫理進行了不容商量的批判，引起了思想界的劇烈變革，有力地動搖了舊社會舊傳統的根基，為吸收西方新文化清掃了道路，有利於西方各種思想的傳入。在這個過程中，舊權威被打倒，各種西方思潮紛湧而進，豐富了中國的思想界。然而，也正是在這種權威被打倒的過程中，一些既沒有舊學基礎，又對新學沒有深入認識的青年，思想根柢淺薄而又血性衝動，缺乏精審的判斷力，對新文化運動的一些主張，往往缺少理性的分析，不明了其發論的原因和背景，就把其主張簡單化為一些激進的口號，妄加倣仿，盲目跟從，以致做出種種不符合人倫禮儀和道德之事，而使社會倫理秩序產生混亂。如有的青年，因反抗傳統家庭的包辦婚姻，不顧社會輿論，拋妻棄子，去追求所謂的精神伴侶，或是棄倫理道德為蔽履，公然同居，不顧及老一輩人的感受，遂造成種種家庭悲劇。這種狀況正如《東方雜誌》記者所觀察：「十餘年來，吾國風會一變，言必揚新抑舊，事必崇西黜中，遂至舉他之秕政惡俗淺見謬語，一切漫然稱道之，襲倣之，莫敢為評論為創解者，終乃輕視事功之

〔註25〕　守常：《闘僞調和》，《李大釗全集》第 2 卷，北京：人民出版社 2006 年版，第 155 頁。

值，相率斂手無所爲。」〔註26〕致使傳統道德權威盡失，人心迷亂，道德敗
壞，社會混亂。

正是針對這些不良現象，杜亞泉等人提出調和論，希望能夠在保持中國
文化的根基上使東西文化調劑互補，新舊文化自然接續以生成新文化。這種
文化觀，從理論上來講，是希望讓東西文化能夠交流互補，減少社會動蕩，
促進文化建設，可謂一種理想的文化方案。但正如霍布豪斯所分析的那樣，「哲
學產生於人類感情的實際需要。那些由抽象思考形成、與人類饑渴的靈魂無
關的哲學自始至終是無用的和學究氣的」。〔註27〕調和論即帶有這種缺陷。從
其理論本身所設定的交流方案及趨向自然的調和等文化認知來講，只能說是
一種理想狀態下的美好想法，帶有極大的主觀性色彩，經不起實踐的檢驗。

事實上，兩種文化的衝突碰撞，會形成一種你中有我，我中有你的複雜
體，既不同於既有文化，又與之相聯繫，在相互的衝突碰撞中逐漸吸收新的，
淘汰舊的。這個過程不是主觀上期待如何就可以和平實現的。我們知道，政
治上的調和，主要是指矛盾雙方的妥協，帶有較大的主觀性。而文化上的調
和則要複雜一些。文化是一個複雜而成系統的整體，很難輕易鬆動，要改變
性狀往往需要一個與外界文化碰撞的過程。對新質素的吸取也需要有一定的
基礎作前提，不可能自然生成，必定有一個新舊因子融合的過程，而這個過
程中一定少不了具體的實踐。因爲有了基礎後，才會在實踐中一點一滴地實
現，得到一種客觀結果，才可以判斷哪些因素對現實是有益的，是可以吸收
的，可以結合的，哪些因素是不利的，是應該拋棄的。這樣才會在實踐中眞
正做到新舊結合，東西融滙，而不是一個主觀設想的過程，需要實踐的檢驗。
而調和論者多數是在理想的狀態下進行理論上的論述，一落到現實，事態的
發展便常常不按其設想的情形發展了。

文化調和論的主觀性還表現在，其文化主張只關注到了事物變化後的結
果，也就是東西文化接觸後所形成的結果，而沒有看到文化變遷的過程。其
先立後破的文化觀念是一種只看結果而沒有對過程有深刻分析的主觀性想
法，並不符合實際。儘管他們的主旨與新文化運動並沒有根本上的扞格，其
目的也在爲中國文化尋找新的出路，同時，也在努力結合中西，創造新文化，

〔註26〕 樊炳清：《進化與進步》，《東方雜誌》第 15 卷第 3 號。
〔註27〕 〔英〕霍布豪斯：《自由主義》，朱曾汶譯，北京：商務印書館 1996 年版，第
　　　　24 頁。

並力圖對新文化運動的激進傾向作補偏救弊的工作。但是他們常把新文化運動的理論主旨與實踐操作結果等同視之，把新文化運動在實踐層面上的弊端，特別是五四運動以後，從文化運動走向政治運動後出現的一些弊端，一概歸咎於新文化運動。這也是他們理論上不夠成熟的地方。

四、理論與現實的錯位

五四前後的文化調和論，未能得到多數人的認同，還在於它的種種觀點與當時特別的現實存在一種時機上的錯位感，即其主張不適合特殊的歷史狀況，解決不了當時的客觀問題。就像有學者所指出的那樣，杜亞泉的文化調和論「似更含時下所謂『後現代意識』的超前意味。在現代西方物化人生的思想泛濫下，反對『精神受役於物』，高揚倫理道德之旗幟，實不無補偏救弊的積極意義」。〔註28〕但其超現實的主張則暗含了一種主觀性在內，往往從個人意願上去發論起言，對於當下文化困境的解決卻無良方，似有理論家高談美好願望的感覺。五四前後正是中國從傳統社會向現代社會轉型的重要時期，面對堅固的舊傳統，舊體制，無論是政治上的改革還是思想上的改造，非以決絕的勇氣向舊勢力開戰則難以爲功。

調和論之所以不能成爲時代主潮，其中一個原因就在於，它只是一種美好的主觀性想法，與現實不相符合，往往無法解決現實問題，顯得有些不合時宜。因爲政治上講調和，強調妥協與讓德是可行的，甚至是一種各種政治力量必須謹守的準則，但對文化而言，在理論上講兩者的自由融合，當然是最佳之道，然而卻難以做到，當時不少人已注意到了這個問題。如有學者分析所言：「單靠中西文化自身『自然的化合』，是不行的，必須加上『人爲』因素」，〔註29〕也就是要有主體的自覺性去整合文化才行。張東蓀對文化調和態度的轉變，反應了這種現象。他曾在新文化運動時期反對章士釗的調和論，主張思想在轉變時不能講調和，認爲在變的過程中說調和，是阻礙生機，消滅變化。他說：「我認爲變後可以調和，而未變時的變因不能調和，調和變因便消滅變化，也就是使變因不發效力，如甲乙調和而生成丙，必定先有甲，次有乙，現在乙還沒有成熟，如何能調和呢？所以我以爲守舊論不足阻害新

〔註28〕 姚銘堯：《儒學自由主義先驅杜亞泉》，《一溪集——杜亞泉的生平與思想》，北京：生活・讀書・新知三聯書店 1999 年版，第 184 頁。

〔註29〕 王瑞芳、左玉河：《化衝突而爲調和——40 年代張東蓀的中西文化觀》，《安徽史學》1997 年第 4 期。

機，而調和論最是危險，也就是爲此。」〔註30〕明確表示反對調和論。然而，值得注意的是，在二十世紀二十年代後，他的思想開始發生變化，他說：「我早就主張中國應當徹底採用西洋文明，不過後來我實地察看中國社會情形，知道純粹走西洋這條路不是絕無問題。」發現徹底輸入西洋文明導致了一些「畸形狀態」，應想法給予補救，「我個人的意見，雖則仍主張徹底輸入西洋思想，然對於畸形狀態卻以爲亦非有一種補救之法不可」。〔註31〕並認爲補救之法則爲調和論。其思想言論產生變化的原因在於，他看到，新文化運動轟轟烈烈開展之際，調和論雖有其合理處，卻與時代不相合拍，得不到接納而一直遭受貶抑。他是這樣解釋的：「醞釀是不能調和的，現在是思想的潛變時代，所以不能調和。一經調和，那末成熟的新思想便消失了。也就是社會的潛變時代，在社會改造以後可以調和，在未改造以前，一講調和，就把發行的動因消失了。」〔註32〕主張在新文化運動時期這個以西學輸入爲主的時代，不能講調和，否則會影響對西學的接納。當時代變遷，時代主題發生變化後就應作適當的調整，二十世紀二十年代後期，當西方文化在中國的輸入早已不成問題時，已具備了調和的條件，應該而且必須調和，中西文化才能產生出新的文化，此時，張東蓀便不再反對調和論了。〔註33〕這反映出，調和論之所以在五四新文化運動時期得不到更多思想者的支持，即在於它雖有很多合理性，但卻不符合實際，出現了遺憾的時代錯位。

　　曾與杜亞泉進行「何謂新思想」論爭的蔣夢麟，雖然承認調和是一種自然現象，但他認爲新文化運動時期，正是中國文化的「新陳代謝」之時，此時講調和還不是最合適的時候。他說：「我不是說調和派是沒用的，我說現在講調和還太早，即使到了全國的學者，都求豐富的生活，充分愉快的知識活動的時候，各派有了一個系統的方法，還用不著調和的地方。要到大家忘卻了眞目的，認方法作目的的時候，方才用得到那黃黎洲，詹姆斯來喚醒他們。新陳代謝的時候，講不來調和的。」〔註34〕可見，他並非反對調和，而是更強調調和的時機是否成熟問題。

〔註30〕 東蓀：《答章行嚴君》，《時事新報》1919 年 10 月 12 日。

〔註31〕 張東蓀：《西方文明與中國》，《東方雜誌》第 23 卷第 24 號。

〔註32〕 東蓀：《答章行嚴君》，《時事新報》1919 年 10 月 12 日。

〔註33〕 參見王瑞芳、左玉河：《化衝突而爲調和——40 年代張東蓀的中西文化觀》，《安徽史學》1997 年第 4 期。

〔註34〕 蔣夢麟：《新舊與調和》，《晨報》1919 年 10 月 14 日。

陳獨秀在談到白話文的成功時,從另一個側面也反映了這種現象,他說:「常有人說:白話文的局面是胡適之、陳獨秀一班人鬧出來的。其實這是我們的不虞之譽。中國近來產業發達人口集中,白話文完全是應這個需要的發生而存在的。適之等若在三十年前提倡白話文,只需章行嚴一篇文章便駁得煙消灰滅,此時章行嚴的崇論宏議有誰肯聽?」〔註35〕反映出他們的改革順應了時代的發展要求,而調和論則與當時的現實不相契合,產生了錯位而難以吸引更多支持者。

調和論與現實的這種錯位,調和論者自己也有所意識,其中有人就曾談到過調和論的實施需要時機的成熟問題。章士釗曾多次表示:「實行調和,是為一事,提倡調和,又一為事。吾調和之說,何時可見實施,愚無從知,惟斯說也,舉國之人,今日即當深深印入腦際,則了無疑義。」認為當時只有提倡調和之機,實行調和之機並不成熟。他認為這種狀況正如莫烈所言:「調和論者,恒趑趄而不前,非畏獨為舉世之所不為也。乃慮時機未熟,雖信己說之終張,而特以今時之未可也。雖然,是有辨下焉。所謂時機未熟,果指坐言起行,世間一切制度文為,立隨吾理想而一一遷變乎?抑僅指發抒新想,創設輿論,以聲相求,以氣相感,使同志衛道之士,日多一日,以俟一與時會,著實改革,險巇之量以減,成功之期可速乎?二者犖然分野,不得併為一談。以言前者,時不我與,自難強為,理論獨高,而群情未附,相時而動,吾亦韙之。但若而理論,樹為大義,昌言於眾,以證同心,則息息為之皆是時機,決無所謂熟不熟也。」〔註36〕他甚為贊同此論,明確表達了他只認是理不管時機的態度,表示道:「愚言調和,論其理也,未著其方也。吾惟問調和之理,是否可通,並不問調和之方,將於何出。前者邏輯之事,後者醫術之事,愚此論乃慕倍根,並不自稱扁鵲也。吾惟論調和之道,於今為宜,並不謂調和之機,即今已熟。」〔註37〕所以,他一再聲明,「調和者非理想也。以理想詁調和,斯誠大謬」。〔註38〕可見,章士釗有時只把調和當作一種理想狀態,對其理論與現實不符難以實行是有一定認識的。

〔註35〕陳獨秀:《科學與人生觀・序》,上海:亞東圖書館1923年版。

〔註36〕秋桐:《調和立國論上》,《章士釗全集》第3卷,上海:文匯出版社2000年版,第254頁。

〔註37〕秋桐:《調和立國論上》,《章士釗全集》第3卷,上海:文匯出版社2000年版,第277頁。

〔註38〕秋桐:《國教問題》,《章士釗全集》第4卷,上海:文匯出版社2000年版,第14頁。

　　杜亞泉則想努力彌合調和論與現實不太契合的錯位感，因此，他在闡發理論時又常會有權宜的考慮。而這恰恰又使這種理論帶上了一種觀點不鮮明的印象，以致在那個激進高昂的時代難以吸引更多人的關注，這也是其理論不夠明確深刻的地方。杜亞泉有時會把調和論當作一種應付新舊矛盾的策略之方。他認為中國新生命的誕生，在於新舊勢力的相互調和，而新生命的出現不外兩途：其一，發生新勢力，以排除舊勢力；其二，調整舊勢力，以形成新勢力。這兩種方式都可促成新生命的誕生。也都有成功的例子，前者如美法，後者如日德。但他認為破舊立新是一種較難的選擇，不利於社會的平穩過渡，因為「新勢力之發生甚難，必經數十百年之積貯醞釀而後成；舊勢力之排除，更非易易，必經數十百次之戰鬥殺戮而後定」。所以，他更傾向於採用後一種方式發展新生命，「故求便利，計效益，自以調整舊勢力，形成新勢力為最宜，吾國自戊戌以迄今前茲，皆向此方面進行」。〔註 39〕因此他認為，「吾人今日之折衷論，乃欲就吾國情勢，於此新舊過渡時代謀應付之方策也」。〔註 40〕他也自知這種認知帶有一定的樂觀性，甚至「近於滑稽」，因為外來勢力的嚴重性「不能更有機會，容待吾國發生新勢力，以營代償作用。但當此尚未屬續下窀之時，不容吾人不作生存之想，而處方求藥，捨此劑以外，又別無根本治療之法，則吾人之樂觀思想，謂為滑稽，無寧視為正當」。〔註 41〕可見，有時他也把新舊調和當作是一種權宜之策和應急之需。

　　由此看來，調和論的提出，本身就與當時的國情不相適應，就連調和論者本身也承認其有應付之方的權宜性質，其時機的錯位感比較明顯，不能有效地解決國人在文化上的困惑，從而也就無法成為時代思潮的主流了。但調和思想是一種寶貴的資源，它的實施常常受到具體時機的影響，當情勢轉變時，它的功能也會跟著發生相應的轉變。因此，我們說調和論在五四前後有一種時機的錯位感，卻不能據此認為它毫無價值，它的一些思想資源在新的歷史條件下會展露出新的意義，尤其對於正在尋找中國文化出路的當前，其文化主張也有不少可借鑒之處。需用辯證的眼光看待它。

〔註39〕 傖父：《中國之新生命》，《東方雜誌》第 15 卷第 7 號。
〔註40〕 傖父：《新舊思想之折衷》，《東方雜誌》第 16 卷第 9 號。
〔註41〕 傖父：《中國之新生命》，《東方雜誌》第 15 卷第 7 號。

五、對傳統的惰性認識不足

　　調和論主張接續新舊，雖然認識到了文化發展具有歷史統一性的深刻一面，卻忽視了文化發展的另一層關係，即新文化的產生不是傳統自然發展的結果，而是批判和超越傳統的結果。調和派在文化價值的取向上有淡化新舊事物本質差異的偏向，重視傳統的繼承而忽視傳統的批判和超越。因而他們更多看到的是新文化運動中的一些偏激傾向，對文化發展的新方向還體認不深。這是其文化理論上的缺陷。所以，他們往往沉緬於對理想境界的追求，主觀地提出了文化的選擇原則，但在實際動作上卻乏力。他們多在抽象的概念上進行論爭，未能對現實中傳統道德或禮教的負面性有足夠的批判，多從學理上分析道德的善和禮教的必要性，對道德及禮教的現實蛻變所產生的消極影響和歷史阻礙力卻認識不足，所以有陳義過高而現實針對性弱的缺點。相較之下，陳獨秀、胡適等人則要清醒得多，他們對現實的黑幕層張有切膚之痛的體認，看到了新舊思想的矛盾性和傳統的惰性力，主張用強力打破舊局，開創新機。其深刻之處還在於，他們認為傳統內具有保守性和調適性，並體現在民眾生活的方方面面。他們擔心的正是傳統的過於強固，因而主張要在主觀上加以改革。在他們看來，過渡時期正是激變的臨界點，人力的實施會加快變革的速度，實現突變，而這正是社會超越舊制所需要的。只是，處於近代中國那種紛亂的情形，改革都會遇到阻力，為衝破阻力則難免偏激，出現一些過激的行為，說出一些過頭的話，給社會上一般思想根底較為淺薄的民眾以一定的誤導，造成一些弊端，這都是改革過程中所不能避免的。而調和論針對的則是新舊兩派互相攻訐而趨於偏激的弊端。不過，當時的守舊派已沒有太多的支持者，不能代表社會發展的方向，對社會的影響已經不大，因而調和派的言論更多是針對新文化運動的偏激主張所言。

　　在這種文化轉型的關鍵時期，以陳獨秀胡適等為代表的新文化運動的領袖分子之所以提倡西化主張，甚至在不少地方發出激進言論，主要在於這一派人物對中國的國情有相當的瞭解，他們能夠深入地分析當時的客觀情形，看到新舊的對立，看到東西之間的巨大差異，並對傳統的惰性有足夠的認知。因此，面對頹敗的國勢，主張全面的改革，倡導棄舊迎新，拋棄傳統。他們敢於提出這種決絕的主張，一方面是國勢的刺激，另一方面也在於他們知道，傳統是一種潛在的力量，不會輕易消失，已深深地融入進了民族的心理底層，成為一個民族的底色，要想對之有所撼動，非用強力不可。因此，他們認為，

要實現中國文化從傳統向近代的轉型，從根本上改造中國，必須要處理好傳統問題。面對傳統的強大惰性，必須要有一種衝決傳統網羅的勇氣和「狠硬」的心腸，甚至打出「棄舊迎新」的口號，才能警醒世人，方有起死回生的希望。因此，在陳獨秀、胡適等人看來，調和論是講求折衷，過於溫和，易爲頑固守舊派依爲藉口，從而使文化的改革受制約、受頓挫，所以必須對調和論加以反對。

陳獨秀曾在《本志罪案之答辯書》中對其激烈的主張有所解釋：「本志同人本來無罪，只因擁護那德莫克拉西和賽因斯兩位先生，才犯下了這幾條滔天大罪。要擁護那德先生，便不得不反對孔教，禮法，貞節，舊倫理，舊政治。要擁護那賽先生，便不得不反對舊藝術，舊宗教。要擁護那德先生又要擁護那賽先生，便不得不反對國粹和舊文學。」他說：「社會上最反對的，是錢玄同先生廢漢字的主張。錢先生是中國文字音韻學的專家，豈不知道語言文字自然進化的道理？他只因爲自古以來漢文的書籍，幾乎每本每頁每行，都帶著反對德賽兩先生的臭味；又碰到許多老少漢學家，開口一個國粹，閉口一個古說，不啻聲明漢學是德、賽兩先生天造地設的對頭，他憤極了才發出這種激烈的議論」。〔註42〕

在陳獨秀看來，爲了換得眞正的民主和科學，必須要有勇氣衝決舊文化的束縛。因爲中國當時雖然已進入民國，但共和只是虛名，不得其實，社會依舊黑暗，他認爲，「此時，我們中國多數國民口裏雖然是不反對共和，腦子裏實在裝滿了帝制時代的舊思想，歐美社會國家的文明制度，連影兒也沒有，所以口一張，手一伸，不知不覺都帶君主專制的臭味」。所以，他認爲，要鞏固共和，必須棄舊迎新，「非先將國民腦子裏所有反對共和的舊思想，一一洗刷乾淨不可。因爲民主共和的國家組織社會制度倫理觀念，和君主專制的國家組織社會制度倫理觀念全然相反，一個是重在平等精神，一個是重在尊卑階級，萬萬不能調和的。若是一面要行共和政治，一面又要保存君主時代的舊思想，那是萬萬不成的。而且此種『腳踏兩隻船』的辦法，必至非驢非馬，既不共和，又不專制，國家無組織，社會無制度，一塌糊塗而後已！」主張以徹底的改革態度，破舊立新，以肅清國人頭腦中的舊思想來鞏固共和。他不無沉痛的告誡國人，種種專制時代的腐舊思想布滿國中，要想誠心鞏固共和，非將「反對共和的倫理文化等等舊思想，完全洗刷得乾乾淨淨不可。否

〔註42〕 陳獨秀：《本志罪案之答辯書》，《新青年》第 6 卷第 1 號。

則不但共和政治不能進行，就是這塊共和招牌，也是掛不住的」。〔註43〕一旦共和不保，帝制復辟，種種新學說，新思想，新道德，皆找不到生根的土壤和發展的餘地。所以他說：「我們爲什麼要革命？是因爲現在社會底制度的分子不良，用和平的方法改革不了才取革命的手段。革命不過是手段不是目的，除舊布新才是目的。」〔註44〕

　　胡適也提倡要在思想界作徹底改革。其原因也在於當時中國雖掛起了共和招牌，但舊習太深，新事物難以出現，讓他倍覺失望。他說：「我自己回國時，並不曾懷什麼大希望。果然船到了橫濱，便聽得張勳復辟的消息。七年沒見面的中國還是七年前的老相識！」這讓他心情很沮喪，中國的國體雖然變了，但內容卻沒有多大的變化，戲劇界依然是老樣子，換了新舞臺和新布景，但內容依舊是二十年前的舊手腳和老古董。出版界的狀態更令他失望：「這幾年來，中國竟可以算得沒有出過一部哲學書。找來找去，找到一本《中國哲學史》，內中王陽明佔了四頁，《洪範》倒佔了八頁！還說了些『孔子既受天之命』，『與天地合德』的話。又看見一部《韓非子精華》，刪去了《五蠹》和《顯學》兩篇，竟成了一部『韓非子糟粕』了。文學書中，只有一部王國維的《宋元戲曲史》是很好的。又看見一家書目上有翻譯的蕭士比亞（莎士比亞——引者）的劇本，找來一看，原來把會話體的戲劇，都改作了《聊齋誌異》體的敘事古文！」英文書籍則「與歐美的新思潮毫無關係」。種種情況證明中國進入民國已七八年，文化界出版界並沒有太多的起色，情況糟糕得簡直可讓人「放聲大哭」了。他深嘆當時的中國，「腦子叫餓的人可眞沒有東西吃了」，何談進步呢！出版社讓人失望，而教育界更讓人沮喪，所教所學都和現實不相關聯，教育不從實際出發，只是僵化地設立一些和生活不相聯繫的課程，教出來的學生不能適應社會的發展需求，造成一些「不會做事又不肯做事的人才」。種種情況都讓胡適大爲失望，也讓他更清楚地明白當時中國的舊思想、舊傳統「惰性太大，向前三步又退回兩步」，〔註45〕不採取激烈的手段則新文化的建設難以爲功。

　　面對這種令人沮喪的現狀，胡適認爲根本無法講調和，而所謂的保存國粹就更不應提倡了。他認爲中國文化已經暮氣沉沉，必須輸入新的因子才能

〔註43〕陳獨秀：《舊思想與國體問題》，《新青年》第 3 卷第 3 號。
〔註44〕陳獨秀：《革命與作亂》，《新青年》第 8 卷第 4 號。
〔註45〕胡適：《歸國雜感》，《新青年》第 4 卷第 1 號。

產生新的生機，中國此時唯有全力學習西方才是挽救之方。他說：「大凡一國的文化最忌的是『老性』；『老性』是『暮氣』，一犯了這種死症，幾乎無藥可醫；百死之中，止有一條生路；趕快用打針法，打一些新鮮的『少年血性』進去，或者還可望返老還童的功效。現在的中國文化已到了暮氣攻心，奄奄斷氣的時候！趕緊灌下西方的『少年血性湯』，還恐怕已經太遲了；不料這位病人家中的不肖子孫還要禁止醫生，不許他下藥，說道『中國人何必吃外國藥』……哼！」〔註 46〕胡適的言論確實擊中了當時的實況。他認爲必須要打掉中國文化身上的暮氣，輸入西方富有活力的、充滿朝氣的「少年文化」，才能使中國文化產生一點生機。

胡適還說：「現在中國最大的病根，並不是軍閥與惡官僚，乃是懶惰的心理，淺薄的思想，靠天吃飯的迷信，隔岸觀火的態度。這些東西是我們的眞仇敵！他們是政治的祖宗父母。我們現在因爲他們的小孫子——惡政治——太壞了，忍不住先打擊他。」〔註 47〕這種狀況讓胡適認識到：中國的舊倫理、舊道德對國民的束縛實在太深厚了，舊傳統、舊格局有著很強的自我維持機能，必須用強力才能打破。即使到 1935 年，他在批評薩孟武、何炳松等十教授發表的《中國本位的文化建設宣言》時，仍然沒有改變這種看法，認爲中國儘管新文化運動開展了那麼多年，但舊傳統的種種弊端依然沒有得到有效的清除。所以，他依然主張要先向西方學習，再來談中國的本位問題。他說：「『中國本位』，是不必勞十教授們焦慮的，戊戌的維新，辛亥的革命，五四時期的潮流，民十五六的革命，都不曾動搖那個攀不倒的中國本位。在今日有先見遠識的領袖們，不應該焦慮那個中國本位的動搖，而應該焦慮那固有文化的惰性之太大。今日的大患並不在十教授們所痛心的『中國政治的形態，社會的組織，和思想內容與形式，已經失去了它的特徵』，社會的組織，和思想的內容與形式，處處都保持中國舊有種種罪孽的特徵，太多了，太深了，……從破敗的農村，到簇新的政黨組織，何處不具有『中國的特徵』？思想的內容與形式，從讀經祀孔，國術國藝，到滿街的性史，滿牆的春藥，滿紙的洋八股，何處不是『中國的特徵』？……總之，在這個我們還只僅僅接受了這個世界文化的一點皮毛的

〔註 46〕 胡適：《文學進化觀念與戲劇改良》，《新青年》第 5 卷第 4 號。

〔註 47〕 胡適：《我的歧路》，《胡適文集》第 3 卷，歐陽哲生編，北京：北京大學出版社 1998 年版，第 370 頁。

時候，侈談『創造』固是大言不慚，而妄談折衷也是適足爲頑固勢力添一
種時髦的煙幕彈。」〔註48〕

當然，調和論者對傳統的惰性也是有所認識的，杜亞泉看到的情形是：「吾
儕覺吾國國體改革，雖已六年，而人心之積垢，則與六年前所異無幾。當夫
變亂方亟，人心非不皇皇，亦思劃除成見，捐棄私利，冀以挽回世運。然事
平亂定，則惰性又復伸張。其視政界也仍以爲利祿之淵藪而附若腥膻，其視
國家也，仍認爲官吏之機關而漠如秦越。而一般社會，虛榮之心，階級之見
亦依然如故不稍忏除，乃至政客偉人，名流碩彥，雖心醉平民政治，口倡立
憲共和，然當志滿意得之餘，養尊處優之後，仍不免有官僚腐敗之舊習流露
於不知不覺之間。以如斯現狀，而欲蘄宇內之乂安，胡可得者？吾儕謂眞正
和平爲期尚遠。」這種客觀的現實，讓杜亞泉很失望，並深刻地意識到，要
去除積弊不可驟日見功，必須要以民眾「振其怠惰之氣而啓其覺悟之要」才
能收實效。〔註49〕他認爲新舊勢力之間是相互依存的，「二者之相因，若寒暑
之倚伏，若晝夜之推遷；寒去則溫，夜盡則旦，此固事理之無可疑者」。所以，
「舊勢力垂盡之時，即爲新勢力代興之券。而當舊勢力將盡未盡之際，新勢
力往往毫不顯露……新舊遞嬗之間，其由兩方對抗競爭，一方漸絀，一方漸
伸，而後取而代之者，歷史上雖不無其例，而其多數則常由舊者之多行不義，
至於自斃，新者乃得有自然之機會，起而承乏其間」。〔註50〕

這種看法得不到《新青年》派的認同。在陳獨秀看來，不除舊無以立新，
主張將舊文化一一掃除蕩盡。面對社會的責難，他以不妥協的精神，抱「掃毒
主義」的態度，主張「除惡務盡」〔註51〕徹底打倒傳統。對於這種激烈主張所
產生的弊端，他也是有所認識的。不過，他認爲：「要治致命的病，有時必須用
毒藥，甚至於須用點必然發生副作用的毒藥，都是不可避免的。」〔註52〕

而杜亞泉等人卻主張舊廢則新自立。認爲傳統是經過國人在社會實踐中
長時間凝煉而成的，具有極強的社會指導性和惰性力，其形成過程是長期的，
其效能也是長效的，只能逐漸的改變，而不能驟然拋棄，從而提倡新舊的自

〔註48〕　胡適：《胡適論學近著》，《民國叢書》（第一集）上海：上海書店第1989年版，
　　　　　第552～556頁。
〔註49〕　傖父：《今後時局之覺悟》，《東方雜誌》第14卷第8號。
〔註50〕　傖父：《中國之新生命》，《東方雜誌》第15卷第7號。
〔註51〕　《答愛眞》，《新青年》第5卷第6號。
〔註52〕　《答鄭賢宗》，《新青年》第8卷第3號。

然接續，以達到先立後破的目的，力圖從建設的一面著眼，其願望是好的，但他相信舊勢力會在新勢力出現後自動隱退卻不能不說是一種過於樂觀的看法，把文化理想建立在主觀設想的美好願望之上。其缺陷在於，他們充分認識到了傳統在文化接續中的重要性，但對其惰性強度則有些判斷不足。他們對社會保守力量過於輕視，不瞭解傳統的自我防禦性和自我調適機制的強勁，不用強力很難對之有所改變。當時的現狀是，雖然從晚清以來，實行了歷次維新與改革，但民間的尊古之風仍很濃熾，民國成立雖然掛起了民主共和的招牌，政治上的復辟行爲卻幾經迭起，可謂專制餘毒未盡。因此，他們提出中西、古今、新舊等辯證的言說，正好契合了當時社會上一部分恐懼變遷，眷念傳統綱常倫理的守舊心理，因而與守舊者在珍視傳統上產生了一定的認同感，反而不利於新事物的出現。如洋務運動時期，同文館擬招科舉出生的生員時，遭到了舊勢力的強烈反對，就是新舊勢力矛盾衝突的一個顯著例子。到了五四新文化運動時期，新舊之間的矛盾更加尖銳了。舊派更把新文化運動視爲「洪水猛獸」，咒罵新文化運動者的言論爲「人頭禽鳴」。還有一個例子也可體現當時守舊勢力的頑固。當時上海某日報，就曾著論攻擊北京大學設立「元曲」科目。以爲大學應研究精深有用之學，而北京大學竟設科延師，教授戲曲，謂「元曲」爲粗俚之學，亡國之音，對研習者大加攻擊、貶抑。而當時歐、美、日各大學，皆設有戲曲科目。從這個例子就可以得窺當時舊勢力的思想狀態。所以，陳獨秀非常失望的說道：「國人最大缺點，在無常識；新聞記者，乃國民之導師，亦竟無常識至此，悲夫！」〔註53〕

可見，新勢力要在舊體制、舊文化中立基，不能企及於新舊力量間的自然調適與演進，因爲矛盾的自然調適與演進是矛盾衝突尚不明顯時的一種過渡形態。新舊衝突劇烈時期的社會改造有如陳獨秀所言，「萬萬不能夠妄想拿主觀的理想來自由改造，因爲有機體的複雜社會不是一個麵粉團子能夠讓我們自由改造的」。所以，不能「單單在理論上籠統否認」，〔註54〕應實實在在地一點一滴地進行改造，而不是停留在主觀認知層面。對於學術思想的責任，關鍵的是要用科學的方法，「把人事物質一樣一樣地分析出不可動搖的事實來」，而不是空談形而上的哲學。〔註55〕如此，新舊之間的衝突問題應在理性方法的引導下，和平地解決存在矛盾，允許守舊人士有言論的空間和平臺。

〔註53〕 《元曲》，《新青年》第4卷第4號。
〔註54〕 《答鄭賢宗》，《新青年》第8卷第3號。
〔註55〕 《答皆平》，《新青年》第9卷第2號。

更重要的是應以實際的成績來說服守舊者或激進者。在那樣一個舊規範失序，新機制尚未生成的過渡時期，最需要的是新事物的刺激，而當時的中國正如胡適所言，已是暮氣凝結，很難從內部生發出新的生機，必須要借助外力的刺激以求得新的發展。當矛盾激化時，舊勢力不會甘心情願地自動退出，爲了守住自己的精神營地，抵抗勢所必然，新的力量往往需要用強力才能打破舊勢力的頑抗。所以，五四前後的中國思想界，新舊交織，矛盾重重，論爭迭起，要改革，想建少年之中國，需要的正是以猛藥來清腸，溫和的方式不能醫治痼疾。其過程就不是那種互助互補的溫情脈脈的調和了。這恰如尼采所言：「想在善與惡中作造物主的人，必須首先是個破壞者，並砸爛一切價值。」〔註56〕所以，杜亞泉的「新屋既築，舊屋自廢；新衣既製，舊衣自棄」的先立後破說，〔註57〕雖然對於強調傳統的重要性和不可缺失性具有思想價值，但卻是一種對社會變革的理想化狀態，經不起實踐的檢驗。其主張也多爲紙上之談，在具體的文化實踐上，成績並不顯著，在思想啓蒙和文化建設上，與西化派相比則要遜一籌。當面對內因外因交相逼迫而內因又無法創造新機時，外因就會起主要作用。此時，輸入西學就顯得尤其的重要。因此，陳獨秀、胡適等人則不惜用矯枉過正的方式來打破傳統，提倡西學。這種激進主張與當時的社會現實是緊密相聯的，是時代的選擇。

第二節　文化建設成績的弱勢

五四時期，東西文化、新舊思想衝突的矛盾不可能自然得到解決，必須要具體地、一點一滴地做實踐的工作，而不能僅憑口號或是文化理想來解決。然而當時的思想界，普遍集中精力於學理上的論爭，較少在實踐上作建設。調和論者雖然也努力於文化上的建設，進行調和中西的實踐，且不乏成績所在，如杜亞泉在介紹西方新知，創辦學校，創辦刊物，編輯教科書等思想啓蒙與參與新文化運動的努力（第五章已詳述）；章士釗介紹西方邏輯學，結合中西文法創造新文體的嘗試；李大釗在介紹馬克思主義、進行新史學的嘗試研究等方面都有一定成績。但和新文化運動的主流派相比，成績要略爲薄弱一些。其理論的主觀性更強一些，往往脫離現實而立論，期望能把一切美好

〔註56〕〔德〕尼采：《看哪這人：尼采自述》，張念東，凌素心譯，北京：中央編譯出版社 2000 年版，第 151 頁。
〔註57〕傖父：《何謂新思想》，《東方雜誌》第 16 卷第 11 號。

的事物都聚合在一起，雖有不可否認的思想價值，但卻與當時的客觀形勢不契合，多數皆坐而論道，少能起而行之，未能有效地解決社會上的急迫問題。

相比之下，高喊破壞的新文化運動健將們，能夠深刻地認識到舊文化、舊倫理的強韌性，在高喊棄舊的同時，也在努力地著手於新文化的建設。「文學革命後，一般文學革命的領袖人物，不是努力於創作和翻譯新文學，就是回頭向所謂『國學』方面去努力」，〔註58〕作建設的實踐。雖然胡適曾對自己的建設工作很不滿意，在《中國文藝復興運動》一文中，認爲自己和陳獨秀等人對於創造新文化「提倡有心，創造無力」。但若把他們和當時的其他文化流派相比，成績則要更勝一籌。不僅在思想上提出了「民主」與「科學」的主張，並且加以親身的實踐，努力於新文化的建設，所取得的成績是調和論者或是守舊派皆難以比肩的。時至今日，文化能夠得到廣泛的傳播，知識能夠從精英階層延伸到平民階層，胡適等人敢於冒天下之大不韙向傳統開戰，向自己的階層開戰，並親身實踐，在當時的各派各流中可謂思想與行動的領先者。其功績表現在：在中國思想界「渴望突破中體西用舊格局」的「關鍵性時刻」，恰好起來填補空白，從文學革命、整理國故、到中西文化討論，他都以「重新估定一切價值」這一中心理念，打開一個重大的思想缺口，形成當時所謂的新思潮。〔註59〕

新文化運動的倡導者們，試圖結合理論與實踐，特別是在確立白話文的文學正宗地位上，取得了較大成功，無論在小說、戲劇、詩歌等方面都有不斐的成績，意義重大。雖然早在清末時期就有人提倡白話文。到了民國，各種官方、半官方和民間組織都積極地開展國語運動，但是，進展都不大，其原因就在於，他們以爲提倡這些東西的目的，不過是爲了讓普通民眾能夠讀書識字，而上等階級不屑於這些東西。並沒有想以提倡這些東西而取消文言及舊有漢字。其最大的缺陷在於把社會分爲兩層，一是講白話的「他們」，一是仍作古文的「我們」，這種基於雙重標準的心理和做法注定不可能取得成功。胡適在《新青年》上發表《文學改良芻議》、《歷史文學觀念論》及陳獨秀的《文學革命論》，拉開了文學革命的序幕，並漸次擴展到其它領域，文學革命開始在全國範圍內開展起來。這場運動的意義在於：一是肯定白話並不

〔註58〕伍啓元：《中國新文化運動概觀》，合肥：黃山書社2008年版，第55頁。

〔註59〕詳見余英時：《中國近代思想史上的胡適》，臺北：聯經出版事業有限公司1984年版。

單是「開通民智」的工具,「乃是創造中國文學的唯一工具」,〔註60〕二是這
個運動決絕地把古文判爲「死文學」,引起了國人的震動。正如胡適所說:「起
初大家還不相信;不久,就有人紛紛議論了;不久,就有人號啕痛哭了。那
號啕痛哭的人,有些哭過一兩場,也就止哀了;有些一頭哭,一頭痛罵那些
發訃文的人,怪他們不應該做這種『大傷孝子之心』的惡事;有些從外國奔
喪回來,雖然素同死者沒有多大交情,但他們聽見哭聲,也忍不住跟著哭一
場,聽見罵聲,也忍不住跟著罵一場。所以這種哭聲罵聲至今還不曾完全停
止。但是這個死信是不能再瞞的了。倒不如爽爽快快說穿了,叫大家痛痛快
快哭幾天,不久他們就會『節哀盡禮』的;即使有幾個『終身孺慕』的孝子,
那究竟是極少數人,也顧不得了。」〔註61〕這種入木三分的描述,頗能揭露
當時思想界的狀況。可以說,新文化運動起來,明明白白地主張,必須用白
話取代文言成爲創造一切文學的利器。胡適在他那篇被譽爲「文學革命最堂
皇的宣言」的《建設的文學革命論》裏,就直截了當地標出「國語的文學,
文學的國語」十個大字,標誌著文學革命運動與國語運動從此緊密結合起來,
大大加速了白話國語的推行。而五四運動的爆發,廣大青年學生爲表達其思
想的需要,爲宣傳需要,於是白話的演說,白話的傳單,白話的期刊、小冊
子乃風行天下。就在 1919 年這一年,全國新出的白話報刊有四百多種。到 1920
年 1 月,教育部通令全國各地的國民學校先將一二年級的國文改爲白話文。
以後,又續令到 1922 年後,國民學校全部教材都應採用白話國語。可以說,
文學革命在以白話取代文言,實現全國統一的白話國語這一方面,取得了巨
大的成功。而白話國語成功的重大意義即在於:中國數千年來,言文分離造
成上層文化與下層文化的隔離,嚴重妨礙了文化創新機制的發展和充分發揮
作用。文字、語言,乃人們思考、說話、寫文、著書的工具,是人類一切精
神生產的工具。工具不利,勢必影響精神生產的進行。反之,工具改進了,必
然推動精神生產的進步和發展。白話國語的盛行,使稍受教育的國人,特別
是青年,可以輕鬆地讀書看報、提筆寫信、作文,這對於國人的精神解放,
創造力的增加,意義重大!而通過青年去幫助普通的工人、農民識字、看書、
讀報,把全國一大部分過去幾乎完全與教育、文化隔絕的人喚醒和調動起來,

〔註60〕　胡適:《五十年來中國之文學》,《胡適文集》第 3 卷,歐陽哲生編,北京:北
　　　　京大學出版社 1998 年版,第 252 頁。
〔註61〕　胡適:《五十年來中國之文學》,《胡適文集》第 3 卷,歐陽哲生編,北京:北
　　　　京大學出版社 1998 年版,第 253 頁。

這對於整個的民族復興，可謂影響深遠。

　　除了從思想上改變了國人的觀念外，在具體的文化建設上，新文化運動主流派也有相當的成績值得肯定。特別是胡適，以實用主義者的態度，意識到了新文化的建設不能僅從學理上進行闡述，還應通過「一種比較的研究，可以使中國避免因不經批判地輸入歐洲哲學而帶來的許多重大錯誤——諸如在中學校裏教授形式邏輯的古老教科書或者在信賴達爾文進化論的同時，信賴斯賓塞的政治哲學。」〔註62〕他看到了文化改造在現實中出現了這種急躁心態，由此，深刻地意識到應紮紮實實地從東西學術的結合上去做實踐的開拓工作，以避免這種學理和思想上的混亂狀態。

　　胡適認爲，創造新文化不是僅停留在口頭上的工作，而應作實踐的嘗試，他說：「依靠新中國知識界領導人物的遠見和歷史連續性的意識，依靠他們的機智和技巧，能夠成功地把現代文化的精華與中國自己的文化精華聯結起來。」需要注意的是，胡適強調的是中西結合的工作而不僅僅是只輸入西學，他思考更多的是：「在哪裏能找到可以有機地聯繫現代歐美思想體系的合適的基礎，使我們能在新舊文化內在調和的基礎上建立我們自己的科學和哲學？這就不只是介紹幾本學校用的邏輯教科書的事情」，〔註63〕而是需要做實踐的探索工作。他是這樣認識，也是這樣做的。他在哥倫比亞大學時期就開始努力作中西文化結合的嘗試，其博士論文《先秦名學史》就是這種嘗試的成果。在前言裏，他對此作了說明，認爲該文的特色之處就在於其所用的論述方法有別於中國傳統學問研究進路，「最重要而又最困難的任務，當然就是關於哲學體系的解釋、建立或重建。在這一點上，我比過去的校勘者和訓釋者較爲幸運，因爲我從歐洲哲學史的研究中得到了許多有益的啓示。只有那些在比較研究中有類似經驗的人，才能眞正領會西方哲學在幫助我解釋中國古代思想體系時的價值」〔註64〕。強調了西方資源的重要。努力進行文化建設的實踐活動，對東西方哲學的結合作了開創性的工作。

〔註62〕 胡適：《先秦名學史·導論》，《胡適文集》第6卷，歐陽哲生編，北京：北京
　　　　 大學出版社1998年版，第12頁。

〔註63〕 胡適：《先秦名學史·導論》，《胡適文集》第6卷，歐陽哲生編，北京：北京
　　　　 大學出版社1998年版，第10頁。

〔註64〕 胡適：《先秦名學史·導論》，《胡適文集》第6卷，歐陽哲生編，北京：北京
　　　　 大學出版社1998年版，第4頁。

　　胡適的《先秦名學史》、《中國古代哲學史》就是他努力結合中西哲學的實踐產物，為中國哲學史研究開拓了一個新紀元，產生了廣泛而深遠的影響。其《先秦名學史》，1922 年在上海亞東圖書館出版了英文版，很快又印了兩版。而他的《中國古代哲學史》，原名《中國哲學史大綱》卷上，是 1917 年 9 月以後他在北京大學講授「中國哲學史大綱」一課的講稿，在校內曾作講義油印，1919 年 2 月商務印書館出版，到 1930 年時，已出了 15 版，1930 年又被收入「萬有書庫」（改名為《中國古代哲學史》三冊）。其影響之深遠是無庸置疑的。陳嘉異在如何對待東西文化時特別提到，不當僅以攻擊固有文化為能事，對所介紹之新學說也應融鑄消化。而這一點上，他認為胡適也抱此理想，其《哲學史大綱》即是力圖結合東西兩大哲學而產生世界哲學的努力。〔註65〕

　　蔡元培在該書序言中甚贊胡適能夠把漢學的工夫與西方哲學史的基礎結合起來，使該書在「證明的方法」，「扼要的手段」，「平等的眼光」，「系統的研究」上都顯示出與以往哲學史不同的特色，認為這種努力是使中國學術出現新生機的一種嘗試，深望胡適能夠繼續朝著中西結合的方向作更多的研究，「把我們三千年來一半斷爛、一半龐雜的哲學界，理出一個頭緒來，給我們一種研究本國哲學史的門徑，那真是我們的幸福了！」〔註66〕余英時先生也稱讚胡適的《中國哲學史大綱》提供了「一整套關於國故整理的信仰、價值和技術系統」，堪稱新學術範式的典型代表；周予同則認為胡適的哲學史研究，「使中國史學完全脫離經學的羈絆而獨立」。〔註67〕李零先生也曾評價道：「胡適的貢獻，是開創性的，也是開放性的」，他的《中國哲學史》，是以諸子為範圍，把古史和古書分開來，直接從老、孔講起，開風氣之先，厥功甚偉；把諸子放在平等的地位，有容乃大；把子學做大，以成思想史。所以，他認為胡適是真正開風氣之先的大師，為後世奠格局，為中國哲學史的開創，中國思想史的初具規模，引發了範式轉變。因此他特別指出：「要特別感謝胡適先生，因為沒有他，我們就不知道什麼叫百家爭鳴，他的方向，才代表了中國文化的新方向。」〔註68〕由此看來，胡適

〔註65〕陳嘉異：《東方文化與吾人之大任》，《東方雜誌》第 18 卷第 1 號。
〔註66〕蔡元培：《中國古代哲學史・序》，《胡適文集》第 6 卷，歐陽哲生編，北京：北京大學出版社 1998 年版，第 156 頁。
〔註67〕張岱之主編：《民國學案》序二，長沙：湖南教育出版社 2005 年版，第 5～7 頁。
〔註68〕李零：《重回古典——兼說馮、胡異同》，《讀書》2008 年第 3 期。

的思想主張，結合中西的嘗試，文化建設上的成績，對於近代學術的轉型，意義重大，貢獻卓著。

應該說，胡適對新舊學術的融合所作的嘗試性的努力，對於中國學術的現代轉型有著極大的推動作用。「無論在政治和學術，還是在輿論宣傳和方法倡導上，他的作用都是多方面的。僅就學術貢獻而言，他在現代哲學、文學、史學、邏輯學等方面都居於拓路創新的地位。」〔註69〕如孫伏盧所言：「『胡適之』三個字之所以可貴，全在先生革新方法能在思想方面下手，與從前許多革新家不同；換言之，全在先生能做他人所不能做的中國哲學史，能做他人所不能做的國語文學史，能考證他人所不能考證的《紅樓夢》，能提倡他人所不能提倡的白話文。」〔註70〕很明晰地道出了胡適在文化建設上的成績所在。

因此，從文化的實績來看，文化調和論者雖然主張要創造新文化，但與西化派的成績相比還是要遜色一些。由於確立了白話文的文學正宗地位，在胡適及《新青年》同仁的努力下，國語文學創造方面，包括小說、詩歌、散文等方面，都取得了一定的成績，文學革命取得巨大成功。其中應特別重視白話新詩的嘗試。當年胡適醞釀發起文學革命的過程中，所遇到的最大阻力是詩這一領域。許多反對文學革命的人都說，小說及各種應用文，用白話是可以的，但詩是絕對不能用白話的。所以，胡適用了很大一部分力氣用去作白話新詩的嘗試，在近代白話新詩的創作上是開風氣之先的人物。雖然其詩作水平可待商榷，但從此以後，新詩畢竟以蓬勃之氣發展起來，成為一種新的文學表達形式。不能不說，這與他的倡導與實踐沒有關聯。《新青年》在新文學創作方面，也是最早對白話新詩用力加以提倡的。從2卷6號起，便開始發表新詩，以後幾乎每期都有。而小說，則直到4卷5號才有魯迅的小說《狂人日記》發表。個人的新詩集，1920年就有了。而個人的小說集要到1923年才出現。新詩的提倡，首先是打破了白話不能入詩的成見，其次是打破了舊詩格律和韻腳的嚴格限制，造成了自由體的白話新詩。誠然新詩體的整體創作水平與舊體詩相比，尚有諸多不盡如人意之處，但這並不是新詩本身的缺陷，作為一種新生事物，要創

〔註69〕 張憲文：《民國學案·序言》，長沙：湖南教育出版社2005年版，第3頁。
〔註70〕 胡適：《我的歧路》，《胡適文集》第3卷，歐陽哲生編，北京：北京大學出版社1998年版，第361頁。

造出好的作品，需要積累與時間。新文化運動之後湧現的一批新詩人，也多有雋永精緻的詩作爲人所讚賞。其生動、活潑、自由的表達方式，對於表現眞實的景物，抒發眞實的情感實在要比舊詩方便多了，更有利於直抒胸臆，傳遞眞實情感，對於新思想的傳播，新文化的傳介都是有促進作用的。「這是它能夠在詩歌領域取代舊詩，成爲詩歌創作的主流的根本原因。」〔註71〕

　　新文化運動的領袖陳獨秀，一向持激進言論，對舊文學、舊道德攻擊不遺餘力。但他也是一個在學術上很有造詣的學問家。不僅倡導思想革命，也努力做實踐的工作，尤其在文字音韻學上有較爲突出的成績，先後出版了《古音陰陽入互用例表》、《連語類編》、《字義類例》、《獨秀文存》、《實庵字說》、《小學識字教本》等著作。他從 1913 年起，便開始研究文字音韻學，在新文化運動期間，爲了推行新文化的主張，從文字學的角度寫了不少文章和書信。這些文字收錄在了 1922 年出版的《獨秀文存》中。後因轟轟烈烈的思想革命和政治運動，他暫時把這方面的研究停了下來。大革命過後他又重拾研究，並寫成了《中國拼音文字草案》，此項草案，擬定的聲母和單韻母共 43 個。是他在文字學上結合中西的一個嘗試。他認爲，「中國結合聲母的語音特別發達，國際音標不盡適用」。所以，他依據音理參照國際音標及各國字母，作了一定的增改，創造了九個結合聲母及三個單聲母。作了東西結合的嘗試和實踐。1932 年，他因鼓動推翻國民黨，被捕入獄。因其特別身份，可以看書爲學，他繼續做著文化創造的實踐研究。在獄中三年，陳獨秀在音韻學方面作了《中國古代有複聲母說》，對音韻學研究中傳統的「押韻」和「通轉」之說表示異議，提出以「複聲母說」取代之的觀點。作《連語類編》「開了語單音節之說」，爲推行中國拼音文字改革作了一定的基礎工作。《古音陰陽入互用例表》，「開古音學界一新紀元」。〔註72〕在文字學方面，他的《字義類例》、《干支爲字母說》、《實庵字說》等都很有見解。特別是《實庵字說》在《東方雜誌》上連載後，引起了學術界的重視。有人評價「其書最大成就，即在將有關聯之字，分別釋例，而所舉問附以英語學名，於九經文字，鼎彝刻辭、及音韻諸書，均有捃拾。……此較孫詒讓所著《名原》僅錄

〔註71〕耿雲志：《近代中國文化轉型研究導論》，成都：四川人民出版社 2008 年版，第 150 頁。

〔註72〕陳鍾凡：《陳仲甫先生印象記》，轉引自唐寶林：《陳獨秀音韻論文集·序》，北京：中華書局 2001 年版，第 8 頁。

古文者有別。」﹝註73﹞他在文字學上，廣集眾長，對形音義均作全面的研究，融以己義，獨成一家，最大的特色就是獨創性。尤其是《小學識字教本》中提出的『字根說』，雖然古已有之，但最終使之組成一個相當完整的科學系統的，「他卻是第一人，這也是他最大的創見」。﹝註74﹞因此，我們不僅要關注他作爲思想家、革命家的一面，還應關注他進行文化實踐，結合中西的努力成果。

新文化運動中的另一位愛發激進言論的「驍將」錢玄同，雖然他高倡破壞，卻也在實踐中著手於一些建設的工作。他曾發出過不少激進言論，如在與陳獨秀討論文字與小說時，他認爲：「中國的小說，沒有一部好的，沒有一部應該讀的」。「現在中國的文學界，應該完全輸入西洋最新文學，才是正當辦法」，斥舊文學爲「選學妖孽，桐城謬種」，甚至主張「欲廢孔學，不得不先廢漢文」的偏激主張。但他也意識到改革不能僅僅停留在口頭上，不能僅著力於破壞，還需從建設上作切實的工作，並投入到了具體的文化實踐之中，如對白話文的興起就有倡導之功。他在給陳獨秀的信中說道：「我們既然絕對主張用白話文體做文章，則自己在《新青年》裏面做的，便應該漸漸改用白話。我從這次通信起，以後或撰文，或通信，一概用白話，就和適之先生做《嘗試集》一樣的意思。並且還要請先生，胡適之先生，和劉半農先生，都來嘗試嘗試。」他認爲，這種一點一滴的實踐嘗試，才能眞正建設起新文化來。並且相信，如果「別的在《新青年》裏面撰文的先生，和國中贊成做白話文章的先生們，若是大家都肯『嘗試』，那麼必定『成功』。『自古無』的，『自今』以後，一定會『有』」。他說：「標準國語」，「一定要由我們提倡白話文的人實地研究『嘗試』，才能制定，我們正好借這《新青年》雜誌來做白話文章的試驗場。」﹝註75﹞在他和陳獨秀、胡適等人的宣傳與實踐努力下，白話國語最終成爲文學正宗。此外，他在文字音韻學、國語運動及史學上都有不斐的成績。在文字音韻上，因得章太炎先生眞傳，又能綜合顧炎武、江永、段玉裁、戴震諸家之長，鑄古融今，自創系統。且運用現代語言學的方法研究古韻，在音韻學上有不斐的成績。同時，他在國語運動中，爲漢字改革、國語統一做了大量工作。其建樹主要體現在以下幾個方面：一，審定國音常

﹝註73﹞ 梅：《實庵字説》，《新民報》（晚刊）1942 年 6 月 9 日。
﹝註74﹞ 唐寶林：《陳獨秀音韻論文集·序》，北京：中華書局 2001 年版，第 8 頁。
﹝註75﹞ 《錢玄同書》，《新青年》第 3 卷第 5 號。

用字彙（歷時十年，合計 12220 字）。二，創編白話的國語教科書。三，起草《第一批簡體字表》（計 2300 餘字）。四，提倡世界語。五，擬定國語羅馬字拼音方案。〔註 76〕不僅成爲新思想的倡導者，也是新文化建設的實踐者。

從理論與現實的關係而言，在文化上融滙新舊，調和東西，除了理論的闡述外，更重要的是要付諸實踐，而不僅是在主觀上進行概念名詞之爭。正如胡適所言，對思想學說的價值要作「評判」，這種評判，不是自己「主觀的」評判，而是一種「客觀的」評判，即「要把每一家學說所發生的效果表示出來。這些效果的價值，便是那種學說的價值。這些效果大概可分爲三種：（甲）要看一家學說在同時的思想和後來的思想上發生何種影響。（乙）要看一家學說在風俗政治上發生何種影響。（丙）要看一家學說的結果可造出什麼樣的人格來。」〔註 77〕對五四前後的文化思潮也可借鑒此標準來作一評判。對西化思潮與調和論在思想上的價值及實踐上的成績作一比較，其各自的特點就呈現出來了。西化論者雖持論較爲激烈，對舊傳統的批判「似乎在某些方面是膚淺的，缺乏分析的和過於簡單的。然而這在那種民族惰性的狀況下或許是必須的。」〔註 78〕他們抓住了時代發展的脈動，其思想代表著社會發展的大方向，更重要的是他們不僅從思想上倡言，也從具體的實踐上作著中西結合的努力，爲近代文化的現代轉型作了切實的建設性工作。

從總體上觀察，無論是從文化理論的深刻性還是文化建設的具體成績而言，調和論與西化派相比，都要遜色些。以上只是略舉幾個代表人物以爲具體的例證，並不能完全展現出新文化運動的成績。從當時的國情來看，新文化運動的領袖們，勇於衝破舊習俗、舊思想的束縛，掀起了轟轟烈烈的新文化運動，著力於思想解放與新國民的培養，爲中國打開了一個思想文化上的新局面。使平民主義、個性主義、科學精神、開放的文化觀念等現代社會的新精神逐漸在國人心中建立起來。並使新文學日漸成熟，教育改革取得初步成功，促使了一代青年的覺醒，並開始與「社會的結合」。〔註 79〕這些觀念上

〔註 76〕　參見《錢玄同文集・序二》，北京：中國人民大學出版社 1999 年版，第 11～13 頁。

〔註 77〕　胡適：《中國古代哲學史》，《胡適文集》第 6 卷，歐陽哲生編，北京：北京大學出版社 1998 年版，第 165 頁。

〔註 78〕　〔美〕周策縱：《五四運動史》，長沙：嶽麓書社 1999 年版，第 507 頁。

〔註 79〕　參見耿雲志：《近代中國文化轉型研究導論》，成都：四川人民出版社 2008 年版，第 334～382 頁。

的進步及文化上的實績，帶動了社會的向前發展，爲中國的文化轉型打下了重要基礎，其功績是其它思想流派所不可比肩的。雖然其思想主張在社會實踐中曾引起了一些弊端，但那是任何改革都不可避免的代價，我們要看到其主流方向和主要功績。從這一點說，文化調和論雖然從文化理想上看，是一種較完備和穩健的文化主張，卻帶有較大的主觀性缺陷，從而在文化實踐上的成績不甚明顯。因此，在評價五四前後的文化調和論時，我們既要看到其種種思想上的光輝，它與新文化運動目的的一致性，及在文化主張上與激進新文化運動者的互補性，也應從一種客觀的角度來對其文化實踐成績進行觀察和評定。即評價一種思想或思潮，既要看它在學理上的論證和價值，也應對它的現實指導性給予關注。說漂亮話，說穩妥話並非最難之事，難的是理論如何落實在行動上予現實以指導，促進思想走向深刻和指導社會健康發展，並產生多大的實效成績。調和論無疑也是具有這種雙重價值的，既有學理上的價值，也有現實的成績，只是放到一個比較的視角來觀察，他們更多還是在理想主義的狀態下討論一些抽象的概念。從現實入手，一點一滴作建設工作的，更多還是主張西化的新文化運動者們。

餘　論

　　通過以上研究可知，調和論是在東西文化衝突日益劇烈的背景下，受東西方文化資源的影響而逐漸形成的一種對待東西文化及新舊文化的文化觀（或稱為新文化建設方案）。它是在新文化運動開展過程中與激進思潮相互論爭、討論、切磋中逐漸發展成熟起來的，有一套相對穩定的文化理論和文化發展思路，在五四前後的思想界產生了較大影響。其思想特質多有可圈可點之處。這種文化觀在承認東西文化為性質之異的前提下，主張以穩健的改革步驟，使東西文化調劑體合，新舊文化接續不斷，精神與物質互補，對立雙方協力以進，最終以創造新文化為其目的。提倡中國文化與世界文化的互補，努力使中國文化成為世界文化的一部分，尋求一種多元並存中的協同與體合。反對盲目學習西方，注重對外來文化的消化與吸收，主張文化交流中「有條件的容受」，對西方文化持一種鑒別的態度。在對待固有文化上，不主張打倒儒家學說，但反對立孔教為國教。主張發掘民族文化的特殊因子，以自我的覺醒為條件，強調文化建設中的自覺反省意識，力圖達到民族情感與世界化的統一。調和論者在思潮紛湧的轉型時代，秉持自己的思想主張，與激進的新文化運動者展開了激烈論爭，引起了思想界的廣泛關注。從杜亞泉的相關言論、《東方雜誌》所刊登的內容、其他調和論者的主張中可以看出，文化調和論針對的主要是激進新文化運動者在理論和實踐中的極端主張，希望以「調和」的處方對其有所校正和補苴，並非從原則上根本反對新文化運動，同樣是以建立新文化為目標。

　　新文化運動中，對於如何實現文化的轉型和發展，文化激進主張者意識到了新舊的激烈衝突，著力打破舊樊籬，衝破舊網羅，於言論中配以實踐，

掀起了轟轟烈烈的新文化運動，把中國的現代化探尋之路推向了一個新層面。不過，他們承認自己的文化主張著力在破壞上。而調和論則既承認文化的向前發展趨勢，也強調新舊文化的接續問題，關注於文化改革的長效性，主張改造要從建設的一面著眼。因而對激進主張的破壞主義多有批評和糾正，在當時可謂是一種較爲冷靜、理性的穩健態度。這種主張與新文化運動的發展有著緊密的關係。杜亞泉及《東方雜誌》所持主張，在一定程度成爲新文化運動的鋪墊和補充。無論是激進的新文化運動者，還是調和派，他們共同關注的問題，共同爭論的焦點，都是經過自身獨立思考而形成的致思，他們相互的發難，促使彼此不斷對自身的思考作修正，使思想得到了進一步深化，有利於新文化運動的健康開展。誠如 20 世紀三十年代的一位學者所言：「西洋文化本身的缺陷，經東方文化者指出之後，我們必有更深切的認識。將來就是西洋文化論者佔了勝勢，思想界也必不能不受這次東方文化論調的影響，因而對西洋文化不會有完全盲目的病態。這一點的轉變，實在是很緊要的。」〔註1〕陳獨秀等人之所以提出激進的文化主張，主要在於他們看到了傳統文化的沉疴泛起，所以決心以西方文化作爲取代物。杜亞泉等調和論者則認爲要實現文化的現代化，依靠傳統，復興儒學或主張撤開傳統，完全西化都是偏蔽之論。他們看到了西方文化的弱點和中國傳統文化中的有益特質，希望調和中西，避免極端。二者在思想上各有所關注，皆有可取之處。前者注意到了文化的時代性特點，而後者認識到了文化民族性特徵的重要性與不可丟失性。調和論者認爲東西文化各有所長，新舊文化相續相承，文化建設要從中國的根基上著眼，與中國實際相結合，用西方的科學刷新中國的固有文化，對文化不再作體用之分，承認中國文化在倫理道德上也應因革損益，有所改善，顯示出了與中體西用模式的區別。他們的主張代表著五四前後思想界一股獨特的思想潮流，是一種在追求現代化過程中更加注重道德的約束作用、追求穩健有序的改革步伐以求現代化健康發展的理性之思，在一定程度上校正了新文化運動的激進偏向，在思想史上有著獨特的魅力。它所蘊含的多元文化觀，承續的歷史觀，文化類型說，注重文化民族性質素的存在，主張調和文化上的新舊、中西、動靜之別，以謀文化的發展等思想特質，都可以表明，他們並不是新文化運動的反對力量，也不是無原則的折衷派，而是新文化運動的參與者與創造者。他們的主張關注社會的穩定及發展，持

〔註 1〕 伍啓元：《中國新文化運動概觀》，合肥：黃山書社 2008 年版，第 172 頁。

論較爲溫和，與新文化激進派恰好形成了一定的互補性，實際上是新文化運動中一支相對理性、穩健的力量。

但從比較視野下對其進行審視，我們也應看到，五四前後的文化調和論，因理論上的固有缺陷及在實踐上建設成績的相對弱勢，使其在激進主義高漲的五四時期最終沒有得到更大多數人的支持，日漸沉寂了。杜亞泉退出《東方雜誌》後，便淡出了思想言論界。雖然其後也有幾次對文化問題的論爭，仍然堅持其調和論的主張，但終究沒能深入下去，也沒能引起人們討論的興趣。雖然其間《學衡》派興起，也試圖發掘中國固有文化的精華，作結合東西文化的努力，在思想界曾引起不小的反響，但最終因其在理論及實踐上沒能實現更大的突破而多受批評。章士釗雖然繼續堅守著自己的文化理念，重新辦起了《甲寅》周刊，批評新文化運動，試圖重新打造言論陣地，也因激進主義成爲了當時思想界的主潮，民衆關注的重點發生了轉移，致使他的努力付之東流，除了成爲思想上「開倒車」的典型外，其功厥如，《甲寅》周刊很快就難以爲繼了。大革命爆發後，政治運動的緊迫使思想界的大討論暫時減弱了。直到 1935 年後，思想界才出現了「本位文化與全盤西化之爭」，又開始討論起東西文化問題，因不屬於本書討論的範圍，此不多論。但我們知道，如何實現文化的現代化，仍是思想界繼續思考著的一個宏大話題。

五四前後的文化調和論強調東西文化乃性質之異，非程度之差，反對棄絕固有文化的盲目從西態度，主張在承認民族特性基礎上謀東西文化的體合（蔡元培稱之爲「媒合」），使中國文化成爲世界文化的一部分。這是一個創造新文化所不可忽視的思路。在現代化的過程中，在民族國家成爲一種普遍的政治實體的氛圍下，文化的選擇也應考慮到民族性因素的客觀存在，不能放棄自我而盲從他人。每一個民族的文化都是在特殊的環境中逐漸形成的，有著應付不同問題生發出來的特殊性，因此，對待異質文化，不能盲目照搬，而要在承認人類文化具有同一性也具有特殊性的基礎上，認眞反省自身文化，仔細研究自己的文化和他者的文化各自的優劣得失而做到有所取鑒，有所擇別，不能在文化選擇上採取二元對立的觀點，要麼固守傳統，排斥西學，要麼主張西化，拋棄傳統。這是缺乏民族包容力和民族自信心的表現，必然會帶來負面效應，留下歷史的後遺症。文化路徑的選擇必須要有開放的態度，才能與世界同行，但也應有自己的民族底色

才會有持久的生機和活力。五四前後的文化調和論在新文化的建設上著重強調這一點，是極其可貴的，不失爲當前文化建設的一種可貴的思想資源。但無論是文化激進論，還是文化調和論，都是特殊歷史條件下的產物，皆存在不同程度的問題。

在面對東西文明衝突及如何學習西學問題上，激進論者與調和論者都暴露出了時代與認知的局限。恰如湯因比分析：「一個社會的內部引進了一種新力量，就會提出一個不可忽視的挑戰。在新情況造成的新形勢下，只有調整原有的生活方式，使之適應新因素，才能維持社會的健康發展。這種調整相當於用一種新模式取代舊模式，換言之，是這個社會體的徹底改造。如果無視調整的必要性或者逃避這種調整，那就會受到懲罰，其結果要麼是革命（新生的活躍力量將會破壞僵化而沒有適應能力的傳統文化模式），要麼是暴虐肆行（頑固的文化模式足以抗拒新生力量的前所未有的巨大壓力）。無論新文化因素是從內部產生的，還是從外部侵入的，它與舊文化模式之間的衝突總是受到同樣環境的支配。在這兩種形式中，新因素的進入實際上迫使舊模式要麼發生結構上的變化，要麼發生功能上的變化。除非文化模式的結構經過逐步調整而滿足這種對新生命的頑強呼喚，否則這個在另一種條件下無害甚至有益的新因素將會造成毀滅性的破壞。」〔註 2〕而這種外來的移植物在完全不同的環境中紮根的可能性是極小的。同時，「在兩種文明接觸過程中的第二階段，進攻者社會的一種完整的文化模式往往通過把傳播過程中已經分離的文化構成因素加以滙集和重組，以求在被侵略的社會裏再次確立自身的地位。被侵略的社會則往往拒絕外來文化因素的滲透，在不得已的情況下，盡可能少和盡可能慢地接納這種滲透。因此，那種重新組合的努力就不得不與這種抵制傾向做鬥爭。於是，當某個入侵的外來因素爲原來的夥伴開闢出一條路時，這個侵略先鋒的持續接力與被侵略社會的不思抵抗之間形成的緊張關係，就會迫使相關的文化因素脫離原來的文化背景，一個接一個地破門而入。被侵略社會對外來文化那種製造痛苦與分裂的入侵的抵抗可以說是理所當然的，但最終的失敗卻幾乎是不可避免的。把衍射過來的因素加以重新組合的動力是不可抗拒的，因爲對於一組文化因素來護送，整合（而不是打散）乃是自然而正常的狀態。正是這種回到正常狀態的動力才使得一

〔註 2〕 〔英〕阿諾德·湯因比：《歷史研究》（修訂插圖本），劉北成、郭小凌譯，上海：上海人民出版社 2000 年版, 第 374 頁。

種文化的各種因素能夠跟著先鋒因素接踵而至，從而在進入被侵略的社會後重新整合。」〔註3〕

激進論者正是看到了這種外來衝擊力量所帶來的文化內部的必然調整，認為必須要進行全面的改造和整頓才能找到新的生機，才能避免失敗。所以，他們選擇了一種作徹底改造傳統的激進方式以挽救傳統的失墜。這本身就帶有矛盾性，其後果中存有種種弊端也是這種衝擊論下所作的急就章所必然有的缺陷，它破壞了傳統自身演化發展的規律，被強行納入到激烈的變革措施中去，所以在其過程中產生了種種的流弊。而這些流弊又深入到了傳統的最深層內容，即道德層面。於是引起了社會上一部分持漸進改革主張人士深深的憂慮。他們一方面認識到潮流所趨，大勢所向，並不拒斥向西方學習，在技術，在制度，在文化上都不反對學習西方，但他們並不認為西方一切皆好，對於西方文明中本身所具有的優缺點都有所認知，（雖然認知還不全面。）他們對西方文明的認識恰如諺語所說：「彼之甘飴，吾之毒藥」，「一物生一物。」他們認為在本土無害或有益的文化因素，如果被分離出來，闖入異國的社會環境後，往往會變得具有危險性和破壞性；另一方面，一個孤立的文化因素一旦在新環境中站住腳跟，往往會把自己原有文化的其他因素也吸引過來。而且闖進來的東西和引進的東西往往並不是西方文化中的真精神，是被國人歪曲了的偽工業文明。文化激進論者注重打破傳統與介紹西方文明，而調和論者則更多地看到了西化後出現的種種弊端，從而深為憂慮，力圖進行校正。只是他們的思想庫中，沒有更先進的藥方，只能在現有的資源中調和中西新舊，撥正有所偏離的西化之路。儘管他們也力圖進行文化上的建設，進行調和中西的實踐，雖也不乏成績所在，但和激進論者相比要相對遜色。

時至今日，中國的近代文化轉型依然在探索中踽踽前行，新文化的建設問題仍是擺在國人面前的一個難題。對於新文化的建設，我們除了從歷史中吸取思想養料外，更應從現實著眼進行新的開創。應本著開放的文化心態，創造積極健康的交流環境，讓文化能夠有足夠的空間充分接觸，在實踐中去決定取捨，而不是僅僅停留在名詞概念的論爭上。正如耿雲志先生所論：「開放是一個有信心的民族對於外來文化唯一正確的態度。只有開放，才會造成接觸、瞭解和研究外域文化的機會和條件；也只有經過充分接觸、瞭解和研

〔註3〕 〔英〕阿諾德‧湯因比：《歷史研究》（修訂插圖本），劉北成、郭小凌譯，上海：上海人民出版社 2000 年版,第 375 頁。

究的過程，才能學會借鑒和吸收一切於我們有益的東西。不經過充分的接觸、瞭解與研究，希圖事先定好一種方案，按照這種既定方案去對待外來文化，那是一定不會有好結果的。須知，文化的吸收總是具體的，不是籠統的。」「明智的辦法只有讓人們在充分接觸、瞭解和研究外來文化的過程中自己學會鑒別和選擇。」不用擔心開放會造成傳統文化失墜。因為世界上沒有哪一個民族的文化是純屬於一個民族所獨有的，同時，迄今也沒有哪一種經歷過長久獨立發展的民族文化是可以被消滅的。「重要的是一個民族要爭取和把握住機會，讓自己文化中一切積極因素活躍起來，在同異質文化交流中，吸收新血液，新質料，並創造新形式，而不是原有文化傳統突然斬斷，更不是連根拔除。」把現代化與傳統文化對立起來是一種誤解。「傳統是歷史地形成和發展起來的，它不是一成不變的。在應付現代化的挑戰時，我們需要的只是如何改變傳統的內在機制，使之適應現代化的要求。」「能否走上現代化的軌道，關鍵不在於拋棄傳統，而是改變傳統的適應機制」。〔註4〕也就是說，我們不必擔心交流會使固有文化被外來文化取代。因為，文化在交流、傳播的過程中自會發生理論的流動與變化，自會在不同的土壤中適應不同的生存環境而有新的涵化整合，展露生機。我們要明白，「思想文化有一個特點，沒有國界。它的優劣只能在自由交流、自由討論中，自然變化，自然更新。當思想文化被加上桎梏，就有思想解放問題。」〔註5〕中國應在中西文化交流中丟掉近代以來在軍事挫敗中所積聚的弱國心態，要以一種理性的態度去客觀的對待外來文化，做到去粗取精，去偽存真，創造出一種順應現代化發展的健康新文化。在中西文化的交流過程中，持「兼容並包，實踐檢驗」〔註6〕的態度，讓中國的傳統文化與西方文化充分接觸，自由切磋、琢磨，在此基礎上自會產生出適應社會需要的新文化來。

要想實現文化的真正轉型，還需要有勇氣打通壁壘，跨越鴻溝，使中國瞭解世界文化，同時，也讓世界瞭解中國的文化。這涉及到對西學的引介。一方面需要一批真正對東西文化皆稔熟的人來作大量的翻譯和研究工作。同

〔註4〕 分別參見耿雲志：《文化的衝突、融滙和拓新》，《蓬草集》，北京：中國社會科學出版社，2000年，第123～124、第124頁、第125頁。

〔註5〕 袁偉時：《啟蒙仍是這個時代的命題》，《時代周報》2009年3月12日。來源：http://qzone.qq.com/blog/622007801-1236862947

〔註6〕 耿雲志：《中國現代新文化的幾個問題》，《東西方文化交融的道路選擇》，中國現代文化學會主編，成都：四川人民出版社1993年版。

時要努力用新的方法，新的眼光重新解釋中國傳統文化。另一方面，要拋棄
對外域文化的恐懼與排斥心理，並避免對傳統文化產生厭棄心，避免極端。
以一種自信的心態對待中西文化，不妄自菲薄，不盲從域外，理性地對待外
來文化與固有傳統。在開放觀念的指導下，產生比較的視野，在與外界文化
的交流中，不斷地取長補短，完善自我，從而實現新的突破。這一切都需要
以誠實自省的態度去進行實踐的創造與開拓，需要在實踐中進行一點一滴的
改革工作。畏難而拒絕變革，自戀而自我陶醉或是籠統地喊口號都不是健全
的文化心態。要放膽開來，讓中西文化自由地接觸，自由地擇別，自由地融
合才能讓固有文化吸收新的文化質素而獲得新的生命力。

　　把現代化與傳統文化對立起來是一種誤解。從人類社會的發展來看，一
種經歷了長久歷史演變而獨立發展出來的文化，總有一套調適機制應對變
化，因此，不用擔心固有文化的喪失。重要的是，應在文化交流中爭取和把
握住機會，讓自己文化中的一切積極因素活躍起來，在同異質文化交流中，
吸收新質，使其與自身文化涵化整合，生成一種不失自我特性的新文化，而
不是對固有傳統的拔除與斬斷。傳統是歷史地形成和發展起來的，「是通過積
累成長的」〔註7〕，它不是一成不變的，而是不斷演化的。且文化的傳承是「文
化在一個人們共同體（如民族）的社會成員中作接力棒似的縱向交接的過
程」，這一過程因受生存環境和文化背景的制約，具有內在的強制性和模式化
要求，最終形成文化的自我傳承機制，使人類文化在歷史發展中具有穩定性、
完整性、延續性等特徵。也就是說，「文化傳承是文化具有民族性的基本機制，
也是文化維繫民族共同體的內在動因」。〔註8〕依靠這種保持民族特性的傳承
方式，文化的內在因素「經過歷代相傳，即『濡化』或『傳承』而保留自己
的傳統，能夠穩定、持久而不斷發展」〔註9〕。在歷史演化中，文化又通過口
頭語言、實踐記憶、實物圖符、文字借用、傳媒介質、網絡空間等方式，在
不同的生存環境和時代背景或社會技術下作出相應的變動和調適，使傳統能

〔註7〕　〔美〕克拉克‧威斯勒：《人與文化》，錢崗南，傅志強譯，北京：商務印書
　　　　館2004年版，第40頁。
〔註8〕　趙世林：《論民族文化傳承的本質》，《北京大學學報》（哲學社會科學版）2002
　　　　年第3期。
〔註9〕　黃淑娉、龔佩華：《文化人類學理論方法研究》，廣州：廣東高等教育出版社
　　　　1998年版，第432頁。

夠一代代相傳下來。〔註10〕因此，我們不用擔心開放會帶來固有文化的喪失，而要以一種健全的心態對待東西、新舊文化。既要從精神的優越感中走出來，也要從失敗的頓挫中挺立起來，大膽的把自己放在中西交流的界域中，讓不同的文化能夠充分地接觸、交流、融滙，讓它們在社會的演進中進行取捨，自我調適，創造真正的新文化。應該著力於一點一滴的創造新文化的實踐工作，努力探索出一條適合中國國情的文化發展與創新路徑。這是時代賦予我們的課題。

〔註10〕 詳見羅正副：《文化傳承視域下的無文字民族非物質文化遺產保護省思》，《貴州社會科學》2008 年第 2 期。

基本研究資料及參考文獻

一、重要報刊

1. 《東方雜誌》
2. 《新青年》
3. 《甲寅》日刊
4. 《甲寅》月刊
5. 《甲寅》周刊
6. 《新潮》
7. 《每周評論》
8. 《民立報》
9. 《民鐸》
10. 《學燈》
11. 《覺悟》
12. 《時事新報》
13. 《晨報》
14. 《晨報副刊》
15. 《民國日日報》
16. 《學衡》
17. 《國故》
18. 《晨鐘》
19. 《建設》
20. 《新社會》

21. 《一般》

22. 《改造》

23. 《學藝》

24. 《國民》

25. 《太平洋》

26. 《庸言》

27. 《競業旬報》

28. 《少年中國》

29. 《北京大學日刊》

30. 《傳記文學》

31. 《中國社會科學》

32. 《歷史研究》

33. 《近代史研究》

34. 《中央研究院近代史集刊》

二、文集，日記，年譜，傳記

1. 薛福成：《出使英法義比四國日記》，長沙：嶽麓書社 1985 年版。

2. 薛福成：《自強學齋治平十議》，光緒丁酉文瑞樓石印本。

3. 鄭觀應：《盛世危言》，光緒丙申年上海書局石印本。

4. 黃遵憲：《日本國志》，光緒二十四年上海圖書集成書局印。

5. 王韜：《弢園文錄外編》，上海：上海書店 2002 年版。

6. 許紀霖、田建業編：《杜亞泉文選》，上海：華東師範大學出版社 1993 年版。

7. 田建業編：《一溪集——杜亞泉的生平與思想》，北京：生活・讀書・新知三聯書店 1999 年版。

8. 許紀霖、田建業編：《杜亞泉文存》，上海：上海教育出版社 2003 年版。

9. 田建業編校：《杜亞泉著作兩種》，北京：新星出版社 2007 年版。

10. 章士釗：《甲寅雜誌存稿》（上、下），北京：商務印書館 1923 年版。

11. 章士釗：《長沙章氏叢稿》，北京：商務印書館 1929 年版。

12. 李妙根編選：《爲政尚異論——章士釗文選》，上海：遠東出版社 1996 年版。

13. 章含之、白吉庵主編：《章士釗全集》（1～10 冊），上海：文匯出版社 2000 年版。

14. 《李大釗傳》編寫組：《李大釗傳》，北京：人民出版社 1979 年版。

15. 韓一德、王樹棣：《李大釗研究論文集》（上、下），石家莊：河北人民出版社 1984 年版。

16. 張靜如等編：《李大釗生平史料編年》，上海：上海人民出版社 1984 年版。

17. 李大釗年譜編寫組：《李大釗年譜》，蘭州：甘肅人民出版社 1984 年版

18. 韓一德：《李大釗生平紀年》，哈爾濱：黑龍江人民出版社 1987 年版。

19. 朱志敏：《李大釗傳》，濟南：山東人民出版社 1998 年版。

20. 楊紀元：《李大釗研究探微》，西安：陝西人民出版社 1999 年版。

21. 中國李大釗研究會編注：《李大釗全集》（最新注釋本，1～5 冊），北京：人民出版社 2006 年版。

22. 黃遠庸：《遠生遺著》（共 4 卷），北京：商務印書館 1969 年版。

23. 梁啓超：《飲冰室合集》，北京：中華書局 1994 年版。

24. 王德峰選編：《國性與民德——梁啓超文選》，上海：遠東出版社 1995 年版。

25. 陳獨秀：《陳獨秀文章選編》（上、中、下），北京：生活・讀書・新知三聯書店 1984 年版。

26. 陳獨秀：《獨秀文存》，合肥：安徽人民出版社 1987 年版。

27. 唐寶林：《陳獨秀音韻論文集》，北京：中華書局 2001 年版。

28. 陶孟和：《孟和文存》，上海：亞東圖書館 1926 年版。

29. 林紓：《畏廬文集・詩存・論文》，臺北：文海出版社 1973 年版。

30. 魯迅：《魯迅全集》，北京：人民文學出版社 1981 年版。

31. 周作人：《周作人全集》，臺中：藍燈文化事業股份有限公司 1982 年版。

32. 薛綏之，張俊才編：《林紓研究資料》，福州：福建人民出版社 1983 年版。

33. 中國革命博物館整理：《吳虞日記》（上、下），成都：四川人民出版社 1984 年版。

34. 趙清、鄭城編：《吳虞集》，成都：四川人民出版社 1985 年版。

35. 張占國，魏守忠編：《張恨水研究資料》，天津：天津人民出版社 1986 年版。

36. 張樹年主編：《張元濟年譜》，北京：商務印書館 1991 年版。

37. 鄭孝胥：《鄭孝胥日記》，北京：中華書局 1993 年版。

38. 王栻編：《嚴復集》（1～5 冊），北京：中華書局 1986 年版。

39. 孫應祥：《嚴復年譜》，福州：福建人民出版社 2003 年版。

40. 袁英光、劉寅生：《王國維年譜長編》，天津：天津人民出版社 1996 年版。

41. 中國蔡元培研究會編：《蔡元培全集》，杭州：浙江教育出版社 1997 年版。

42. 吳學昭編：《吳宓日記》，北京：生活・讀書・新知三聯書店 1998 年版。

43. 錢玄同：《錢玄同文集》，北京：中國人民大學出版社 1999 年版。

44. 歐陽哲生編：《胡適文集》（1～12 冊），北京：北京大學出版社 1998 年版。

45. 胡適：《胡適留學日記》，長沙：嶽麓書社 2000 年版。

46. 張人鳳整理：《張元濟日記》，石家莊：河北教育出版社 2001 年版。

47. 歐陽哲生編：《傅斯年全集 》（1～7 冊），長沙：湖南教育出版社 2003 年版。

48. 袁剛等編：《中國到自由之路——羅素在華講演集》，北京：北京大學出版社 2004 年版。

49. 梁漱溟：《梁漱溟全集》（1～8 卷），濟南：山東人民出版社 2005 年。

50. 劉安武等主編：《泰戈爾全集》，石家莊：河北教育出版社 2005 年版。

51. 周文玖選編：《朱希祖文存》，上海：上海古籍出版社 2006 年版。

52. 耿雲志：《胡適年譜》，成都：四川人民出版社 1989 年版。

53. 耿雲志：《耿雲志文集》，上海：上海辭書出版社 2005 年版。

三、資料集

1. 《蕭山文史資料・湯壽潛史料專輯》，蕭山市政協文史工作委員會編 1993 年版。

2. 《民國經世文編》，上海：上海經世文社 1914 年版。

3. 《中國哲學史資料選集》（近代之部），北京：中華書局 1959 年版。

4. 《中國近代史資料叢刊・辛亥革命》，上海：上海書店出版社 2000 年版。

5. 蘇輿編：《翼教叢編》光緒二十四年武昌刻本。

6. 馬芳若編：《中國文化建設討論集》，上海龍文書店 1935 年版。

7. 蔡尚思主編：《中國現代思想史資料簡編》，杭州：浙江人民出版社 1982 年版。

8. 彭明主編：《中國現代化資料選輯》第一冊（1919～1923），北京：中國人民大學出版社 1987 年版。

9. 申報館編：《最近之五十年》，上海：上海書店 1987 年影印本。

10. 張枏、王忍之編：《辛亥革命前十年間時論選集》，北京：生活・讀書・新知三聯書店 1960～1977 年版。

11. 阿英：《晚清文學叢鈔》（小說戲曲研究卷），北京：中華書局 1960 年版。

12. 商務印書館編：《商務印書館九十年》，北京：商務印書館 1987 年版。

13. 商務印書館編：《商務印書館九十五年——我與商務印書館》（1897～1992），北京：商務印書館 1992 年版。

14. 三聯書店編輯部編：《東方雜誌總目》，北京：生活·讀書·新知三聯書店 1957 年版。

15. 丁守和主編：《辛亥革命時期期刊介紹》，北京：人民出版社 1982～1987 年版。

16. 丁守和主編：《五四時期期刊介紹》，北京：生活·讀書·新知三聯書店 1959 年版。

17. 丁守和主編：《五四運動回憶錄》，北京：中國社會科學出版社 1979 年版。

18. 張允候等編：《五四時期的社團》，北京：生活·讀書·新知三聯書店 1979 年版。

19. 陳崧編：《五四前後東西文化問題論戰文選》，北京：中國社會科學出版社 1985（1989）年版。

20. 羅榮渠主編：《從「西化」到現代化》，北京：北京大學出版社 1990 年版。

21. 卞孝萱、唐文權：《民國人物碑傳集》，北京：團結出版社 1995 年版。

22. 張君勱、丁文江等著：《科學與人生觀》，濟南：山東人民出版社 1997 年版。

23. 耿雲志主編：《胡適遺稿及秘藏書信》，合肥：黃山書社 1994 年版。

24. 耿雲志、歐陽哲生編：《胡適書信集》，北京：北京大學出版社 1996 年版。

25. 耿雲志主編：《胡適論爭集》，北京：中國社會科學出版社 1998 年版。

四、論文集

1. 汪榮祖編：《五四研究論文集》，臺北：聯經出版事業有限公司 1979 年版。

2. 丁守和等編：《紀念五四運動六十週年學術討論會論文集》，北京：中國社會科學出版社 1980 年版。

3. 張玉法主編：《中國現代史論集》第六集：《五四運動》，臺北：聯經出版事業有限公司 1980 年版。

4. 周陽山編，牟宗三等著：《中國文化的危機與展望——文化傳統的重建》，臺北：時報文化出版事業有限公司 1984 年版。

5. 耿雲志：《胡適研究論稿》，成都：四川人民出版社 1985 年版。

6. 《五四運動與中國文化建設》（上、下），北京：社會科學文獻出版社 1989 年版。

7. 王躍等編：《五四：文化的闡釋與評價——西方學者論五四》，太原：山西人民出版社 1989 年版。

8. 林毓生等著：《五四：多元的反思》，香港：三聯書店 1989 年版。

9. 淡江大學中文系：《五四精神的解咒與重塑》，臺北：學生書局 1992 年版。

10. 中國現代文化學會主編：《東西方文化交融的道路的選擇》，成都：四川人民出版社 1993 年版。

11. 彭明：《「五四」研究》，鄭州：河南大學出版社 1994 年版。

12. 湖北大學中國思想文化史研究所主編：《中國文化的現代轉型》，武漢：湖北教育出版社 1996 年版。

13. 余英時等：《五四新論：既非文藝復興，亦非啓蒙運動》，臺北：聯經出版事業有限公司 1999 年版。

14. 郝斌、歐陽哲生編：《五四運動與二十世紀的中國》，北京：社會科學文獻出版社 2001 年版。

15. 鄭大華、鄒小站主編：《思想家與近代中國思想》，北京：社會科學文獻出版社 2005 年版。

16. 桑兵、關曉虹主編：《先因後創與不破不立：近代中國學術流派研究》，北京：生活·讀書·新知三聯書店 2007 年版。

五、著作

1. 張之洞：《勸學篇》，湖北自強學堂光緒二十六年刻本。

2. 常乃惪：《中國思想小史》，上海，中華書局 1930 年版。

3. 羅志希：《科學與玄學》，北京：商務印書館 1999 年版。

4. 龐樸：《文化的民族性與時代性》，北京：中國和平出版社 1988 年版。

5. 劉桂生、朱育和主編：《時代的錯位與理論的選擇》，北京：清華大學出版社 1989 年版。

6. 楊明齋：《評中西文化觀》，上海：上海書店 1991 年版。

7. 郭湛波：《近五十年中國思想史》，濟南：山東人民出版社 1997 年版。

8. 耿雲志等：《西方民主在近代中國》，北京：中國青年出版社 2003 年版。

9. 耿雲志：《近代中國文化轉型研究導論》，成都：四川人民出版社 2008 年版。

10. 龔書鐸：《近代中國與文化抉擇》，北京：北京師範大學出版社 1993 年版。

11. 龔書鐸：《社會變革與文化趨向》，北京：北京師範大學出版社 2005 年版。

12. 歐陽哲生：《自由主義之累：胡適思想之現代闡釋》，南昌：江西教育出版社 2003 年版。

13. 歐陽哲生：《新文化的傳統——五四人物與思想研究》，廣州：廣東人民出版社 2004 年版。

14. 鄭師渠、史革新：《近代中西文化論爭的反思》，北京：高等教育出版社 1991 年版。

15. 鄭師渠：《晚清國粹派文化思想研究》，北京：北京師範大學出版社 1997 年版。

16. 鄭師渠：《在歐化與國粹之間——學衡派文化思想研究》，北京：北京師範大學出版社 2001 年版。

17. 鄭師渠：《思潮與學派：中國近代思想文化研究》，北京：北京師範大學出版社 2005 年版。

18. 鄭大華：《民國思想史論》，北京：中國社會科學出版社 2006 年版。

19. 鄭大華：《民國思想家論》，北京：中華書局 2006 年版。

20. 羅志田：《權勢轉移：近代中國的思想、社會與學術》，武漢：湖北人民出版社 1999 年版。

21. 羅志田：《亂世潛流：民族主義與民國政治》，上海：上海古籍出版社 2001 年版。

22. 羅志田：《裂變中的傳承：20 世紀前期的中國文化與學術》，北京：中華書局 2003 年版。

23. 賀麟：《五十年來的中國哲學》，北京：商務印書館 2002 年版。

24. 錢基博：《近百年湖南學風》，北京：中國人民大學出版社 2004 年版。

25. 陳序經：《東西文化觀》，北京：中國人民大學出版社 2004 年版。

26. 梁漱溟：《東西文化及其哲學》，北京：商務印書館 2005 年版。

27. 吳雁南等主編：《中國近代社會思潮 1840～1949》（1～4 卷），長沙：湖南教育出版社 1998 年版。

28. 李新主編：《中華民國史》第一編（上、下），北京：中華書局 1980、1981、1987 年版。

29. 熊月之：《中國近代民主思想史》，上海：上海人民出版社 1986 年版。

30. 熊月之：《西學東漸與晚清社會》，上海：上海人民出版社 1994 年版。

31. 楊武能：《衛禮賢與中國文化在西方的傳播》，《文化：中國與世界》，北京：生活·讀書·新知三聯書店 1988 年版。

32. 胡偉希等著：《十字街頭與塔——中國近代自由主義思潮研究》，上海：上海人民出版社 1991 年版。

33. 丁偉志、陳崧：《中西體用之間》，北京：中國社會科學出版社 1995 年版。

34. 程漢大：《英國政治制度史》，北京：中國社會科學出版社 1995 年版。

35. 叢日雲：《西方政治文化傳統》，大連：大連出版社 1996 年版。

36. 錢乘旦、陳曉律：《在傳統與變革之間——英國文化模式溯源》，杭州：浙江人民出版社 1997 年版。

37. 高力克：《調適的智慧——杜亞泉思想研究》，杭州：浙江人民出版社 1998 年版。

38. 高力克：《五四的思想世界》北京：學林出版社 2003 年版。

39. 昌切：《清末民初的思想主脈》，北京：東方出版社 1999 年版。

40. 鄒小站：《章士釗社會政治思想研究（1903～1927）》，長沙：湖南教育出版社 2001 年版。

41. 吳漢全：《李大釗與中國現代學術》，石家莊：河北教育出版社 2002 年版。

42. 楊思信：《文化民族主義與近代中國》，北京：人民出版社 2003 年版。

43. 鄭匡民：《梁啓超啓蒙思想的東學背景》，上海：上海書店出版社 2003 年版。

44. 郭華清：《寬容與妥協——章士釗的調和論研究》，天津：天津古籍出版社 2004 年版。

45. 汪暉：《現代中國思想的興起》，北京：生活·讀書·新知三聯書店 2004 年版。

46. 吳丕：《進化論與中國激進主義（1859～1924)》，北京：北京大學出版社 2005 年版

47. 周忠瑜：《李大釗憲政思想與近代中國社會》，北京：紅旗出版社 2005 年版。

48. 葛兆光：《思想史研究課堂講錄:視野角度與方法》，北京：三聯書店 2005 年版。

49. 甘陽：《古今中西之爭》，北京：生活·讀書·新知三聯書店 2006 年版。

50. 丁仕原：《章士釗與近代名人》，北京：中國文史出版社 2006 年版。

51. 劉黎紅：《五四文化保守主義思潮研究》，北京：中國社會科學出版社 2006 年版。

52. 何曉明：《返本與開新——近代中國文化保守主義新論》，北京：商務印書館 2006 年版。

53. 殷海光：《中國文化之展望》，臺北：文星書店 1966 年版。

54. 顧翊群：《危機時代的中西文化》，臺北：三民書局 1973 年版。

55. 吳相湘：《民國百人傳》，傳記文學叢刊，臺北：傳記文學出版社 1982 年版。

56. 沈松僑：《學衡派與五四時期的反新文化運動》，臺北：臺灣大學出版委員會 1984 年版。

57. 劉述先：《文化哲學》，黑龍江：黑龍江教育出版社 1988 年版。

58. 勞思光：《中國文化路向問題的新檢討》，臺北：東大圖書公司 1993 年版。

59. 張灝：《幽暗意識與民主傳統》，臺北：聯經出版事業有限公司 1990 年版。

60. 張灝：《梁啓超與中國思想的過渡》，南京：江蘇人民出版社 1995 年版。

61. 錢穆：《國史大綱》（修訂本），北京：商務印書館 1996 年版。

62. 陳萬雄：《五四新文化的源流》，北京：生活·讀書·新知三聯書店 1997 年版。

63. 金耀基：《從傳統到現代》，北京：中國人民大學出版社 1999 年版。

64. 周昌龍：《超越西潮——胡適與中國傳統》，臺北：學生書局，2001 年版。

65. 王爾敏：《近代文化生態及其變遷》，南昌：百花洲文藝出版社 2002 年版。

66. 王爾敏：《中國近代思想史論》，北京：社會科學文獻出版社 2003 年版。

67. 王爾敏：《中國近代思想史論續集》，北京：社會科學文獻出版社 2005 年版。

68. 張朋園：《梁啓超與清季革命》，臺北：中央研究院近代史研究所 1999 年版。

69. 張朋園：《梁啓超與民國政治》，長春：吉林出版集團有限責任公司 2007 年版。

70. 王汎森：《中國近代思想與學術的系譜》，臺北：經聯出版社 2003 年版。

71. 黃克武：《一個被放棄的選擇——梁啓超調適思想之研究》，北京：新星出版社 2006 年版。

72. 龔鵬程：《近代思潮與人物》，北京：中華書局 2007 年版。

73. 伍啓元：《中國新文化運動概觀》，合肥：黃山書社 2008 年版。

74. 〔英〕Morley. On Compromise .The Caravan Library.1928.

75. 〔美〕史華慈：《近代中國思想人物論——保守主義》，臺北：時報文化出版事業有限公司 1980 年版。

76. 〔英〕約翰·穆勒：《群己權界論》，嚴復譯，北京：商務印書館 1981 年版。

77. 〔英〕休·塞西爾：《保守主義》，杜汝楫譯，北京：商務印書館 1986 年版。

78. 〔美〕列文森：《梁啓超與中國近代思想》，成都：四川人民出版社 1986 年版。

79. 〔美〕露絲·本尼迪克特：《文化模式》，王煒譯，北京：生活·讀書·新知三聯書店 1988 年版。

80. 〔日〕近藤邦康：《救亡與傳統——五四思想形成的內在邏輯》，丁曉強等譯，太原：山西人民出版社 1988 年版。

81. 〔美〕周策縱等：《五四與中國》，臺北：時報文化出版事業有限公司 1979 年版。

82. 〔美〕吉爾伯特·羅茲曼主編：《中國的現代化》，南京：江蘇人民出版社 1988 年版。

83. 〔美〕微拉·施瓦支：《中國的啓蒙運動——知識分子與五四遺產》，太原：山西人民出版社 1989 年版。

84. 〔美〕艾愷：《世界範圍內的反現代化思潮》，貴陽：貴州人民出版社 1991 年版。

85. 〔英〕諾曼・丹尼爾：《文化屏障》，王奮宇等譯，杭州：浙江人民出版社 1992 年版。

86. 〔日〕大隈重信：《東西方文明之調和》，卞立強等譯，北京：中國國際廣播出版社 1992 年版。

87. 〔德〕斯賓格勒：《西方的沒落》，北京：商務印書館 1993 年版。

88. 〔美〕費正清、費維愷編：《劍橋中華民國史》，北京：中國社會科學出版社 1994 年版。

89. 〔美〕郭穎頤：《中國現代思想中的唯科學主義：1900～1995》，雷頤譯，南京：江蘇人民出版社 1995 年版。

90. 〔美〕布萊克編：《比較現代化》，楊豫等譯，上海：上海譯文出版社 1996 年版。

91. 〔英〕霍布豪斯：《自由主義》，朱曾汶譯，北京：商務印書館 1996 年版。

92. 〔法〕米歇爾・福柯：《知識考古學》，謝強、馬月譯，北京：生活・讀書・新知三聯書店 1998 年版。

93. 〔美〕周策縱：《五四運動史》，長沙：嶽麓書社 1999 年版。

94. 〔德〕尼采：《看哪這人：尼采自述》，張念東，凌素心譯，北京：中央編譯出版社 2000 年版。

95. 〔英〕拉德克利夫-布朗：《社會人類學方法》，夏建中譯，北京：華夏出版社 2001 年版。

96. 〔英〕雷蒙德・弗思：《人文類型》，費孝通譯，北京：華夏出版社 2001 年版。

97. 〔英〕馬凌諾斯基：《文化論》，費孝通譯，北京：華夏出版社 2002 年版。

98. 〔英〕安東尼・D・史密斯：《全球化時代的民族與民族主義》，龔維兵等譯，北京：中央編譯出版社 2002 年版。

99. 〔美〕克拉克・威斯勒：《人與文化》，錢崗南，傅志強譯，北京：商務印書館 2004 年版。

100. 〔英〕C.W.沃特森：《多元文化主義》，葉興藝譯，長春：吉林人民出版社 2005 年版。

後　記

　　本書以我的博士論文爲基礎修改而成。於我而言，它既是學習的一個總結，也是沉澱人生，繼續向上的開始。書稿即將付梓，回想寫作過程，心中惟存感念，諸多師友親朋的指導與幫助難以忘懷。

　　都說「經師易尋，人師難求」，在這方面自己是幸運的。2006 年，我有幸拜入中國社會科學院近代史所耿雲志先生門下，師從問學，感受先生高尚的人格風範與深厚的學問造詣，得以近距離觀摩學習，增長識見，提撕品性，可謂幸運之至。先生話語不多，慈祥而威嚴，理性而智慧，胸襟寬廣，不趨俗流，人格挺拔，文章雅潔，立意宏闊，思想深邃，三言兩語即能幫我們捋清思考上的疑惑，打開智慧的靈窗，引導我們樹立遠大的志向，紮實求學，深思細慮，在做人與爲學上下踏實功夫。本書有幸成爲中國社會科學院研究生院 2009 年度八篇優秀博士論文之一，其選題、收集資料到具體的寫作，都離不開先生的悉心指導。

　　爲了培養我善於思考與獨立科研的能力，先生一直告誡我要多讀書，從史料積累與理論素養兩方面同時下功夫，找自己感興趣的題目作爲博士論文選題。自此以後，我開始在研究生院、近代史所、社科院總部、國家圖書館等機構不停查閱資料。在閱讀杜亞泉、章士釗、李大釗等人的相關資料時發現，他們的言論及與之有關的報刊上有大量探討文化調和論的文章，這引起了我極大的興趣。很明顯，這種文化調和論是五四新文化運動時期一股重要的思想主張，深入系統的對之進行研究，一定有助於加深對五四前後思想界關於文化建設與思想論爭的認識，對於當前的文化建設之路的探討也會有所啓示，具有理論與現實意義。我決定以此爲我的博士論文選題，得到了先生

肯定，並提供給我許多珍貴的資料與書籍，勉勵我繼續深入地追尋學術動態與閱讀第一手材料，並告誡我要突破以往研究，一定要本著客觀的態度，一方面對研究對象作深入的同情的理解，更要持一種「評判的態度」，做到理性客觀，不存偏愛之心，盡量使文章有一種全局與比較的視角。這些指導給我指明了方向，並增添了我的信心。

收集資料是基本功。更艱難的是，本書所涉資料多爲民國時期的珍貴期刊，既不能借出也不能複印，只能用相機翻拍下來，輸入電腦後慢慢地梳理與閱讀。最難的是，我必須要從一大堆帶有極強哲思意味，討論文化問題的零亂材料中理出自己的思路來，做提煉、歸納、總結、批判的工夫，這才是眞正的考驗。很長一段時間我都處於思維混亂狀態，有如「蚊子叮鐵牛──找不到下口處」，內心不免焦灼、急躁，常常坐在電腦旁準備動筆時卻一籌莫展，夜不能眠，陷入了一種活人被死魂靈牽住的困境之中，不能把握住那些思想家曾經的言說和想表達的思想。在這種狀態下，先生則告誡我不要著急，要靜心坐定，仔細琢磨，不要被別人牽著思想走，要有自己的判知力。於是，我想起了嚴耕望先生「以拙爲巧」的所謂笨伯辦法，反覆閱讀材料，努力進入研究主體的思想世界之中，在電腦上做各種資料卡片，然後比對排列，認眞梳理。這是一種奇幻的體驗，摻雜著喜悅和痛苦。當我終於感覺抓到調和論的思想主線時，猶如抓住了救贖我靈魂的稻草。在這夾雜著歡愉與痛苦的過程中，我不斷地閱讀著材料，梳理著思路，修改著提綱，進行著寫作，先生則不時對我加以點撥，及時糾正我認識上的一些迷誤與不成熟之見，並在極其繁忙的情況下，仔細閱讀了我的論文，對之進行修改。先生之恩，終生銘記！

論文的寫作還得到了許多學界前輩、師友的幫助。

感謝中國社會科學院近代史所的鄭大華、左玉河、鄒小站、王法周等老師，他們在我的開題報告中，一致肯定了我的選題，並提出了許多寶貴的修改意見，提示了進一步閱讀的材料與線索，他們的指點讓我受益匪淺。此外，近代史所的鄭匡民研究員也給我提過諸多建議，對我頗有啓發，而他對我兄長般的關愛更是讓我感懷不已。吉首大學的暨愛民師兄對我的寫作也甚爲關心，提出了良多有創見的思路。給予我極大幫助的陳于武師兄，多年來方方面面的關照和支持尤讓我感念不忘。

感謝我的博士論文評審專家，北京師範大學的鄭師渠先生以及北京大學

歷史系的歐陽哲生先生，他們給予了論文極大的肯定，同時也指呈出改善之議。感謝我的博士論文答辯專家北京師範大學歷史系的朱志敏先生、首都師範大學的梁景和先生以及中國社會科學院近代史所的左玉河、李長莉、崔志海幾位老師。他們對論文的肯定，給予了我繼續向學的信心，提出的提升建議則成爲鞭策我努力完善論文的方向。

感謝河北師範大學的苑書義先生。苑先生學品高潔，提掖後學，不僅接受了我的拜訪，還細心聽取了我的寫作思考，並毫無保留地提出了寶貴意見，讓我思路大開。先生和藹可親，與之交談如沐春風，有幸聆聽高見，實爲我之幸運。

感謝貴州社會科學院原副院長馮祖貽先生。馮先生談吐高雅，見解深刻，風度翩翩，與之請益，深富啓迪。更重要的是先生學高德隆，關愛後生，時常在我人生困惑時給予指導。能鼓起勇氣攻讀博士學位，即離不開他的鼓勵與支持。本書的寫作也得到先生的良多意見。

感謝我的碩士生導師，貴州師範大學的陳奇先生。先生學力深厚，勤謹篤實，著述不斷，關愛弟子。是他把我領進了學術的殿堂，教會我治學的路徑，告誡我要踏實爲學，並時時鞭策我用心向學，不敢懈怠。

感謝社科院近代史所及研究生院給我提供了一個良好的學習環境，讓我能夠有機會接觸許多名彥碩學，能夠借閱不少珍貴的書籍與資料，能夠與許多青年才俊相與問學，不斷得到學思上的啓發與學術氛圍的浸染，令我在畢業多年後，對那段刻苦攻讀，相互問學的日子念念不忘。非常感謝社科院研究生院學友徐龍弟給予我的英文支持。沈影、張曉慧、蔣媛媛、王麗珂是我的摯友，我們常常一起探討學業與人生問題。感謝她們替我分擔的憂愁與帶給我的快樂。感謝中共貴州省委黨校給我提供學習經費的支持。

最後，我要感謝家人，我的兩位哥哥，特別是我的母親，自從父親去世後，她默默承受著一切孤寂與痛苦，讀博時爲了讓我安心讀書與寫論文，從不表達想念之情，只是靜心地等待著。如今，我成家生子，更感母愛深沉，她對我的照顧與我對女兒的疼愛就像一根生命之線，把我們緊緊的連在了一起，催我奮進，成爲我努力向前的最大動力。還要特別感謝我的丈夫羅正副君多年來的照顧與支持，他總能平緩我的憂傷彷徨或是落沒消沉情緒，提高我們生活的熱度，充滿對家的守護與愛戀，讓我的生命體驗更爲豐富和多彩。同時，他的歷史文獻學功底及人類學視野常能幫我在學習與寫作中打開思路。

　　需要說明的是，這篇博士論文，雖然得到導師及學界前輩的指點，但因自身資質與積累的薄弱，許多好的建議尚未能很好領會其深意，諸多地方也存在表達不通透之弊。也許還有因吸收了學界前輩觀點而不自知，誤以爲自己心得之處。種種原因，終使論文留下諸多不盡人意之處，這皆爲本人學淺識短之罪過。

　　寫作是對思想的錘鍊，也是對意志的磨礪，其快樂與痛苦的體驗都能讓眞正用心者感到新奇與刺激，它是於行走中逐步發現自我的思想行程，我願意堅持走下去，也希望能夠得到學界前輩一如既往的關愛與點撥。

王代莉
2013 年 9 月 5 日淩晨五時